高等学校新形态规划教材

体育与健康
（运动专项版）

主编 聂东风 王成

西安交通大学出版社
XI'AN JIAOTONG UNIVERSITY PRESS

图书在版编目(CIP)数据

体育与健康:运动专项版/聂东风,王成主编.—
西安:西安交通大学出版社,2023.6
ISBN 978-7-5693-3256-8

Ⅰ.①体… Ⅱ.①聂… ②王… Ⅲ.①体育—高等学校—教材 ②健康教育—高等学校—教材 Ⅳ.①G807.4
②G647.9

中国国家版本馆 CIP 数据核字(2023)第 098263 号

书　　名	体育与健康(运动专项版) TIYU YU JIANKANG(YUNDONG ZHUANXIANG BAN)
主　　编	聂东风　王　成
项目策划	雒海宁
责任编辑	雒海宁
责任校对	李逢国
封面设计	任加盟
出版发行	西安交通大学出版社 (西安市兴庆南路1号　邮政编码710048)
网　　址	http://www.xjtupress.com
电　　话	(029)82668357 (029)82667874(市场营销中心) (029)82668315(总编办)
传　　真	(029)82668280
印　　刷	陕西思维印务有限公司
开　　本	787 mm×1092 mm　1/16　印张 24　字数 575 千字
版次印次	2023 年 6 月第 1 版　2023 年 6 月第 1 次印刷
书　　号	ISBN 978-7-5693-3256-8
定　　价	69.00 元

如发现印装质量问题,请与本社市场营销中心联系。
订购热线:(029)82665248　(029)82667874
投稿热线:(029)82664840
读者信箱:363342078@qq.com

版权所有　侵权必究

主　编

聂东风　王　成

编　委

（按姓氏笔画排序）

王小乐　牛清梅　毛　煜　文建生　丛日旻　任　晨
刘欣怡　宋　健　岳风杉　郑　帅　赵　琳　徐耀铎
郭　光　彭　琼　景　旺　熊亚红

前言

体育是国家综合实力和社会文明程度的重要体现,体育强则中国强,国运兴则体育兴。党的二十大报告强调要加快建设教育强国、人才强国,办好人民满意的教育,落实立德树人根本任务,培养德、智、体、美、劳全面发展的社会主义建设者和接班人。报告同时提出,要加强青少年体育工作,促进群众体育和竞技体育全面发展,加快建设体育强国,推进健康中国建设。学校体育是实现立德树人的根本任务、提升学生综合素质的基础性工作,是加快推进教育现代化、建设教育强国和体育强国的重要工作。当前,学校体育正在按照党的教育方针政策持续深化地进行教育教学改革。《体育与健康(运动专项版)》作为普通高校学校体育教材体系中的一本,是体育专项课程教学的配套教材,辅以《体育与健康(理论版)》相关健康知识、基本运动技能,以更好地实现体育课程五维目标,帮助学生在体育锻炼中"享受乐趣、增强体质、健全人格、锤炼意志",养成良好体育锻炼习惯。

本教材特点有三:第一,教材涵盖的体育项目比较齐全,能够满足普通高校学生体育专项课程多样化学习需要。教材分为三篇十八章,上篇球类运动内容除了学生喜爱的三大球篮球、排球、足球和三小球乒乓球、羽毛球、网球六个项目外,另外增加了目前在高校发展良好的触式橄榄球项目。中篇民族传统体育与搏击运动内容包括大学生安全防卫学、跆拳道运动项目,同时积极传承民族体育文化,系统编写了武术、中国式摔跤运动、龙狮运动三个体育项目。下篇体能与操舞运动内容包括游泳运动、健美运动、健美操运动、体育舞蹈、啦啦操运动、健身瑜伽六个体育项目。第二,教材内容新颖,思想性强。教材紧紧围绕新时代普通高校体育工作的发展思路,各专项章节围绕本专项最新项目、技战术、规则与裁判法等内容展开,同时挖掘各专项运动项目的价值与作用,便于读者开发、积累体育课程思政素材。最后,教材立足新形态教材建设,图片详尽,二微码视频丰富,课件制作精良,形式新颖,实践性强。

本教材作者长期从事普通高校公共体育课程教学工作,政治素养高,体育理论基础扎实,实践教学经验丰富,能够确保教材的政治性、思想性、教育性、实践性和科学性。本教材由西北工业大学体育部聂东风、王成、赵琳、景旺、王小乐、徐耀铎、毛煜、牛清梅、丛日旻、文建生、郑帅、岳风杉、宋健、任晨、郭光、熊亚红、刘欣怡、彭琼等教师编写完成，其中聂东风、王成担任主编。具体编写分工为：赵琳负责第一章、景旺负责第二章、王小乐负责第三章、徐耀铎负责第四、十四章、毛煜负责第五章、牛清梅负责第六章、丛日旻负责第七章、文建生负责第八章、郑帅负责第九章、岳风杉负责第十章、王成负责第十一章、宋健负责第十二章、任晨负责第十三章、郭光负责第十五章、熊亚红负责第十六章、刘欣怡负责第十七章、彭琼负责第十八章。聂东风负责统稿。在本书编写过程中，雏海宁编辑付出了艰辛的劳动，在此深表感谢。由于作者水平有限，本书难免存在不足之处，请广大读者及时给予指正。

编者

2023 年 7 月 10 日

目录

上篇　球类运动

第一章　篮球运动 ……………………………………………………………… 003
第一节　篮球运动概述 …………………………………………………… 003
第二节　篮球运动基本技术 ……………………………………………… 005
第三节　篮球运动基本战术 ……………………………………………… 014
第四节　篮球运动基本规则与裁判法 …………………………………… 022

第二章　排球运动 ……………………………………………………………… 027
第一节　排球运动概述 …………………………………………………… 027
第二节　排球运动基本技术 ……………………………………………… 030
第三节　排球运动基本战术 ……………………………………………… 041
第四节　排球运动基本规则与裁判法 …………………………………… 045

第三章　足球运动 ……………………………………………………………… 049
第一节　足球运动概述 …………………………………………………… 049
第二节　足球运动基本技术 ……………………………………………… 052
第三节　足球运动基本战术 ……………………………………………… 058
第四节　足球运动基本规则与裁判法 …………………………………… 065

第四章　触式橄榄球运动 ……………………………………………………… 070
第一节　触式橄榄球运动概述 …………………………………………… 070
第二节　触式橄榄球运动基本技术 ……………………………………… 073
第三节　触式橄榄球运动基本战术 ……………………………………… 078
第四节　触式橄榄球运动基本规则与裁判法 …………………………… 080

第五章　乒乓球运动 …………………………………………………………… 085
第一节　乒乓球运动概述 ………………………………………………… 085
第二节　乒乓球运动基本技术 …………………………………………… 087
第三节　乒乓球运动基本战术 …………………………………………… 094

第四节　乒乓球运动基本规则……………………………………………… 097

第六章　羽毛球运动………………………………………………………… 103
　　第一节　羽毛球运动概述…………………………………………………… 103
　　第二节　羽毛球运动基本技术……………………………………………… 105
　　第三节　羽毛球运动基本战术……………………………………………… 118
　　第四节　羽毛球运动基本规则与裁判法…………………………………… 121

第七章　网球运动…………………………………………………………… 128
　　第一节　网球运动概述……………………………………………………… 128
　　第二节　网球运动基本技术………………………………………………… 130
　　第三节　网球运动基本战术………………………………………………… 138
　　第四节　网球运动基本规则与裁判法……………………………………… 140

中篇　民族传统体育与搏击运动

第八章　武术………………………………………………………………… 145
　　第一节　武术概述…………………………………………………………… 145
　　第二节　武术的基本功……………………………………………………… 146
　　第三节　武术的主要拳种…………………………………………………… 150
　　第四节　武术运动基本规则与裁判法……………………………………… 167

第九章　中国式摔跤运动…………………………………………………… 169
　　第一节　中国式摔跤运动概述……………………………………………… 169
　　第二节　中国式摔跤运动基本功…………………………………………… 173
　　第三节　中国式摔跤运动技战术…………………………………………… 178
　　第四节　中国式摔跤运动基本规则………………………………………… 181

第十章　龙狮运动…………………………………………………………… 185
　　第一节　龙狮运动概述……………………………………………………… 185
　　第二节　龙狮运动基本内容………………………………………………… 187
　　第三节　龙狮运动基本技术………………………………………………… 190
　　第四节　龙狮运动基本规则与裁判法……………………………………… 203

第十一章　大学生安全防卫学 ... 209
第一节　大学生安全防卫学概述 ... 209
第二节　预防与策略 ... 210
第三节　格斗技术 ... 212
第四节　不断学习,终身受益 ... 225

第十二章　跆拳道运动 ... 227
第一节　跆拳道运动概述 ... 227
第二节　跆拳道运动基本技术 ... 232
第三节　跆拳道运动品势 ... 242
第四节　跆拳道运动基本规则与裁判法 ... 243

下篇　体能与操舞运动

第十三章　游泳运动 ... 253
第一节　游泳运动概述 ... 253
第二节　游泳前的准备与熟悉水性 ... 256
第三节　游泳运动技术 ... 260
第四节　游泳运动基本规则与裁判法 ... 267

第十四章　健美运动 ... 271
第一节　健美运动概述 ... 271
第二节　健美运动基本技术 ... 275
第三节　健美运动基本方法 ... 280
第四节　健美运动基本规则与裁判法 ... 285

第十五章　健美操运动 ... 290
第一节　健美操运动概述 ... 290
第二节　健美操运动的发展沿革、趋势及组织与赛事 ... 294
第三节　健美操运动术语及基本动作 ... 296
第四节　健美操运动基本规则与裁判法 ... 303

第十六章　体育舞蹈 ... 307
第一节　体育舞蹈概述 ... 307

第二节　体育舞蹈基本理论 ··· 311
　第三节　体育舞蹈的技术 ··· 315
　第四节　体育舞蹈基本规则与裁判法 ······································ 325

第十七章　啦啦操运动 ··· 330
　第一节　啦啦操运动概述 ··· 330
　第二节　啦啦操运动的基本动作及专业术语 ····························· 333
　第三节　啦啦操运动的练习 ·· 347
　第四节　啦啦操运动基本规则 ··· 354

第十八章　健身瑜伽 ·· 357
　第一节　健身瑜伽概述 ··· 357
　第二节　健身瑜伽体式 ··· 360
　第三节　健身瑜伽休息术 ·· 369
　第四节　健身瑜伽基本规则 ··· 370

参考文献 ··· 373

上 篇
球类运动

第一章 篮球运动

第一节 篮球运动概述

一、篮球运动的起源与发展

(一)篮球运动的起源

现代篮球运动起源于美国。1891年冬,基督教青年会训练学校(今春田学院)体育教师詹姆斯·奈史密斯博士依据学校的要求,为应对冬季体育课难以开展的困难设计了一项学生可以在室内进行的体育活动,即篮球运动。

篮球运动产生之后,首先在美国学校盛行起来,随后在亚洲、欧洲和大洋洲等地区传播并开展起来。

(二)篮球运动的发展

篮球运动经过100多年的发展历程,其发展过程划分为以下几个时期。

1. 初创时期(1891年—20世纪20年代)

1892年,奈史密斯编写了篮球规则,概括为五项原则和十三条规则,包括只允许用手接触球、不准拿球走或跑、争抢中不能有粗野的身体冲撞动作等规定。1897年在场地内增设了罚球区,球场界线已成雏形,场上队员也有了位置分工,现代篮球运动基本形成。

2. 普及与发展时期(20世纪30—60年代)

篮球运动在世界范围内广泛普及,国际大型运动会都将其列为正式比赛项目。随后,篮球运动技术和战术水平不断提高。国际篮联多次修改比赛规则使篮球运动的高度与速度、进攻与防守获得均衡发展,队员技术趋于全面提高,世界范围内形成了欧洲、美洲、亚洲不同的篮球流派和打法。

3. 全面飞跃时期(20世纪70—80年代)

20世纪70年代以后,现代篮球运动进入全面提高时期,运动员身高迅速增长,逐渐形成组合技术和综合战术,攻守对抗日趋激烈。1976年,第二十一届奥运会女子篮球运动被列为正式比赛项目。1984年国际篮球联合会(FIBA)又对规则进行了重大修改,设定球场面积为28米×15米,设定了3分投篮区,鼓励外线队员投篮。本次规则的修改对篮球运动的全面发展起到了决定性的作用。

4. 创新与攀高峰时期(20世纪90年代后)

20世纪90年代后,现代篮球的发展进入了黄金时期。越来越多的职业篮球运动员参加到国际比赛中。比赛规则经过多次修改,如比赛时间定为40分钟,分4小节,每次进攻时间缩短为24秒,等等。此后,篮球运动逐渐进入了职业化、商业化和社会化发展的时期。

二、篮球运动的基本特征

篮球运动的基本特征体现在以下几个方面。

(一)技术、战术和身体素质多元化

篮球技术有传球、运球、投篮、突破、篮板球和个人防守六大类数十种单个技术动作。在篮球活动实践中,技术动作常多元变异组合应用。

篮球战术有区域联防、盯人、区域紧逼等数十种。

篮球运动属综合性体育运动,它包含跑、跳、投等身体活动,各种身体活动并非机械性运动,常需不断变换技术动作和动作节奏。

(二)篮球运动技能的开放性

篮球运动技能属于开放性运动技能。所谓开放性运动技能是指在运动实践过程中技术动作的结构与组合因时间、位置和对手等外部情境有很多差异或变化,技术运用的条件和时机千差万别,需要根据同伴与对手的情况做出判断,及时、合理地运用技术。

(三)综合对抗性

篮球运动的活动形式是以两队成员相互协同攻守对抗的形式进行的,竞赛的过程需整体配合,反映和谐互助的团队精神和协作风格。

(四)职业性、商业化

20世纪八九十年代,篮球职业化如雨后春笋般在美、欧、澳、亚洲发展起来,篮球职业化已形成产业化趋势。

三、世界与中国篮球运动的发展

(一)世界篮球运动发展

世界现代篮球运动的发展体现在以下四个方面。

①大众篮球运动在全球普及,比赛的人文氛围全面提高;②学校篮球运动的健身、教育功能显著,活动形式丰富多彩;③职业篮球运动在全球发展,商业气息浓厚;④高科技对篮球运动的理论和实践产生了巨大影响。

(二)中国篮球运动发展

1895年,现代篮球运动第一次进入中国,美国基督教青年会传教士、青年会第一任总干事将现代篮球带到天津,并于1895年12月8日在天津成功举办了中国的第一次篮球比赛。从那时起,篮球运动逐渐从天津发展到全国各地。一百多年里,篮球运动逐渐成为中国广大人民群众最喜爱的体育运动项目之一。

中国篮球运动发展分为五个时期。

①初始传播时期(1895—1911年);②局部普及时期(1912—1948年);③普及、发展时期(1949—1965年);④复苏、提高时期(1977—1995年);⑤创新攀登时期(1996年至今)。

第二节 篮球运动基本技术

一、篮球运动技术分类

篮球运动初期的技术只有几项基本动作,在百余年的发展过程中,随着运动员能力水平的不断提高,技术动作也逐年增多。

篮球运动技术主要有两种分类方法:按动作结构和按攻守目的。其中,按攻守目的分类,篮球运动技术又分为进攻技术和防守技术两大类。从20世纪80年代以后,此种分类方法得到了广泛的认可和应用(图1-1),而按结构分类因不常用,在此不再详述。

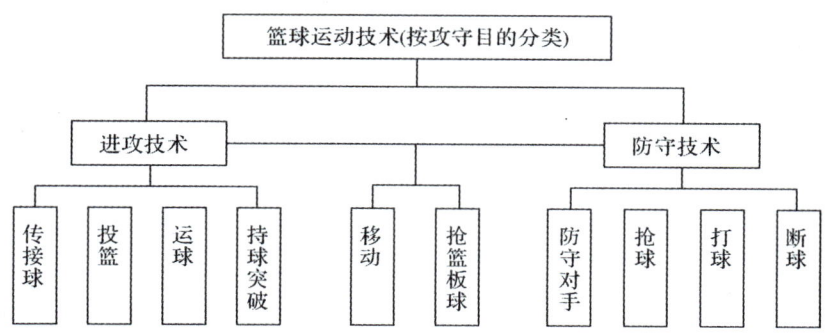

图1-1 篮球运动技术(按攻守目的分类)

二、移动及抢篮板球

(一)移动

移动是场上队员为了改变位置、方向、速度和争取高度运用的各种方法的通称。常用的篮球基本移动步法有起动、急停、侧身跑、后退跑、单双脚跳、前后转身、跨步、碎步等。

(二)抢篮板球

抢篮板球分为抢进攻篮板球和抢防守篮板球。抢防守篮板球是防守中极其重要的环节,是夺回球权的重要途径(图1-2)。其技术动作要领如下。

(1)观察:与防守人保持适当距离,人、球兼顾,切忌只看球不看人,避免给对手造成冲抢时机。

(2)预堵、转身、挡靠:对方投篮出手后,通过移动预堵对手冲抢路线,并主动上步贴近对手;同时以任意脚为轴,迅速做前交叉步转身,背部接触对手身体,并双臂张开;转身面向篮球后,身体重心应向后顶靠对手,用背部和臀部感觉对手的移动。

(3)起跳与抢球:迅速判断球的反弹落点,采用原地起跳或向前跨步起跳的方法,在自己起跳的最高点处,单手或双手将球拿稳,双脚落地屈膝缓冲,配合前转身步法将球传出或运球发动快攻。

图1-2 抢防守篮板球

抢防守篮板球过程中应注意判断准确,转身贴靠迅速,动作凶狠有力。抢进攻篮板球过程中,应积极主动,预判球的反弹落点,从防守人身体两侧挤过,抢占防守人身前的有利位置,以增大抢到篮板球的概率。

易犯错误:只观察球的落点,不顶靠进攻人;篮板球落点判断不准确,起跳时间掌握不好,过早或过晚起跳,无法在跳起的最高点获得球。

纠正方法:强化交叉步顶靠技术动作练习,形成肌肉记忆和动作模式;加强持球自抛篮板后的起跳时机练习,加强落点及高度的判断能力。

三、进攻技术

进攻技术是指比赛中具有攻击效果且时效性强的技术动作组合。常用的进攻技术中除了运球、传接球、投篮、突破技术之外,还包括摆脱接球、切入、推进与转移球等。每次进攻时,往往需要通过以上进攻技术的多元组合,来达到最终得分的目的。

(一)运球技术

运球是持球队员在原地或行进中,用单手连续按拍由地面反弹球的一类动作方法。运球是个人进攻的重要技术,它不仅是个人摆脱、吸引、突破防守的进攻手段,也是发动、组织战术配合的重要桥梁。

运球时的身体姿态:两膝保持弯曲,躯干略微前倾,抬头观察场上情况。

运球时的上肢动作要点:以肩关节为轴,肘部放松,上臂发力,五指分开,用手指及手掌外缘接触球,掌心空出。按拍球时,应随球上下迎送,尽量延长吸附球的时间,便于做变向动作和观察场上情况。

运球时下肢配合要点:脚步动作要随身体姿态和运球动作的改变同步进行,相互协调配合,使各种变向运球动作协调完成。

运球技术动作方法较多,分类方法也不尽相同,现将常用技术动作归纳如下。

(1)高运球:运球时,两腿微屈,目平视,手用力向前下方推球,球的落点在身体侧前方,使球反弹的高度在胸腹之间,手脚协调配合,使球有节奏地向前运行。这种运球方式身体重心高,速度快,便于观察场上情况。

(2)低运球:当受到对方紧逼时,常用这种运球方式摆脱防守。运球遇到防守时,两腿应迅速弯曲,重心下降,上体前倾,用上体和腿保护球。同时,用手短促地拍球,使球从地面向上反弹的高度在膝部以下,以便更好地控制球和摆脱防守,继续前进。

(3)运球急停急起:在对手防守较紧的情况下,运球向前推进时,可利用急停急起的变化来摆脱对手。在快速运球中,突然急停时,手拍球的前上方。运球急起时,要迅速起动,拍球的后上方,要注意用身体和手臂保护球。在运球急停急起时,要停得稳,起动快。人和球的速度要一致,手、脚和身体重心前后协调配合,这样才能有效地达到摆脱防守的目的。

(4)体前变向换手运球:当对手堵截运球前进的路线时,突然向左或向右改变运球方向,借以摆脱防守的一种运球方法。运球队员从对手右侧突破时,先向对手左侧变向运球,然后向右侧变向。变向时,右手拍球的右后上方,把球从自己的右侧拍到左侧前方,同时右脚向左前方跨出,上体左转,用肩保护球,然后换手运球,加速前进。

(5)胯下运球:当防守队员迎面堵截时,用这种方法摆脱对手。以右手运球为例,变向时,左脚在前,右手拍球的右侧上方,将球从两腿之间运至身体左侧,反弹点为左脚后跟后方,然后上右脚,换手运球,加速前进。

(6)背后运球:当对手紧逼,无法用体前变向运球,可用背后运球过人。以右手运球向左侧变向为例,变向时,右脚在前,右手将球拉到右侧身后,迅速转腕拍球的右后方,将球从身后拍至身体的左侧前方,然后换左手运球,左脚向前,加速前进。

(7)后转身运球:当对方逼近,不能用直线运球而要在体前变向运球突破时,可用此法过人。以右手运球为例,变向时,左脚在前为轴,做后转身150°左右,转身同时右手将球拉至身体的左侧前方,然后换手运球,加速前进。运球转身时,要降低重心,不要上下起伏,手腕内扣勾住球,不能掌心向上拖球,以免带球违例。

(二)传接球技术

1. 传球技术

传球是篮球比赛中进攻队员之间有目的地转移球的方法,是进攻队员在场上相互联系和组织进攻的纽带,是实现战术配合的具体手段。传球技术的好坏,直接影响战术质量和比赛的胜负。准确巧妙的传球,能够打乱对方的防御部署,为队友创造更多、更好的投篮机会。

1)持球方法

(1)双手持球方法:两手手指自然分开,拇指相对成"八字"形,用指根以上部位握球的两侧后下方,手心空出,两臂屈肘,肘关节下垂,置球于胸前。

(2)单手持球方法:手指自然分开,用手掌外沿和指根以上部位托球,手心空出。

2）传球方法

传球动作是由下肢蹬地，全身协调用力，最后通过伸臂、屈腕和手指拨球的力量将球传出。传球时，应根据接球队员的位置和移动速度，决定传球的用力大小和用力方向。一般将球传至接球队员的胸部位置，如将球传给移动中的队员，则应判断队员的移动速度，要做到人到球到，人球相遇。

3）传球技术动作

(1) 双手胸前传球。这是一种最基本、最常用的传球方法，两手手指自然分开，拇指相对成"八字"形，用指根以上部位持球，手心空出，两肘自然弯曲于体侧，将球置于胸腹之间的部位。传球时，后脚蹬地、身体重心前移的同时前臂迅速向传球方向伸出，拇指用力下压，手腕前屈，食、中指用力拨球将球传出（图1-3）。

图1-3　双手胸前传球

(2) 双手头上传球。这种方式持球点高，便于与头上投篮相结合，但与突破、运球及其他传球结合时，却增大了动作幅度。这种传球技术多用于中、近距离，如抢篮板球后的传球、外围队员的转移球，以及向内线队员传高吊球。

动作方法：单手举球于头上，两肘弯曲，持球手法与双手胸前传球相同。近距离传球时，前臂内旋，手腕前屈，拇指、食指和中指用力拨球，将球传出。

(3) 单手肩上传球。它是单手传球中一种基本的方法。这种传球的力量大，球飞行速度快，常用于中、远距离传球。

动作方法：单手持球于胸前，两脚平行开立；传球时，左脚向传球方向迈出半步避开防守人，同时将球引到右肩上方，肘部外展，上臂与地面近似平行；右手托球，前臂迅速向前挥摆，手腕前屈，通过食指、中指拨球将球传出。

(4) 单、双手反弹传球。单手反弹传球的技术动作要领与单手肩上传球相似，只需注意反弹点的位置，应在距离同伴的三分之一处即可；双手反弹传球技术动作与单手反弹传球相似，只需注意结合前转身跨步，避开防守人的封堵即可。

(5) 单手体侧传球。这种传球方法在外围队员传球给内线队员时经常运用。两脚开立两腿弯曲，双手持球于胸前。传球时，右手持球后引，经体侧向前做弧线摆动，手腕前屈，用食指、中指的力量拨球将球传出。

易犯错误：只用手臂发力推送球，球离手的瞬间手腕前屈不足；传球或高或低，落点没有位于同伴胸腹部位置；传球时没有观察同伴的防守人位置。

纠正方法：强化近距离仅用手指手腕发力的传球练习；结合前后转身步法，摆脱防守人干扰的传球练习；对墙面固定点的个人传球做准确性练习。

2. 接球技术

接球是比赛中获得球的动作。运用正确的接球技术,对减少传球失误、抢篮板球、抢断对方传球有着积极的作用。接球分为双手接球和单手接球两种。

(1)双手接球:接球时,两眼注视来球,两臂伸出迎球,手指自然分开,两拇指成"八字"形,手指向前上方,两手成一个半圆形;当手指触球后,两臂随球后引,缓冲来球的力量,两手握球于胸腹之间。保持身体的平衡,做好传球、投篮或突破的准备。

(2)单手接球(图1-4):接球时,五指自然分开,右臂向来球的方向伸去;当手指触球时,手指应主动发力阻挡球,手臂顺势将球向后下引,左手立即握球,双手将球握于胸腹之间,保持基本持球姿势。

图1-4 单手接球

易犯错误:接球时没有提前伸臂迎接球;接到球后不及时缓冲后引至胸腹部位置。

纠正方法:练习接大力传球,体会接球瞬间边发力持球边缓冲来球力量的技术动作。

(三)投篮技术

投篮是进攻队员为了将球投入篮筐而采用的各种专门动作方法的总称,是篮球比赛中唯一的得分手段,是一切技战术运用的最终目的和攻守矛盾的焦点。投篮的基本技术有以下四类。

1.原地单手肩上投篮(图1-5)

该技术是最基本的投篮方法,它是行进间和跳起投篮的基础。这种投篮方法身体比较平稳,便于身体协调用力,是一种比较容易掌握的投篮技术。

动作方法:双手持球于胸前,肘关节自然下垂,两脚前后或左右开立,两膝微屈,重心落在两脚上,眼睛注视瞄准点。投篮时,举球至右眼上方位置,下肢蹬地发力,两臂向前上方伸直,手腕前屈发力带动五指下压,食、中指用力拨球,通过指端将球投出。球出手时身体随投篮出手方向自然伸展,脚跟微提起。

图1-5 原地单手肩上投篮

易犯错误：左手发力参与投篮；伸臂投篮不充分,肘关节不伸直,投篮弧度低；手腕不前屈发力,仅用手指拨球投篮；球投出后手臂迅速离开,无投篮跟随动作。

纠正方法：增加近距离单手持球投篮练习,左手不参与持球；强化伸臂送肩肘伸直的高弧度投篮练习；手指不弯曲,手腕前屈带动手指拨球的抗阻练习；强化球出手后手臂朝向投篮方向3秒钟后放下手臂练习。

2. 原地跳起单手投篮（原地跳投）

以右手投篮为例,两手持球于胸前,两脚前后（或左右）开立,两膝微屈,重心在两脚上。起跳时两腿迅速屈膝,脚掌用力蹬地向上起跳,双手举球至右眼上方,右手托球,左手扶球的左侧。当身体接近最高点时,左手离球,右臂向前上方伸直,手腕前屈发力带动五指下压,食、中指拨球,通过指端将球投出。落地时,屈膝缓冲。

易犯错误：全身协调发力不连贯；跳起滞空时间过长影响投篮发力。

纠正方法：强化一段式投篮,出手点适当降低,边起跳边出手,起跳不易过高,投篮一气呵成,体会连贯发力的动作模式。

3. 急停跳起单手投篮（急停跳投）

急停跳投是进攻队员在行进间,运用突然急停摆脱防守转而进行跳起投篮的一种进攻方式。它包括接球急停和运球急停跳起投篮两种基本方式。

(1) 接球急停跳起投篮：在快速移动中接球,用跨步或跳步急停,急停的同时,突然向上起跳,保持上肢和躯干稳定,不要前倾。当身体接近最高点时,前臂向前上方伸直,手腕前屈,食、中指拨球,通过指端将球投出。

(2) 运球急停跳起投篮：在结束运球进行双手合球的同时,运用跳步或跨步急停,突然向上起跳,空中保持上肢和躯干稳定,不要前倾。当身体接近最高点时,前臂向前上方伸直,手腕前屈,食、中指用力拨球,通过指端将球投出。

易犯错误：运球结束时合球跨步衔接不好,造成错步或带球走步违例；跨步急停不稳,双脚没有同时发力起跳或身体重心向前跳。

纠正方法：强化合球接跨步急停分解动作练习,强调右手合球同时抬左脚,左手合球同时抬右脚跨步急停；运用双脚停稳后稍做停顿,再跳起投篮的分段练习方法。

4. 行进间单手投篮（三步上篮）

行进间单手投篮是篮球技术中必须掌握的一项内容。行进间单手投篮分为高手、低手、反手和勾手投篮四种形式,初学者建议先练习高手投篮,逐渐过渡到低手、反手和勾手投篮。其技术动作要领（以右手为例）如下。

(1) 上篮角度：应选择篮板右侧45°左右位置为最佳上篮角度,便于打板投篮命中。

(2) 合球跨步（图1-6）：当运球结束,开始上篮动作时,双手合球的瞬间必须同时抬起右腿（此环节为避免走步违例和错步上篮的关键）,左脚蹬地,右腿向前跨出第一步。右脚落地后,顺势蹬地跨出左脚为第二步；左脚落地同时发力蹬地起跳投篮。

(3) 投篮打板点：投篮过程中,双手持球上举,过渡到右手单手托球上举,球即将离手的瞬间,用向上挑腕和中间三指为主的拨球动作将球投出。打板点为篮板小白框右侧白线的中间或中上部附近位置,打板点应随投篮弧度和力量大小的不同进行调整。

图1-6 行进间单手投篮合球跨步环节

整个上篮过程中还应注意动作连贯,一气呵成。右脚第一步跨大步向前超越防守人,左脚第二步蹬地向上发力起跳,利于躲避封盖。起跳投篮时动作舒展,上肢紧绷发力,下肢左腿伸直右腿高抬放松,手腕柔和适度发力将球投出。

易犯错误:运球结束时合球跨步衔接不好,造成错步或带球走违例;跳起投篮时身体不够舒展,右腿不高抬;打板点不准确,手指挑拨球不柔和且投篮力度过大。

纠正方法:强化原地合球同时抬起右腿的分解动作练习;强化篮下高低手抬起右腿,左脚蹬地起跳打板投篮分解动作练习。

(四)突破技术

突破是持球者突然启动或以假动作诱惑防守者身体失衡,再结合运球摆脱对手,达到攻击目的的手段之一。突破技术分为原地持球突破和运球突破,原地持球突破又分为交叉步突破和同侧步突破两种形式。

1. 原地持球交叉步突破

交叉步突破的技术要点:以右手为例,两脚左右开立,两膝微屈,身体重心降低,持球于胸腹之间。突破时,左脚前脚掌内侧迅速蹬地,上体稍向右转,左肩向前下压,重心向右前方移动,左脚向右侧前方跨出,将球引于右侧,接着运球,中枢脚蹬地向前跨出迅速超越防守。

易犯错误:左脚蹬跨无力,蹬跨幅度过小;重心过高,转体侧身不够;运放球太慢导致中枢脚提前抬起,从而造成带球走违例。

纠正方法:增设防守人,双臂侧平举并适当调低手臂高度,突破时需从手臂下方穿过;强调左脚蹬跨后落地的同时球也落地,避免带球走违例。

2. 原地持球同侧步突破(顺步突破)

同侧步突破的技术要点:准备姿势和突破前的动作要求与交叉步相同。可先向右侧做刺探步诱骗防守人,左脚蹬地发力,右脚向防守人左侧跨出一大步以超越对手,右脚落地的同时,右手必须同时开始运球,右脚和球同时落地,此方法可以有效防止走步违例。

易犯错误:蹬跨无力且幅度不够,开始运球时球离手慢,将顺步突破做成交叉步突破,造成带球走违例。

纠正方法:强调持球位置应位于膝盖处的高度,右脚跨步后落地的同时球必须落地,防止带球走违例。重点强调推放球有力,球尽早离手。

3. 运球突破技术

运球突破技术动作主要由悬浮运球观察、诱骗防守人重心和加速突破三个环节组成。

(1)悬浮运球观察:运球突破时首先应观察判断防守人的位置和距离,寻找适宜的突破时机。球应尽可能在手中较长时间悬浮,便于观察和做好突破准备。

(2)诱骗防守人重心:应通过各种连续的组合运球,诱骗防守人重心左右或前后偏移,从而制造出运球突破的机会。

(3)加速突破:在完成上述动作之后,后侧脚迅速蹬地,加速前进,变向运球快速有力,降低身体重心,侧身探肩保护球。

易犯错误:变向运球时不结合脚步移动,蹬地发力不足,无快慢节奏、急起急停节奏变化;球在手中悬浮时间不够,没有充足时间观察防守人的脚部移动所出现的防守漏洞。

纠正方法:强化各种运球技术练习,增强手感,提高悬浮球能力(口袋运球、拖曳步运球、大幅度变向运球等)。

四、防守技术

(一)防守对手

防守移动是防守队员为了阻截和限制对手的活动而选择正确的防守位置所采用的各种脚步移动方法。我们通常采取滑步技术来进行防守。下文介绍常用的防守滑步技术及其在防守无球对手、防守有球对手中的具体运用。

1. 横滑步

以右侧为例,两脚开立比肩稍宽,双臂张开干扰传球路线,屈膝降低重心,左脚向右侧发力蹬地的同时,右脚向同一方向跨出,左脚应始终接触地面滑动不得抬起,始终保持连续蹬跨动作。

2. 后滑步(也称后撤步)

当进攻队员向右侧进行突破时,左脚蹬地发力向右后方45°方向进行蹬跨滑步。如果进攻队员进行运球变向至左侧时,应以右脚蹬地发力,迅速转动胯部,左脚后撤至左侧45°,连续蹬跨滑步动作。

3. 上滑步(也称攻击步)

当对方试图投篮时,左脚蹬地发力,右脚向前方跨步,进行连续蹬跨滑步。滑步的同时,右臂伸直上举,掌心冲球,干扰投篮。

所有形式的滑步过程中,应始终保持屈膝低重心,两脚不能并拢,蹬跨步迅速有力,根据对手的移动采取相应的滑步技术动作,抑制对方的进攻。

易犯错误:蹬跨幅度过小,蹬跨过程重心过高且上下起伏,蹬跨结束双脚并拢,防守面积过小。

纠正方法:强调前脚跨步和后脚蹬地距离相同,始终保持两脚之间的同样距离;增强腿部和脚踝力量练习;增加绳梯脚步灵活性、协调性练习。

4. 防守无球对手

防守无球对手是防守队员合理地运用脚步移动抢占有利的位置,控制无球对手的进攻活动和限制其接球的方法。

防守无球对手(图1-7)的关键在于做到人、球兼顾,始终根据球,进攻队员和自己的位置,大致形成一个斜三角形,眼睛两侧余光既能看到球,又能看到进攻队员。主要防守进攻队员,但始终要知道球所处的位置。根据对手和球的移动,及时调整防守位置,限制对手移动,封堵其接球路线。

图1-7 防守无球对手

易犯错误:只看人不看球或只看球不看人,无法做到人、球兼顾;球侧不压迫,弱侧不回收协防。

纠正方法:强化球侧及弱侧各常用进攻位置的选位练习,防守人位置不断调整到眼睛两侧余光可以同时看到进攻人和球的位置时即为正确选位(保持自己、防守人和球形成钝角三角形)。球侧应贴近进攻人(一臂距离),弱侧应主动回收篮下协防(距离进攻人2~3米)。

5.防守有球对手

防守有球对手是防守队员合理地运用脚步移动和手臂动作积极地抢占有利位置,以达到限制、破坏有球队员的进攻行动和争夺控制球权为目的的行动方法。

防守有球队员应首先观察其进攻意图,判断持球人是选择传球、突破、还是投篮,进而采取相应的防守技术。当对手重心高,寻找同伴试图传球时,可进行贴身防守,挥动双臂封堵其传球路线;当对手降低重心做刺探步准备突破时,应迅速后撤一步距离,时刻准备滑步防守;当对方注视篮圈,试图投篮时,应单臂高举,掌心冲球,干扰封堵投篮。

易犯错误:距离进攻人太近或太远;脚步站定,没有保持随时移动滑步状态。

纠正方法:强调随进攻人重心的高低变化,不断调整防守距离;重心高时应大胆贴近封堵传球路线,重心低时应及时后撤一臂距离防突破。不断保持双脚移动,并遵循主要防守强侧手,次要防守弱侧手,堵中路,放边路原则。

(二)抢球、打球、断球

抢球、打球、断球是防守中具有攻击性的技术,它是为了反攻和进攻的防御手段,是防守战术的基础。

1.抢球

抢球时,首先要判断好时机,在持球队员思想松懈或没有保护好球而使球暴露比较明显时,迅速接近对手,以快速敏捷有力的动作,把球抢夺过来。抢球时手部的动作方法有拉抢和转抢两种。

(1)拉抢:防守队员看准对手的持球空隙部位,迅速用两手抓住球后突然猛拉,将球抢过来。

(2)转抢:防守队员抓住球的同时,迅速利用手臂后拉和两手转动的力量,将球从对方手中抢过来(图1-8)。

图1-8 转抢球

2. 打球

打球就是击落对方手中球的方法。当进攻队员持球、运球、投篮时,防守队员可以用快速的脚步移动,抢占有利位置,掌握好时机和距离,进行打球。打球时动作不可过大,用力不要过猛。在打球过程中,防守队员的脚步应伴随投篮队员移动,保持适当的距离,这样才能掌握打球的时机和取得有利的打球位置。

3. 断球

断球是截获对方传接球的方法。根据传球方向和防守队员断球前所处的位置,一般分为横断球、纵断球和封断球三种。

(1)横断球是从接球队员的侧面跃出截获球的动作。断球时,屈膝身体重心下降,准备起动。当球刚由传球队员手中传出的一刹那突然起动,单脚或双脚用力蹬地跃出,身体伸展,两臂前伸,将球截获。若距离较远,可进行助跑起跳。

(2)纵断球是从接球队员身后或侧后跃出截获球的动作。当防守队员从接球队员的右侧向前断球时,右脚先向右侧前方跨出半步,然后侧身跨左脚绕到接球队员的前方,左脚或双脚用力蹬地向前跃出,身体伸展,两臂前伸,将球截获。

(3)封断球是在封堵持球员传球时截获球的动作。当持球队员暴露了自己的传球意图或传球动作较大时,防守者可在对方球出手的一刹那,伸臂封盖或将球截获。

易犯错误:没有判断好传球的落点和对手暴露球的时机,盲目出击断球。

纠正方法:分析判断对手的进攻意图,了解技术动作常规模式,预判对手下一步将要进行的技术动作和意图,找准最佳断球时机,并配合手臂及脚步的突然快速移动进行抢、打、断球,要做到稳、准、狠以收获出其不意的效果。

第三节 篮球运动基本战术

一、战术基础配合

(一)进攻战术基础配合

1. 进攻基础配合概述

进攻基础配合是指进攻队员之间,为了创造进攻机会,有计划、有目的、有组织的团队行动。合理有效地运用进攻基础配合可以有效地打破球队的进攻僵局,同时破坏对方的防守基础配合。

2.进攻基础配合分类

进攻基础配合是组成全队进攻战术的基础,它包括传切配合、突分配合、策应配合和掩护配合4种。

1)传切配合

传切配合是无球队员向篮筐方向切入,运用传接球来超过防守队员并进行投篮的方法,分为纵切配合(图1-9)和横切配合(图1-10)两种形式。传切配合是基础配合,主要运用于快攻、衔接进攻和阵地进攻,在防守方采取全场紧逼人盯人或半场紧逼人盯人防守时,运用也较多,且十分奏效。

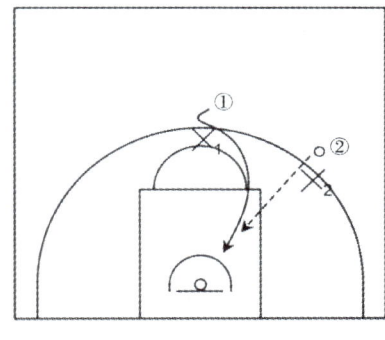
图1-9 纵切配合

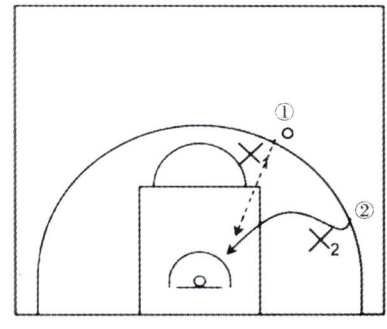
图1-10 横切配合

(1)传切配合的时机:当防守队员不能"人球兼顾",失去了有利的防守位置时;当进攻队员利用假动作摆脱防守时;当进攻队员切向篮下有空当时。

(2)传切配合的要求:传切配合中所有的切入都应朝向球篮,并且都是以获球投篮为目的。切入队员要掌握好时机,动作要突然,要及时利用速度或假动作摆脱防守。持球队员要有攻击性,用投篮和突破动作吸引防守队员的注意力,以便及时准确地将球传给切入并占据有利位置的同伴。

2)突分配合

突分配合是进攻队员运用个人技术,突破了一个对手后,遇到另一个对手来补防时,及时将球传给无人防守的队友的一种配合方法(图1-11)。

(1)突分配合的时机:当受到补防或夹击时,而同伴已经摆脱并占据十分有利的位置时进行。

(2)突分配合的要求:突破要狠要快。突破过程中要注意防守队员的位置变化以及队友的站位情况,既要做好投篮准备,又要做好传球准备。要采用适当的传球方式,及时准确地传球,其他队员根据情况及时跑位。

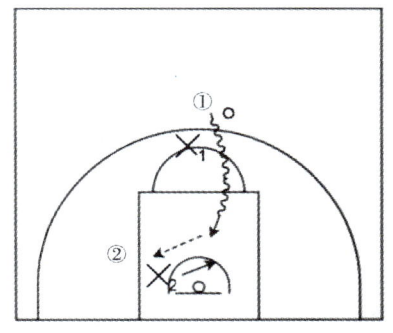
图1-11 突分配合

3)策应配合

策应配合是建立在传切的基础上，处于内线的队员背对或侧对篮圈接球后，由他作枢纽，与外线队员的空切形成的一种里应外合的配合方法（图1-12）。

策应配合的要求：策应队员应从中、低策应位上提到罚球线附近区域接球。原因如下：一是通过移动会比原地抢位更容易接球；二是移动的同时会使内线拉空，让切入队员有更大的空间来进行接球后的直接攻击。尤其在高位策应时，由于内线较空，切入队员切入内线接球的可能性较大，且攻击区域广。

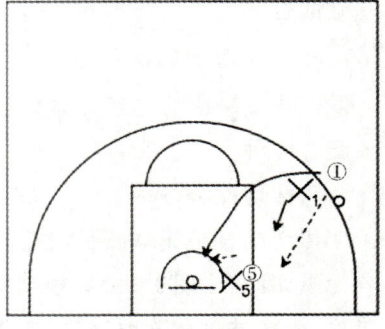

图1-12 策应配合

4)掩护配合（图1-13）

掩护是试图延迟和阻碍对方队员到达其希望的防守位置，使队友到达理想的战术部署位置而进行的合理身体活动。在掩护配合中，掩护者用自己的身体挡住防守者的移动路线，使同伴借以摆脱防守，或利用同伴的身体或位置使自己摆脱防守。掩护配合时，掩护队员应当在其圆柱体运动空间内保持静止，双脚开立着地，大约与肩同宽，躯干直立，胳膊和肘部弯曲不可伸展。现在人们把为持球队员的掩护也称作挡拆。

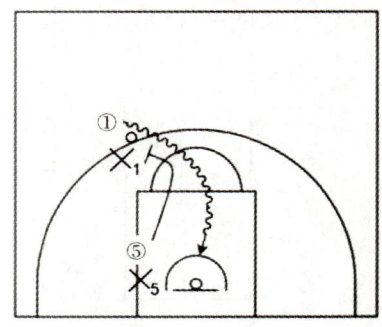

图1-13 掩护配合

(1)掩护要求：观察队友情况，选择最佳时机在合适角度进行掩护；双脚开立，两膝微屈，两臂下垂置于腹部，以稳定姿势建立合法、有效的掩护。

(2)利用掩护要求：观察掩护队友，保持静止或稍做反向移动以隐蔽意图，提高掩护质量；掩护到位时迅速摆脱对手，紧贴并做掩护队友肩膀切入，观察防守并做出应对。

(二)防守战术基础配合

1.防守基础配合概述

防守基础配合是指防守队员针对对手技术方法以及进攻战术的特点，为了破坏对手的进攻配合来进行有目的、有意识的相互协同配合，并实现本方防守目的的战术基础组织形式和技术方法。

防守基础配合质量的好坏，取决于个人防守能力和协同防守意识的高低。所以，要提高全队的防守质量，一要提高个人防守能力，二要提高基础配合的意识和方法。

从防守角度看，防守基础配合是人盯人防守战术中实现一对一防守或以多防少的基本方法，也是区域防守战术中实现对持球进攻队员一对一防守或以多防少的基本方法。

2.防守基础配合分类

防守基础配合是组成全队防守战术的基础，它包括挤过、穿过、绕过、交换、关门、补防和夹击7种配合。

二、快攻与防守快攻

(一)快攻战术

1. 快攻战术概述

快攻战术是由防守转入进攻时,以最快的速度、用最短的时间在人数上形成局部的多打少,或在人数相等以及人数少于对方的情况下,趁对方立足未稳,造成位置上的优势,果断且合理地进行攻击的一种速战速决的进攻战术。它具有发动快、推进快,不易把握等特点。

2. 快攻战术示例

快攻战术的配合方法很多,人们根据本队队员的具体情况与战术需要,通过不同的获得球方式、不同的发动与接应方式、不同的推进与结束方式设计出多种不同的快攻配合。下文介绍几种快攻配合方法。

(1)中锋长传快攻:如图1-14所示,这是在人盯人防守情况下,⑥抢得篮板球后,④与⑤迅速沿边线接应从而发动的快攻配合方法。

(2)后卫接应快攻:如图1-15所示,⑧抢得篮板球后④插中,⑤和⑦同时沿边线快速跑向前场,也可由⑥插中接应。⑧要做到不运球,直接传球。只有在遇到严密防守时才能进行运球突破,且一旦摆脱防守就要立刻传球。

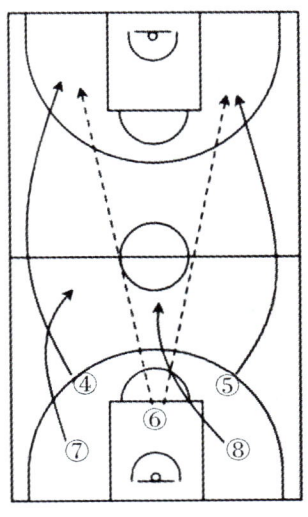

图1-14 中锋长传快攻

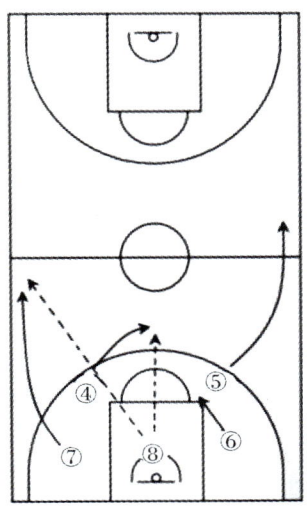

图1-15 后卫接应快攻

(二)防守快攻配合

1. 防守快攻战术

防守快攻是指由攻转守的瞬间及时组织防守阵形,主动阻止和破坏对方快攻的防守战术,它是现代篮球防守战术系统中重要的组成部分。现代篮球运动中,由于比赛节奏不断加快,提高防守战术质量和深入研究防守快攻的打法就显得越来越重要。

2.防守快攻战术示例

如图1-16所示,当❺抢到防守篮板后⑤快速上去抢占❺与❻之间的位置,并紧靠❺同时挥动手臂阻止其传球。当❺准备传球和❻准备移动接应时,⑥首先是要面向并靠近❻,以延缓❻去接应的时间,若❻已经移动,则⑥要在❻内侧,紧随其移动让其接不到球,迫使❻向前场移动。若⑤难以封堵❺的传球,靠近持球人的防守队员④可与⑤快速合围夹击持球队员❺来完成封堵。

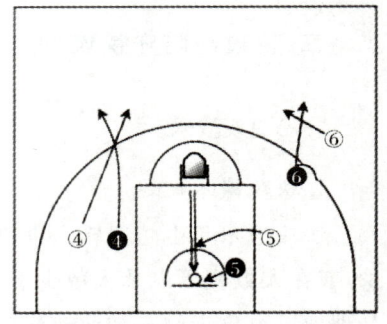

图1-16 防守篮板球后的快攻

三、人盯人防守与进攻半场人盯人防守

(一)人盯人防守

1.人盯人防守战术概述

人盯人防守战术要求每一名防守队员防守一名进攻队员,以防人为主,并且根据比赛实际情况合理运用防守基础配合,要与队友之间进行相互协同防守的一种全队防守战术。它是现代竞技篮球防守战术系统中重要的战术体系。

根据人盯人防守战术实施区域的不同,我们可以将其划分为全场紧逼人盯人防守和半场紧逼人盯人防守两种形式。全场紧逼人盯人防守是以在全场范围内紧逼对手,以破坏或延缓进攻,进而争夺球权为目标;半场紧逼人盯人防守是以半场范围内紧逼对手为实施防守战术的过程。

2.人盯人防守战术运用中的重点、难点

人盯人防守以"一人盯一人"为执行前提,因而人盯人防守适用于防守队员的个人防守能力相对较均衡,而对手球员个人突破技术、控球技术较差或中远距离投篮较准的情况下使用。同时,人盯人防守战术也适用于出于防守意图而主动改变、为调动队员防守积极性而主动改变和为特殊目的而主动改变防守战术的情况。

人盯人防守战术的重点在于防守中侧重点的选择与防守基础配合执行的有效性。例如,对持球或运球队员,如果对手投篮准,则要贴身防守,阻止进攻球员有较好投篮的机会;若对手突破速度快,则要适当空出防守距离,控制对手突破,并与队友进行高效的防守基础配合。

人盯人防守的难点在于不同时机情况下防守位置的选择。由于人盯人防守是以个人防守为基础,处于被动状态,同时又要求队员间要进行主动的协防配合,所以防守位置是进行人盯人防守的关键。

(二)进攻半场人盯人防守

1.进攻半场人盯人防守战术概述

进攻半场人盯人防守是根据半场人盯人防守的一般规律所制定的基本进攻战术。这种

战术利用各种传切、掩护、策应、突分等基础进攻配合来摆脱人盯人防守,创造出有利的投篮机会。进攻半场人盯人防守的基本队形如下。

(1)2-2-1队形(图1-17):单中锋站在罚球线附近。

(2)2-3队形(图1-18):单中锋站在篮下附近。

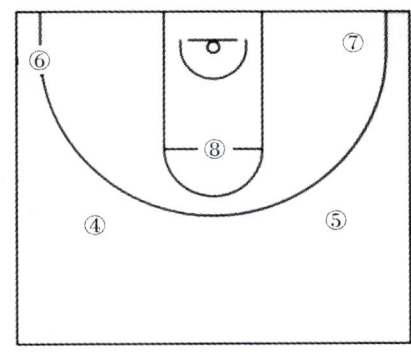

图1-17 2-2-1队形   图1-18 2-3队形

(3)1-3-1队形(图1-19):双中锋上、下站位。

2.进攻半场人盯人防守的基本要求

(1)要根据队员的身体水平与技术能力来建立合适的进攻战术配合。

(2)由守转攻时,要迅速落位,形成战术队形。

(3)在执行战术时,不仅要明确进攻重点,而且要熟知每个进攻机会,提高战术的机动性与灵活性。

(4)战术应该充分利用内线与外线,扩大进攻范围,增加进攻点。

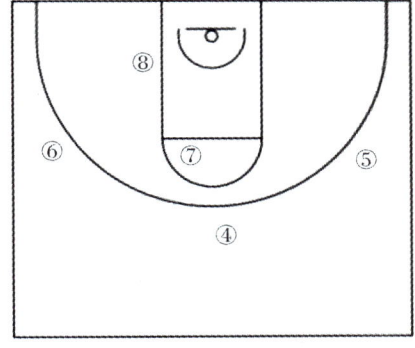

图1-19 1-3-1队形

(5)在进攻结束时,既要有计划地拼抢前场篮板球,又要有组织地退防。

四、区域联防与进攻区域联防

(一)区域联防战术

1.区域联防战术的概述

区域联防是篮球集体防守战术之一。区域联防以防区为主,这是它与人盯人防守的主要区别。由攻转守后,防守队员在本方后场组成区域联防的阵式,按分工防守各自的区域。在防守时,要严密防守进入自己负责区域的球和进攻队员,主要通过移动补位、封锁内线的方式将各区域有机地联系起来。

2.区域联防的战术阵型

随着篮球运动的进一步发展,运动员身体素质及能力与防守意识的不断提高,无论哪一种防守阵型,都能体现出它的协同性、攻击性、多变性、伸缩性等特点。不同区域联防阵型布局优势不同,防守的薄弱区域也不同。

1) 2-1-2区域联防阵型(图1-20)

2-1-2区域联防阵型是区域联防最基本的形式。其特点是防守队员的位置分布较均匀,队员间的移动距离近,有利于彼此之间的相互呼应、相互协作,最重要的是队员之间可以根据进攻方的攻击特点及时改变防守队形、便于控制限制区和篮下的防守。

2) 2-3区域联防阵型(图1-21)

2-3区域联防阵型适用于防守擅长在篮下、底线、

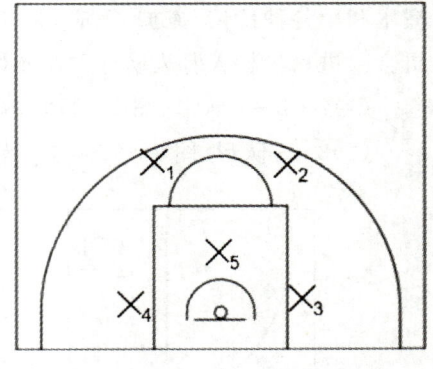

图1-20 2-1-2区域联防阵型

场角进行投篮的队。这个防守阵型也能够对内线进攻队员进行有效的预判和协防,有利于拼抢篮板球。

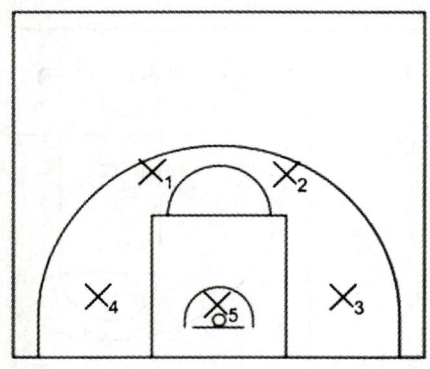

图1-21 2-3区域联防阵型

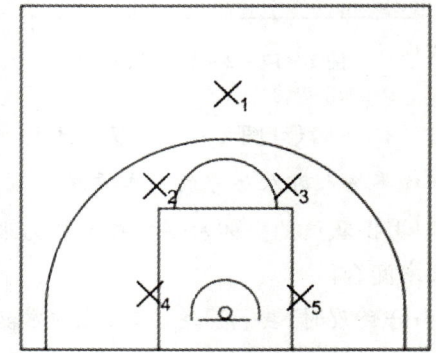

图1-22 1-2-2区域联防阵型

3) 1-2-2区域联防阵型(图1-22)

1-2-2区域联防阵型的主要特点是能够加强对外线的防守,特别是可以有效地控制中路运球突破的队员和三分线弧顶两侧投篮的队员,同时有利于对在罚球线接球进攻的队员形成包夹。

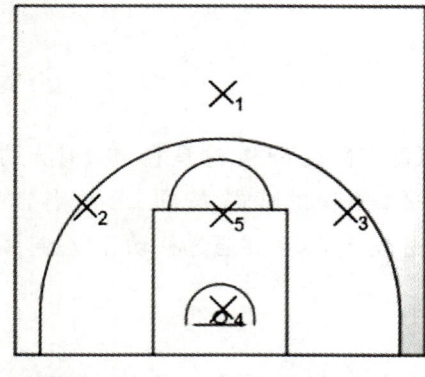

图1-23 1-3-1区域联防阵型

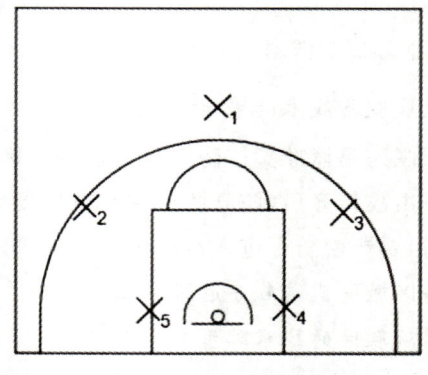

图1-24 3-2区域联防阵型

4) 1-3-1 区域联防阵型

1-3-1 区域联防阵型能够有效加强正面罚球区和罚球区两侧进攻的防守。我们从图 1-23 中可以看到,五名队员间可以形成有效的联系,相互之间便于协防、呼应,形成整体防守,1-3-1 区域联防阵型可以更加有效地阻断进攻队员之间的传接球联系。如果防守整体移动速度快,此阵型在防守的伸缩性、攻击性方面将更为突出,并且可在场角等区域形成夹击。

5) 3-2 区域联防阵型(图 1-24)

3-2 区域联防阵型对外围的防守能够更加有效控制。它的优点在于防守外围进攻队员中、远距离投篮,并且能在后场抢到篮板球后迅速发动快攻。其形式可以与 1-2-2 区域联防阵型防交互变形,防守特点也具有相同之处。

(二)进攻区域联防

1. 进攻区域联防概述

进攻区域联防是根据区域联防的一般规律,针对对手联防中的薄弱环节,结合本队实际情况所制定的进攻战术配合。对于区域联防,最好的进攻方式便是在对方还未形成防守阵型时,用快攻得分。但不可能整场比赛都用快攻来得分。因此,需要采用一定的进攻队形,通过人的移动与球的转移,形成局部地区以多打少的局面,从而创造出有利的进攻机会。

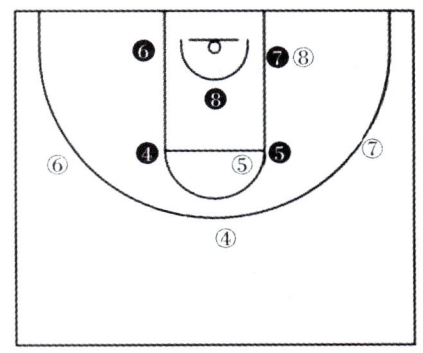

图 1-25　1-3-1 队形

进攻区域联防时的进攻队形如下。

(1) 1-3-1 队形(图 1-25):双中锋上、下站位。

(2) 1-2-2 队形(图 1-26):双中锋低位站位。

(3) 2-2-1 队形(图 1-27):仅有一名中锋的站位。

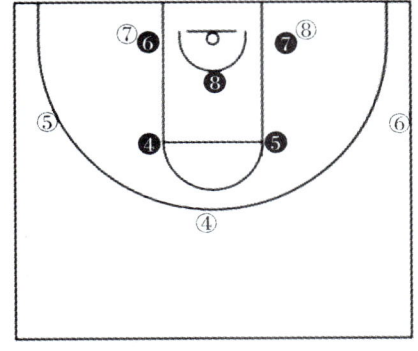

图 1-26　1-2-2 队形

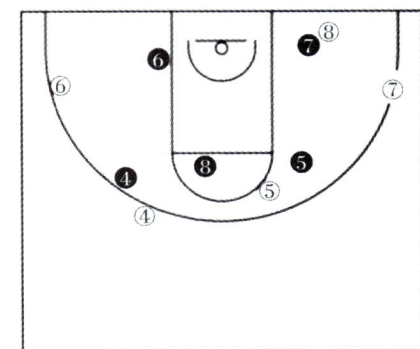

图 1-27　2-2-1 队形

2. 进攻区域联防的基本要求

(1) 积极采用快攻,在一开始就打乱对方的防守队形。

(2) 当防守队员已经形成区域联防时,要主动占据防守的薄弱区域,在局部形成人数优势。

(3)进攻时要充分利用球的转移来调动对方的防守,让对方因移位、补位而产生漏洞时,从而创造出良好的进攻机会。

(4)精准的中、远距离投篮是进攻区域联防的重要手段。其不仅可以直接取分,而且可以扩大进攻区域,拉大防守面积,为篮下制造有利的进攻条件。

第四节　篮球运动基本规则与裁判法

篮球规则是篮球比赛应该如何进行的法则,是每一位参与篮球运动的队员、教练员和裁判员都应共同遵守的规章制度。裁判法则是临场裁判员的工作方法。国际篮联制定的篮球规则分为8章,共50条。

一、比赛通则

(1)比赛场地:标准的篮球场长度为28米、宽15米、篮圈高度为3.05米、三分线距离篮圈中心点6.75米,罚球线距离为5.8米。

(2)球队:应由12名队员、1名主教练和最多8名随队人员组成。

(3)比赛时间、比分相等和决胜期:比赛应由4节组成,每节10分钟;第1、2节和第3、4节之间各休息2分钟,中场休息15分钟。若第四节比赛结束比分相等,比赛应进行若干个5分钟的决胜期比赛来打破平局。

(4)球中篮和它的得分值:一次罚球投中篮计1分,从3分线以内(包括三分线)区域投中篮计2分,从3分以外区域投中篮计3分。

(5)前场和后场:假如你是一名场上队员,你进攻的球篮所在的半场为前场,你防守的球篮所在的半场称之为后场。中线属于前场的一部分。

(6)球的状态:当队员场上运、传球时;裁判将球递给罚球和界外发球队员时,球是活球状态。当裁判员每一次鸣哨时,球是死球状态。

(7)暂停:每支队伍上半场拥有2次、下半场3次暂停机会,每次暂停应持续一分钟。每一个决胜期有一次暂停机会。上半场的暂停不能累积到下半场使用。国际篮联规则中目前没有30秒短暂停的规定。

(8)替换:当临场裁判员鸣哨后及死球时,任何队都可以进行替换,没有次数和人数的限制。

二、违例情况的判断与处理

违例就是对规则条例的违犯,是比赛中最常见的情况。违例的罚则是将球判给对方队员从最靠近发生违例的边线或端线外发球恢复比赛。

(一)带球走违例

带球走违例俗称走步违例,我们可以通俗地理解为非法地移动了中枢脚即为走步。我们首要要知道如何确立中枢脚,它分为静止和移动两种情况。

1. 静止的队员确立中枢脚

队员双脚站在地面上接住球,一只脚抬起的瞬间,另一只脚成为中枢脚;开始运球时,在球离手前中枢脚不得离开地面,中枢脚只能旋转不能拖动。

2. 移动中和结束运球时的队员确立中枢脚(0-1-2 原则)

当运球结束,合球开始投篮动作时,合球瞬间接触地面的脚为 0 步,随后,无论迈出任何一只脚为 1 步,再迈出任何一只脚为 2 步。其中我们要注意,第 1 步可以是单脚也可以是双脚。但 0 到 1 步或 1 到 2 步时不能是同一只脚(南斯拉夫步是违例)。所以,判断移动中是否走步,只需判断合球后是否只迈出了 2 步,而不能出现第 3 步甚至第 4 步。

此外,因场地湿滑,队员持球或运球时意外跌倒或在地面上滑行,或躺、坐在地面上是合法的,但持球翻滚或站起来,这是违例,而运球站起来则是合法的。

（二）运球违例

当运球队员双手同时触及球或球在一手或双手中停留时运球结束,不能再次运球,即运球违例。

（三）队员出界和球出界违例

当队员身体的任何部分触及界线或界线外的人或物体时,即是队员出界。

当球触及界线上或界外的人员或物体、篮板的支架或篮板背面,即为球出界。

（四）掷球入界违例

掷球入界俗称发界外球,队员违反以下规定,即为违例。

(1) 超过 5 秒钟球未发进场内。

(2) 球在手中时脚踩场内地面。

(3) 发球时,球碰篮板背面任何位置。

(4) 发球时,界外直接投篮。

(5) 接到裁判员的递交球后,左右移动不能超过 1 米。

（五）3 秒违例

某队在前场控制活球并且比赛计时钟正在运行时,该队的队员不得在对方队的限制区(俗称 3 秒区)内停留超过连续的 3 秒钟。

国际篮联规则中只有进攻队 3 秒违例,没有防守队 3 秒违例的规定。

（六）5 秒违例

5 秒违例的三种情况:

(1) 界外发球队员 5 秒钟内没有将球传进场内。

(2) 结束运球后被对方紧逼防守 5 秒钟内没有传球或投篮。

(3) 罚球队员 5 秒内没有完成出手投篮。

(七)8秒违例

一名在后场的队员控制球时,必须在8秒钟内使球进入该队的前场,否则视为8秒违例。

(八)24秒违例

每一回合的进攻时间为24秒钟,进攻队必须在24秒结束前出手投篮,并且球要接触篮圈或命中,否则将是24秒违例。

三、犯规情况的判断与处理

(一)判断犯规的原则

判断什么情况是犯规,我们要掌握以下三个原则。

1.圆柱体原则

如图1-28所示,防守人和进攻人都有一个自己假想的圆柱体空间,只有在自己的圆柱体内的空间是合法的。我们可以通俗地理解为攻守双方谁超出自己的圆柱体空间造成过分接触,谁就是犯规了,即圆柱体原则。圆柱体原则是判断犯规的核心和基础。

图1-28 防守与进攻队员的圆柱体

2.垂直原则

垂直原则是基于圆柱体原则之上,规定在自己的圆柱体空间内要保持相对的与地面垂直的身体姿态的原则,如垂直起跳、防守、对抗等都是合法的。

3.合法防守位置

当一名防守队员面对对手,并且双脚着地时,他就建立了最初的合法防守位置。合法防守位置的核心是要求正面面对进攻人。

(二)侵人犯规

常见的侵人犯规有非法用手(打手)、用手推挡、拉人、阻挡、推人、点手腕、勾人、击头、过分挥肘、带球撞人、掷球入界犯规等。

(三)全队犯规

在一节比赛中,某队全队累计犯规已达 4 次时,该队处于全队犯规处罚状态。此时,对非投篮动作的犯规,也应判给对方 2 次罚球。第四节的全队犯规应累积到加时赛中。如果队员被判进攻犯规只失去球权、不考虑全队犯规时,不产生罚球。

(四)技术犯规

常见案例:
(1)进攻方球中篮后,将球按在地面上或将球打远。
(2)频繁的质疑、抱怨裁判员的判罚或口吐脏字行为。
(3)骗取犯规(假摔)。
(4)对正在投篮的队员进行喊叫、拍手、封眼睛、跺脚以干扰其投篮的行为。
罚则:技术犯规由对方任一队员罚球 1 次。

(五)违反体育运动精神的犯规

常见案例:
(1)不努力抢球,而拉拽对方身体或衣服的行为。
(2)普通侵人犯规的动作或力度过大,给对方造成较重的侵犯。
(3)对方抢断球要快攻反击,为了阻止这次快攻进行故意或战术性的犯规。

(六)取消比赛资格的犯规

常见案例:
(1)场上队员发生打架。
(2)用球故意砸向对方的面部。
(3)故意用脚踢、踹或手肘击打对方球员。
(4)辱骂裁判员、记录台人员或观众,对比赛秩序造成严重影响。
罚则:犯规者被取消比赛资格,不允许坐在替补席上,他应去该队的休息室或离开体育馆。

四、两人制裁判法简介

裁判法分为两人制裁判法和三人制裁判法。在民间和基层组织的篮球比赛中,大多采用两人制裁判法,官方正式比赛必须使用三人制裁判法。

两人制裁判法一般由执裁经验丰富的这一位裁判员担任主裁判(英文缩写 CC),另一位担任副裁判(英文缩写 U1)。临场执裁过程中,根据所在位置不同,在端线外占位的裁判员称为前导裁判,在三分线外占位的裁判员称为追踪裁判。

(一)比赛开始前的占位

距离比赛开始前 20 分钟,两名裁判员应在记录台对侧中线处占位,监控场上队员热身情况。距离比赛开始前 10 分钟,主裁判应回到记录台检查记录表登记情况后返回;比赛开始前 2 分钟,他们应回到记录台,准备跳球开始比赛。

(二)跳球及随后的占位

主裁判进行跳球,他不应该含哨子,副裁判站在记录台前的中线处监控跳球违例情况。跳球成功后无论向哪个方向进攻,U1 都应快速跑至端线外的初始位置,成为前导裁判,CC 成为追踪裁判。两名裁判员应对角占位,并始终保持篮架在自己的右手一侧。

(三)掷球入界时的占位

负责管理队员掷球入界的裁判员应首先与同伴建立目光联系,确认同伴已准备好,随后将球反弹传给发球队员并向后退 2 步,打出 5 秒可见手势,并观察发球队员所有的违例情况,当球发进场内,立即做出开表的劈砍手势。

(四)罚球时的占位

当队员进行 1 次或多次罚球时,前导裁判员持球,应先打出 1 次或 2 次罚球的手势,随后将球反弹传给发球队员,并退至端线外观察抢篮板违例情况。此时,追踪裁判员应在罚球线延长线和三分线的交点处占位,打出 1 次或 2 次罚球的手势,并观察罚球队员违例的情况。

(五)犯规报号程序

(1)当前导裁判员吹罚防守犯规后,他应从端线径直走向三分线附近位置,面对记录台站定进行犯规报号程序。报号程序举例:白队 5 号→阻挡→罚球 1 次或 2 次或前场球。报号结束,他应去到追踪裁判的位置,原来的追踪裁判变为新的前导裁判,负责罚球或掷球入界情况。

(2)当追踪裁判吹罚防守犯规后,由于位置距离记录台较近,他只需要转身面向记录台进行报号程序即可,无须与前导裁判换位。

(3)进行报号程序时,手势应规范清晰,并辅助口语表述宣判内容。

思考题

1. 简述篮球运动的起源。
2. 简述篮球运动的本质特征。
3. 简述篮球技术的分类方法。
4. 简述行进间单手投篮的技术动作要领。
5. 简述运球基本技术的种类。
6. 简述投篮技术的分类。
7. 简述 5 种主流运球技术。
8. 简述进攻基础配合的种类。
9. 掩护配合发动时对掩护人与被掩护人有什么要求?
10. 人盯人防守战术在运用中的重点、难点是什么?
11. 区域联防战术阵型有哪些?列举两种不同阵型的优缺点。
12. 简述 5 种犯规的类型。
13. 简述 5 种违例的类型。
14. 简述判断一起犯规时应遵循的三个原则。

第二章　排球运动

排球运动是每队上场六名参与者在长18米、宽9米,中间用球网隔开的场地上运用多种技术动作击球,使球不落在本方场区的同时进行攻防对抗的一项集体性运动项目。排球运动可以提高反应速度和协调能力,提升视觉意识和空间感知力,培养运动员具备良好团队合作意识和顽强拼搏、永不言败的品格。

第一节　排球运动概述

一、排球运动的起源与发展

排球运动于1895年,在美国马萨诸塞州霍利奥克市诞生,创始人是威廉·摩根。摩根作为基督教的青年会干事,他认为篮球运动对抗激烈比较适合年轻人,而对于年龄稍大或不经常参加体育锻炼的人来说,则需要一项身心放松而又不太过于疲劳,同时还要达到锻炼身体目的的全新运动项目。他在体育馆上空挂上网球网子,用篮球内胆在球网上空来回拍打,双方上场人数不限,但须对等,规则类似棒球,由9局组成,连胜3分为1局,摩根给这种运动取了一个有趣的名字"mintonette",意为"小网子"。1896年,美国普林菲尔德市立学校的艾·特·哈尔斯戴特博士观看了这种游戏,建议将这个球命名为"volleyball",意为"空中飞球",这个名字一直沿用至今。

随着美国教会的传播活动和军队的军事活动的增多,排球运动被传播到了世界各地。目前世界排球三大赛有奥运会排球赛、世界排球锦标赛、世界杯排球比赛。

1913年,亚洲最早的排球比赛在菲律宾马尼拉举行。1947年,17个国家代表在法国巴黎召开了大会,正式成立国际排球联合会(FIVB)。法国人鲍尔·利伯被选为首任主席。1949年在布拉格举办了第一届世界男子排球锦标赛,1952年在莫斯科举办了第一届世界女子排球锦标赛,1964年排球运动在日本东京奥运会上被列为奥运会正式比赛项目。

排球运动问世一个世纪多以来,由室内走向室外,由地板走向沙滩,由娱乐走向竞技。排球运动已经发展成为适应各年龄阶段参与的大众化体育运动,也成为世界瞩目的竞技比赛项目,排球运动为了适应发展的需要,不断推陈出新,与时俱进。

（一）世界排球运动的发展

1. 娱乐排球（1895—1936）

排球本身就是为娱乐休闲而创造的，因此排球运动从诞生之初就被大众认为是一项娱乐性较强的游戏。从1896年摩根制定第一个排球运动规则开始，排球运动的各项规则逐步建立起来。1900年采用21分制；1912年采用运动员轮换制和三局两胜制；1915年，采用15分制。尤其在1921—1938年间，因排球运动技术水平的提高和技术手段的多样化，规则进行了一系列的修改和完善，除划定了比赛场地外，技术动作被归类为发球、传球、扣球和拦网，场上队员也有了明确的位置分工。

2. 竞技排球（1947—1980）

在第一位国际排联主席鲍尔·利伯上任后，他将排球运动从娱乐阶段推向竞技阶段。国际排联不仅顺利地举办了世界锦标赛、世界杯等一系列世界大赛，还成功让排球运动进入奥运会。随着国际交往的不断增多，欧、亚两大洲的各种打法取长补短，优势互补。20世纪60年代中期到70年代末，世界排坛出现了以日本女排为代表的"速度派"，以苏联、波兰为代表的"力量派"，以捷克为代表的"技巧派"等多种类型打法的队伍。

3. 现代排球（1980年至今）

20世纪80年代开始，世界排球进入现代排球的发展阶段，排球运动进入社会化、商业化、职业化的发展阶段。1984年，墨西哥人阿科斯塔当选为新任国际排联主席。他决心把排球发展成世界上最受欢迎的运动项目之一。他将排球运动推向了市场，改革赛制、修订规则、配合并利用现代化传播媒介进行宣传。他把排球运动推到了竞技体坛的高端，取得了巨大的社会效益和经济效益。为了更好地在全世界范围内扩大排球运动的影响，国际排联开始有计划、有目的地开展和推广各种形式的排球运动，如沙滩排球、软式排球、迷你排球、雪地排球等。竞技排球与娱乐排球共存，"大排球"的观念已初步形成。

（二）中国排球运动的发展

在我国，排球运动的历史可以追溯到20世纪初。排球运动伴随着帝国主义的文化入侵来到我国，美国传教士在传教布道之时把排球带了进来。1905年，16人制排球运动首先在广州南武中学和香港皇仁书院流行，后逐步在我国一些城市的学校中开展起来。人们根据volleyball的译音，把空中飞球译成"华利波"。排球运动先后经历了16人制、12人制、9人制和6人制的演变过程。

1914年在北京举行的第二届全运会上，排球运动被列为男子正式比赛项目，并将"华利波"改称"队球"取成队比赛之意。1930年在第四届全运会之前，中华全国体育协进会根据球在空中被来回拍击和参加者成排站位这两个特点，将"队球"改称"排球"。从此，排球这一名称和运动形式在我国传播开来，沿用至今。

20世纪80年代初，中国女排在主教练袁伟民的带领下，形成了攻防全面、战术多变，以高制亚洲、以快制欧洲的技战术打法。1981年，中国女排在日本第三届世界杯比赛中，一路过关斩将,最终以 7 战 7 胜的成绩首次荣获世界冠军。这个冠军的分量不言而喻,全国因此掀起了学习"女排精神"的热潮,而中国女排也是一鼓作气,接连获得 1982 年世界锦标赛、1984 年洛杉矶奥运会、1985 年世界杯、1986 年世界锦标赛的冠军,这就是至今仍为国人所津津乐道的"五连冠"伟业。

二、排球运动的特点

排球运动以其独特的参赛方式受到很多人的喜爱,在我国得到广泛开展,由于近年来我国女排在世界大赛中取得骄人的成绩,排球运动受到越来越多的关注,其特点可归纳为六个方面:①广泛的群众性;②技术的全面性;③高度的技巧性;④激烈的对抗性;⑤攻防技术的两重性;⑥严密的集体性。

三、排球运动对大学生身心健康的促进作用

排球运动是一项依靠团体配合而取胜的运动,具有很强的技巧性、对抗性、集体性和观赏性。排球运动能够提高学生的身体反应能力、思维能力和团队协作能力,同时还能培养同学们机智、果断、沉着、冷静等心理素质,以及勇敢顽强、克服困难和坚持到底的集体主义精神,促进身心健康共同发展。

(一)排球运动对大学生身体健康的促进作用

学生经常参与排球运动,在专项的技战术学习和练习过程中,身体要承受一定的运动负荷。通过不同程度的负荷刺激,学生不仅能够提高各项身体素质,而且能够有效改善骨骼肌系统、能量代谢系统、神经系统、心血管系统、内分泌系统以及免疫系统的机能状况,促进身体健康发展。其主要体现在六个方面:①排球运动对力量素质的促进作用;②排球运动对速度素质的促进作用;③排球运动对协调素质的促进作用;④排球运动对灵敏素质的促进作用;⑤排球运动对柔韧素质的促进作用;⑥排球运动对耐力素质的促进作用。

(二)排球运动对大学生心理健康的促进作用

排球运动是一项承载和传递体育科学知识的体育运动。当我们面对学习和生活中的顺境与逆境时,正如我们参与排球运动时所经历的希望与失望,欢乐与痛苦,竞争与协作,成功与挫折的过程。人们所持有的态度和心理承受力会对结果造成很大影响。排球运动能够满足同学们人际交往的需求,完善个性特征、促进社会角色的获得和规范道德行为方式,在强化团结协作、竞争意识、价值观念、底线思维、家国情怀等方面起着十分积极的作用,也是促进心理健康的有效途径。其重要作用主要体现在四个方面:

①排球运动对大学生爱国主义精神培养有促进作用;②排球运动对大学生团队协作精神培养有促进作用;③排球运动对大学生道德行为规范培养有促进作用;④排球运动对大学生竞争意识培养有促进作用。

世界排球三大赛有奥运会排球赛、世界排球锦标赛、世界杯排球赛。

四、排球运动常用术语

随着现代化传播媒介的普及，排球赛事已经可以随时多渠道地进入人们的生活，越来越多的排球专业"术语"让人们熟知，下面就这些基本排球"术语"进行简要的介绍。

（1）二传：指接对方来球后，专门担任第二次传球并组织本方进攻的队员，是场上实施进攻战术的组织者，每队通常配备有一至二名二传手。

（2）接应二传：接应二传的作用已经从辅助二传传球转变成球队主要的进攻得分点，接应二传成为与主攻共同担负球队两翼进攻的主要火力点，而原本辅助传球的职责被逐渐弱化。

（3）副攻：专指在前排中间三号位进攻的队员。副攻以快速多变的进攻为主，并加以掩护来帮助其他队友组成各种快速多变的整体进攻战术。副攻通常要求身材高大，并具备较强的弹跳力和快速移动变向的能力。副攻，除了进攻和掩护外，拦网也是他们的重要职能。

（4）主攻：指场上的主要攻击手，一般在四号位进攻。主攻要求队员技术全面，弹跳力强，既要拥有强劲的得分能力，还要具备出色的一传和防守能力。

（5）自由防守队员：也称"自由防守球员"，它是国际排联于1996年世界女排大奖赛中试行的一项规则，沿用至今，简称自由人。为了加强防守达到攻守平衡的效果，自由人可以任意替换场上的后排队员，他不可以到前排参加进攻和拦网。

（6）旋转球：它主要出现在扣球和大力跳发球技术中，是运动员手接触到球体表面，与球体表面产生摩擦、变向作用力的击球动作，使球在飞行的过程中向前、向侧方旋转。

（7）飘球：飘球主要出现在原地发球和前冲式跳飘发球技术中，击球的同时，使用较少手与球的接触面部位发力，使该作用力通过球体中心，使球不产生旋转向前飞行，受空气阻力和地心引力的作用产生不规则的飘晃。

（8）一攻：接对方来球并组织有效进攻的简称。

（9）防反：主要通过本方的拦、防来限制对方的进攻，从而为本方由守转攻创造条件的简称。

（10）保攻：接对方拦回本方进攻球及其组织进攻体系的简称。

第二节　排球运动基本技术

排球技术是指运动员在规则允许的条件下，采用的各种合理的击球动作和为完成击球动作必不可少的其他配合动作的总称。技术是战术组成的基础，只有熟练掌握了技术，才能保证各种战术的运用和发展。

一、排球运动准备姿势与移动技术

排球运动的准备姿势是各个技术动作启动前的准备。准备姿势的目的是将身体重心调整至相对稳定的状态，在保持稳定的同时又便于快速启动。脚步移动的目的是能及时接近

来球,找到合理的站位并迅速进行攻防转换及战术配合。

(一)准备姿势

准备姿势的动作分析与分类。

准备姿势的作用是为了随时做好准备、快速启动、方便击球,根据重心高低及膝关节弯曲的角度进行区分,如图2-1与图2-2所示,可分为稍蹲准备姿势、半蹲准备姿势和深蹲准备姿势,如表2-1所示,不同的准备姿势有不同的动作要点和适用场景。

图2-1 稍蹲、半蹲和深蹲准备姿势(正面)

图2-2 稍蹲、半蹲和深蹲准备姿势(侧面)

表2-1 准备姿势分类

技术分类	动作要点	适用场景
稍蹲准备姿势	脚跟微提、两膝夹角呈120°,上身前倾、两脚微动,随时准备迎接来球。	准备接飘球或者防吊球时可采用稍蹲准备姿势
半蹲准备姿势	脚跟微提,两膝夹角呈90°左右,上体微微前倾、身体保持自然放松	准备接飘球、大力跳发球或者下撤防守防吊球或轻扣球可采用半蹲准备姿势
深蹲准备姿势	脚跟微提,大腿下蹲幅度超过膝关节位置,上身前倾、两脚微动、随时准备迎接来球	接大力跳发球和重扣防守时可采用深蹲准备姿势,降低重心更容易将球接起

(二)移动技术

排球运动各种移动的目的主要是通过移动取位,要保持好人与球的位置关系,便于击球。排球运动基本的移动步伐有:并步移动(图2-3)、侧滑步移动、跨步移动(图2-4)、交叉步移动(图2-5)。运动员可根据来球的位置采取相应的移动步伐。

图2-3 并步移动动作

图2-4 跨步移动动作

图2-5 交叉步移动动作

(三)准备姿势与移动易犯错误与纠正方法(表2-2)

表2-2 准备姿势与移动易犯错误与纠正方法

技术	易犯错误	纠正方法
准备姿势与移动	上体后仰或臀部后坐	强调含胸收腹,上体前倾,足跟提起。做一些高重心的跑、跳练习
	弯腰、直膝	移动前重心前移,适当进行静蹲练习
	起动慢,移动步子过大或过小	讲清要领,移动前重心前移,身体保持微动状态,用视觉信号进行徒手练习
	移动时身体起伏过大	讲清并分析身体重心不能起伏过大的道理,多做穿网下的往返移动
	移动后重心过高	多练习移动后手触地动作

二、排球运动传球技术

传球是指利用手指、手腕的弹力通过全身协调发力完成传球动作,并将球传至目标位置。传球在比赛场上的应用不只是二传用于组织战术,其他队员也可以运用传球技术接对方的发球、处理球及拦回的高球、吊球。传球可以分为正面传球、背传球、侧传球及跳传球四种。下文主要介绍正面传球。

(一)正面传球的动作要领

正面传球是传球技术中最基本的方法,只有熟练掌握正面传球技术才可进行其他传球方法的训练。

1. 准备姿势

正面传球采用稍蹲准备姿势,身体保持前倾,双手按传球手型放置于额前。

2. 传球手型

传球手型以固定拇指的位置可以分为"一字型"或"八字型"。

技术要点为两手五指自然张开呈半球状,手腕微微后仰,手指触球(图2-6),手掌空出,手指手腕相对紧张(图2-7),两肘、两臂之间保持一个排球的距离。

图2-6 传球手型a

图2-7 传球手型b

3.传球发力动作

传球是一项全身协调性的动作,不仅需要手指、手腕的弹性用力,还需要通过腿、膝、腰、手臂同时用力方可将球传出,图2-8与图2-9分别为正面上手传球的正面和侧面动作示范图。学生在初学传球时并不能很好地利用手指、手腕的弹性完成传球动作,因此在传球的初期训练时要通过对墙传球固定手型及学习手指手腕的弹性。

图 2-8　正面上手传球正面动作

图 2-9　正面上手传球侧面动作

(二)正面传球易犯错误与纠正方法(表2-3)

表 2-3　正面传球易犯错误与纠正方法

技术	易犯错误	纠正方法
正面传球	击球点过低或过高	击球点偏低,多练自传,对墙传球;击球点偏高,多练自抛传远球;传固定球,体会正确击球点
	手型不是半球状,触球部位离身体远	轻轻向上自传,检查手型;自抛后,对墙传球,体会手指触球;先摆好手型,接传对方抛来的球;近距离对墙连续传球,巩固正确手型
	用力不协调,过早或过晚	对墙高抛球后传向墙上,提高协调用力;自抛自传,用蹬地伸臂力量将球传出;传实心球,提高全身协调力量

三、排球运动垫球技术

(一)垫球的技术分析与分类

垫球技术主要用于接发球、防守等较低位来球。垫球时两腿开立与肩同宽、可前后站也可左右平行站立,脚跟提起,身体微微前倾,重心保持在前腿;两臂夹紧,将手臂插到球的下方,全身协调发力将球垫起。下文重点介绍正面双手垫球技术、侧面垫球技术及背垫球技术。

1. 正面双手垫球技术

如图2-10所示,正面双手垫球技术是所有垫球技术的基础,只有熟练掌握正面垫球技术才能为其他垫球技术做好铺垫。

图2-10 正面垫球动作

(1)准备姿势:双脚开立与肩同宽,双脚可采用平行站立或前后站立;身体重心前倾,脚后跟微微提起。

(2)手型及击球部位:垫球手型主要分为抱拳式与叠掌式。叠掌式垫球手型是两手叠到一起拇指平行,手掌互握,手腕下压,两手外翻使小臂形成一个平面。抱拳式垫球手型是两手掌根紧靠,手掌抱在一起,两拇指平行,手腕下压,两臂外翻使小臂形成一个平面。

(3)击球部位:练习时采用稍蹲准备姿势,判断好来球落点,移动到球下方,两臂夹紧前伸,将手臂插到球下,采用两臂桡骨内侧形成的平面击球的下部。

(4)击球动作:手臂插到球下方,向斜前方夹臂蹬地,面对来球,采用插、夹、蹬、送的动作完成垫球,根据目标位置灵活控制垫球的方向和力度,完成垫球。

2. 侧面垫球技术

侧面垫球技术是指在身体两侧完成的垫球动作。当球在身体右侧,可采用跨步移动的方式,右腿跨向身体右侧,将重心放在右腿上,左脚掌内侧蹬地,两臂夹紧伸出完成垫球动作。如图2-11所示,两臂侧向截挡住球,垫击球的左后下部,通过蹬腿与腰腹的力量完成垫球动作。选择侧面垫球时,外侧手臂应抬高,使手臂形成一个侧向的平面,截击来球;另外,手臂应尽可能伸直,不要弯曲,避免因击球位置不对影响垫球效果。

图 2-11 侧面垫球动作

3. 背垫球技术

背垫球技术是指通过转身背向触球的一种垫球技术。它主要在训练或比赛中接应本方球员垫飞的球或无攻过网第三次处理球时采用。如图 2-12 所示,采用背垫球技术需要判断好球的落点,迅速移动到球的落点上,身体背对来球方向,击球点要高于肩部,两臂夹紧伸直,通过全身协调发力完成。比赛处理无攻过网的球一定要注意垫球位置、力度及落点。

图 2-12 背垫球动作

(二)正面垫球易犯错误与纠正方法(表 2-4)

表 2-4 正面垫球易犯错误与纠正方法

技术	易犯错误	纠正方法
正面垫球	屈肘,两臂并不拢,垫击面不平	徒手模仿练习;垫固定球;对墙近距离快垫
	移动慢	做各种步伐的移动练习;结合球做向前、后、左、右移动练习
	垫球时动作不协调	垫固定球,体会用力和协调发力
	垫球时身体后仰,球垫不到位	多练习垫完球后向前跑,手触地动作
	垫球姿势居高不下	练习由高重心往低重心变换的动作,并保持持续的低重心垫、传球

四、排球运动发球技术

(一)发球技术分析与分类

发球是指本方队员在场地发球区(底线后)将球抛起后通过不同方式将球击入对方场地内。发球技术主要有上手发球、下手发球、跳发球。根据发球的力量与是否是飘球,发球可以分为大力发球、上手飘球、跳飘球及勾手飘球(勾手飘球技术常用于20世纪50年代,目前已不常见)。这里重点分析正面下手发球技术和正面上手发球技术。

1. 正面下手发球技术(图2-13)

正面下手发球技术,是初学者要掌握的发球技术。采用正面下手发球时,两脚与肩同宽且前后开立,重心前倾,采用单手抛球,球不需要抛得过高(抛起一球的位置即可),手臂由下向前上方摆动,利用腰腹核心力量的转动将球击出。正面下手发球是初学者非常容易掌握的发球技术,但缺点是发出的球速度慢、力量小,是有弧度的抛物线,攻击性很差。技术动作的要领如下。

(1)准备姿势:学生在发球时要站在底线后面对球网站立,两脚与肩同宽且前后开立,若是右利手则选择左脚在前,右脚在后,左手抛球;若是左利手,则选择右脚在前,左脚在后,右手抛球。发球时,膝关节弯曲,上半身微微前倾,持球于腹前下方。

(2)击球动作:有利手的对侧手将球平稳抛起,离手高度约有一个排球的高度即可,抛球前击球手臂后摆准备击球。以肩为轴,支撑腿蹬地,腰腹核心发力,由后方向腹前挥臂,身体的重心由后向前转移,用虎口位置或掌根击球。

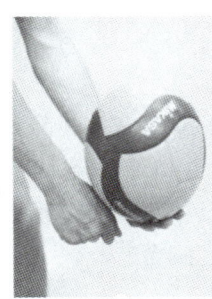

图2-13 正面下手发球动作

2. 正面上手发球技术(图2-14)

正面上手发球技术,是当今世界排坛使用度较高的发球技术。站立飘球、跳飘球都是正面上手发球技术的演变。上手发球目标性强、落点准确、成功率高。技术动作的要领如下。

(1)准备姿势:发球球员需正面面对球网,两脚自然开立采用前后站位,可根据个人有利手的情况选择左脚或右脚在前。

(2)击球动作(以右手举例):左手持球,手臂伸直,平行抛球至右侧,右侧手臂抬起后弯曲并后引。肘关节与耳部齐平,手掌并拢微微紧张。击球时,力量从后面的右腿向前过渡到左腿,腰腹收紧,上半身迅速向身体左侧转动,肩关节发力带动手臂向右前方加速挥出,用掌根部位击球的中下部。击球时,小臂要充分伸直,手掌立起,击球时有明显的击停动作。

图 2-14 正面上手发球动作

(二)发球易犯错误与纠正方法(表 2-5)

表 2-5 发球易犯错误与纠正方法

技术	易犯错误	纠正方法
正面上手发球	抛球不准,太前或太后	熟悉要领,向上固定位置,高度抛球
	用不上全身协调力量	对墙掷球或对墙、网平发;加大动作幅度练习对墙发球
	发球落点习惯性偏向一边	调整身体正对方向;向异侧方向调整触球部位
	发球球速慢,无攻击力	加强上肢肱三头肌力量练习

五、排球运动扣球技术

扣球是指队员通过助跑起跳,在空中将二传传出的球击入对方场地的排球技术,是排球比赛中最为有效的得分手段。扣球根据比赛场上的专位可以分为强攻(4号位、2号位)、快攻(3号位)、后排进攻(后3、后2);根据二传组织的战术又可以分为平拉开、短平快、近体快、背快、背飞、拉三、拉四的战术配合。

(一)扣球动作技术分析(图 2-15)

(1)准备姿势:根据各个位置的不同站位不同,无论在哪个位置均需要两腿自然开立,膝关节微屈、上半身微微前倾,重心放在前面。

(2)助跑:左脚先向前迈出一步,接着右脚再迅速跨出一大步,左脚及时并上,踏在右脚之前,两脚尖稍向内转。助跑第一步小,便于对正方向;第二步大,便于接近球和提高助跑速度;最后一步要以脚跟先着地过渡到全脚掌着地,有利于制动身体的前冲力,增加腿部肌肉的紧张,提高弹跳高度。左脚落地时稍稍内扣,将支撑点落在身体重心之前,这样能更好地起到制动的作用。

(3)起跳:在助跑迈出最后一步的同时,两臂后引展开,两膝弯曲,腰腹发力给两腿一个向上弹起的力,左脚或右脚在落地制动的同时,两臂从后向前用力摆动,随之双腿蹬地向上起跳。

(4)空中击球:起跳后,核心收住,背部、腹部肌肉收紧,身体形成一个反弓,扣球挥臂时,通过核心力量,集中带动肩部、肘部、腕部各个关节协调用力,小臂、手腕完成鞭甩动作向前上方挥动。手掌扣球时,五指微微弯曲、分开至最大并保持紧张,尽可能用全掌包住球。用掌心从球的中下部开始向前上推压,加之通过鞭甩的动作,使所扣出的球有加速度前旋。

(5)落地:球员在空中完成击球动作后,落地时由脚前掌先落地逐步过渡到脚后跟,另外膝关节需要微微弯曲进行下落缓冲。

图 2-15　扣球动作

(二)正面扣球易犯错误与纠正方法(表 2-6)

表 2-6　正面扣球易犯错误与纠正方法

技术	易犯错误	纠正方法
正面扣球	助跑起跳前冲,击球点保持不好	多做徒手助跑起跳动作;采用限制性练习,如地上标明起跳点和落地点,防止前冲;扣固定球或助跑起跳接球
	上步启动时间早,起跳早	用口令、信号或触动队员身体,体会启动上步时间;抛固定高度的球练习扣球
	挥臂动作不正确	起跳掷小皮球和小垒球;挥臂打树叶、扣固定球;原地自抛自扣
	击球手法不正确,手未包满球,球未呈前旋状	低网自抛自扣,学会手腕推压、鞭甩击球动作;击固定球,练习手包满球
	空中击球范围窄	对墙连续扣反弹球;下肢不动,对网自抛自扣,有意识向前、后、左、右抛球,通过伸展肢体扩大扣球范围

六、排球运动拦网技术

(一)拦网的技术分析与分类

在排球比赛中,拦网是防守的第一道防线,其主要作用就是通过在网前的拦网有效遏制对方进攻人的扣球效率。拦网的步伐与扣球助跑的步伐略微一致,拦网起跳时要比对方进攻人起跳略慢,起跳时双手从两侧迅速夹耳伸直。拦网形式主要分为单人拦网、双人拦网及三人拦网。下文将介绍两种常用的拦网方法。

1. 单人拦网(图 2-16)

(1)准备姿势:球员面对球网站立,两脚平行站立并与肩同宽,两手置于胸前或大臂两侧。

(2)移动步伐:拦网时可采用最合适的步伐,主要有并步、跨步、滑步、交叉步等。若距离较近可采用并步、跨步;距离适中则采用交叉步;距离较远则采用跑步。身体重心要控制好,手与网的关系要始终保持半个球的距离。在拦网时切忌身体或手触网犯规。

(3)起跳动作:根据对方二传手的传球落点进行移动,移动方向的前侧脚要及时制动,身体在移动时是侧面对着球网,移动后身体要迅速转回至正对球网或在起跳过程中完成转身。

(4)空中击球动作:拦网队员起跳后要尽量收住核心,保持身体平衡,两肩上提,两臂夹耳伸直,尽量伸出网带。两手掌需要最大限度张开以保持一定的紧张度,手指也不容易被对手的扣球挫伤。拦网触及球后,需迅速提肩、下压手腕。

(5)落地:拦网落地时需屈膝进行缓冲。

图 2-16 单人拦网动作

2. 双人拦网

双人拦网是比较常见的拦网战术,动作示范见图 2-17。需要由四号位主攻手及二号位二传/接应二传手与副攻手进行配合完成。若对方攻手进攻能力强,个人进攻效率高,对本方防守造成了较大的压力,就会采用三人拦网战术。

图 2-17 双人拦网动作

（二）单人拦网易犯错误与纠正方法

表 2-7　单人拦网易犯错误与纠正方法

技术	易犯错误	纠正方法
单人拦网	起跳过早	分析适宜的起跳时间；采用信号刺激，加强起跳时机判断
	双手前扑触网	徒手模仿提肩屈腕拦球动作；在低网下拦固定方向扣球，防止手触网
	过中线，身体碰网	徒手原地做起跳含胸、收腹动作；练习向左、右移动起跳拦网动作
	手距网远	徒手练习近网起跳，两手伸向对方

第三节　排球运动基本战术

一、阵容配备

阵容配备就是要合理地安排团队的力量，充分利用好个人的技术特点，确保每轮都能保持最强的攻击力，而不会出现明显漏洞，阵容配备的基本形式有三种，即"四二"配备、"五一"配备和"三三"配备。

（一）"四二"配备

"四二"配备包括两个二传手，四个攻手（图2-18）。四个攻手中又分两个主攻手、两个副攻手。这种阵容配备的优点是：在每个回合的比赛中，前排都有一名二传和两名进攻球员，以方便球队的进攻；二传手若具备进攻能力，可以在每个回合后排二传插上传球，形成三点进攻，增强整体进攻力。其缺点是每一位进攻队员都要对二传的传球技术有一定的了解，配合的难度高。

（二）"五一"配备

"五一"配备即一个二传队员，五个进攻队员（图2-19）。"五一"配备适用于高水平的队伍使用。这种阵容配备的优点是：二传队员在后排时，三个前排队员均具有进攻能力，能增强整体进攻能力和拦网能力；全队进攻球员只需要习惯一名二传的传球特点，配合起来就会很容易。但是其缺点是：二传手在前排的时候，没有二传从后排插上，有三个回合就只能进行前排两点进攻；防反时，二传如果在后排，插上前排传球的难度就会增大。

（三）"三三"配备

"三三"配备即场上三名二传，三名进攻队员（图2-20）。轮转到3号位担任二传组织进攻，简单易学，初学者适合采用此种阵容配备方式。

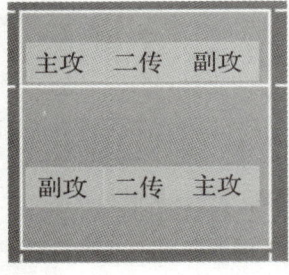
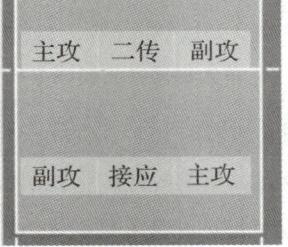
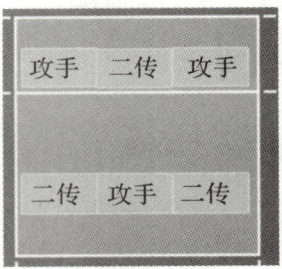

图 2-18 "四二"配备　　图 2-19 "五一"配备　　图 2-20 "三三"配备

二、进攻战术阵型

进攻战术阵型即进攻时采用的组织阵型。进攻时所采用的阵型是基本一致的,就是"中一二""边一二""插上"三种阵型。

(一)"中一二"进攻阵型

前排三号位球员做二传,另外五个人把球垫给二传,二传手将球传给前排四、二号位或后排三名队员的进攻形式即"中一二"进攻阵型,如图 2-21 所示。

(二)"边一二"进攻阵型

前排二号位队员做二传,站在二号和三号位之间,其他队员将球垫给二传,然后二传将球传给前排三、四号位或后排三名球员的进攻形式即"边一二"进攻阵型,如图 2-22 所示。

(三)"插上"进攻阵型

后排球员插上担任二传,其余球员将球垫给二传,二传将球传给前排四、三、二号位或后排两位队员的进攻形式即"插上"进攻阵型,如图 2-23 所示。

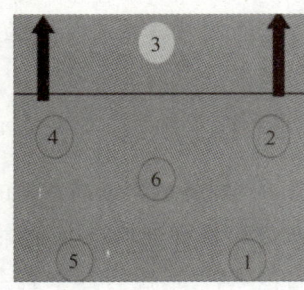
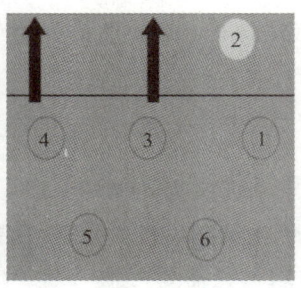
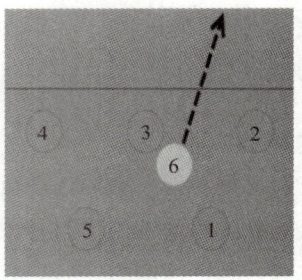

图 2-21 "中一二"进攻阵型　　图 2-22 "边一二"进攻阵型　　图 2-23 "插上"进攻阵型

三、进攻战术打法

进攻战术是指在排球比赛中,由一传、二传、扣球等各种击球形式构成进攻战术的组合,以突破对方的拦网,避开对方的防守,争取主动,扩大战果。进攻打法可以分为强攻、快攻、两次攻及立体攻四种基本打法。

(一)强攻

强攻一般是指攻手在二、四号位利用自己的高度和力量把球打到对方场地上的进攻方式(图2-24)。强攻打法分为五种:集中进攻、拉开进攻、围绕进攻、调整进攻和后排进攻。

(二)快攻

快攻指各种短平快扣球及平快扣球掩护同伴进攻或自我掩护进攻所组成的各种快速多变的进攻战术(图2-25)。其特点是速度快、变化多、牵制力强、命中率高和实效好等。快攻主要运用正面扣球技术,包括以下几种形式:

(1)前快:在三号位发起进攻,副攻在二传面前起跳,扣二传传出的低球。

(2)短平快:和前快相似,不同的是副攻的站位要比前快离二传更远一些,二传的球是往斜前方传出速度快、距离近的球。

(3)背快:副攻手要在二传的身后扣球,二传必须向后上方传出速度快的低球。

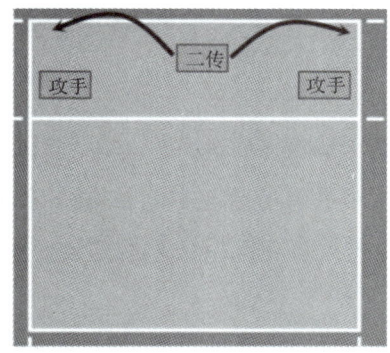

图2-24 强攻示意图

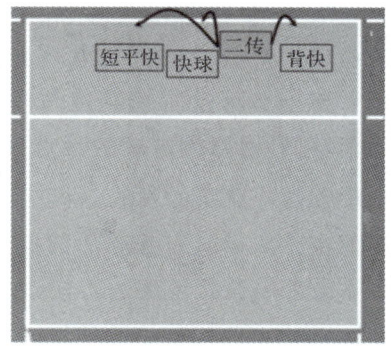

图2-25 快攻示意图

(三)两次攻

两次攻指当接起对方来球时,如果一传的角度比较高,而且又在网前,那么前排队员就可以将球直接扣杀或轻吊过网。因为本方球员只有两次触球,所以称之为二次球。

(四)立体攻

二传利用前排球员的掩护,组织快速多变的战术并将球传给后排球员进攻,如图2-26所示,形成全方位、纵深的进攻。

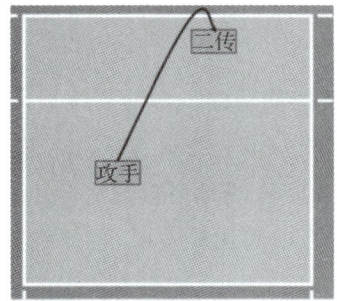
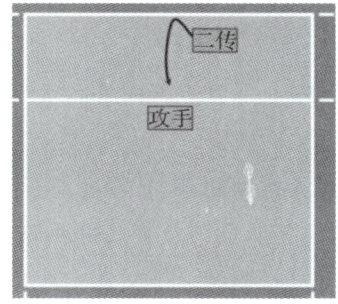

图2-26 立体攻示意图

四、防守战术阵型

防守战术阵型指防守时使用的基础阵型。随着排球运动的发展,在攻防转换中,应充分认识和把握好合理的防守阵型,从而实现攻防均衡,增强比赛的观赏性。下文介绍一些常见的防守阵型。

(一)无人拦网下的防守

当对手的进攻力量较弱或者是推攻时,可以采用无人拦网的防守阵型,见图2-27。无人拦网下防守的要点:一是判断对方的位置,二是相互补位,三是队员身体要面对对方进攻的方向,队员分布形成弧形站位(或称马蹄形)。

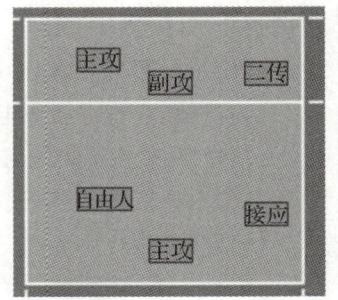

图2-27 无人拦网下的防守示意图

(二)单人拦网下的防守

当对手的扣球水平较低或进攻点较多时,可以采用单人拦网防守阵型。要点是尽量实现拦网与防守的有机结合,拦防的位置要清晰,可针对对方进攻的特点进行适当调整;由于本方的拦网会影响防守队员的视线,所以要注意对手的吊球和本方拦网队员触手后的球;要随时准备组织本方队员防守起球后的反击。本方2号位拦网下的防守、本方三号位拦网下的防守和本方四号位拦网下的防守,如图2-28所示。

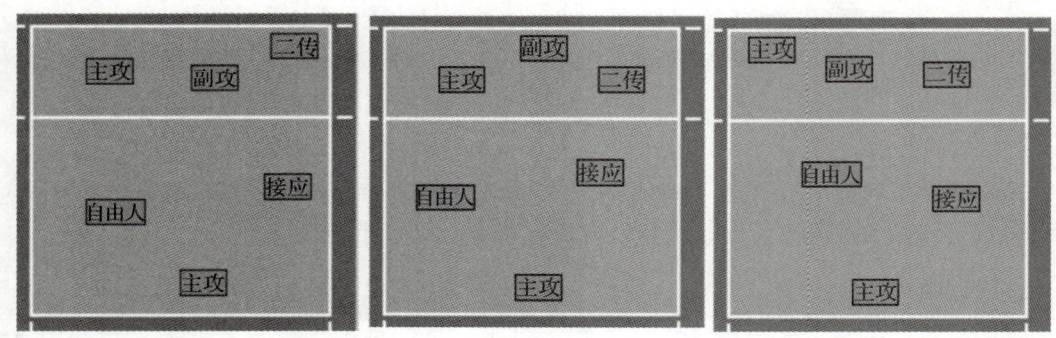

图2-28 前排二、三、四号位单人拦网防守示意图

(三)双人拦网下的防守

双人拦网防守阵型是目前国内外各大球队普遍使用的一种防守配合阵型。防守阵型有两种。

"边跟进"的双人拦网防守,其特征在于防守队员在场地内形成一个半弧线,便于防守对方的强力扣杀,而"边"队员则负责防守吊球。因为中间比较空旷,如果遇到对手的轻吊,就要在自己的位置上进行调整。下文图示便是对方的四号位(如果对方的二号位进攻,那么本方防守的队员就应该面对二号位)、三号位进攻。

1. 对方四号位进攻（图2-29）

(1) 活跟：跟进队员根据判断做出是"跟"或"守"的决策。

(2) 死跟：无论对方有没有吊球，防守直线的队员固定跟进，六号位队员固定向左或向右补位。

(3) 内撤：二或四号位队员在后退时，稍微向场内或是拦网队员的后方撤位。

2. 对方三号位进攻

如果是快攻，本方一般采用单人拦网。如图2-30所示，若对方二传较高，本方来得及采用双人拦网，可以让本方三号位队员为主定位，四号位置上的队员移动配合拦网。若对方扣球点靠近本方二号位，可由本方二号位队员移动配合拦网。

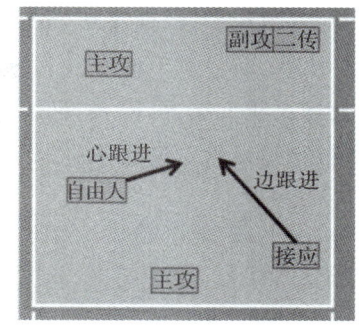

图2-29 对方四号位进攻防守示意图

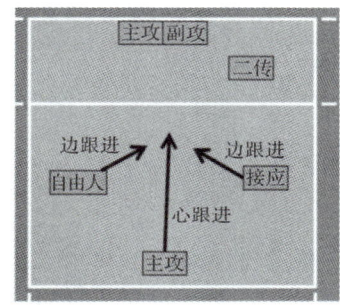 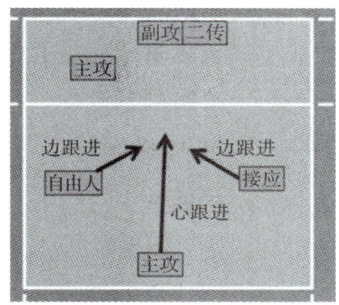

图2-30 对方三号位进攻防守示意图

在对手吊球频率高时，且落点大多在场地中央时，使用"心跟进"和"边跟进"防守各有千秋，在比赛中要灵活运用。

第四节 排球运动基本规则与裁判法

一、排球竞赛方法

排球竞赛是一项集体比赛项目，每队上场6人，在由球网分开的场地上进行比赛。发球时，发球者将球从网上打到对方场区，直到球落地、出界或不能将球打回到对方场区为止。排球比赛五局三胜，赢三局的队伍获胜。在一场比赛中，一支球队赢一个球，得到1分。接发球队赢一球，得到1分的同时得到发球权，球员顺时针转动一个位置。在每一场（除了第5局）中，先获得25分并且在一局内超过对方2分的队伍获胜。在第五局中，先得到15分，并领先对方2分才能赢得比赛。

(1) 暂停：根据规则，第1~4局，每局有两次技术暂停，每当领先队达到8分或16分时自动执行。每个比赛队每局还有1次请求30秒的普通暂停。

(2)换人:根据规则,每局比赛中,每队最多允许请求6人次换人,主力队员只能退出比赛1次,同一局中他再次上场比赛时,只能回到该局替换他的队员位置。替补队员每局只能上场比赛1次,可以替换任何一个主力队员,同一局只能由被他替换下场的队员来替换。

注:比赛开始上场的队员为主力队员,其他队员为替补队员。

二、场地与器材

(一)比赛场地

场地分比赛场区和无障碍区。比赛场区呈长方形,长18米,宽9米,周围有3米宽的无障碍区。从地面往上量起至少有7米的无障碍空间。

(二)排球网及标志杆

如图2-31所示,排球的网高为女子网高2.24米、男子网高2.43米两种。球网两端外侧各连接一根长1.80米垂直于中线的标志杆。

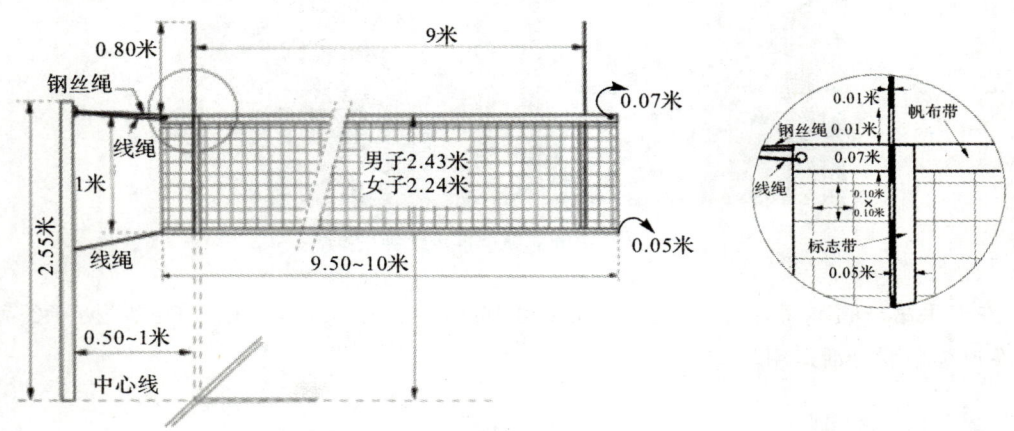

图2-31 排球网及标志杆示意图(单位:米)

(三)比赛场地中的区域

如图2-32所示,比赛场区以中心线划分为两个场地。

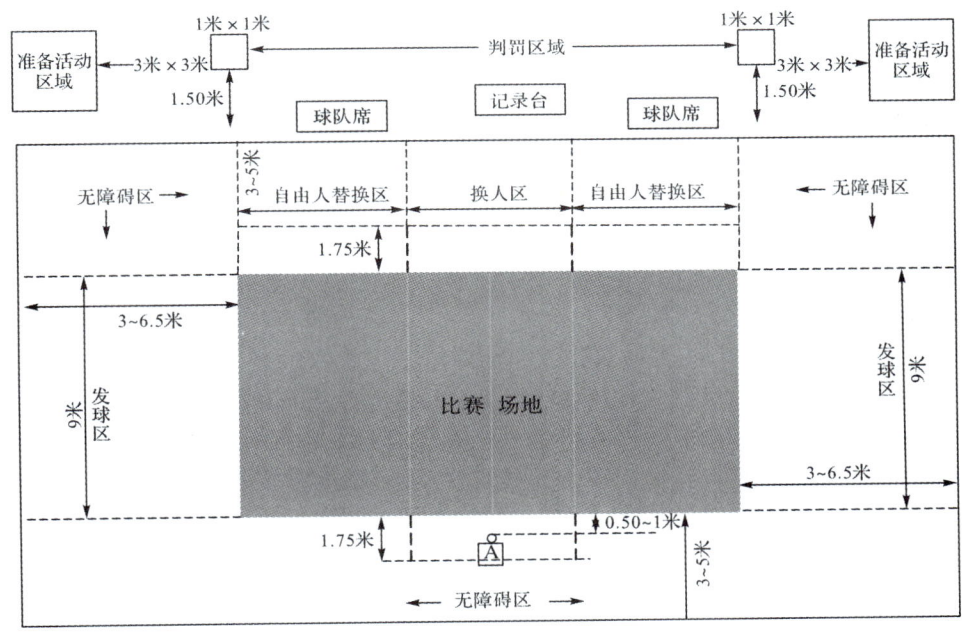

图 2-32 比赛场地区域示意图(单位:米)

三、犯规的判断和处理

(一)发球犯规

(1)发球次序错误:发球队员在击球时或击球起跳时,踏及场区端线即为发球踩线失误。
(2)发球队员在第一裁判鸣哨 8 秒内未将球击出。
(3)球抛起准备发球,却未击球。

(二)击球时的犯规

(1)连击:身体任何部分均可触球,但一名队员(拦网队员除外)连续击球两次或连续触及他身体的不同部位即为连击犯规。
(2)持球:身体任何部分均可触球,但球必须被击出,不得接住或抛出,否则即为持球犯规。判断持球的主要依据是球是否停滞在身体上。合法的击球是一个单一击球反弹动作,而持球犯规是先使球停滞再将球击出。
(3)过网击球:在对方场区空间击球,即为过网击球犯规。
(4)触网或标志杆:队员在试图击球或影响比赛时的触网或触标志杆即为犯规。
(5)后排队员进攻性击球犯规:后排队员在前场区完成进攻性击球并且击球时,即为后排队员进攻性击球犯规。后排队员在进攻时必须在进攻线后起跳。

(三)界外球/界内球判定

球触及比赛场区的地面包括界线为界内球。下列情况为界外球:

(1)球接触地面的部分完全在界线以外。
(2)球触及标志杆、网绳、网柱、场外物体、天花板或非比赛成员等。
(3)发球时,球的整体或部分从过网区外过网。
(4)击球后,球的整体或部分从过网区外进入对方场区。击球后,球的整体或部分从过网区外进入对方无障碍区,队员可以将球从同侧非过网区击回,对方队员不得阻碍此击球,击球队员不得进入对方场区。

四、裁判员的分工及职责

一场比赛应设一名主裁判、一名副裁判、一名或两名记录员、两名或四名司线员。

(1)主裁判站位于网的一端(正式比赛站在裁判台上),其水平视野高于球网边缘50厘米。副裁判与主裁判相对。记录员坐在主裁判的对面,副裁判的后边。四名司线员站在四个场角,如果有两名司线员则应该站在边线延长线上,两人成对角。主裁判有处理任何问题(包括不在规则中的问题)的权力,并且主裁判发现其他裁判有判断不正确的时候,可以改判。

(2)副裁判员是主裁判员的帮手。他主要帮助主裁判判断队员是否越过中线和限制线;队员有没有碰网和有无位置错误;协助主裁判员判断击球次数和球是否触及标志杆或从标志杆以上或以外过网,但没有权力决定是否持球;掌握暂停时间;每局比赛开始时,负责检查各队队员所站位置与教练员交来的位置表是否相符等。

(3)司线员的主要工作是判断界内球或界外球,并用旗示告知主裁判员。另外,在发球时,司线员协助看所在位置邻近的发球队员是否犯规;球要过网时协助判断球是否从标志杆之内过网;球打到所在位置的一方时,协助判断球是否打手出界等。

(4)记录员的任务,主要是根据比赛的进展,及时记录比赛情况。例如得分、换发球、换人、暂停等。比赛前,记录员要登记好两队队员姓名、号码并请双方教练员或队长签字;每局开始前,要根据两队交来的位置表登记双方队员的发球次序;比赛成死球时,通知裁判员某队要求暂停或换人,并告知暂停或换人次数;比赛结束后,请裁判员、司线员签名。

思考题

1.排球运动与其他球类运动相比有何特点?
2.简述世界大赛的种类,以及中国女排分别在哪些世界比赛中获得冠军。
3.作为新时代大学生你如何理解"女排精神"。
4.排球运动的基本技术有哪些?
5.为什么说扣球是排球技术中攻击性最强的一项技术?
6.排球战术的分类有哪些?
7.你是如何运用个人进攻战术的?
8.阵容配备有几种类型?它们的优缺点是什么?
9.击球时的犯规行为有哪些?
10.请画出排球场地的简易平面图,并标注规格。

第三章　足球运动

第一节　足球运动概述

足球运动是一项以脚为主,控制和支配球,两支球队按照一定规则在球场上互相进行攻防对抗的运动项目。在众多体育运动项目中,足球运动被广泛认为是普及最广,影响最大的球类项目之一,被冠以"世界第一运动"的美誉。

一、现代足球运动的起源与发展

足球是一项古老的体育运动。中国古代足球的出现比欧洲更早,历史更为悠久。众多资料表明,足球项目的起源最早可追溯到中国古代山东淄州(今山东省淄博市)的球类游戏"蹴鞠"。2005年,在国际足联成立百年庆典的闭幕式中,中国山东临淄被正式宣布为世界足球起源地。

11世纪,阿拉伯人将这一中国古代球类游戏经由欧亚大陆传入欧洲,促进了现代足球的诞生。英国被普遍认为是现代足球运动的起源地。1863年10月26日,英格兰人成立了世界第一个足球协会。英格兰足球协会的成立为欧洲其他足球运动发达国家和地区做出了表率。它的诞生,标志着足球运动的发展进入了一个崭新的阶段。因此,人们公认1863年10月26日,即英格兰足球协会成立之日为现代足球的诞生日。足球运动主要赛事有世界杯、奥运会足球比赛、欧洲足球冠军联赛等。

二、足球运动的特点与作用

(一)足球运动的特点

1. 整体性

一场标准的足球比赛每队允许11人上场参赛。双方在对抗的过程中会非常考验己方队员们的默契,本队所有球员只有形成整体的攻守,才能取得比赛的主动权及良好的比赛结果。

2. 对抗性

以控球权的争夺为焦点,足球比赛始终贯穿着进攻与防守,制约与反制约,限制与反限制的激烈对抗。据统计,一场高水平足球比赛双方攻守转换接近300次,有一半以上的技术动作是在强对抗条件下运用或完成的。

3. 多变性

技术多样、战术多变、胜负难测是当今足球运动的另一特点。在比赛中运用技、战术时要受对方直接的干扰、限制和抵抗,优秀的运动员或教练会根据临场的具体情况而灵活机动地加以运用和发挥。

4. 高强度性

现代足球运动"高速度、强对抗"的比赛特征要求运动员必须具备承受大运动负荷的身体能力。研究表明,一场激烈的足球比赛,运动员活动距离高达9000～14000米,完成技术动作百余次。因而一场正式足球比赛对运动员的能量消耗是巨大的,十分考验每名运动员的心肺功能水平和体能储备。

(二)足球运动的作用

1. 有利于培养良好的个性品质

足球比赛对运动员注意力、创造力和思维能力等都是一种锻炼。长期参加足球运动还可以培养队员勇敢顽强、坚忍不拔的意志品质,以及团结协作、遵守纪律和公平竞争的道德品质。

2. 有利于增强体质、促进健康

足球运动是全面锻炼和健全体魄的良好方式,是全民健身活动中一项行之有效的体育运动项目。经常从事足球运动,可以提高人们的力量、速度、灵敏性、耐力和柔韧性等身体素质。

3. 有利于精神文明建设

足球运动蕴含着深刻的文化和思想内涵,其影响已远远超过其本身的竞技运动范畴,已经成为现代人精神文明的重要载体和寄托之一。足球比赛不仅可以传播友谊,扩大交往,还能够宣传、展示国家和民族的精神风貌。

三、现代足球运动技、战术特征

(一)现代足球运动技术特征

1. 技术与目的结合

各项技术的运用都离不开其目的性,初学者与低水平的运动员运用足球技术的盲目性较大。随着技术水平的不断提高,盲目性则越来越小。因此,可以说运动技术水平与比赛技巧的提高过程,就是减少盲目性、提高目的性的过程。

2. 技术与速度结合

现代足球运动正朝着高速度、强对抗的方向发展,赛场上给予运动员完成各项技、战术的时间和空间逐渐被压缩。葡萄牙足球教练穆里尼奥曾坦言:"现代足球,一个球员没有速度将一无是处。"技术必须要与快速的跑动相结合,尤其表现在快速跑动时的结合球速度、运用技术动作的完成速度以及技术动作之间的衔接速度上。

3.技术与意识结合

为了控制球权和掌握比赛局面,引导比赛朝着有利于己队的方向发展,运动员在场上的所有动作都必须在正确意识的指引下完成。所谓意识,即运动员对足球比赛规律的认识,并根据临场变化而适时地采取正确、合理、有效行动的一种敏捷的思维能力。足球场上运动员的一举一动,包括在有球和无球的情况下,均有意识的反应。从单一的技术动作到局部的战术配合,直至全队的整体打法,无一不受意识的支配。

4.技术与意志结合

意志品质是足球运动员必不可少的重要素质之一,特别是在那些具有特殊意义的比赛中,意志品质具有举足轻重的作用。足球运动员的意志品质基本上体现在三个方面:勇敢顽强的拼搏作风、自我控制情绪的能力以及敢于冒险的无畏精神。足球运动是"勇敢者的游戏",这是由足球运动的特点所决定的。没有良好的意志品质,再好的技、战术能力也难以正常发挥。

5.技术与位置结合

在场上,不同位置的球员有不同的分工或特点。近十几年来,随着全面型的球队和球员的不断发展和涌现,运动员不仅需要根据个人的特长和位置发展各自的专长技术,同时还要掌握全面的技术基础。每个优秀运动员要做到既是足球场上的多面手,又是某个位置上的专家。

(二)现代足球运动战术特征

1.队员场上分工的淡化

在现代足球运动中,随着全攻全守理念取代过去技、战术中强调球员分工的观念,后卫球员也具有优秀的射门能力,前锋球员也参与球队整体防守,已经成为现代职业足球的显著特征,场上队员的机械分工已逐渐淡化。比赛中队员在全场范围内的机动跑位十分频繁。例如,近年来进攻型边后卫插上助攻、中锋退到本方门前积极防守、"B2B型"中场兼顾攻守两端等场面屡见不鲜。运动员在技术意识、战术意识、身体素质和心理素质方面获得了全面的提高。

当然,队员位置机械分工的消失并不等于比赛场上队员完全没有位置和职责分工。赛场上的球员需要根据球场上瞬息万变的局势,灵活地跑位,完成赛前教练所布置的总体进攻或防守策略。

2.攻守的动态平衡性

在进攻时不放弃防守,是现代足球运动的一个特点。随着队员职责的不断扩大,对攻守平衡的认识发生了根本变化。正所谓"进攻赢得比赛,而防守赢得冠军",不顾失球只顾进攻的时代已经一去不复返了,当今足球比赛中,攻守力量的分布根据各队队员所具备的能力而定。场上的每名队员都具有双重职责。进攻时,全员参与到进攻组织中,形成总体的进攻能力;防守时,各尽其职,整体进行逼抢,构成总体防御能力。这样在运动过程中就形成了依队员能力进行力量分配的一种整体和局部攻守能力的平衡,它实质上就是一种动态的平衡。

3. 更追求简捷的实用性

简捷的实用性要求在足球比赛中有控制且快速向前进攻，利用最短的时间和最少的传球次数来创造射门的机会。一般来说，当在一次进攻中传球超过 5 次时，获得射门的机会将锐减；传球次数越多，射门的机会越少。统计表明，5 次或更少传球所带来的进球数约占总进球数的 85%，而在一次进攻中传球为 10 次或以上时，进球效率不超过总数的 3%。所以我们必须摒弃不求进取，延误战机的"死板控制球"打法，而多采用简捷实用的打法。

4. 对中场的争夺日趋激烈

"3-5-2""4-4-2""4-2-3-1"是这几年比较流行的阵型，各队都重兵布局中场。足球比赛的规律已经证明，中场是关键，是灵魂。世界强队无一不重视对中场的争夺，只有把握中场的控制权，才能攻防调配自如，才能组织有效的进攻战术。甚至更多时候，可将对方的进攻阻止、破坏在远离本方球门的中场地带。

5. 阵型与队形合理结合

比赛阵型是在比赛中对场上球员的布局和分工，是根据本队情况和对手情况而安排的。队形是比赛阵型在比赛中更具体、机动的灵活运用，它包含对比赛局势随机变化的人员组合。近年来，越来越多优秀运动员和教练员开始重视比赛中阵型的保持和变化，前锋、中场和后卫线的距离一般控制在 30~40 米左右，脉络清晰，间距合理。局部地区队形往往是三角形，合理的队形进攻中有利于支援，防守中有利于保护补位。阵型和队形完美结合的核心是要有利于创造和利用时间、空间，或控制和封锁时间、空间。

第二节　足球运动基本技术

足球运动是一项由 11 个人共同参与的团队比赛，每个人都必须肩负起自己的职责，才能最好地发挥整队力量。因此，不管哪个位置的球员，都必须具备三种能力：技术力、持久力和判断力。它们分别考察的是运动员在对抗中对脚下足球是否有精准掌控力、在高强度的持续攻防中是否拥有充沛的体能储备以及能否从混乱的选择中做出最适合当下局面的决定。

足球运动员的个人技术训练是足球运动基本功与技术养成的关键。规范有效的基本动作是足球运动员后期发展的必要条件，也是足球运动健康发展的重要保障。如果运动员缺乏或掌握不好个人技术，那就无法完全发挥团队战术的威力。

一、有球技术

球员在比赛中对足球的掌控状态不同，一般可分为有球与无球两种状态，不同状态下所运用的基本技术也不同。

在有球状态下，球员和球队往往处于持球进攻的发起或组织方，有球的技术动作是组织进攻、变换战术、渗透突破、创造和完成射门的重要手段，是足球技术训练当中的重点。在足球比赛中，球员必须不断地重复停球、带球、传球、射门等几个基础技术动作。这些基本功的掌握情况决定了一名足球运动员的运动水平的下限,每一个动作都看似简单容易,但事实上每一项基础有球动作都需要运动员长期的训练和强化。

1. 传球与射门技术

传球和射门是组织进攻与控制球权的主要手段。传球与射门按照其技术特点都可归为踢球动作这一大类。踢球动作是运动员有目的地用脚的某一部位将球击向预定目标的技术动作,它是足球运动中最主要且运用最多的一项基本技术。

根据踢球时脚与球的接触部位不同,踢球动作可大致分为脚内侧踢球、脚背正面踢球、脚背内侧踢球、脚背外侧踢球以及脚尖捅球等。

在脚踢球的基本技术中,尽管踢球脚法很多,动作要领和方法也不尽相同,但它们的整体动作结构基本都是一致的,均由以下 5 个环节组成:助跑、支撑脚站位、踢球腿摆动、脚触球以及踢出后的随前动作。

在以上 5 个环节中,支撑脚站位、踢球腿摆动及脚触球这 3 个环节是决定踢球的力量、旋转及准确性的关键。

踢球时,脚与球的接触部位应符合动作的要求,并保持功能性的紧张使脚型固定。脚与球的接触部位正确,才能保证踢球的力量通过球的中心,使球呈直线运动。另外,支撑腿膝关节应保持适当弯曲,膝关节应在球的上方或侧上方,以便于保持出球部位的正确和控制出球高度。

当脚触球结束,球已离开脚时,身体及各部位的任何动作已不影响踢出的球,而随前动作的目的是保证前 4 个环节顺利正常地进行。如果球被踢出后,踢球腿停止肌肉控制,任由踢球腿惯性摆动,那势必会导致脚面接触球的位置和持续时间产生偏差,进而影响出球的轨迹、速度和力量。

另外,如果身体躯干和重心不跟随踢球腿摆动、协调向前,而单纯使踢球腿摆动,那么也会使得踢球腿继续绕髋关节摆动而向上运动,从而使身体重心靠后导致出球方向产生偏差。所以身体的随前动作是协调整个踢球动作,维持身体平衡,保证出球平直的关键所在。

2. 接球(停球)技术

接球是指运动员有目的地用身体的合理部位触球,以改变运动中的球的力量和方向,使球处于所需要的控制范围内。

比赛中运动员只能通过两种途径得到球:一是抢截球,二是接同伴的传球。二者相比较又以后者为得球的主要方式。根据来球的情况,常见的接球部位主要有脚内侧接球、脚背外侧接球、脚背正面接球、脚底接球、大腿接球、胸腹部接球等。

在现代足球激烈对抗和快速攻守转换的发展趋势下,球员的接球动作往往被限制在狭小的时空内进行。因此,运动员在处理来球时,应尽量将接球动作与下一步行动紧密衔接。这就要求运动员必须熟练地掌握接球技术,才能适应现代足球比赛的需要。

尽管接球的技术和部位多种多样,但其动作结构大多由移动与选择接球方法、改变运行中球的力量和方向、随球移动这三个环节构成。

(1)移动与选择接球方法:这一环节对移动的方式方法无须做具体要求,但球员必须做到及时高效。当准备接球时,必须根据球的速度、运行轨迹(地滚球、低平球、半高球、高球及旋转与否等)移动到位,并根据临场情况,选择接球方式和部位及接成什么样的球。

(2)改变运行中球的力量和方向:对于接球者来说,并非所有的来球其力量都是适宜的,即有时完全依靠运行中球的力量不能将球接到所需要的位置,比如来球的力量很大时,如果完全依靠反射,尽管反射的方向可以很准确,但反射出的球力量太大,不能按要求落在预定的地点,此时就需要减小反射后的力量,即缓冲(卸球)。反之则要给球加大力量。在足球比赛中,接球时的缓冲基本是以两种形式进行的:一种是接触球时,依靠肌肉的缓冲作用吸收来球的部分力量,另一种则是尽量减少来球对接触部位的作用力。一般接球缓冲多用前迎后撤的方法。

(3)随球移动:接好球后紧接着就是如何恰到好处地处理球。为了使接球动作与处理球动作之间尽可能连贯,球员应在接球前就提前观察对手站位情况并考虑好如何处理好这个球,将球停在脚下还是不停球、传球或是射门都需根据临场情况做出灵活判断。

3. 运球技术

运球技术是控制球、组织配合进攻与防守、寻找传球时机、突破防线获得直接射门得分的有效手段,在足球运动有球技术训练中占有重要地位。

运球时常用脚背正面、脚背外侧、脚内侧等部位来推拨球,使球始终处在自己的控制范围内。根据运球部位的不同,其技术要领也不同。

(1)脚背正面运球:这种运球方式下身体持正常跑动姿势,故可以发挥出较快的速度,因而这种技术多用在运球前方一定距离内无对手阻拦时。练习时须上体稍前倾,步幅不宜过大,运球腿提起,膝关节稍屈,髋关节前送,提踵,脚尖下指保持紧张状态,在着地前用脚背正面部位触球后中部将球推送前进。

(2)脚内侧运球:这种运球方式由于球和脚接触面积较大,因此更容易控制球,便于做转变方向的曲线带球,也便于用身体掩护球。练习时须要求在运球前进时支撑脚始终领先于球,位于球的侧前方,肩部指向运球方向,支撑腿膝关节微屈,重心放在支撑腿上,另一条腿提起屈膝,在着地前用脚内侧推球前进。

(3)脚背外侧运球:脚背外侧运球时,身体转动不大,对跑动速度影响较小,多用于直线快速运球。这种运球方法容易改变方向,隐蔽性强,便于传球或射门。运球时身体持正常跑动姿势,上体稍前倾,步幅不宜过大,运球腿提起,膝关节稍屈,髋关节前送,提踵,脚尖绕脚踝向内旋转使脚背外侧正对运球方向,在运球脚落地前用脚背外侧推拨球的后中部。

在运球过程中,若遇对手阻挡时要想越过对手的阻拦,可灵活恰当地综合使用上述的几种基本带球方法实现过人突破。过人突破时常采用拨、拉、扣、挑、捅、推等动作或结合上体和下肢的假动作,在对手身体失去平衡或犹豫不决时乘隙而过。

比赛中运球过人的方法很多,只有熟练地掌握上述各种运球方法和动作,并注意掌握下列诸因素,才能在比赛中较有把握地完成运球过人。

(1)注意观察对手所处的位置,然后再决定自己所采取的过人方法。运球者应根据临场防守者所处的位置及状态来决定自己应采取的过人方法。例如,当运球者高速运球接近对手时,若对手快速迎上来抢球,就可以利用速度强行过人。

(2)掌握好过人时机。过人的时机要根据临场防守者的情况而定。如运球行进速度很快时,则应离对手距离较近些再实施过人动作,否则对手将有时间转身起动将球追上。用假动作过人时,应善于利用对手因判断错误而造成重心移动的时机实施过人动作,这样,对手再调整重心时已为时过晚。

(3)掌握好过人时的距离。除利用速度强行过人外,其他方法都应是在距离对手一大步的地方并应大于运球者与球的距离,对手勉强可以触到球,但不会先于运球者触及球。另外,这样的距离也便于运球者在做出动作使防守者重心发生错误移动时越过对手,而对手难以再进行成功的回追抢截。

4.头球技术

现代足球比赛中,当球队的地面进攻遭到层层堵截难以奏效时,往往要进行长传冲吊、下底传中的空中配合战术,这时攻守双方的头顶球技术就显得尤为重要。谁的头顶球技术好,谁就掌握了制空权,谁就能抢得先机。因此头也被称为足球运动员的"第三只脚"。

头球的技术技巧融合了上文所述的传球与射门、接球(停球)的技巧,其基本的动作要领有以下几点。

(1)前额原地头顶球:面对来球,两脚前后开立,膝微屈,重心放在两脚上。头顶球前,上体先后仰,重心移到后腿上,两臂自然摆动,保持身体平衡,两眼凝视来球。头顶球时,上体由后向前疾速摆动借腰、腹及颈部力量,用前额正面将球顶出。头顶球过程中,身体重心从后腿移到前腿。

(2)单脚跳起头顶球:起跳前要有三至五步的助跑。最后一步踏跳时要使劲,步幅要稍大一些,踏跳脚以脚跟先着地再迅速将重心移到前脚掌,同时另一腿屈膝上提,两臂向上摆动。身体腾起后上体随之后仰。头顶球时,上体由后向前摆动,借助腰、腹和颈部力量将球顶出,随后两脚自然落地。

(3)双脚跳起头顶球:两膝先弯曲,随后两脚蹬地向上跳起,同时两臂屈肘上摆,上体后仰,两眼凝视来球,接着两臂自然伸开,保持空中的身体平衡。当跳到最高点并在来球靠近身体垂直线时,收腹、甩头,用前额将球顶出。

(4)前额侧面头顶球:依据来球路线和选择的击球点,及时移动到位,两脚前后站立(出球方向的同侧脚在前),两膝微屈,上体和头部稍向出球的相反方向盘旋侧屈,身体重心落在后脚上,两臂自然屈肘伸开,眼睛凝视来球。当球运转到出球方向同侧肩上方的瞬间,后脚使劲蹬地,上体迅速向出球方向扭摆,同时颈部发力甩头顶球,由前额侧面击打球的后中部。

在身体对抗条件下,能否积极取得利于头球争顶的时间和空间是能否成功运用头球技术的决定因素。因此,运动员在对抗中运用头球技术时十分强调对时空的争夺,赢得时空是对抗中成功夺取头球的关键。获得在对抗中的时空优势,主要有两种方式。

(1)灵活跑位,通过提前预判以无球跑动的方式进行选位,抢先占据头球的优势时间和空间。

(2)通过身体直接对抗在球场上进行争夺,赢得头球技术运用的时间和空间。

5.观察技术

在足球运动里经常听到的一句话是"要抬起头踢球",讲的就是球员在比赛之中应时刻抬头观察周围的情况,眼观六路、耳听八方是相当重要的。

比赛中,球员应该随时观察的事项有球、人(队友或对手)、空间(对带球、传球或射门有用)、球门(守门员站位)等,对以上比赛要素观察得越仔细,球员的意识和位置感就会越好。

另外,球员应在以下几个关键时刻密切观察四周:接球之前、接球瞬间、移动中。

想要将球场的形势观察入微,全靠各个球员"阅读比赛"的能力。优秀足球运动员最突出的特征就是视野极其开阔,时空判断能力强,能更早地预判出可能出现的赛场局面。

二、无球技术

在比赛的绝大部分时间里,除持球的一名球员外,场上的其他球员都是处在无球状态当中的。运动员无球状态下的技术动作根据球队处于进攻方还是防守方的角色不同而有所区别。

(一)进攻状态下的无球技术

1. 协助队友提供更多进攻选择

当一名球员持球时,周围的队友应尽量提供他可能传球的选择。此外,球传出去的那一瞬间,持球的球员就变成了无球的状态,所以此时不应该停下脚步,而是要立即展开跑位,为队友制造传球机会,这就是"传球后立即跑开接应"的概念。

2. 设法摆脱对手的盯防

无球状态下的球员设法想接到队友的传球,但对手也设法想封锁持球人传球的可能选择。所以,无球队员想要接到球,不能站着等球过来,而是要不断跑开移位,找出最佳的接球时机。只要能把对手摆脱,就能掌握持球的主动权。

(二)防守状态下的无球技术

防守状态下的无球技术可概括为基本的防守技术。防守的目的是把球从对方脚下抢断进而完成从无球状态到有球状态的转换。然而在比赛场上,能够成功完成一次干净利落的抢断是不容易的。大多数情况下,球员个人防守的基本技术策略为不让攻击者靠近我方球门,重点是不让自己防守的对手甩开,切入我方核心防守区。

在己方处于防守阶段时,球员的防守动作常常会根据比赛形势、对手的习惯和球员体能情况等的不同而有所差异,但以下的基本防守要点仍需了解并掌握。

1. 抢下球的强烈欲望

防守上的执着精神在实际比赛中是非常重要的,就算被对手带球突破,也应该毫不气馁地继续追赶。

2. 掌握防守的基本姿势

上半身正对对手,双脚保持前后站立,这是以脚步牵制对手的最佳基本姿势,对手不管从前后左右哪个方向进攻,都可以迅速做出反应。

3. 抢截球时机

球在对方球员间传递时、对方球员接球时、对手踢出球时有很多抢截球的机会,把握住那一瞬间的机会发动抢截是其关键所在。要成功把球抢截下来,重点在于预测对手的动作。而为了容易预测对手的动作,必须跟单边断球之类限制对手行动的战术相互配合。如果对控球的对手盯得不够紧,让他可以在两三种行动中自由选择的话,便很难成功地将球截走。

另外，刚拦截球就必须要迅速展开攻势，所以高速移动下的控球能力也很重要。如果处理不当，好不容易拦截到的球马上又会被对手抢回去。

4. 掌握与进攻者之间的距离

防守目标在接到球之前，防守者可以抢先逼近对方接球球员，通过提前限制对方身位来打乱对手的进攻节奏，但有时若掌握不好逼近时机与防守距离，对手可能一个转身或假动作就能够轻易晃开防守球员。掌握合适的防守距离是一名优秀防守球员成长的必修课。

5. 以站的位置来限制对手的移动和出球线路

最基本的做法是挡在对手和我方球门之间。如果对手有可能横向传球的话，也可以挡在传球线路上，这样一来，对手的行动就会大受限制，高超的防守者应该以站位来阻止最危险的情况发生。

6. 盯防对手未持球时

防守者应该盯住对手与球门之间的连接线，而且必须同时可以看见球及对手的方向。不但如此，防守者与对手之间的距离掌控相当重要，太远无法在对手接应前将球中途拦截，太近的话，对手容易将球传到防守者的背后空间。

7. 盯防对手有征兆持球时

防守者应该站在持球对手与球门之间的连接线上，并且逐渐逼近。这样一来，对手会把更多的注意力放在接球上，失去观察周围的时间，行动及视野也会受到限制。只要贴住对手，不断制造压力，对手射门或传球失误的可能性就会大大提高。

8. 盯防对手已经持球时

防守者在面对持球者的一对一进攻时应采取相对保守的站位，以封锁对手有威胁的出球或突破线路为主，逼迫对手向远离球门的方向或区域带球。此情况下的防守者若无绝对把握，应尽量避免盲目出脚尝试抢截球，因为此时若被对手一对一完成突破，那么将会打乱球队整体的防守部署，并将付出较大代价来重新组织对持球人的有效防守。

9. 呼喊

在比赛中，队员可以靠着呼喊与队友进行沟通。尤其是在防守过程中，队员需要靠呼喊来对其他队友做出指示。

例如，当队友做出前场紧逼的指示后，自己需要根据战术前逼切断对手出球线路，做到整体移动可以大大减轻自己的防守负担。呼喊在团队防守中是非常重要的默契的行为。

然而在进攻中，有时候大声呼喊不一定是最正确的给出指示的方式，有可能会暴露我方进攻意图，此时可用以下方式来代替呼喊：

（1）赛前决定行动方针；

（2）观察情况进行自我判断；

（3）利用眼神与队友沟通；

（4）利用肢体语言进行示意。

10. 把铲球作为最后手段

如果自身即将被对手突破且发现自己身后并无队友可以及时补防，此时可尝试铲球动作,但铲球的时候必须注意不要犯规,还有在铲球后能够迅速站起以进行下一步动作。

三、守门员技术

(一)职能与意识

众多足球运动爱好者喜欢用"一名好的守门员抵得上半支球队"这句话来描述守门员对于一支球队的重要性。因为守门员作为球队后防线上的最后一人,他所处的位置最为关键。守门员是绿茵场上唯一能够用手持球的特殊存在。相比锋线球员来说,守门员这一位置很容易被人们忽视,但其重要性却丝毫不逊于那些拼杀在前的顶级射手。

守门员是球队由守转攻重要的转折点,是整支球队最不可或缺的一部分。在现代足球比赛中,守门员不仅是整个防线的组织者,通过不断选位以及快速移动控制整个禁区,而且是由守转攻过程中本方队伍进攻的第一发起点,这也是为什么在现阶段的足球运动发展中,守门员的组织进攻技术越来越被重视的原因之一。

在球队战术体系中,守门员扮演着最为重要的角色,每一次成功的扑救不断激励着队友的斗志,与此同时对对方的进攻意志也是极重大的打击。

(二)守门员技术动作

由于位置的独特性,守门员与锋、卫球员在技术上存在显著差异。守门员在技术上要求掌握移步、接球、扑球、托球、拳击球和手掷球等正确的技术动作并达到熟练化。

1. 非定位球防守

守门员运用最多的足球运动基本技术为传接球技术,其次是扑球技术和托击球技术。非手臂控球中的直接踢球破坏和下肢阻挡也是使用次数较多的护球手段。

2. 定位球防守

守门员在球门中路使用最多的控球方式为接平直球技术。在球门边缘区域中,守门员使用最多的控球方式是双拳击球技术与侧向扑球或托球技术。守门员发球方式中,低手掷球为使用最广泛的技术,其次是抛踢球技术。

在现代足球比赛中,守门员参与攻防的机会更多,因此在日常训练中,守门员除了手接球之类的专项技术需要训练以外,也应注重练习运球或传球之类的脚下控球技巧。

第三节 足球运动基本战术

一、常见的进攻战术

足球运动多年的发展衍生出了许许多多风格迥异的进攻战术,在球队训练和比赛当中,采取什么样的进攻战术是球队战术风格和教练执教水平的集中体现。针对不同的对手和不同的比赛形势,合适的进攻战术往往是队伍制胜的关键所在。当今足坛最为常见的整体进攻战术有以下三种。

(一)边路传中

现代足球运动的趋势是防守越来越严密,中央渗透的空间越来越狭窄。向边翼进攻比从中央突破来得容易,所以经常可看见从边路深入再将球传入中央进攻的战术。

在边路传中这个战术里,最关键的是传中球的稳定度与精准度。负责传中球的球员不能只是把球大概朝向人多的地方传,而是应该掌握更精准的传球技术。

传中球的种类有很多,适合的比赛情境也不同。例如,当对手后卫线距离球门较远时,就要快速地将球传进对方守门员和后卫线之间。若本方有高大中锋或抢点能力出众的球员在禁区内等待时,应尽量将球传向他们所在的位置。

负责传中球的球员应掌握以下两种能力:

(1)可控制球传向近门柱、远门柱及斜回传(倒三角传球)。

(2)可传出穿过对方后卫的高空球、低空球和高速地面球。

在中央区域活动的队友也应配合传中球移动。在高水平比赛中常常可以看到中后卫或后腰在禁区内抢点的身影。球员特别是前锋球员应该保持强烈的欲望,要求自己一定要成为最先拿到传中球的那个人。

门前抢点的球员应掌握以下几种能力:

(1)懂得快速冲向球门区抢点,若停顿下来接传中球,射门也会变得软弱无力。

(2)会运用各种假跑欺敌技巧,如先假跑到对手身后再出现在前方等,设法改变对手的视野和注意力。

(3)通常禁区内会有多个对方防守球员,在抢点时应与其他抢点的队友形成默契,一人跑向近门柱位置,一人跑向远门柱位置以打乱和分散防守球员。

(二)控球渗透

在足球比赛中,一方只有比另一方踢进更多的球,才能赢得胜利。球队要达到这个目标,就必须让进攻队员渗透到对方禁区,创造更多的射门机会。许多才华横溢的队员,虽然能单独完成这项任务,但也需要队友的协助才能完成射门。而一支球队要想进更多的球,就必须牢牢掌握控球权。

所以,控球渗透这一打法主要分为两个部分:

(1)通过密集的短传配合掌握球权,控制比赛节奏。

(2)积极尝试渗透性传球。

控球渗透打法以高控球率和大量、快速、精准的地面传球为主要特征,以超强的个人能力和密切的团队配合为重要支撑。而所谓的渗透性传球就是尝试直接把球传向对方阵线的后方,只要队友能顺利接到球,那么就将对对方球门构成重大威胁。由于这种控球渗透的打法必须要将球传进最危险的区域中,所以对传球者来说,传球的时机、传球的速度及队友的默契配合都必须非常完美。

极致追求控球渗透战术的代表即为大名鼎鼎的"Tiki-Taka"战术,其代表球队为2008—2012年的西班牙队,他们依靠频繁、准确、快速的短距离传球保持极高的控球率以控制比赛节奏,通过威胁性极大的渗透传球撕开对手的防线并取得进球,他们在2008年至2012年间获得2次欧洲杯冠军和1次世界杯冠军的佳绩,成为世界足球运动历史上第1支洲际大赛三连冠的球队。

(三)防守反击

防守反击战术就是通过稳健的收缩防守拦截到球后,在对方还没有重整防线前发动快攻的战术。防守反击的成功关键在于从防守到进攻的迅速转换。相反的是,要预防对手的防守反击,则是要加快进攻到防守的转换速度。换句话说,就是节奏要比对手更快。

比较常见的防守反击是在己方阵营内抢到球往对方阵营进攻,但也有一种防守反击是在对方阵营就地反抢后迅速传球、射门。不管哪一种防守反击,重点都是一抢到球便迅速判断出最短的传球和进攻路线。

下文为防守反击战术中几个应该学习的技巧。

(1)防守反击从抢到球的那一刹那就开始了,趁对方还没站稳防线之前,迅速进入对方身后区域。

(2)抢到球的瞬间,周围的队友就要互相配合,制造传球路线,在第一时间将球送到球门前(第一时间触控球便把球传出去),不要多浪费一秒。

(3)球一旦被抢走,对手也会迅速反应。所以球员们必须学会摆脱对手的盯防,如果发现反击快攻难以成功,就不要随便将球往前送。

(4)发动防守反击的一方想加快攻击速度,对手则恰好相反,想延缓进攻速度。如何不错过任何一个机会成了防守反击战术成功率高低的关键,这需要球员具有成熟的足球运动意识和大量的比赛经验。

二、常见的防守战术

在防守上,球队整体的防守策略是很重要的。应该在哪里组织抢球或是区域内应该如何防守之类的问题,都是训练和比赛中不可或缺的必须考虑的重点。现代足球比赛中常见的团队防守战术有以下三种。

(一)高位逼抢

高位逼抢是一项积极的防守方式,不仅可以限制对方的反击,而且前场逼抢得球后,能够方便快速地进行攻守转换。

具体的防守方式是在本方进攻球员丢球时,迅速组织阵型,丢球者作为第一防守者快速封抢控球者,而其余的第二、第三防守者对进行接应的进攻球员进行紧逼盯人,同时注意前锋、中场、后卫的场上距离,形成高压严密的防守阵型挤压对手,使进攻者回传或横传球。一旦抢断球成功,在对手来不及做出反应时发动攻击。

(二)区域防守

在比赛开始前,球员们根据阵型分配好各自的防守区域。

足球比赛中每一颗进球都价值千金,所以当一名防守者被突破时,周围的队友应该迅速协助防守,绝对不能让进攻者就这么趁势得分。而为了确保安全,每一名球员都有自己的防守区域,这样一来,重点区域随时都有数个人在防守着。

当对手离开自己负责的区域时,不要穷追不舍,应该把盯防的职责交接给队友,如此才能维持阵型的平衡。

区域防守时,球员需要注意几个要点。

(1)将自己原本盯防的对手转换给队友来负责盯防,正是区域防守的最大特征。

(2)防守者应该随时注意自己附近的邻近区域,如果进入邻近区域的对手并非只有一个人,就应该赶快过去支援。

(3)在己方球门附近将盯防职责转换给队友,危险性比较大,所以应该根据情况及区域特性来转换盯人防守。

(4)球员必须能够在瞬间判断情况,提示队友继续跟着或是交给别人。

(三)人盯人防守

相对于各自负责的特定区域防守,人盯人防守则是每个球员都有固定的盯防对象。这种防守方式更注重个人的防守能力,所以当对手移动位置时,负责盯防的球员也要跟随着移动。在这样的情况下,人盯人防守不像区域防守一样容易发生在盯防转换上的交接失误,可以确保每个对手在任何时候都有人防守着。就防守压迫性和关键球员盯防上,人盯人防守的效果是比较好的。

但人盯人防守的缺点则是防守者容易被对方牵着鼻子走,造成中央等重要区域门户大开的情况。而且在空旷地区中的1对1,对防守者较不利,如果被对方拉开距离,很有可能造成失球。

所以说,不要过分执着或纠结于采用区域防守还是人盯人防守,赛场上的局势瞬息万变,应该根据区域特性及对手的动向,需要球队灵活地在区域防守和人盯人防守之间转换。

三、足球技、战术意识

足球技、战术意识是运动员基于复杂比赛环境下对场上形势的准确观察,是运动员比赛中所具备的战术素养,是运动员迅速准确且随机应变地决定自身行动方案的能力。人们将足球技、战术意识作为足球技、战术发展的先导,并把它誉为足球场上的灵魂,是教练员和运动员高度智慧和精湛球艺相结合的聚合体。足球技、战术意识对足球运动的反应是能动的,而绝不是消极地去适应训练和比赛的需要。

(一)接应与局部进攻意识

在局部进攻中,创造区域的人数优势是赢得主动权的重要因素之一。足球比赛场上,两边的人数都是11人。攻方力争在局部进攻时争取到最大的人数优势和出球空间。此时,无球队友的跑位接应就显得尤为重要。在当前局部进攻区域内的本方球员应通过快速跑动去积极接应或保护持球队友。

一般来说,无球队员有两种接应方式:

（1）穿插空当，主动与持球者进行小范围的二过一配合，以达到将球向前推进的目的；

（2）快速跑动以带开此区域内的防守球员，为持球队友创造尽可能大的带球或出球空间。

在小范围内的进攻组织中，与持球人进行连续的简单"撞墙式"过人往往可以取得很好的效果。但也必须时刻牢记，区域内的每一次配合及传递球都应有其目的性，应尽量减少冗余和无意义的传导球，局部进攻必须与整体进攻形成呼应并服务于整体的进攻组织，应尽量避免与区域外其他进攻队员失去联系或脱节。

（二）紧逼与保护意识

紧逼与保护指的就是一名队员上前设法抢球（紧逼）时，为了预防此队员被对方突破，所以其他队友应该采取相应措施（保护）的团队防守概念。

这个概念说起来简单，但实际比赛的时候却没有时间让队员慢慢观察局势，所以常常会发生所有队员都上前紧逼，结果被对方出球或突破，或是所有队员都在采取保护站位，结果造成对方持球人无干扰地向前推进、防守线过于拖后的情况。围绕在控球者周围的防守队员之间必须有良好的沟通和默契，尽量减少配合上的时间损失。

此外，进攻球员的技术越高超，防守方的应对就越困难。防守训练的质量会因进攻的质量高低而造成极大的落差，所以在日常训练时，必须时刻清楚自己的防守站位和防守任务，一旦和队友配合失误就会造成难以补救的后果。

在紧逼与保护的两位防守队员中，负责保护队员的站位与跑动尤为重要。保护者并不是跑到紧逼者的正后方就可以了，因为这么做的话，对手只要一个横向传球就可以轻易突破己方的防守。补位保护球员的站位必须起到以下几个作用：

（1）必须起到保护紧逼者的效果（预防紧逼球员被对手突破）；

（2）必须与紧逼队友共同挤压当前持球对手的带球空间；

（3）必须随时准备对自己原本盯防的对手进行紧逼（紧逼与保护球员角色的快速转换）。

（三）创造和利用空间意识

在足球比赛中，每一寸场地的攻防都有可能会发展成为一颗进球。现代足球运动尤其看重球队对场地空间的控制与转移调度。每一个球员都应时刻关注因球场空间变化而带来的传球机会。

所谓"声东而击西"，无非就是需要球员拥有开阔的视野和强大的阅读比赛能力，阵地进攻时充分调动防守球员，消耗对方的体力与注意力，一旦发现对侧区域出现明显空当并且在该区域的队友拥有或即将拥有有利的接球空间时，就可尝试将球调动转移至场地另一侧。

当然，持球者应把握好传球的时机和精准度，另一侧无球队员也应时刻观察场上的空间变化，只有传球者与接球者在对手空当拉扯出来的瞬间处在传球和跑位的同一节奏上，才能完美配合最大化地利用这一次威胁进攻的机会，否则极容易暴露本方进攻意图甚至被对手将球拦截进而丢失球权。

四、常见的比赛阵型

统一竞赛规则是足球比赛阵型产生的前提条件。为了获得比赛的胜利,场上队员需要有基本的职责和位置分工,足球比赛阵型得以产生。因此"阵型"概念定义为比赛场上球员的位置排列、攻守力量搭配和职责分工的形式。

在现代足球全面攻防思想的影响下,足球比赛对球员的综合能力提出了更高的要求,足球比赛节奏逐步加快,对抗强度也日趋激烈。在这样的大趋势下,现如今足球比赛的阵型布置变得更加灵活多变,在众多教练员的不断尝试和比赛实践下,许多传统阵型出现了各式各样的变阵,同时还有一些更为激进的阵型也开始频繁涌现。

(一)4-2-3-1阵型(图3-1)

4-2-3-1阵型是比较流行的全攻全守阵型之一,其脱胎于传统的4-5-1阵型,包括1名守门员、4名后卫、2名防守型中场(双后腰)、3名进攻型中场(边前卫)和1名前锋。5名中场球员提供丰富的进攻手段,能够更好地夺取中场的控制权和主动权。在快速攻防转换时,3名攻击型中场和1名前锋,加上边后卫的前插助攻,中后卫和双后腰保障防守的稳定性,可利用单前锋这个支柱点做依靠,用身后的各个隐藏的杀手进行攻击,这个阵型进攻的隐蔽性强、手段丰富,有着突然进攻的效果,大大提高了足球比赛的观赏性。

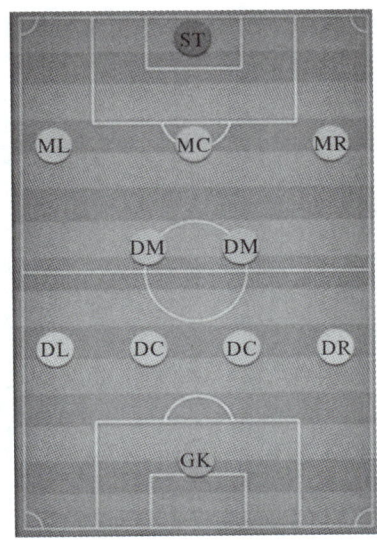 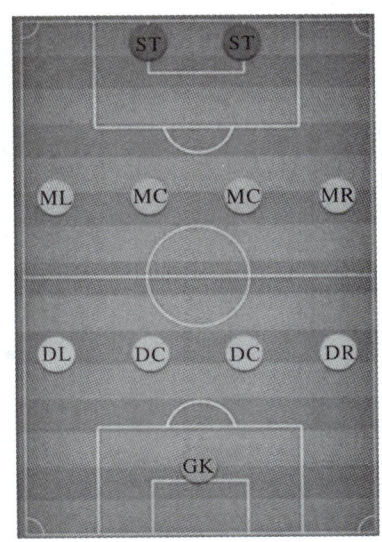

图3-1　4-2-3-1阵型　　　　　图3-2　4-4-2阵型

(二)4-4-2阵型(图3-2)

4-4-2阵型是足球运动的常见阵型,其特点在于攻守平衡,无论从人员排列到职责分工,各条线和位置之间都能相互进行补位,并能进行保护。在进攻时,队员能相互支援和协作。4-4-2阵型是现代足球比赛中最常见的阵型之一,尤其在双方比赛球队实力接近的情况下运用最多。

4-4-2阵型拥有很多变形,主要是围绕中场的站位。标准4-4-2中场和后场都是平行站位,俗称"一字型",除标准中场站位之外,中场主要有两种变阵:双后腰"碟型"中场、前后腰"菱型"中场。

(三)4-3-3阵型(图3-3)

4-3-3阵型是一种攻守相对平衡的阵型,许多传统豪门俱乐部喜欢使用这个阵型。这个阵型前、中、后三个区域的人员比较平衡,但对于中场三名前卫的能力要求甚高,是球队为了加强边路进攻而常常采用的阵型。中场前卫和中后卫防守压力较大,两个边前锋进攻优势明显,但是防守时回撤距离长,折返距离长,对体力消耗较大,这个阵型成功的关键是看能否以攻代守,减轻球员防守时的巨大压力。

(四)3-5-2阵型(图3-4)

3-5-2阵型是在中场投放了5名球员,中场人员相对占优。采用这种阵型的球队,一般是实力强于对手,运用压迫式打法向对手施加压力。中场5名球员在进攻和防守时都可以抽调人员前压或者后退,阵型变化比较灵活,但对边卫的能力要求较大。

3-5-2阵型是一个优点和缺点都十分明显的阵型,它对球员的综合能力提出了非常高的要求,如果球员的综合能力不能与其要求相匹配,该阵型的缺点将会被无限放大。

图3-3　4-3-3阵型

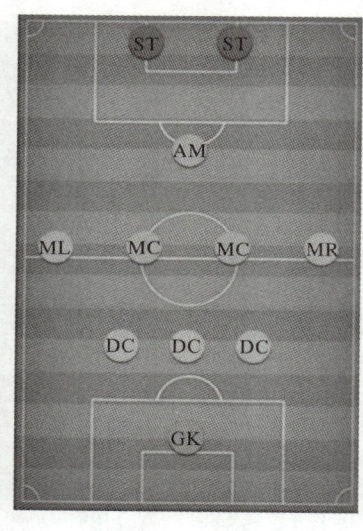

图3-4　3-5-2阵型

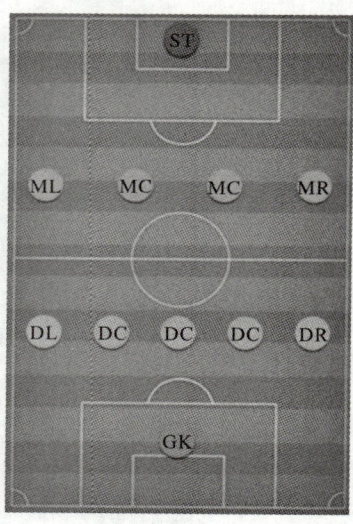

图3-5　5-4-1阵型

(五)5-4-1阵型(图3-5)

5-4-1阵型是在足球比赛中,安排5名球员在后场的一种比较典型的防守反击打法,常用于实力弱于对手时。该阵型反击时的攻击点在于单前锋和及时插上的边前卫或边后卫,由此可知,前场中路和边路是该阵型快速反击的重点区域。

第四节　足球运动基本规则与裁判法

一、足球竞赛规则简析

足球竞赛规则是裁判员临场执法的准绳,共有十七章及若干条款,其基本精神有四条:
(1)对等原则,即对比赛双方一视同仁;
(2)保护运动员的健康;
(3)促进技、战术的发展;
(4)提高比赛的观赏性。

正规足球比赛的具体竞赛规则严密且自洽,涵盖了从比赛设施、比赛人员到比赛流程和规则判罚等的各项足球竞赛要求。

二、比赛设施

(一)比赛场地

球场必须为长方形,在长 90~120 米,宽 45~90 米范围内均可。国际比赛的场地长度必须在 100~110 米,宽度在 64~75 米之间。

(二)球场的组成

球场由四线、三区、两点、一圈、一弧组成。

四线:边线、端线、中线和球门线。三区:罚球区、球门区和角球区。两点:开球点和罚球点。一弧:罚球弧。

(三)边线及界外球

当球的整体从地面或空中全部穿越过边线为界外球。比赛中,除裁判员和助理裁判员外,任何人未经裁判员同意不允许擅自出入边线。

(四)球门

球门宽度为 7.32 米,高度为 2.44 米,且球门柱和横梁必须是白色。

三、比赛的开始与停止及比赛结果的确定

(一)比赛的开始程序

(1)硬币猜中的一队决定本方上半场进攻方向,或者由本方开球;
(2)根据上一条的选择结果,另一队开球,或者决定本方上半场进攻方向;
(3)选择了本方上半场进攻方向的一队,在下半场开球开始比赛;

(4)下半场,双方球队交换半场和进攻方向;

(5)当一队进球后,由另一队开球。

(二)比赛的停止条件

(1)球的整体从地面或空中越过球门线或边线;

(2)裁判员停止了比赛;

(3)球接触了比赛官员后仍在比赛场地内,并且任一队开始了一次有希望的进攻,或直接进入了球门,或控球球队发生了转换。

(三)确定比赛结果

1.进球得分的判定

当球的整体从球门柱之间及横梁下方越过球门线,且进球队未犯规或违规时,即为进球得分。如果守门员手抛球直接进入对方球门,则由对方踢球门球。如果裁判员在球的整体还未越过球门线时示意进球,则以坠球恢复比赛。

2.获胜队伍的判定

进球数较多的队伍为获胜队。如果双方球队没有进球或进球数相等,则该场比赛为平局。当竞赛规程规定一场比赛出现平局,或主客场进球数相同时必须有一方取胜,仅允许采取以下方式决定获胜队:客场进球规则、加时赛(加时赛上下半场时长相等且均不超过15分钟)或点球决胜,或可将上述各方式组合使用。

四、犯规与不正当行为

(一)直接任意球的判定

如果裁判员认为,一名场上队员草率地、鲁莽地或使用过分力量对对方队员实施以下犯规,则判罚直接任意球:

(1)冲撞对方队员;

(2)跳向对方队员;

(3)踢或企图踢对方队员;

(4)推搡对方队员;

(5)打或企图打(包括用头顶)对方队员;

(6)为得到对球的控制而抢截对方队员时,在触球前触及对方队员;

(7)绊或企图绊对方队员;

(8)对在比赛名单上的人员或比赛官员实施咬人或吐唾沫;

(9)故意手球犯规(守门员在本方罚球区内除外);

(10)向球、对方队员或比赛官员扔掷物品,或用手中的物品触及球;

(11)拉扯对方队员。

其中：

(1)草率是指队员在争抢时没有预防措施,缺乏注意力或考虑。这种情况不必给予纪律处罚。

(2)鲁莽是指队员的行为没有顾及可能对对方造成的危险或后果。这种情况下必须对队员予以警告。

(3)使用过分力量是指队员使用了超出自身所需要的力量,危及了对方的安全。这种情况必须将队员罚令出场。

(二)间接任意球的判定

如果一名场上队员犯有以下行为时,则判罚间接任意球:

(1)以危险方式进行比赛。

(2)在没有身体接触的情况下阻碍对方行进。

(3)以语言表示不满,使用攻击性、侮辱性或辱骂性的语言或动作,或其他口头语的违规行为。

(4)在守门员发球过程中,阻止守门员从手中发球、踢或准备踢球。

(5)犯有规则中没有提及的,又需裁判员停止比赛予以警告或罚令出场的任何其他犯规。

如果守门员在本方罚球区内犯有以下行为时,也判罚间接任意球:

(1)在发出球前,用手/臂部控制球超过 6 秒;

(2)在发出球后,其他场上队员触球前,用手/臂部触球;

(3)用手触及同队队员故意踢给他的球;

(4)用手触及同队队员直接掷入的界外球。

五、纪律措施

裁判员从进入比赛场地进行赛前检查开始至比赛结束(包括点球决胜)离开比赛场地,均有权执行纪律措施。

如果上场队员或比赛官员在开赛进入比赛场地前,犯有可被罚令出场的犯规,裁判员有权阻止该名队员或球队官员参加比赛,裁判员将就任何其他不正当行为提交报告。一名队员或球队官员,无论是在场内还是场外,凡有可被警告或罚令出场的违规行为,均将受到相应的处罚。

黄牌代表警告,红牌代表罚令出场。只可对场上队员、替补队员、已替换下场的队员及教练出示红、黄牌。

(一)可警告的犯规(黄牌)

(1)延误比赛恢复;

(2)以语言或行动表示不满;

(3)未经裁判员许可进入、重新进入或故意离开比赛场地；

(4)当比赛以角球、任意球、掷界外球或坠球恢复时，未退出规定距离；

(5)持续违反规则（对"持续"的定义并没有明确的次数和犯规类型）；

(6)非体育行为；

(7)进入裁判员回看分析区域；

(8)过分地做出要求回看分析（比画电视屏幕）的信号。

另外，如果出现两个独立的、可黄牌警告的犯规行为（即使发生在相距很近的时间或距离内），应进行两次警告（黄牌），例如一名队员在需要裁判员允许才可以进入比赛场地的情况下，未经允许进入场地，随后实施了一次鲁莽犯规或通过犯规/手球阻止了对方有希望的进攻等。

（二）罚令出场的犯规（红牌）

(1)通过手球犯规破坏对方球队进球或明显的进球得分机会（守门员在本方罚球区内除外）；

(2)通过可判罚任意球的犯规，破坏对方的进球或总体上朝犯规方球门方向移动的明显的进球得分机会；

(3)严重犯规；

(4)咬人或向任何人吐唾沫；

(5)暴力行为；

(6)使用攻击性、侮辱性或辱骂性的语言或动作；

(7)在同一场比赛中得到第二次黄牌警告；

(8)进入视频操作室。

被罚令出场的场上队员、替补队员或已替换下场的队员，必须离开比赛场地周边区域及技术区域。

思考题

1. 简要分析中国古代蹴鞠游戏与现代足球运动发展之间的联系。
2. 足球运动的特点及作用有哪些？
3. 简述现代足球运动的技术特征。
4. 简要描述在传球或射门过程中的身体动作及步骤。
5. 结合自身实际，谈谈接球（停球）时的技术要点。
6. 如何看待一名球员"阅读比赛"的能力？
7. 在防守时，如何判断应采用保守站位还是压迫站位？
8. 简述现代足球运动的发展趋势及战术特征。
9. 在接应过程中，无球队员有几种接应方式？分别是什么？
10. 在紧逼与保护的协同防守中，保护者的站位选择应起到什么作用？
11. 谈一谈你熟悉的球队常采用什么样的阵型，并简要分析其特点。

12. 常见的进攻战术有什么？你还知道有哪些进攻战术？请简要介绍。
13. 区域防守战术与人盯人防守战术的区别是什么？
14. 简要分析区域防守与人盯人防守的灵活转换问题。
15. 足球竞赛规则的基本精神是什么？
16. 标准足球场地由几部分组成？
17. 场上球员的哪些行为可被裁判处以黄牌警告？
18. 场上球员的哪些行为可被裁判处以红牌警告？

第四章　触式橄榄球运动

不同类型的橄榄球运动有不同的育人价值。橄榄球运动主要分为完全对抗的英式橄榄球运动和非对抗的触式橄榄球运动。学生通过学习触式橄榄球运动的起源与发展，基本技术、战术、基本规则和裁判法，利于其了解、掌握触式橄榄球的理论与实践，这对普及校园触式橄榄球运动、提高校园触式橄榄球竞赛水平和丰富校园体育文化具有重要的作用。

第一节　触式橄榄球运动概述

一、触式橄榄球运动的起源

（一）橄榄球运动的起源

橄榄球起源于英国，原名拉格比足球（rugby football），简称拉格比（rugby）。因其球形似橄榄果，在中国称之为橄榄球。拉格比本是英国中部的一座城镇，在那里有一所拉格比学校是橄榄球运动的诞生地。

1839年以后，橄榄球运动逐渐在剑桥大学等学校开展起来，并相继成立了拉格比俱乐部，1871年英格兰橄榄球协会成立，英式橄榄球很快传入其他国家。1890年成立了国际橄榄球理事会。英国橄榄球传到其他国家以后不断发展变化，一些国家对英式橄榄球的球门、比赛用球、服装以及比赛方法等进行了修改，又衍生出本国人喜爱的橄榄球运动，如美式橄榄球、澳式橄榄球、加式橄榄球等。1900年奥委会主席顾拜旦将英式橄榄球引入奥运会，在1900年巴黎奥运会，1908年伦敦奥运会，1920年安特卫普奥运会，1924年巴黎奥运会，英式十五人制橄榄球运动是正式比赛项目。

（二）触式橄榄球运动的起源

触式橄榄球运动始于20世纪60年代的澳大利亚，创始人为鲍勒·戴克和雷·瓦丹。他们的初衷是发明一项活动，它既可以作为联盟式橄榄球（rugby league）运动的训练内容，也可以为退役球员提供机会，继续参与有一定竞争性的体育赛事。也有资料称，早在1956年，一些英国的学校就有类似的活动出现。当时学校的操场是沥青地，如果进行常规的橄榄球运动会十分危险,因此校方在联盟式橄榄球运动的基础上稍做改动,让其适合在学校开展。现在,人们普遍认为触式橄榄球运动起源于联盟式橄榄球运动,是它的衍生运动项目。

二、触式橄榄球运动的发展趋势及比赛

(一)触式橄榄球运动的发展趋势

触式橄榄球运动的包容性非常强,不论年龄和运动能力的高低,人们都能参与其中,享受运动的乐趣。触式橄榄球运动被公认为男女均可参加的大众体育项目,无论是在公园、海边,还是在联盟式橄榄球运动的训练场上,总能看到触式橄榄球运动的影子。根据当前国际触式橄榄球运动发展形势,与对抗性较强的英式橄榄球运动不同,触式橄榄球运动更像是一种休闲运动,参与人群广,适合少年儿童、女性及中老年人参与。触式橄榄球比赛是一项竞技比赛,一般设置多个组别,其中男女混合是比赛的一大特色,比赛场上一般要求不少于两名女性队员,说明触式橄榄球比赛危险性极低,几乎没有身体对抗,安全性较高。为此,触式橄榄球运动在世界范围内是一项较为普及的新兴运动。

(二)触式橄榄球世界杯比赛

触式橄榄球世界杯四年一届。1968年7月13日,随着南悉尼触式橄榄球俱乐部的成立,触式橄榄球运动也正式成了一项运动。而第一场正式的触式橄榄球比赛则于1969年在悉尼举行。1976年,触式橄榄球运动首次获得国际认可。第一个触式橄榄球运动国际组织——国际触式橄榄球协会也在1986年成立。随后,第一届触式橄榄球世界杯于1988年在澳大利亚的黄金海岸开展。至今,世界杯已在7个国家成功开展了9届赛事,参与国家也从最初的5个国家(澳大利亚、新西兰、巴布亚新几内亚、加拿大、美国),稳定增长至28个国家及地区,覆盖大洋洲、亚洲、欧洲、美洲和非洲。在今天,触式橄榄球运动已经传入了80余个国家,而有关触式橄榄球运动的国际及区域性赛事也在蓬勃发展。

我国触式橄榄球运动从1995年开始在北京和上海等地的橄榄球俱乐部中自发组织开展竞赛活动,至2014年有了比较成熟的比赛规则和赛程。2014年至2019年中国橄榄球协会成立,并逐步开展、举办青少年触式橄榄球全国性的比赛和地方比赛。

三、触式橄榄球运动特点与我国触式橄榄球运动价值

触式橄榄球运动具有教师易教、学生易学的特点。触式橄榄球运动是一种非碰撞运动,对参与者的体能与技术要求较低。触式橄榄球运动只要求学生掌握传、接球技术和持球跑技术。参加触式橄榄球运动的学生只要记住不能前传球、不能掉球、不能持球出界,否则交换球权;持球者被触碰后应立刻停下,向后滚球,由队友传球继续进行,被触碰6次后仍不能达阵要交换球权,就可以继续进行比赛了。

(一)触式橄榄球运动特点

1. 安全
因为几乎没有对抗,所以运动方式更安全,其对抗性和运动损伤概率要普遍低于足球、篮球等项目。

2. 便捷
触式橄榄球运动对场地等硬件设施要求低,可以在任何材质的球场上进行,而且场地尺寸和规则均可灵活设置,资金投入少,训练和竞赛便于组织,适合举办各种级别和不同年龄段的"赛会制"比赛。

3. 简单
基础技、战术和规则易学易懂,运动量适中,没有任何运动基础的学生也可快速掌握。

4. 包容
触式橄榄球运动适宜各类人群共同参与,男女可同场竞技。

5. 育人
触式橄榄球运动对青少年身心成长具有积极意义。橄榄球运动"五大"核心价值——"正直、热情、团结、纪律、尊重"在项目诞生之初即被写入《橄榄球宪章》。它要求每一位参与者不但要遵守竞赛规则,更要遵循这种精神。

6. 团结
作为集体球类运动,它更关注球员间的相互信任支持、共同参与和团队合作精神。

7. 坚韧
通过科学的训练,这项运动可使青少年养成良好的运动习惯,能磨炼坚强的意志,并提高学生的文明礼仪素质和人际交往能力,让学生得到成长历练。

8. 新颖
这项运动新颖独特,趣味性、观赏性强。它既能突出球员个人特点,又能展现球队整体素养,能快速吸引大量人群参与。

9. 融入
触式橄榄球运动在世界范围内认知度高,便于国际交流,符合亚洲人灵活的身体特点,有利于出成绩。

综上所述,触式橄榄球运动是一项非常适合在校园开展的体育项目,值得大力推广。

(二)我国触式橄榄球运动价值

1. 能促进大学生身心全面发展
触式橄榄球运动具有易学的特点,学生可在很短的时间内掌握比赛所需要的基本技术与方法。他们可以在学校经常参与比赛,从而达到锻炼身体的目标。触式橄榄球运动虽不强调身体的直接对抗,但是要想在比赛中获胜,仍然需要参与者的全力付出。要全速去奔跑,要用心去传球,要很灵巧地进行躲闪,要与队友齐心协力、密切合作等。该项运动能全面提高人体的力量、速度、灵敏性、耐力等身体素质,并且能培养学生的集体精神。在教学实践中,每年触式橄榄球班学生体质测试的结果,都会让学生本人感到吃惊,大部分学生测试成绩有了明显提高。

2.能使学生获得良好的运动体验和体育情感

触式橄榄球运动能使人形成终身体育意识。目前,传统体育教材内容竞技化明显,教学内容对大部分高校公共体育学生来讲偏难,学生难以体验到体育学习的乐趣。有学者提出传统项目软式化教学的方法,还指出社会的发展要求我们对那些更具趣味化、娱乐化和相对简单化的社会体育项目新形式给予充分的肯定,并有效地引入体育教学中。触式橄榄球运动是正式橄榄球运动的简易形式,它游戏化、趣味化、娱乐化、简易化的特征明显。触式橄榄球运动简单易学,容易找到运动技术学习和运动乐趣体验的平衡点,避免将教师和学生置于大量运动技术练习的境地,可以使体育课堂回归鲜活,形成欢乐的课堂氛围。运动技术与游戏性活动的结合将带给学生全新的体育学习体验,而良好的体育学习体验会促进学生自觉进行体育运动。新的运动项目形式和良好的体验为学生打开了一扇窗,让学生更愿意去尝试其他项目,更容易在不同年龄阶段选择不同运动项目进行锻炼,从而形成终身体育意识。

第二节 触式橄榄球运动基本技术

一、触式橄榄球运动技术分类

触式橄榄球运动技术有进攻和防守两种。
(1)进攻技术:持球、传接球、脚步、滚球、抄捡地上球、触地得分等技术。
(2)防守技术:脚步移动、触碰持球人、口令交流、观察选位等技术。

二、触式橄榄球运动的进攻技术

(一)持球跑动技术

1.持球跑技术动作

1)双手持球(图4-1)

图4-1 双手持球

动作要领：双手手指张开，持握球上 1/2 的两侧。手指接触球，掌心不接触球。双手持球于腹前，球距离腹部 20～30 厘米。手臂自然弯曲，以能够自然协调摆动为宜。

2）单手持球（图 4-2）

图 4-2　单手持球

动作要领：以远离防守人一侧的手臂持球。球尖一端顶在腋窝处，另一端则用手掌和手指持握。

2.持球跨步变向跑

动作要领：双手持球正对防守人跑动，随后改变跑动方向。如果持球队员从对手右侧突破时，先向对手左侧跑动，当对手向左侧移动时，右腿向右前方跨出，右脚前脚掌内侧用力蹬地。腰部随之内转，重心移向左腿。左脚向左前方跨出一步并用力蹬地，右脚迅速向左侧前方跨出，继续加速跑动。

3.持球绕跑

动作要领：双手或单手持球朝防守人内侧肩方向跑动。眼睛始终看着防守人，朝着防守队空当大的地方跑动，并注意本方支援队友的位置。

(二)传、接球技术

触式橄榄球运动传、接球技术有接传球技术、挑传球技术、传平直球技术、传旋转球技术、传地上球技术。

1.接传球技术（图 4-3）

图 4-3　接传球技术

动作要领：当球在空中运行时，接球人朝着球跑动。眼睛注视球，双臂伸出，手指自然张开呈半球形。向前跨步重心前移，身体朝向来球方向。双手手指接球，接球后将球引至控制球或迅速传出球的位置。

2.挑传球技术(图 4-4)

挑传球动作要领:两脚与肩同宽站立,双手持球于胸腹前。传球时身体转向接球人,两臂伸直,两手将球举到胸高度。手腕下沉(两手内收),手腕向上抖动(两手外旋),手指拨球,将球传出。

图 4-4 挑传球

3.传平直球技术(图 4-5)

动作要领:直线跑动,双手持球,吸引一名防守人。若向左侧传球则右腿向前跨出,身体向左转,面向支援的接球同伴,将球持于右侧大腿的前面,以肘关节和手腕的发力控制传出球的速度,手臂向传球方向摆动,手指将球推出,两个掌心自然向上翻。球出手后,手臂向传球方向送出,将球传至接球同伴胸部位置,双手自然上举就可以接住球的高度。

图 4-5 传平直球技术

4.传旋转球技术(图 4-6)

图 4-6 传旋转球技术

5.传地上球技术(图 4-7)

图 4-7 传地上球技术

(三)脚步技术

1. 基本站立姿势

动作要领:两脚前后(或左右)开立,两脚间距与肩同宽,脚掌着地,两膝保持弯曲,身体重心在两脚之间,上体微向前倾,两臂屈肘自然下垂置于体侧,两眼注意场上情况。

2. 学习后退跑

动作要领:两脚脚掌交替蹬地提膝向后跑动,注意提踵,上体放松直立,两臂屈肘相应摆动,保持身体平衡,两眼平视注意场上情况。

3. 侧向移动

动作要领:动作开始前成基本站立姿势,双手自然放于腰间,当侧向移动时注意是移动方向的远端前脚掌发力蹬地,近端脚着地后快速移动身体,达到迅速横向移动的目的。

4. 交叉步侧向移动

动作要领:动作开始前,两臂侧平举,为的是动作开始后保持身体平衡,以右腿先动为例,动作开始后,右腿向左侧做交叉步,右脚落点在左脚的左前方,此时髋关节随右腿运行轨迹转动。然后左脚向左侧平移,成开立状,两脚尽量在一条水平线上,在完成这一动作后,右腿向左腿的左后方做交叉步,右脚落点在左脚的左后方,髋关节同样随右腿轨迹转动。然后左脚向左侧平移,成开立状。重复上述动作即可完成一系列交叉跑动作,距离控制在30米左右。

(四)滚球技术(图4-8)

动作要领:持球人被触碰后,需要在触碰点两腿之间向后放球,为了保证后面同伴能够第一时间快速捡起地上球,胯下滚球人单手或双手将球放在地上,手指、手腕轻盈向后拨球,略微离开身体后侧,但不能用力过猛,如滚动距离离自己身体超过1米视为发球违例。

图4-8 滚球技术

(五)抄捡地上球技术(图4-9)

图4-9 抄捡地上球技术

三、触式橄榄球运动的防守技术

(一)脚步移动

1. 向前跑

动作要领:动作开始前成基本站立姿势,双手自然下放于腰腹间,身体重心在前脚掌上,当听到同伴口令或看到对面进攻方持球人跑来时,迅速向前移动进行卡压防守,阻止对方向前的移动速度。

2. 后退跑

动作要领:后退跑时,用两脚的前脚掌交替蹬地向后跑动,同时上体放松挺直,两臂屈肘配合摆动,保持身体平衡,两眼平视,观察场上情况。

3. 交叉步转身

动作要领:侧向移动时,随着持球人的脚步变化,防守人应降低身体重心,当持球人从防守人一侧突破时,若此时防守人同侧脚在前来不及侧向移动时,需以同侧脚为轴交叉步侧向移动进行防守,以此加快防守的移动速度。

4. 顺步转身

侧向移动时,防守人应降低身体重心,当持球人从防守人一侧突破时,防守人异侧脚在前来不及侧向移动时,需以异侧脚为轴顺步侧向移动进行防守,以此加快防守的移动速度。

(二)触碰持球人

双方队员都允许主动触摸对方。触摸范围包括身体的任何部位以及球、衣服或头发。整个比赛过程中几乎没有暴力的成分,比赛的进攻方有权被触摸最多6次。

1. 防守人触碰持球人

防守球员用单手最小力去触碰持球人,触碰包括球、头发或衣服。当触碰到持球人后,可喊出 touch 单词,以提示同伴和对方。

2. 持球人触碰防守人(图 4-10)

图 4-10 持球人触碰防守人

持球人在没有更好的传球或突破机会时,可主动与防守人发生触碰,以此获得进攻空间。

（三）口令交流

因触式橄榄球只能向后传球，交流是团队配合的重要环节，简单的语言交流可提高进攻和防守的效率，如"一起压防""向左或向右""后退"等。

（四）观察选位

有效的观察可提高场上队员对比赛的阅读能力，提高有效选位的效率，防守人在防守时两同伴之间需要保持好彼此间距，如间距过大或过窄，都会带来防守漏洞。

第三节　触式橄榄球运动基本战术

触式橄榄球运动基本战术包括进攻和防守。根据触式橄榄球运动进攻只能向后传球，防守只能触碰持球人的原则，进攻线和防守线是触式橄榄球运动的一大特点。在规则中进攻一方有6次被触碰机会，如何在6次被触碰进攻中达阵得分，进攻方需要制定有效的进攻战术，寻求突破对方防线的机会；同样，防守方尽可能通过整体有效的防守，限制进攻方得分，尽可能快速地获得球权。本节将介绍触式橄榄球运动中常用的进攻战术和防守战术。

一、进攻战术

触式橄榄球运动中，进攻的主要目的是达阵得分，运用规则，通过迫使防守队全队后退获得进攻空间，吸引一侧防守队员后转移球到另一侧获得进攻空间，突然改变进攻方向获得进攻空间等。下文将重点介绍几种常用的进攻战术。

（一）三人推进战术

该战术是局部三个人快速衔接向前推进，利用发生触碰后防守队后退7米的规则要求，进攻队三个人通过触碰、滚球、抄捡地上球和传球等技术，向前快速推进获得进攻地域优势，充分利用6次进攻机会，吸引防守队队员注意力，在推进到对方得分线前7米处将球传摆开，以此寻找弱侧得分机会。

（二）交叉换位战术

持球人双手持球跑向防守人，当持球人和防守人相互接近，并且防守人朝着持球人跑动的方向移动时，持球人突然改变跑动方向，向接球队友和防守接球队友的防守人之间的空间横向跑动。接球队友跑向持球队员，在接球队友跑到持球队友身后时，持球队员的身体转向接球队友，在传球瞬间，防守队员看不到球，持球队员用柔和的力量将球传到接球队员身前，接球队员加速接球，朝防守队的空当快速跑出。持球队员也可在防守队员犹豫、迟疑的瞬间做假传球动作然后持球突破。

（三）跑动反打战术

跑动反打战术的目的是突然改变进攻方向，以此获得弱侧的进攻机会，形成以多打少。在三对三攻防对抗中利用反向进攻战术进行三对三攻防对抗。每组学生从右边至左边进行3次战术配合，然后，从左边至右边进行3次战术配合。学生用锥形标志桶摆成4块练习场地。学生分成4组，分别在4块场地上进行练习。

（四）"插上重叠"跑动战术

"插上重叠"跑动战术目的是在局部形成以多打少，在进攻同侧时突破得分。

除以上战术外，还有滚球换位结合反向进攻战术。

二、防守战术

触式橄榄球运动的防守目的是阻止进攻方达阵得分，通过有效的防守获得球权进攻得分。触式橄榄球运动在防守过程中只能触碰对方持球人，整体协同防守是触式橄榄球运动防守的有效方式。

（一）一对一防守

触式橄榄球比赛中，当形成"一对一"（一名持球进攻队员和一名防守队员）的局面时，防守人的防守选位是成功防守持球人的前提，一般站位是从持球人接球时来球方向的一侧向外卡压防守，采取先卡压后逼近的防守方式，留给持球人侧面的进攻空间。

（二）整体防守

整体防守练习。在15米×15米的方形区域内进行练习，30人分成5组，3人进攻3人防守。在15米×15米的方形区域内，X1持球进攻，Y1、Y2、Y3防守，采取三种防守战术，结合不同区域进行防守。

（三）人盯人防守与协同防守

1. 防守滚球展开进攻战术

不管进攻方如何换位，保持住自己的防守区域，不换位。

2. 得分线前防快攻突破战术

采取换人不换位原则，区域防守。

3. 调动防守——滚球脱离战术

中间队员接球后持球向防守队盯防自己的中间队员和防守队连接队员的空当跑动并触碰防守队连接队员，进攻队中间队员滚球并向边线方向移动，脱离滚球点，以此调动防守队防守队形向外侧边线方向移动，持球的进攻队同侧连接队员将球从地上捡起，与刚脱离滚球点的进攻队中间队员做假传球配合，随即连接队员将球传给内侧的进攻队中间队员，在场地另一侧，进攻队形成以多打少，攻击防守队空当的局面。

第四节　触式橄榄球运动基本规则与裁判法

一、比赛通则

（一）比赛模式

在触式橄榄球比赛中，队伍的目的是得分并阻止对手得分。进攻方的目的是向前推进并得分。进攻球员可以带球跑动或以其他方式向前移动，并通过传、递、轻击等方式使球在进攻队员间转移。防守方则通过触碰持球的进攻队员来阻止进攻方获得米数优势并得分。

（二）术语及定义

以下术语和定义适用于触式橄榄球比赛，出现相反意图的情况除外。

（1）触摸：双方队员都允许主动触摸对方。触摸范围包括身体的任何部位以及球、衣服或头发。整个比赛过程中几乎没有暴力的成分。比赛的进攻方有权被触摸最多6次。

（2）触摸和传球：队员一旦被触摸后是不能再传球的。

（3）拾球者：拾球者是指当队友放下球后捡起来的人。

（4）越位/不越位：当发生一次触摸后，防守队员必须退回线后7米处。防守队员在拾球者尚未触摸到球之前是不能向前方移动的。拾球者是不允许推迟时间拾球的。

（5）边线：如果持球队员触到或跨越边线，则他将被视为出局从而将改变球权。比赛将在队员出线处向前7米的地方重新开始。若在持球队员出边线前被触摸，则算一次触摸。

（6）阻挡：进攻方队员不允许阻挡防守队员试图触摸。防守队员不允许阻挡进攻方试图接球的队员。

（7）得分：进攻方持球队员在被触摸之前脚触底线或跨越底线都将被视为触地得分。一次触地得分算一分。拾球者是不允许直接达阵得分的。

（8）换人区：比赛双方都可以在任何时候换人。被换上场的人只有在被换下的人出场后方能进场参加比赛。换人必须在换人区范围内进行。

（9）传球：进攻队员可以传球、击打、扔或递球给任何一个没有越位的队友。前传球是不允许的。

（10）轻踢发球：轻踢发球发生在放球点，放球后用脚轻踢球而球不超过1米并立即拿回球。进攻方的任何队员都可以轻踢发球。

（11）滚球：意味着新一轮进攻的开始。当进攻方面对对方得分线滚球时，队员必须将球放在滚球点并处于两腿之间的地方。如果球向后滚，则最多不能超过1米。队员不能耽误滚球，并且滚球时球不得向前滚。

二、触式橄榄球运动裁判法和竞赛基本规则

（一）裁判法准则

（1）不当行为：球员和球队官员侵犯触球的规则有可能根据犯规的严重性被裁判处罚。违规授予将按照适用的规则，可能包括强制替换或辞退（驱逐出场）。

（2）不当行为包括：①连续或经常违反规则；②说脏话；③对裁判的判决有争议或与裁判顶嘴；④执行 touch 触碰时，使用超过必要的力量；⑤违反体育精神、道德；⑥绊倒（使跌倒）、出拳打人或以其他方式攻击另一名球员；⑦辱骂裁判或其他比赛官员；⑧违反运动精神的任何其他行为或言论。

（3）球队队长：球队队长将负责球员的行为。队长应该与裁判建立沟通关系，在必要时，应被告知任何辞退（驱逐出场）的理由。

（4）强制替换。当球员侵权被裁决为比违规还严重，但没有到辞退（驱逐出场）的程度时，球员可能被要求强制替换。进行强制替换的同时，比赛照常继续进行。适用正常的交换规则。

（5）辞退（驱逐出场）。球员或球队官员可以因为下列不当行为而被告知从球场辞退（驱逐出场）：一段时间。当球员侵权被裁决为比违规还严重或连续违规时，球员将被告知辞退（驱逐出场）球场而移动到球队进攻得分线的中心，并与死球线保持至少 7 米的距离。一段时间的持续时间取决于裁判裁决违规的性质来决定。被辞退（驱逐出场）的球员不可替换。如果一段时间跨越半场暂停，该球员可以返回替换箱。当一段时间结束后，球员必须返回到替换箱或由所在位置从边界线进入球场。当辞退（驱逐出场）球员被允许重新加入比赛时，比赛将继续进行。

（二）竞赛规则

1. 比赛开始和重新开始

（1）在裁判到场的情况下，双方队长进行抛硬币，胜者可以选择队伍上半场的进攻方向和队伍的换人区域，并决定谁先持有球权。

（2）在裁判的指示下，进攻队员在中场线的中点处通过轻踢球动作开始比赛。

（3）中场休息结束后，双方队伍改变进攻方向，并由上半场开场时的非控球队伍轻踢球开始比赛。

（4）一方得分后，由未得分队伍通过轻踢球重新开始比赛。

（5）轻踢开球前所有进攻队员必须在位，否则不予开球。

（6）若在位的防守球员少于 4 名，或裁判尚未示意，球员不得轻踢开球。若场上的防守队员少于 4 名，除非裁判示意，否则必须等待所有球员在位方可轻踢开球。

（7）比赛开始及重新开始时，轻踢开球的动作不得延迟。

2. 控球权

控球队伍在控球权发生转换前拥有 6 次触碰机会。

3. 掉球

若球在比赛过程中掉落地面或被传至地面,两队交换球权。

4. 触地球

若在传锋球员的控制下,球与得分区范围内的地面接触,两队交换球权。若发生上述情况,球权转换后的持球方将在7米线上滚球开球

5. 球撞人

若球员对球处理不当,尽管在努力地尝试控制球,但却无意中使球向前移动并撞在其他球员身上,也会导致球权的转换

6. 触碰

(1)任意防守球员和控球球员均可主动发起触碰。

(2)若触碰尚未发生,防守球员不能声称发生了触碰。若一名球员声称发生触碰,但裁判不确定触碰是否发生时,该次触碰有效。

(3)防守及进攻球员必须采用所需的最小力量执行触碰,且必须确保触碰的方式不会对其他球员的安全带来不必要的风险。

(4)若在触碰的过程中,持球球员手中的球被意外击落,该次触碰仍算数,且进攻方保留控球权。

(5)触碰过程中,防守球员不得故意击落持球球员手中的球。

(6)触碰发生后,控球球员不得以传或其他方式使球转移。

(7)传锋球员可以传球或带球跑动,但在控球时不能被触碰。

7. 滚球

(1)进攻球员站在滚球标志点上,面向防守队的得分线,真诚地尝试站立并与边线平行,有控制地把球放在双脚之间的地面上,然后脚跨过球向前走,使球向后往两脚之间滚,滚动距离不得超过1米,一只脚跨过球。

(2)球员必须在滚球标志点上执行滚球。

(3)球员不能执行自愿滚球/无触碰滚球。

(4)球员不能延误滚球。

(5)球员只能在以下几种情况下在标志点处进行滚球:

当1次触碰发生后;当6次触碰结束,两队转换控球权时;球落地或被传至地面导致两队转换球权时;当进攻球员在执行罚ball、轻踢球和滚球时违规而导致球权转换时;或当传锋球员被碰或将球放在得分线上或线后而导致球权转换时;或用滚球替代罚球开球;或根据裁判指示执行。

(6)在以下情况中,球员需要在场地边线往内7米处进行滚球:由于控球球员被触碰前与边线或场地以外的地面发生接触,控球权发生转换时;或当球在不受球员控制的情况下与边线或场地以外的地面发生接触时。

(7)球员不得以轻踢球动作替代滚球。

(8)除进行滚球动作的球员外,任意进攻队员可以在滚球处捡球,捡球的动作不得拖延。

捡球的球员被称为传锋球员。

(9)传锋球员允许在拿起球之前单脚控制球。

8.得分

(1)一次触地得分计为一分。

(2)触地得分指一名球员在没有被触碰的情况下把球放在得分线上或线后。传锋球员除外。

(3)比赛结束后,得分最多的球队为胜利者。若两队都没得分或得分相同,则宣布平局。

9.越位

(1)进行滚球时,所有防守球员必须从滚球标记点起向后退7米,或根据裁判指示退至防守得分线。

(2)轻踢开球时,所有防守球员必须从轻踢开球标志点向后退10米,或根据裁判指示退至防守得分线。

(3)进行滚球或轻踢开球时,防守队员不得后退不合理的距离以至防守得分线之后。

10.阻挡

(1)控球球员不得通过跑动或其他方式移动至进攻球员或裁判的身后以避免即将发生的触碰。

(2)控球球员不得以搂抱及其他方式阻碍防守队员的行动。

(3)进攻球员可以进行必要的移动来实现支持控球球员的目的,但不能抓、搂、推或通过其他方式故意干扰防守队员进行防守触碰。

(4)防守球员不得阻挡或干扰进攻球员。

(5)若一名进攻球员在支持控球球员时造成了明显的非自愿或意外的阻挡行为,而控球球员停止移动并允许触碰发生,则该触碰仍算数。

(6)若裁判对进攻或防守球员造成阻碍,如球与裁判接触的情况,比赛应暂停并在干扰发生处滚球重开。比赛继续且触碰计数不变。

11.换人

(1)球员可以在任何时候换人。

(2)换人次数不受限制。

(3)只有场上球员离开球场进入换人区后,替补球员才能进行换人动作。球员进出球场的过程中,不得妨碍比赛的进行。

(4)进入球场的球员必须在位后才能参与比赛。

12.判罚

(1)轻踢开球动作必须按照定义执行。

(2)对于发生在7米线之间的犯规行为,轻踢罚球的标志点为犯规的位置,裁判另作说明除外。

(3)对于发生在7米区的犯规行为,轻踢罚球必须在7米线上进行。

(4)对于发生在球场之外或得分区内的犯规行为,轻踢罚球的标志点为边线往内7米处、犯规位置向前最近的7米线上,或裁判指示的位置。

(5)在执行轻踢罚球前,必须由裁判示意罚球的标志点。

(6)裁判示意罚球标志点后,球员须立即执行轻踢罚球动作。

(7)球员可以用滚球动作代替轻踢罚球的动作,且捡球的球员不会成为传锋球员。

13. 减员加时赛

若需在平局中决出胜负,将使用以下程序确定最终获胜者。

每支队伍的场上球员减少至4名,在60秒内准备好并在中场线重新开始比赛时赛中队伍防守的半场与正赛结束时相同。加时赛由正赛非开球队伍在中场线中点处轻踢开球。减员加时赛以一个两分钟时长的小节开始。若一支队伍在两分钟结束时领先,宣布该队获胜,比赛结束。若两分钟结束时没有队伍领先,在时间结束信号发出后,比赛将在出现下一次触碰或死球时暂停,且每支队伍场上球员再减少一名。球员一离开场地,比赛立即从暂停前的位置重新开始(即球队保留暂停前的球权和相应的触碰次数,或因犯规/6次触碰结束而转换球权)。比赛将继续进行,直至一方队伍得分。

思考题

1. 简述触式橄榄球运动的发展史。
2. 触式橄榄球运动起源于哪里?衍生于什么运动?
3. 触式橄榄球运动传球技术包含哪些?
4. 简述触式橄榄球运动接球动作要领。
5. 简述触式橄榄球运动在我国的发展史。
6. 触式橄榄球运动的基本进攻战术有哪些?
7. 简述触式橄榄球运动的传球特点。
8. 阐述触式橄榄球运动中的越位。
9. 当一场淘汰赛阶段的触式橄榄球比赛出现平局时,应该如何进行?
10. 简述触式橄榄球运动中的犯规。
11. 简述触式橄榄球运动中的临时罚下。
12. 触式橄榄球运动中违例的判断与处理有哪些?

第五章　乒乓球运动

第一节　乒乓球运动概述

一、乒乓球运动特点与作用

乒乓球运动的器材设备简单,室内室外都可以进行,运动量可大可小,不同年龄、性别和身体条件的人都可以参加。乒乓球运动速度快、变化多,要求练习者在短时间内有较强的反应能力,这能提高人体神经系统的灵敏性以及身体的协调性。乒乓球项目有单打、双打、团体项目。所以,乒乓球运动既可以培养独立思考、单独作战的能力,又可以培养集体主义精神。

乒乓球运动可以有效地提高人的身体素质和心理素质;可以调节神经系统的灵活性;可以改善心血管系统和呼吸系统的功能;是一个适合终身锻炼的体育项目。

二、世界乒乓球运动的起源与发展

像许多其他运动项目一样,乒乓球运动一开始并没有引起社会的关注。19世纪中后期,乒乓球运动开始在英国流行,全国掀起了一股"乒乓球"热。那时,乒乓球运动并没有统一的规则,只是作为比较流行的一种游戏而存在。

1900年左右,出现了木质乒乓球板,标志着乒乓球运动的发展进入新阶段。第一次世界大战的爆发,使已经在欧洲得到发展的乒乓球运动停滞不前。20世纪20年代,在蒙塔古等人的推动下,曾一度被冷落的乒乓球运动又重新在英国开展起来,他们还组织了由各地选手参加的全英乒乓球赛。1926年成立了"桌上网球"协会。"桌上网球"这个名字一直沿用了数十载,国际乒联至今还采用这个名字。汉语的乒乓球叫法是因其击打时发出的声音而得名的,但将其翻译成英文时,仍用"table tennis"。

三、中国乒乓球运动的发展和成绩

1952年,中国加入国际乒联,仅仅过了五年,1957年在斯德哥尔摩第二十四届世界乒乓球锦标赛中,中国男队勇夺团体亚军,女队荣获团体第三名。1959年在联邦德国第二十五届世界乒乓球锦标赛上,容国团夺得中华人民共和国体育史上首个世界冠军。1961年,北京成功举办了第二十六届世界乒乓球锦标赛,中国队一举荣获三项冠军。中国男队力克群雄、冲破艰难险阻,第一次获得团体冠军,登上了世界乒坛巅峰。邱钟惠首次摘取女单桂冠,庄则栋夺取男单冠军。在第二十六至二十八届世界锦标赛中,中国队共夺得11枚金牌,占金牌总数的52%。到了20世纪90年代,中国乒乓球队再次雄踞在世界乒坛之巅。从1996年亚特兰大奥运会开始到2021年东京奥运会,除了2004年男单金牌与2021年东京奥运会混双金牌旁落外,中国乒乓球队包揽了奥运会乒乓球项目的所有金牌,世界乒乓球进入"一超多强"的时代。在这个阶段的对抗中,中国乒乓球队积极创新打法与训练手段,精心培育后备力量,不断迎接国外运动员强有力的挑战,力争在激烈的竞争中继续保持领先地位。

四、乒乓球重大赛事

(一)奥运会乒乓球比赛

乒乓球运动的诞生,差不多与现代奥运会处于同一时期。而乒乓球项目进入奥运会,却经历了漫长的路程。

乒乓球项目在1988年奥运会上正式亮相,比赛设有男、女单打和男、女双打4枚金牌。2008年北京奥运会比赛项目改为男、女团体以及男、女单打共4枚金牌。受全球疫情影响,2020年东京奥运会延期至2021年举办,东京奥运会增设混双项目金牌,共5枚金牌。至今奥运会乒乓球项目已产生37枚金牌,其中中国队获得了32枚金牌。

(二)世界乒乓球锦标赛

世界乒乓球锦标赛包括男子单打、女子单打,男子双打、女子双打、男女混合双打以及男女团体共7个项目。世界乒乓球锦标赛是国际乒乓球联合会主办的最高水平的世界乒乓球大赛,在全球具有广泛的影响力。

世乒赛奖杯上会刻上获胜者的姓名,各项冠军获得者可保持该奖杯到下一届世界乒乓球锦标赛开赛前。唯有男、女单打冠军除外,如连续3次获得"圣-勃莱德杯"或"吉-盖斯特杯",则由国际乒联制作一个小于原奖杯一半的复制品,永远由获得者保存。

(三)世界杯乒乓球赛

世界杯乒乓球赛是国际乒联主办的又一个世界性高水平的乒乓球比赛。世界杯分为男、女单打及团体共四项赛事(分开举办)。1980年首届男子世界杯在香港举办,郭跃华获得首届男子单打冠军。首届团体世界杯于1990年在日本举办,男子团体冠军为瑞典队,女子团体冠军为中国队。首届女子世界杯于1996年在香港举办,邓亚萍获得第一个世界杯女子单打冠军。2019年在中国成都举办的乒乓球世界杯团体赛中,中国男、女团双双夺冠,中国男团获8连冠。

(四)国际乒联巡回赛(现更名为WTT)

国际乒联职业巡回赛,全称为国际乒联乒乓球职业巡回赛。为了适应市场化和职业化的需要,1996年国际乒联推出了乒乓球职业巡回赛,成为国际乒乓球联合会组织下的一项具有世界影响的国际大型单项体育赛事。该赛事一般设立男子单打、女子单打和男子双打、女子双打四个项目。职业巡回赛每年度比赛场次大致为10站至15站,分布在各大洲进行,主要目的在于普及乒乓球运动,让更多的协会都能够参与到国际乒联所组织的赛事当中。年末还会根据全年比赛积分排名,遴选出参加总决赛的选手,进行最终的王者之战。

第二节 乒乓球运动基本技术

一、基本站位与准备姿势

运动员在接发球之前,应当保持正确的基本姿势,以便迅速移动,使自身处于有利击球位置,提高击球的准确性。

正确的基本姿势是:两脚开立略宽于肩,右脚稍后,前脚掌内侧着地,提起脚跟,膝关节弯曲,上体略前倾,重心放在前脚掌上,双眼注视来球。持拍手臂弯曲置球拍于腹前,不持拍手臂自然弯曲置于体侧。在击球过程中,每打完一板球都应尽量还原成基本姿势,有利于下一板击球时能快速起动,照顾全台,增强击球的准确性。

二、握拍方法

乒乓球握拍方法与击球动作有着密切的关系,目前世界上流行的握拍法主要分为直握球拍和横握球拍两种类型。前者多为亚洲运动员所采用,而后者多为欧洲运动员采用。不同技术和打法的运动员其握拍方法各有不同,握拍技术的正确与否在很大程度上决定了击球动作是否合理。

(一)直握球拍

1.传统直握球拍(图5-1)

方法:用拇指和食指握住球拍拍柄与拍面的结合部位。食指的第三指关节内侧贴在拍柄右侧,食指的第二指关节压住球拍的右肩,第一指关节自然向内弯曲,拇指的第一指关节压住球拍的左肩,其他的三指自然弯曲重叠,以中指第一指关节顶住球拍拍面1/3处,使球拍保持平稳。

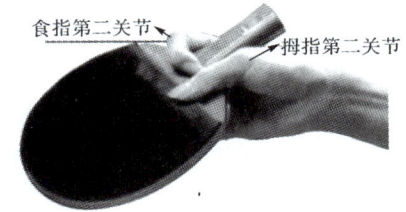

图5-1 直握球拍

2.直拍横打握拍法

直拍横打技术是在传统直拍打法的基础上的优化技术,由于进攻方式的改变,在握拍方式上也需做出了相应的调整。其主要表现在食指需牢固卡住拍肩、扣住拍柄,拇指的位置相对握得比较直。中指、无名指和小拇指的握法已经不是呈现半环状,而是用中指和无名指的指端顶住球板。这样的握拍方式才能便于使用直拍反面进行击球。

3. 直握球拍的特点

手腕比较灵活,可以在发球时利用手腕动作,使球的旋转、落点变化较大,对台内球的处理也较为有利,侧身进攻比较灵活,但其反手位有一定的漏洞。

(二)横握球拍

1. 横握球拍方法(图5-2)

拇指和食指自然夹住拍肩,食指伸直斜放于球拍的背面,拇指在球拍的正面轻贴在中指旁边。虎口正中间贴拍柄正侧面,中指、无名指和小拇指轻握住拍柄。

图5-2 横握球拍

2. 横握球拍特点

(1)横握球拍与直握球拍比较,握拍比较简单,而且动作容易固定、易于发力,但灵活度相对直握球拍差。

(2)深握法的拍型比较容易固定,发力较容易,但手腕灵活性略差。浅握法的手腕相对灵活,处理台内球较容易,但发力相对差一些。

三、基本步伐

(一)单步技术

1. 特点及应用

单步技术一般是在来球离身体不远的小范围内运用。它具有简单实用、灵活、重心平稳等特点,在还击近网球或追身球时常采用此技术。

2. 动作要领

移动时以一只脚的前脚掌为轴,另一只脚视需要向前、后、左、右的不同方向移动,当移动完成时身体重心也随之落到摆动脚上,之后再进行挥拍击球。脚落地、转腰、引拍与挥拍和击球同步进行。

(二)跨步技术

1. 特点及应用

跨步技术动作简单、实用性较强、移动幅度中等,击球时会降低身体重心的高度。该技术适用于应急、借力击球,不适合主动发力。多在来球离身体较远时,用其他步法技术来不及,且在来球速度较快,角度较大的应急、相持时使用。

2. 动作要领

一只脚向来球方向侧跨一大步,而另一只蹬地脚也迅速跟着移动,球一离拍后应立即还原,保持准备姿势。

在移动身体重心时,一只脚首先向移动的方向倾斜,倾斜角度因移动范围的大小而定。之后,移动方向的异侧脚用力蹬地,用力的大小因移动范围的大小而定。另一只脚向移动方向侧跨一大步,这一步距离的远近同样是根据来球的角度而定。

转腰、挥拍、击球要与跨出脚的落地同步进行,这是手、腰、脚在击球瞬间协调配合的最关键的一个环节。

（三）滑步技术

1. 特点及应用

滑步技术是大范围移动步法技术中重心最稳的一种,不易失位、攻守平衡。它具有移动范围较大、重心较平稳、重心转换速度快的特点。当与对方形成相持且来球离身体较远时,采用滑步移动,移动后两脚距离基本不变,利于快速回击来球。

2. 动作要领

移动方向的异侧腿、脚先蹬地发力,脚外侧离开地面。异侧脚蹬地发力后快速靠拢支撑脚,然后落地站稳,与此同时,移动方向同侧腿（原支撑腿）的脚外侧用力蹬地,并向移动方向滑出一步。

移动过程中,移动方向的异侧腿,先为摆动腿,后为支撑腿;移动方向的同侧腿,先为支撑腿,后为摆动腿,最后重心移至两脚中间。移动中重心虽有短暂的在两腿间交换的过程,但基本上是一直保持在两脚之间的位置上。

移动方向同侧腿落地与转腰、挥拍动作同步进行。整个移动过程中两脚均贴着地面滑动,身体保持稳定不向前、后、左、右晃动,膝关节始终微屈。

（四）交叉步技术

1. 特点及应用

交叉步是在许多步伐中动作最复杂、移动幅度最大的步法,主要是用来对付离身体较远的来球。它在移动中能充分用上腰、髋的转动以及腿、脚蹬转的力量。当来球的位置在正手位大角度或者反手位大角度抑或是离自身位置过远时,使用该步伐。

2. 动作要领

1）向同侧腿方向横向移动的交叉步——正交叉步

正交叉步应先以靠近来球方向的脚作为支撑脚,远离来球的脚迅速横向向同侧腿方向跨出一大步,而原支撑脚跟着前脚的移动方向再迈一步。在移动时膝关节始终保持较大的弯曲角度,与来球方向同侧脚外旋、异侧脚内旋,腰髋迅速转向来球方向,交叉后腿落地挥拍击球同步完成。

2）向异侧腿方向横向移动的交叉步——反交叉步

使用反交叉步时,腰、髋迅速转向来球方向,先以靠近来球方向的同侧脚作为支撑脚,使远离来球的异侧脚迅速横向向同侧腿的来球方向跨出一大步,而原支撑脚（同侧脚）跟着前移的移动方向再迈出一步。

膝关节始终保持较大的弯曲角度,迈前腿时与转腰、挥拍、击球同步进行。

四、上旋球技术

上旋球指快速向自身方向旋转的球。特点:速度快,触碰桌面加速弹起且弹起幅度高,触碰球拍会往上方飘。上旋球技术主要有以下几种。

(一)反手平挡球技术

1. 特点及应用

反手平挡球技术球速慢、力量轻,动作简单、容易掌握,它是初学者入门应掌握的技术。反复练习反手平挡球可以熟悉球性,体会击球时拍型变化,提高控球能力。在对方反击时,反手平挡球还能作为防御的一种手段。

2. 动作要领

选位:两脚平行或左脚稍前站立,身体离球台约 40 厘米。非执拍手手臂自然弯曲,执拍手将拍置于腹前。

引拍:来球落台后,肘关节向后拉,将球拍引至腹部前方,食指和中指用力、拇指放松,使拍面接近垂直台面。

击球:当来球跳至上升后期或高点期时,球拍向前推出,前臂与台面平行伸向来球。拍触球时,前臂和手腕稍向前移动,主要是借助对方来球的反弹力将球挡回。

击球后:迅速收回球拍,还原成击球前的准备姿势。

(二)平击发球技术

平击发球技术分正手平击发球和反手平击发球两种,是一种运动速度慢、力量轻、旋转弱的上旋球技术,是初学者最基本的发球方法,也是掌握其他复杂发球方法的基础。

1. 正手平击发球

动作要领:站位靠近台中间偏左半台,左手掌心托球于身体前方向上抛起,抛球同时向右侧下方引拍,小臂带动大臂向前平行挥动,拍型稍前倾,当球下降至腹前时,右臂从身体右侧方向左前方挥动,击球中上部,使球的第一落点在球台的端线附近,击球后,手臂继续向左前方随势挥动一段后,迅速还原成准备姿势。

2. 反手平击发球

动作要领:站位靠球台中间偏左处,右脚稍前或两脚平行站立,身体略向左转,含胸收腹,左手掌心将球置于身体左侧前方,向上抛起,持拍手向左后方引拍。拍型稍前倾,当球下降至腹前时,球拍向右前下方挥动,击球中上部,使球的第一落点靠近端线。击球后,手臂和手腕继续向右前方随势挥动一段后,迅速还原成准备姿势。

(三)正手攻球技术

1. 特点及应用

正手攻球技术具有站位近、动作小、球速快的特点。它是充分借助来球的反弹力,并利用落点的变化调动和控制对方,创造更好的进攻机会(如扣杀等)。

2.动作要领

选位:站离球台约40~50厘米,两脚间距比肩稍宽,右脚后撤半步,脚尖稍微向外打开,含胸收腹、两膝微屈,重心放在前脚掌,目视前方。

引拍:球拍引至身体右侧,肘离身体约一拳距离,拍面稍前倾,腰、髋发力带动大臂和前臂,保持拍形固定。

击球:保持拍型前倾状态,以肘关节为中心轴引拍向左斜前方发力,撞击球的中部或中上部,在来球的上升期击球。

击球后:手臂顺势收回,身体快速还原。

(四)直拍横打技术

直拍横打技术是我国直拍运动员独创的一项技术。直拍横打技术借鉴了横拍反手技术,改变了原有直拍单面击球的状况,它是在球拍的另一面粘上海绵,使球拍正反面都可以击球,使传统的左推右攻打法朝着"两面开弓"的方向发展。它是直拍打法的创新技术,使直拍打法重新焕发了生机。

1.特点及应用

直拍横打技术是在比赛中常用的技术,它和反手平挡球技术结合能起到变化击球节奏的作用,是反手位进攻得分的辅助手段。它用力较协调、动作流畅,但控制拍型有一定难度。

2.动作要领

选位:站位近台,两脚平行站立、屈膝,根据来球落点调整身体位置,将来球置于身体略左侧前方处。

引拍:击球前,手腕内收,将球拍向后下引,肘关节稍向前顶,右肩稍沉。

击球:当来球跳至上升期,手臂前迎,以肘关节为轴,触球瞬间前臂手腕外旋,向前上方弹出,球拍适当摩擦球体的中上部,身体重心略前移。

击球后:前臂适度向右前方挥动,不宜太长,迅速还原成基本姿势。

(五)左推右攻技术

1.特点及作用

左推右攻技术是一种手法结合步法、正手与反手配合的综合练习技术。这种技术对提高运动员的全台攻防能力和步法灵活性很有效果,也可以进行两面攻、两面拉、两面削等练习。

2.动作要领

(1)先按正常动作推挡左方斜线球,再将球回到正手位。

(2)推挡后身体重心应放到左脚上,向右移动时左脚蹬地,右脚迅速向右方跨出一大步,左脚随即跟上一步(也可用跳滑步移动)。

(3)移动中手臂快速向右前方挥动击球(右脚着地时即可击球)。正手击球时拍面稍前倾,在来球的上升期击球中上部。

（4）正手攻球后，立即调整身体重心，再向反手位移动，进行推挡。

五、下旋球技术

（一）正手发下旋球技术

动作要领：左脚稍前站立，左手掌心托球于身体右侧前方向上抛球，抛球的同时持拍手向后上方引拍。拍面稍后仰，手腕适当外展，手臂放松，腰向右转以便于发力。当球下降至腹前时，前臂迅速向前下方挥动，用球拍的下半部分去摩擦球的中下部，拇指、食指、手腕在触球的瞬间加强爆发力，向球底部摩擦，使球产生较强下旋。发球后，挥拍动作尽可能停住，以便于还原。

（二）反手发下旋球技术

1）击球前的准备（包括站位，抛球引拍）

右脚稍后或平站，身体略向左偏斜，左手掌心托球置于身体左前方。引拍时，左手将球向上抛起，同时右臂内旋。直握拍手腕屈，横握拍手腕外展，使拍面后仰，向身体左后方引拍。迎球时，右臂从身体左后上方向右前上方挥动。

2）击球时

当球从高点下降至稍高于或平于网高时，前臂加力向左前下方发力，同时直握拍手腕伸，横握拍手腕内收，击球中下部向底部摩擦。球击出后第一落点接近球网。

3）击球后

手臂继续向右前下方随势挥动并迅速还原。

注意事项：

（1）发力部位以手腕和前臂为主，动作过程中身体重心从左脚移至右脚。

（2）反手发球动作由于受身体限制，充分发挥收腹、转腰的力量帮助发力。在球拍触球的一瞬间，加大手腕、手指用力是提高发球质量的关键。

（三）搓球技术

搓球技术是近台还击下旋球的一种基本技术。它的技术特点是动作幅度不大、出手较快，过网后球的弧线较低，旋转与落点变化比较丰富。根据击球时间、落点和旋转的不同，搓球技术分快搓、慢搓、转与不转搓球、侧旋搓球等不同类型。本文主要讲慢搓球技术。

1. 特点及应用

慢搓球技术具有动作大、弧线低、旋转强，击球节奏和球速较慢，稳定性高的特点。在比赛中，多用于牵制对方的攻势，为进攻创造机会。慢搓球技术又分为正手慢搓球技术和反手慢搓球技术。

2. 动作要领

1）正手慢搓球技术

正手慢搓球技术一般在来球至正手位近台时使用，若来球落台后第一跳出台，则可采用正手拉球回击。

选位：站位近台，右脚向右前方上步。

引拍：手臂自然弯曲，手腕外旋并后仰拍面，将球置于身体右侧前方，向右后上方引拍。上步同时将球拍伸进台内，保持拍面后仰。

击球：当来球跳至下降前期，球拍由右上方向左前下方适当用力摩擦球体的中下部，手腕稍外展并尽量固定，前臂加速向前下方用力。

击球后：球拍随势前挥一段，随后撤步还原成基本姿势。

2）反手慢搓球技术

选位：站离球桌约40厘米的位置，右脚略微向前上步。

引拍：身体重心前移，肘关节弯曲后撤，保持后仰状态，手臂将球拍后引至胸前下方。

击球：当来球跳至下降前期，球拍由左上方向前下方挥动，摩擦球体中下部。直拍触球时手腕稍内旋以增大摩擦力量，横拍以向前下方用力为主。

击球后：前臂随势前送，重心适当前移，随后迅速还原。

(四)弧圈球技术

弧圈球技术是一种将力量、速度和旋转结合为一体的进攻性技术，是比赛中常用且重要的得分手段。它具有攻击性强、威胁大的特点，是现代乒乓球的先进技术之一。它的主要特点是上手机会多，运用范围广，空中飞行的弧度稳定，易于过网，而落台后的反弹弧线又很低，回击容易出界。根据旋转特征，弧圈球技术分为加转弧圈球技术、前冲弧圈球技术、侧旋弧圈球技术。下文主要介绍加转弧圈球技术和前冲弧圈球技术。

1.加转弧圈球技术

1）特点及应用

加转弧圈球技术具有飞行弧线较高，球速较慢，上旋力很强的特点，是一种攻击力强、威力大的进攻型技术。球触台后以较快速度下落，击出的球弧线较高，是对付下旋球的有效技术。在比赛中，由于球弧线的弯曲度较大，落到对方台面后迅速下滑，起到变化击球节奏的作用，得分较多。

2）动作要领

(1)正手拉加转弧圈球技术。

选位：判断来球落点，移动脚步，将来球置于身体右侧前方，两腿开立比肩稍宽，身体微向前倾，重心在前脚掌上。

引拍：来球落台后，身体向右转动，在转腰的过程中，用腰控制大臂，右肩沉低，小臂下垂自然引拍，将球拍引至身体右侧下方，保持拍面稍前倾。

击球：当来球跳至下降期时，大臂带动前臂向前上方挥拍，同时配合蹬地转腰，身体重心从右脚向左脚转换，身体前迎，身体前迎的方向要和击球的方向一致。摩擦球体的中上部，触球瞬间快速收缩前臂，手腕适当内旋，使挥拍速度达到最快，将球摩擦击出。

击球后：球拍随势挥至头部上方，重心前移至左脚上，然后迅速还原成基本姿势。

(2)反手拉加转弧圈球技术。

选位：两脚分开比肩宽右脚稍前，两膝微屈，重心在两脚间，将球置于身体左侧前方。

引拍：右肩下沉，球拍引至腹前下方，含胸收腹，肘关节稍向前顶出，手腕内旋，拍面适度前倾，膝关节弯曲，重心放在左脚上。

击球：当来球跳到高点期或下降前期用力摩擦球的中下部，腰髋带动大臂、前臂由后向前挥动，击球瞬间迅速向前上方发力，前臂要迅速旋内收缩，协同摩擦、制造弧线，重心由左脚转向右脚。

击球后：球拍随势挥至身体右侧上方，重心移至右脚上，随之迅速还原成基本姿势。

2.前冲弧圈球技术

1）特点及应用技术

前冲弧圈球技术具有上旋强烈、出手快、球速快、弧线低和落台后前冲力大等特点。它是一种将力量和旋转技巧结合得较好的进攻型技术，在对付削、搓、中等力量攻球、接发球及半高球时运用较多，使用范围较大，对力量的掌控要求较高，在与对方弧圈相持时也用以对拉、对冲。

2）动作要领

(1)正手拉前冲弧圈球技术。

选位：基本姿势同拉加转弧圈球技术，左脚稍前，但身体重心稍提高。准确判断来球落点，迅速移动，将球置于身体右侧前方。

引拍：右后方引拍时腰向右转动身体右转，重心移至右脚，使球拍呈前倾状态，手臂几乎伸直，引拍至身体右侧下方，高度比拉加转球要高一些。

击球：当来球跳至上升后期或高点期摩擦球的中上部。迅速蹬地转腰，同时手臂主动前迎，在触球瞬间快速收缩前臂，同时配合手腕内旋，以增加球拍对球的摩擦力。

击球后：球拍顺势挥至右肩上方，重心移至左脚上，随之迅速还原成基本姿势。

(2)反手拉前冲弧旋球技术。

选位：两脚平行或右脚略前，两膝微屈，重心在两脚间，将球置于身体左侧前方。

引拍：左脚后撤，上身略左转，重心置于左脚上，右肩向下沉，球拍引至台面以下，将肘关节稍顶出，前臂打开，手腕内旋，保持拍面前倾。

击球：当来球反弹至上升后期或最高点时，左脚蹬转，腰部向右前上方发力，以肘关节为轴，快速甩小臂，摩擦球的中上部，手腕向外旋，加大摩擦力度。

击球后：重心移至右脚，球拍顺势挥至身体右前方，随之迅速还原成基本姿势。

第三节　乒乓球运动基本战术

一、推攻结合变线战术

推攻结合变线战术是最基本的对攻战术之一。它一般用于对付反手较弱或进攻能力不强的选手,先用反手攻(快推)压住对方反手,若对方勉强侧身,可连压反手或快速变线到对方空当,伺机抢攻;若对方侧身搏杀,则可先配合变线,以达到牵制对方的目的。

运用此战术时,应注意:

(1)紧压对方反手时,要速度快、角度大、力量重。

(2)变线的这板球要有质量,角度大、突然性强。

(3)避免习惯性变线,被对方适应。

(4)应是主动变线,切忌被动变线,给对方提供抢攻的机会。

二、攻两角战术

攻两角战术是靠给对方左右两个大角,使其顾此失彼,从而占据主动的战术。它一般用于对付步法较慢、动作较慢的选手。对角攻击,即以两条斜线调动对方;双边直线,即先以直线攻一角,再以直线攻另一角。

运用此战术时,应注意:

(1)打斜线角度要大,能超出边线最好,充分发挥斜线的威力。

(2)打直线出手要快、线路要直。

三、搓攻战术

搓攻战术是进攻型打法的辅助战术之一,也是削球打法相互对垒时的主要战术之一。此战术是利用搓球的旋转、落点的变化,为进攻创造条件,但在面对进攻型打法时,搓球的板数不宜过多。常用的搓攻战术有以下几套。

(一)以摆短为主,配合劈两大角长球,伺机进攻

它主要用于对付擅长抢攻长球的选手,目的是先用短球控制对方,把对方引上来,再搓下去,使其来不及抢攻或抢攻质量下降,从而伺机进攻或反攻。

运用此战术时应注意:摆短的质量要高,即弧线低、不出台、旋转尽量强,否则易被对方挑打;劈长时要突然、角度要大、落点要靠近端线,才容易制造抢攻或反攻的机会。

(二)搓转与不转球,伺机抢攻

一般先以搓加转球为主,然后用相似的动作搓不转球,利用旋转的差别,为进攻制造机会,伺机抢攻。在运用此战术时,最好在旋转变化的基础上,结合落点的变化,效果会更好。

四、发球抢攻战术

发球抢攻战术是各类打法中力争主动、先发制人的一项主要战术,是比赛中重要的得分手段。发球抢攻战术运用得好,常能打乱对方整个战略部署,使对方处于紧张和慌乱中。特别是在关键时刻,其威力更为突出。各种打法常用的发球抢攻战术,主要有以下几套。

(一)正手发转与不转球后抢攻

它一般以发球至对方中路或发右方短球为主,配合左方长球。这套战术要求先发短的

下旋球,以控制对方不能抢攻或抢拉,后发不转球抢攻。不转球,一般也先发短的下旋球或发球至对方攻势较弱的一面,伺机抢攻。

(二)正手发高、低抛左侧上、下旋球后抢攻

此套发球抢攻战术可发至对方中左短、左大角、中左长、中右(向侧拐弯飞行正好至对方怀中)和右短,配合一个直线奔球,若抢攻和发球落点方向相反则威胁更大。

左手执拍的选手采用此套发球抢攻的战术,威胁更大,一般多用侧身发高抛至对方右近网并拐出边线,待对方轻拉起来,可用反手狠压一板直线,也可侧身用正手反拉,或直接得分,或为下板球的连续进攻制造机会。

(三)反手发右侧上、下旋后抢攻

此套发球抢攻战术一般发至对方中右近网处或半出台落点,配合发两大角长球。两面攻选手,特别是擅长反手进攻的选手常采用此战术。利用发球旋转的变化正反手两面上手,抢拉、抢冲或反拉、反撕,尤其反手起板,出手快、攻击力强,使对方较难防御。

(四)反手发急上、下旋后抢攻或抢推

此套发球抢攻战术一般是反手发急上旋球至对方反手后,侧身抢攻。急球必须发得快、力量大、线路长,且能有一个直线急球配合。

五、接发球战术

接发球战术是与发球抢攻战术相抗衡的一项战术,目的是破坏对方的发球抢攻,争取在接发球时形成相持或主动的局面。

在比赛中,接发球处理得好坏,直接决定整个战局能否获得主动和心理的稳定。所以,接发球战术必须树立积极主动的思想,最大限度地控制对方的发球抢攻,接发球(第二板)和接球后的抢攻或防守(第四板)。

常用的接发球战术有以下几种。

(一)接发球抢攻战术

这是最积极主动的接发球方法,在无遮挡发球规则下,世界各国的优秀选手越来越重视接发球抢攻战术的重要性。其中,短球可用挑打方法,长球或半出台球可用抢攻或抢冲方法。两面攻的选手则可发挥其两面抢攻的特长。

(1)在运用此战术时,需注意:对于对方发球的旋转要判断清楚,步法移动要迅速,以保证用最佳的击球点和击球时间击球。

(2)用拉、拨或快推的方法将球接至对方弱点处,争取形成对攻的相持局面。在难以完成高质量的接发球抢攻时,先将球拉(或拨与推)至对方不易反攻处,继而形成相持。擅长打相持球的选手常采用此战术。

(3)以摆短为主,结合劈两大角长球,争取下一板的主动上手或反攻。此法主要用于对方发过来的强烈下旋球或下旋短球,以控制对方的直接抢攻、抢拉。运用此战术时,需注意:

接发球后要尽量主动上手,避免连续搓过多板;对于对方发的侧上旋或不转球,不宜搓接,以免回球过高被对方抢攻。

(二)稳健控制战法

稳健控制战法一般在攻对削、削对攻或削对削时采用,利用拉、推、拱、搓、削等技术接发球,主要注重接发球的命中率,以稳为主,但也需加强手法、落点的变化和对弧线的控制,以防对方抢攻。

(三)接短球战术

接短球战术可分为两种。

(1)快摆结合劈长:在对方发较转的短球时,以快摆为主,结合劈长。

(2)挑打或晃撇:在对方发侧上或不转的短球时,可大胆挑打;还可以利用身体的晃动,将球撇至对方反手大角,使对方不敢轻易侧身。

第四节　乒乓球运动基本规则

一、乒乓球运动基本规则

(一)定义

(1)回合:球处于比赛状态的一段时间。

(2)球处于比赛状态:从发球时球被有意向上抛起前静止在不执拍手掌上的最后一瞬间开始,直到该回合被判得分或重发球。

(3)重发球:不予判分的回合。

(4)一分:判分的回合。

(5)执拍手:正握着球拍的手。

(6)不执拍手:未握着球拍的手。

(7)击球:用握在手中的球拍或执拍手手腕以下部位触球。

(8)阻挡:对方击球后在比赛台面上方,或向比赛台面方向运动的球,在没有触及本方台区、也未越过端线之前,即触及本方运动员或其穿戴的任何物品。

(9)发球员:在一个回合中,首先击球的运动员。

(10)接发球员:在一个回合中,第二个击球的运动员。

(11)裁判员:被指定管理一场比赛的人。

(12)副裁判员:被指定在某些方面协助裁判员工作的人。

(13)穿或戴的物品:指运动员在一个回合开始时穿或戴的任何物品,但不包括比赛用的球。

(14)越过或绕过球网装置:除从球网和比赛台面之间通过以及从球网和网架之间通过的情况外,球均应视作已"越过或绕过"球网装置。

(15)球台的"端线":包括球台端线以及端线两端的无限延长线。

(二)合法发球

(1)发球开始时,球自然地置于不执拍手的手掌上,手掌张开、保持静止。

(2)发球员须用手将球几乎垂直地向上抛起,不得使球旋转,并使球在离开不执拍手的手掌之后上升不少于16厘米,球下降到被击出前不能碰到任何物体。

(3)当球从抛起的最高点下降时,发球员方可击球,使球首先触及本方台区,然后越过或绕过球网装置,再触及接发球员的台区。在双打中,球应先后触及发球员和接发球员的右半区。

(4)从发球开始到球被击出,球要始终在比赛台面的水平面以上和发球员的端线以外,而且不能被发球员或其双打同伴的身体或衣服的任何部分挡住。

(5)球一旦被抛起,发球员的不执拍手臂应立即从球和球网之间的空间移开。球和球网之间的空间由球和球网及其向上的延伸来界定。

(6)运动员发球时,应让裁判员或助理裁判员看清他是否按照合法发球的规定发球。

①如果没有助理裁判员,裁判员对运动员发球合法化有怀疑,在一场比赛中第一次出现时将进行警告,但不罚分。

②在同一场比赛中,如果该运动员或其双打同伴发球动作的正确性再次受到怀疑,不论是否出于同样的原因,均判接发球方得1分。

③无论是否第一次或任何时候,只要发球员明显没有按照合法规定发球,接发球方被判得1分,无须警告。

(7)运动员因身体伤病而不能严格遵守合法发球的某些规定时,可由裁判员做出决定免予执行。

(三)合法还击

对方发球或还击后,本方运动员必须击球,使球直接越过或绕过球网装置,或触及球网装置后,再触及对方台区。

(四)比赛次序

(1)在单打中,首先由发球员合法发球,再由接发球员合法还击,然后两者交替合法还击。

(2)在双打中,首先由发球员合法发球,再由接发球员合法还击,然后由发球员的同伴合法还击,再由接发球员的同伴合法还击,此后,运动员按此次序轮流合法还击。

(五)重发球

回合出现下列情况应判重发球。

(1)如果发球员发出的球,在越过或绕过球网装置时触及球网装置,此后成为合法发球或被接发球员或其同伴阻挡。

(2)如果接发球员或接发球方未准备好时球已发出,而且接发球员或接发球方没有企图击球。

(3)由于发生了运动员无法控制的干扰,而使运动员未能合法发球、合法还击或遵守规则。

(4)裁判员或副裁判员暂停比赛。

(5)由于身体残疾而坐轮椅的运动员在接发球时,发球员进行合法发球之后,出现下列情况:球在触及接发球员的台区后,朝着球网方向离开接发球员的台区;球停在接发球员的台区;在单打中,球在触及接发球员的台区后,从其任意一条边线离开球台。

(六)一分

除被判重发球的回合之外,下列情况(均是在比赛状态下)运动员得一分。

对方运动员未能合法发球;对方运动员未能合法还击;运动员在发球或还击后,对方运动员在击球前,球触及了除球网装置以外的任何东西;对方击球后,球没有触及本方台区而越过本方台区或端线;对方击球后,球穿过球网,或从球网和网柱之间,球网和比赛台面之间通过;对方阻挡;对方故意连续两次击球;对方用不符合 1.4.3 条款的拍面击球;对方运动员或他穿戴的任何东西使球台移动;对方运动员或他穿戴的任何东西触及球网装置;对方运动员不执拍手触及比赛台面;双打时,对方运动员击球次序错误;执行轮换发球法时,接发球运动员或其双打同伴,包括接发球一击,完成了 13 次合法还击。

(七)一局比赛

在一局比赛中,先得 11 分的一方为胜方;10 平后,先多得 2 分的一方为胜方。

(八)一场比赛

(1)一场由奇数局组成。

(2)一场比赛应连续进行,但在局与局之间,任何一名运动员都有权要求不超过一分钟的休息时间。

(九)发球,接发球和方位的次序

(1)选择发球、接发球和在这一方、那一方的权利应由抽签来决定,中签者可以选择先发球或先接发球或选择先在某一方。

(2)当一方运动员选择了先发球或先接发球,或选择先在某一方后,另一方运动员应另一个选择的权利。

(3)在获得每 2 分之后,接发球方即成为发球方,依此类推直至该局比赛结束或者直至双方比分都达到 10 分或实行轮换发球法。这时,发球和接发次序仍然不变,但每人只轮发 1 分球。

(4)在双打的第一局比赛中,先发球方确定第一发球员,再由先接发球方确定第一接发球员。在以后的各局比赛中,第一发球员确定后,第一接发球员应是前一局发球给他的运动员。

(5)在双打中,每次换发球时,前面的接发球员应成为发球员,前面的发球员的同伴应成为接发球员。

(6)一局中首先发球的一方,在该场下一局应首先接发球。在双打决胜局中,当一方先得 5 分时,接发球方应交换接发球次序。

（7）一局中,在某一方位比赛的一方,在该场下一局应换到另一方位。在决胜局中,一方先得 5 分时,双方应交换方位。

（十）间歇

（1）在局与局之间,有不超过 1 分钟的休息。

（2）在一场比赛中,双方各有一次不超过 1 分钟的暂停。

（3）每局比赛中,每得 6 分球后或决胜局交换方位时,有短暂的时间擦汗。

二、乒乓球运动双打规则

（一）发球区

在双打比赛中,发球员发球时必须使发出的球先落在本方球台的右半区,然后直接越过或绕过球网触及对方球台的右半区。中线应视为右半区的一部分。发球错区判发球方失 1 分。

（二）发球次序

（1）抽签后,确定发球方、接发球方。在比赛开始前,裁判员要让发球方确定谁先发球,然后让接发球方确定谁先接发球。因此,接发球方可以根据对方发球员选择合适的队员为接球员。此外,由于发球区的限制,双打中发球威力减小,所以在双打比赛时,中签的一方一般选择接发球较为有利。双方确定了发球员和接球员后,就可以排出第一局的发球次序。如果有甲、乙两队运动员进行双打比赛,甲队由 A、B 两名队员组成,乙队由 X、Y 组成;假如 A 先发球,X 先接发球,那么,在此局中发、接发球的次序为 A 发 X 接→X 发 B 接→B 发 Y 接→Y 发 A 接,依此类推直到此局结束。顺序如图 5-3 所示。

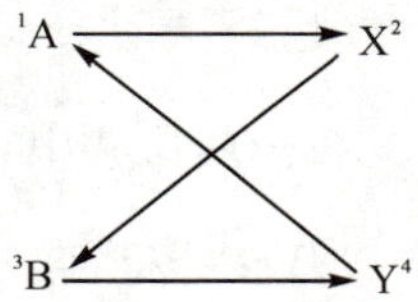

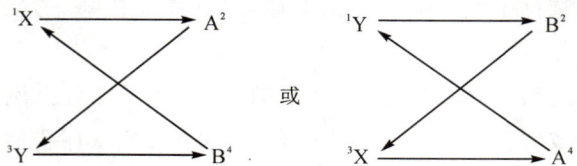

图 5-3 第一局比赛发球顺序

（2）第二局比赛开始时,裁判员仍需让发球方确定第一发球员。如上例,第二局乙队 X、Y 两名队员,可由 X 先发球,也可由 Y 先发球,当发球方确定以后,甲队接发球的运动员必须是第一局发球给本局发球员的运动员。因此,第二局发球顺序可能是如图 5-4 所示。

图 5-4 第二局比赛发球顺序

（3）第三局比赛开始时,裁判员仍需让发球方确定第一发球员。如上例,第三局甲队 A、B 两名队员,可由 A 先发球,也可由 B 先发球,当发球方确定以后,乙队接发球的运动员必须是第二局发球给本局发球员的运动员。因此,第三局发球顺序可能是如图 5-5 所示。

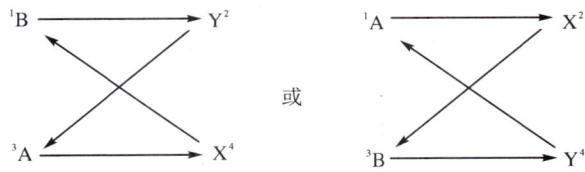

图 5-5 第三局比赛发球顺序

依此类推,决胜局有一方得分先达 5 分时,在交换方位的同时必须交换接发球员,裁判员必须清楚下一球哪位运动员是发球员,然后根据记录调整接发球员,使比赛发球、接发球次序和双数局相同。

①若决胜局比赛开始时 A 发球。

如比分在 5∶0 时交换方位,应为 B 发 X 接;

如比分在 5∶1 或 5∶2 时交换方位,应为 Y 发 B 接;

如比分在 5∶3 或 5∶4 时交换方位,应为 A 发 Y 接。

②若决胜局比赛开始时 B 发球。

如比分在 5∶0 时交换方位,应为 A 发 Y 接;

如比分在 5∶1 或 5∶2 时交换方位,应为 X 发 A 接;

如比分在 5∶3 或 5∶4 时交换方位,应为 B 发 X 接。

(4)在长期的裁判实践中,裁判员们摸索了一种方法,利用运动员的某一特征很容易找到接发球员的方法,这就是利用"顺向"和"逆向"寻找接发球员的方法。

①可以先用同一种区分法把同队的两个运动员区分开,如 A 高 B 矮、X 高 Y 矮或 A 胖 B 瘦、X 胖 Y 瘦。在混合双打中,则用 A 男 B 女、X 男 Y 女来区分。

②根据第一局比赛开始时确定的发球次序,以男、女混合双打为例,若 A 男 B 女、X 男 Y 女,如果发球次序是 A→X→B→Y→A,则 A、B 方发球,必须是男发男接,女发女接,这种同一特征的人接发球,叫作"顺向"。而 X、Y 方发球,必须是男发女接,这种不同特征的人接发球,叫作"逆向"。反之,如果发球次序为 A→Y→B→X→A,则 A、B 方发球是"逆向",而 X、Y 方发球是"顺向"。比赛中哪一方为"顺向",哪一方为"逆向",是由第一局确定第一发球员和第一节发球员时而定,绝不能理解为某一方一定是"逆向"或"顺向"。

如果第一局的发球顺序为前一种,第二局比赛开始时交换方位后 X、Y 转到南方,A、B 转到北方,发球的次序可能是 X→A→Y→B→X 或 Y→B→X→A→Y,则 X、Y 方发球时为"顺向",A、B 方发球时为"逆向"。由此可知,第一局定了顺逆向之后,站在南方的队发球时总是"顺向",站在北方的队发球时总是"逆向"。这样根据方位来判断发球员的方法较容易,只要不发生交换方位错误,就很容易知道发球的顺序。此外,由于裁判员临场时一般都要选择备用球,并将其放在自己上衣首先发球一方的口袋中。第一局比赛开始确定发球次序后,如果从有球一方发出的球为"顺向",则整场比赛从有球一方发出的球均为"顺向"。

③在确定了顺、逆向之后,在比赛中无论发生什么样的情况,只要能准确地确定发球员,就可以准确地确定接发球员。例如,第一局确定了第一发球和第一接发员之后,发球次序是 A→X→B→Y→A,在第二局轮到 Y 发球时,由于这时 X、Y 放在南方应为"逆向",Y 胖必须

是由 B 瘦接发球。

(三) 击球次序的规定

参加双打的两名运动员必须轮流每人击球一次,一人连续击球两次失 1 分。

(四) 双打判罚的规定

参加双打比赛的两名运动员在执行规则时应被视为一方运动员,对其中任何一名运动员的警告和判罚都应被视为对这一方运动员的警告和判罚,但两名运动员的球拍不能互换。

思考题

1. 简述乒乓球运动的发展历程。
2. 乒乓球比赛中,双打发球的顺序是什么?
3. 概括一下乒乓球运动中步法的重要性。
4. 简述正手攻球的技术要领。
5. 简述乒乓球比赛中轮换发球法实行的时机。
6. 乒乓球运动的特点及锻炼价值是什么?
7. 简述乒乓球的准备姿势要点。
8. 简述乒乓球的五个要素。
9. 简述乒乓球裁判在比赛中所进行的工作。
10. 谈谈自身对乒乓球运动项目的理解。

第六章　羽毛球运动

第一节　羽毛球运动概述

一、羽毛球运动的起源与发展

(一)羽毛球运动的起源

关于羽毛球运动的起源有几种说法。

(1)2000多年前,在中国少数民族地区流行一种形式上类似羽毛球运动的游戏,由少数民族同胞用玉米、羽毛、铜钱制作成的手抛羽毽,被称为打手毽。当时的打手毽是不需要球拍的仅靠单手接抛的一种游戏。

(2)14世纪末,在日本,活动者在樱桃上插美丽的羽毛当作球,两人用木板来回对打,被称为板羽球。当时打板羽球是女生之间交流的活动,这种游戏在日本女生之间的普及为日后羽毛球的发展奠定了基础,这也可能就是羽毛球的原型。

(3)18世纪时,印度的蒲那城,人们把绒线编织成球形,然后插上羽毛,两人手持木板在球网两侧来回对打,在球的结构和运动形式上,更接近了现代羽毛球运动。

(4)19世纪70年代,出现在印度蒲那城的隔网来回对抗的游戏被英国军人带回了英国,并作为消遣项目在英国得到一定发展。1873年,在英国格拉斯哥郡的伯明顿镇鲍弗特伯爵庄园的游园会上,这种隔网用拍子来回对打的游戏很受欢迎。该游戏日益普及的同时也得到了英国上层社会的青睐,为这项游戏的传播提供了很好的社会基础。为了纪念伯明顿镇给这种游戏带来的贡献,人们就以该镇的名字作为该游戏的名称,"伯明顿"(badminton)即为英文羽毛球的名称。

(二)羽毛球运动的发展

1.技、战术发展

20世纪50年代至60年代中期,世界羽坛上出现了亚洲人称雄的局面,以马来西亚、印度尼西亚为代表,主要以拉、吊来控制球的落点。随后,技术开始向快速、灵活等方向发展,在这一时期,中国羽毛球队"快、狠、准、活"的指导思想和快攻打法得到了世界的普遍认可和接受。

2. 规则演变

1893 年,英国 14 家羽毛球俱乐部组成世界上第一个正规的羽毛球协会,它对竞赛规则和场地进行了统一规定,促进了羽毛球运动的普及和发展。

20 世纪 90 年代以来,为迎合电视转播需要和观众对快节奏比赛的需求,竞赛规则进行了较大篇幅修改。

二、羽毛球运动重要赛事简介

羽毛球运动重要赛事有以下几个。

(一)汤姆斯杯

"汤姆斯杯"全称为"汤姆斯杯羽毛球赛",即世界男子羽毛球团体锦标赛。1948 年由国际羽联创办,每两年举办一次。1948 年到 2022 年,汤姆斯杯羽毛球赛在世界各地已成功举办 32 届。

(二)尤伯杯

"尤伯杯"全称为"尤伯杯羽毛球赛",即世界女子羽毛球团体锦标赛。1957 年到 1984 年,为三年一届。1984 年起,改为每两年一届。1986 年起,汤姆斯杯和尤伯杯,每届两项赛事同时、同地举办。

(三)苏迪曼杯

"苏迪曼杯"全称为"世界羽毛球混合团体锦标赛"。1989 年开始举办,每两年一届,在奇数年举行。苏迪曼杯代表了世界羽毛球联合会会员国羽毛球运动的整体水平,由男子单打、女子单打、男子双打、女子双打和混合双打 5 个项目组成。

(四)世界羽毛球锦标赛

世界羽毛球锦标赛也称国际羽联世界锦标赛,是世界水平最高的羽毛球单项赛事。

(五)奥运会

羽毛球运动首先作为表演项目进入 1988 年汉城奥运会,在 1992 年第二十五届巴塞罗那奥运会上被列为正式比赛项目,共有 4 个小项,产生 4 枚金牌,进入半决赛后只决出冠、亚军,没有季军的决赛。从 1996 年亚特兰大奥运会羽毛球比赛开始,决出一、二、三、四名,并增设了混合双打项目,奥运会羽毛球项目金牌总数增至 5 枚。

第二节 羽毛球运动基本技术

一、握拍技术

(一)握拍技术动作要领(以右手为例)

1. 正手握拍(图6-1)

先用左手拿住拍杆,使拍框与地面垂直,然后张开右手,使手掌下部(小鱼际)靠在拍柄底托,虎口对着拍柄窄的一面,小指、无名指、中指自然地并拢,食指与中指稍稍分开。

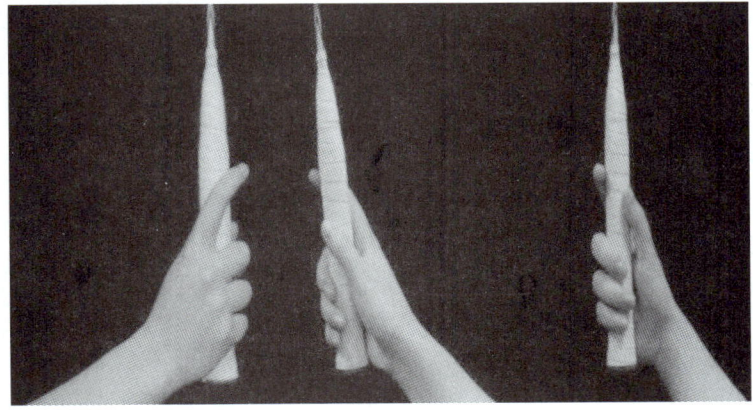

图6-1 正手握拍

2. 反手握拍(图6-2)

在正手握拍的基础上,将球拍柄稍向外旋,拇指顶贴在拍柄第一斜棱旁的宽面上,也可将大拇指放在第一、二斜棱之间的小窄面上,食指稍向下靠。

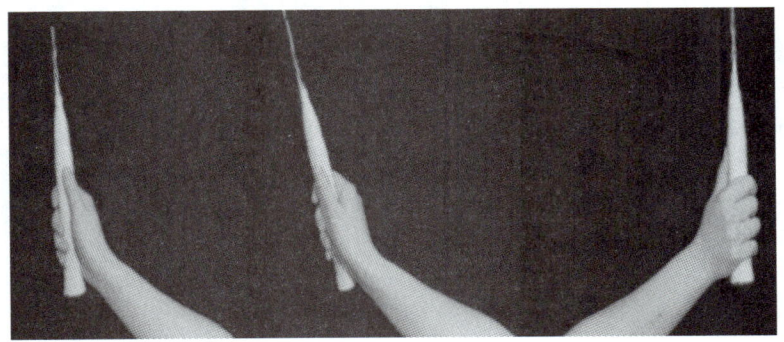

图6-2 反手握拍

(二)握拍技术易犯错误(以右手为例)

(1)握拍太紧(图6-3),握拍方法不固定。握拍时手掌心与拍柄之间没有适当的空隙,长时间握紧球拍,会造成手掌心磨损受伤。

（2）拳头式握拍法(图6-4)。这种握拍会导致手臂肌肉僵硬,影响手腕的灵活性。

（3）拍苍蝇握拍法(图6-5)。虎口对准拍面,在眼前击球。这种握拍导致屈腕发生困难,不能对拍面角度灵活控制。

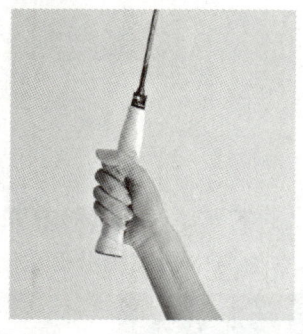 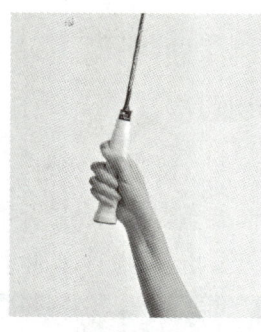 

图6-3　握拍太紧　　　　图6-4　拳头式握拍法　　　　图6-5　拍苍蝇握拍法

二、发球技术

（一）正手发高远球

右手示范见图6-6。

1. 动作要领

（1）站位:离前发球线约1米左右,靠近中线,左脚尖正对网,左肩侧对网,重心在右腿。

（2）引拍:左手持球放置身体右前方,持拍臂展腕、由大臂带动小臂,往左前上方挥动球拍同时右脚蹬转重心前移。

（3）击球:利用手腕鞭打甩动击球。

（4）随挥:击球后,右肩侧向网做随前动作。

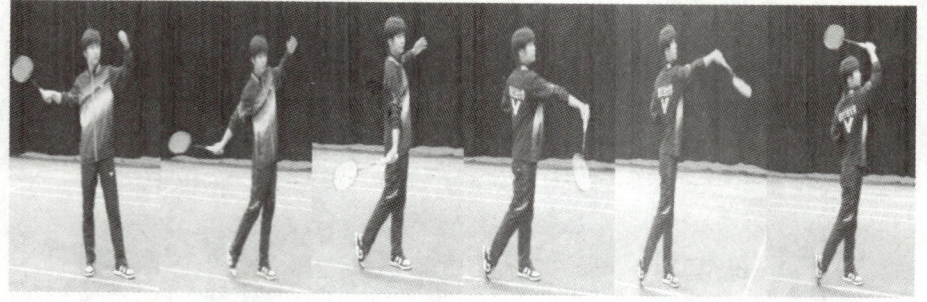

图6-6　正手发高远球

2. 易犯错误及纠正

易犯错误:不能发到指定的位置区域;没有"展腕"发力,造成超手发球违例;动作不协调,随前动作向右侧挥拍。

纠正方法:①徒手挥拍,提高动作熟练程度;②颠球练习,提高控球和空间击球能力;③

对墙做单人发球练习,也可以两人一组进行练习,体会发力顺序。

(二)正手发平高球

右手示范见图6-7。

1.动作要领

准备姿势、引拍动作和击球后动作,均与正手发后场高远球相同。击球以小臂带动手腕发力为主,拍面与地面的夹角小于45°,向前推进击球。

图6-7 正手发平高球

2.易犯错误及纠正

易犯错误:①击球前不转体;②击球点过低;③拍面仰角过大。

纠正方法:①徒手做挥拍练习,以正手发球的准备姿势放松站立,转体移重心;②练习多球正手发平高球;③练习多球定点正手发平高球。

(三)正手发网前球

右手示范见图6-8。

1.动作要领

站位、引拍、随前动作同正手发高远球,发球时握拍要松,靠手指控制力量,动作幅度小,用斜拍面向前推送击球。

图6-8 正手发网前球

2.易犯错误及纠正

易犯错误:①引拍动作幅度和力量过大,发球过高过长;②发小球"砍击"发力错误,造成手腕上挑或拍面不正。

纠正方法：①做挥拍练习,体会大臂带动小臂发力,同时体会手指握拍的细小动作;②做多球练习,可放水盆在发球落点区域,练习发球落点。

(四)反手发网前球

右手示范见图6-9。

1.动作要领

(1)站位:靠中线,距前发球线较近的位置上。面向球网,右脚在前、左脚在后并提起脚跟,重心放在右脚,上体稍微前倾。

(2)引拍:反手握拍,左手拇指和食指捏住羽毛,斜放在拍面前面,球拍稍微向后摆,接着不停顿向前挥动。

(3)击球:挥拍击球时,前臂向斜上方推送,同时带动手腕由屈到微伸向前摆动,并利用拇指的顶力,轻轻地"横切"球托的侧后部,使球贴网而过。

(4)随挥:击球后,前臂上摆,随后还原。

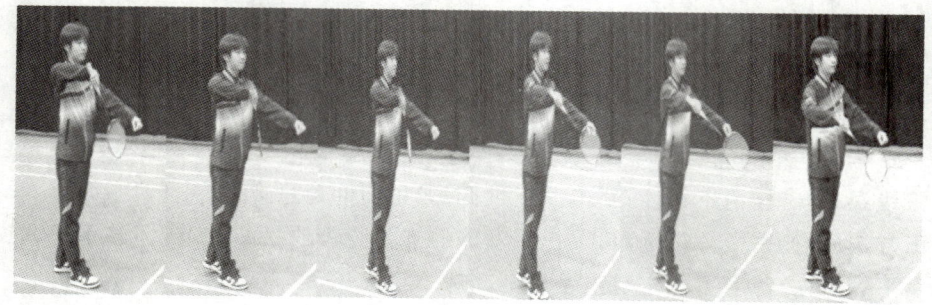

图6-9 反手发网前球

2.易犯错误及纠正

易犯错误：①握拍错误;②持球手持球过紧、持球错误;③放球经常向上抛或向下掷;④发力过程不连贯,且发力过大,球过高;⑤发球过程中,重心下降,造成球不过网。

纠正方法：①做挥拍练习。拇指动作与"按图钉"动作接近,反复练习直至熟练掌握;②做正反手颠球练习;③做多球发球练习,固定落点区域。

三、击球技术

(一)正手击高远球

右手示范见图6-10。

1.动作要领

(1)准备:左脚在前,两脚与肩同宽,左肩侧对网,重心在右腿。上肢呈扩胸状,左肩稍高于右肩,正手握拍,拍面面向网,眼睛注视来球方向。

(2)引拍:持拍臂随着身体向左蹬转做回环上举,身体充分伸展呈"背弓",肘关节向上向高抬起,手腕放松,拍头下垂。

(3)击球:持拍臂上举,前臂内旋闪腕击球,击球点在右肩上方或前上方。

(4)随挥:身体随惯性向左侧转体,持拍臂向左下方挥拍,右肩侧对网。球拍减速后顺势收回至体前,还原成准备姿势。

图 6-10　正手击高远球

2.易犯错误及纠正

易犯错误:①准备姿势不正确,没有侧身;②准备姿势中,持拍方向不对,拍面没有面向前方;③转体引拍过程中,肘关节过低,持拍手腕不够放松;④击球时,手臂没有伸直,手腕没有"内旋"发力,击球点过低;⑤击球点位置错误,没有在右肩的正上或前上方;⑥击球结束随前动作,拍子向身体左侧随前,协调性差。

纠正方法:①熟悉动作要领,镜前多次做无球挥拍练习;②两人一组,面对面站立,一个人高举拍,另一个人做无球挥拍动作,让击球点触在对方的拍面上方,感受击球点的位置;③两人一组,一个人正确站位,另一个人站在右后方拉紧对方手臂,练习蹬地转体;④两人一组,一个人准备姿势站位,另一个人站在右侧向击球人右前方抛球,击球人做击球练习。

(二)正手吊球

右手示范见图 6-11。

1.动作要领

(1)准备:左脚前、右脚后,重心在右,两脚与肩同宽,身体左肩侧向网,持拍臂正手握拍,上臂与前臂间夹角约为 45°,拍面面向网。

(2)引拍:持拍手上臂随着身体向左蹬转、稍做回环上举,身体充分伸展呈"背弓",大臂带动小臂,肘关节向上向高抬起,拍头下垂。

(3)击球:击球时,伸腕到屈、收带动手指捻动发力,并以手指转动使球拍形成一定的外旋用斜拍面切球托后部的右侧,切球往前下方送。击球点在右肩的前上方。

(4)随挥:身体随惯性向左侧转体,右脚随身体重心前移并向前跨步。

图 6-11　正手吊球

2. 易犯错误及纠正

易犯错误：①非持拍手下垂，身体不稳定；②手腕提前有屈伸动作，影响击球时发力；③球点过低或偏后，不易掌控；④没有切击动作，如果缺乏这个动作，则会像高远球一样正拍面击球，无法达到使球过网即坠的击球效果。

纠正方法：①熟悉动作要领，镜前多次做无球挥拍练习或徒手挥击固定球；②固定动作做击球练习。两人一组，一个人从对面场区连续发球到后场区域，另一个人固定动作，强化击球时手腕带动手指切击球托的动作。

（三）正手杀球

右手示范见图6-12。

1. 动作要领

（1）准备：同正手击高远球。

（2）引拍：同正手击高远球。

（3）击球：右上方提肩带动上臂、前臂和球拍上举，身体后仰挺胸成反弓形。接着右上臂往右后上摆起，前臂自然后摆，手腕后伸，前臂带动球拍由上往后下挥动。随后转体收腹带动右上臂往右上摆起，肘部领先，前臂全速往前上挥动，带动球拍高速前挥。当击球点在肩的前上方时，前臂内旋，腕前屈微收，闪腕发力杀球。这时手指要抓紧拍柄，把手腕的爆发力集中到击球上。球拍和击球方向水平面的夹角小于90°，球拍正面击球托的后部，使球直线下行。

（4）随挥：杀球动作完成后，前臂随惯性往体前收，在回位过程中将球拍回收至胸前。

图6-12 正手杀球

2. 易犯错误及纠正

易犯错误：①杀球击球后，身体过于下压，身体重心不跟进，动作幅度过大，造成身体重心不稳定影响下一个环节的连续性；②杀球时身体没有拉成反弓，击球时重心仍落在右脚，没有跟进动作，形成了手臂往前压身体向后倒，导致球速慢，球容易下网；③杀球时轮大臂，球不向下走，只往前走，导致杀球质量下降，给对方进攻的机会；④扣击时手腕绷得太紧或握拍过紧，动作过于僵硬，球拍与手不成一条直线，击球时手腕没有甩腕（鞭打）的动作，压不住来球导致击球速度慢。

纠正方法：①镜前多次做无球挥拍练习或挥击固定球；②原地做手掷羽毛球练习。在面对墙2米左右的位置站立,用拇指、中指、食指捏住羽毛球的球托模仿扣杀球的动作,用力将球向前上方掷出;③做挥击固定球练习后可进行多球练习。

(四)正手挑球

右手示范见图6-13。

1.动作要领

(1)准备:正手握拍举在胸前,右脚向来球方向蹬跨,左脚在后,侧身向前,重心在右脚上。

(2)引拍:右臂向后摆,自然伸腕,使球拍后引。击球前前臂充分外旋,手腕尽量后伸。

(3)击球:击球时,持拍臂以肘关节为轴,屈臂内旋,握紧球拍,从右下向右前方闪腕挥拍将球向前上方击出。

(4)随挥:击球完毕,收拍复位,调整重心,为下一次击球做准备。

图6-13 正手挑球

2.易犯错误及纠正

易犯错误:①站位错误,左脚在前,右脚在后;②球拍后引动作过大,影响了动作的一致性,造成出球不到位;③击球时手腕没有外展发力,造成挑球不到位;④球挑不到对方底线附近。其一是击球点不够准确,球没有接触到球拍的甜区;其二就是挥拍方向过于向上,造成球飞行轨迹见高不见远;⑤挑球飞行高度过低,轻易被对手拦截。

纠正方法:①镜前做挥拍练习;②两人一组,一个人将球抛网前,另一个人练习挑球;③一个人抛球于网前,另一个人用正、反手将球挑起至对方底线;④一个人发球至网前,另一个人用正、反手将球挑起至对方底线;⑤一个人从后场吊网前球,另一个人用正、反手挑高球到对方后场。

(五)正手挡网

右手示范见图6-14。

1.动作要领

(1)准备:两脚平行站立,屈膝,身体右倾,手臂右伸,前臂外旋、手腕外展。目视前方来球方向。

(2)引拍:身体重心移向右脚,右臂向右侧伸出,放松握拍,拍面微后仰对准来球。

(3)击球:前臂内旋稍翻腕、带动球拍由右下向前上方推送击球,把球直线挡向网前。还可以在击球时前臂由外旋到内收,带动球拍由右向前切送挡直线网前。

(4)随挥:击球后,身体左转成正面对网,然后右脚上前一步,球拍随身体向左转收至体前。

图 6-14　正手挡网

2.易犯错误及纠正

易犯错误:拍面错误,拍面应该正面朝前,不能斜拍面。

纠正方法:①镜前做挥拍练习;②一对一做抽球练习,注意拍子时刻举起来;③做多球练习时,一个人发平球,另一个人练习抽球。

(六)放网前球

1.正手放网前球

右手示范见图 6-15。

1)动作要领

(1)准备:两脚开立,右脚在前,左脚在后,比肩略宽。右手握拍,置于体前,身体稍向前倾,收腹。

(2)引拍:侧对来球方向,球拍随前臂向右前上方斜举,前臂稍外旋、手腕稍后伸,左臂自然后伸(起平衡作用),最后一步右脚向来球方向跨出成弓箭步,上体前倾重心在右脚。

(3)击球:前臂稍外旋,手腕由后伸至稍内收闪动,握拍手的食指和拇指夹住球拍。中指、无名指和小指轻握拍柄,使球拍在手腕和手指挥摆用力下,轻击球托把球轻送过网。

(4)随挥:右脚掌迅速蹬地向中心位置回动,同时击球手臂收回至胸前,呈正手放松握拍姿势,身体还原准备姿势,准备回击下个来球。

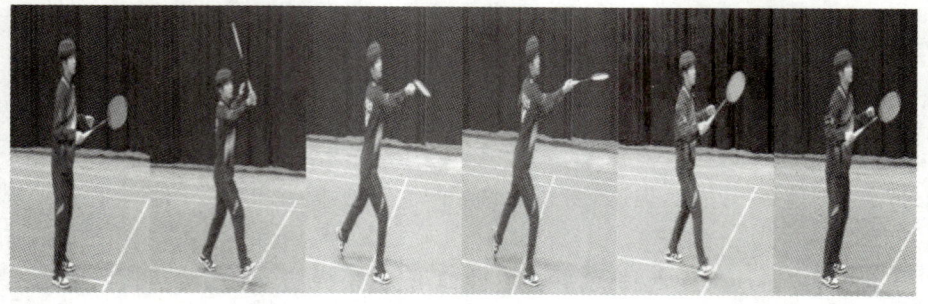

图 6-15　正手放网前球

2)易犯错误及纠正

易犯错误：①放网前球时,站位距离网较远,球下网;② 手指不够灵活,控制拍面的角度和力量过大,球过网太高太远,给对方得分机会;③屈臂放网,使球黏拍,不过网;④放网前小球后,身体继续向前冲,回动困难;⑤引拍击球,拍框领先于拍柄,手腕没有外展动作。

纠正方法：①镜前做挥拍练习;②练习正反手握拍的转换;③两人一组,分别隔网在网前站立,一个人分别用正、反手举拍在网前,另一个人将球抛向拍面。练习者感受拍面和球接触瞬间手腕的感觉。

2.反手放网前球

右手示范见图 6-16。

1)动作要领

(1)准备:同正手放网前。

(2)引拍:随步法移动将握拍调整为反手握拍,前臂伸向前上方,手腕前屈,拍面低于网顶,用反拍面迎球。

(3)击球:击球时,主要靠拇指、食指的力量,轻轻地向前上方抖动手腕发力,碰击球托后底部,使球过网后垂直下落。

(4)随挥:击球后,动作还原成下次击球的准备姿势。

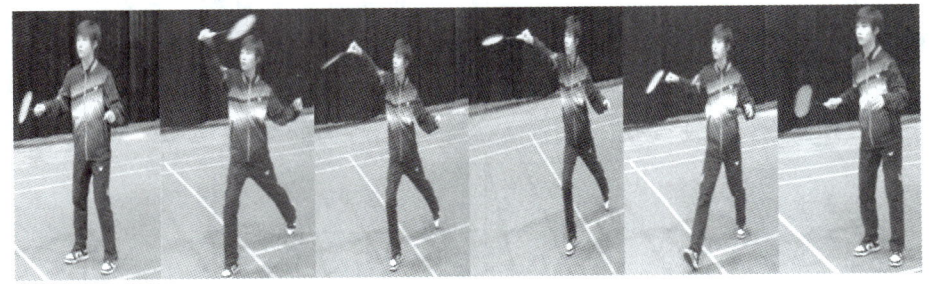

图 6-16 反手放网前球

2)易犯错误及纠正

易犯错误：①握拍错误;②放网前球时,站位距离网较远,球下网;③站位错误,左腿向前迈步。不管正反手放网前球,都是右脚分别向右前方或左前方蹬跨步;④ 手指不够灵活,控制拍面的角度和力量过大,球过网太高太远,给对方得分机会;⑤引拍击球过程中,拍框领先于拍柄,手腕没有内展动作。

纠正方法：①镜前做挥拍练习;②练习正反手握拍的转换;③两人一组,分别隔网在网前站立,一个人分别用正、反手举拍在网前,另一个人将球抛向拍面。练习者感受拍面和球接触瞬间手腕的感觉。

四、基本步法技术(以右手持拍为例)

(一)基本步法

1.并步(图 6-17)

并步动作:接发球准备,右脚向前(后)来球方向迈一小步,同时左脚迅速跟上,在其刚落地时,右脚马上向前(后)来球方向跨出。这种步法较多地运用在上网、接杀球和正手后退突击扣杀。

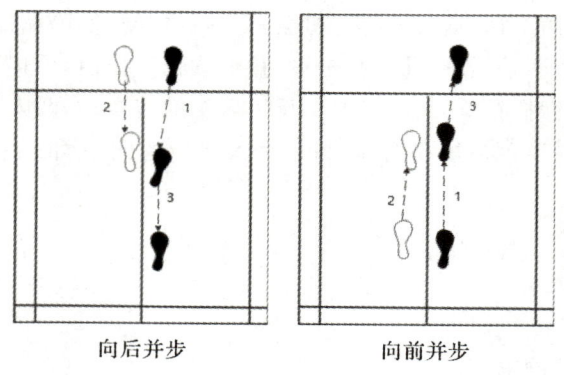

向后并步　　　　向前并步

图6-17　并步(以右脚为例)

2. 交叉步(图6-18)

1)后交叉

接发球准备姿势判断来球方位,当来球是后场方向时,向右转体,身体重心调至右脚。左脚从体后交叉移至右脚外侧,然后右脚迅速向后再移动一步,称为后交叉。

2)前交叉

接发球准备姿势判断来球方位,当来球是前场方向时,身体重心调至右腿,左脚从体前交叉移至右脚外侧,然后右脚迅速向右前方接蹬跨步,称为前交叉。

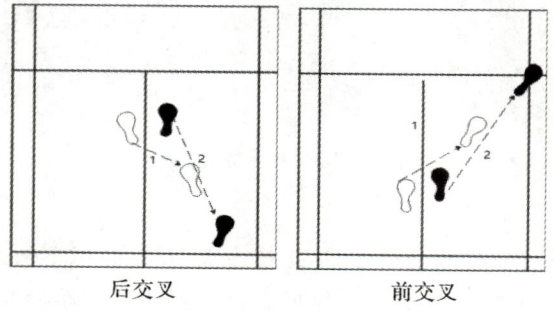

后交叉　　　　前交叉

图6-18　交叉步(以右脚为例)

3. 垫步(图6-19)

接发球准备姿势,当来球落至网前时,右脚向来球方向迈出一步,同时身体重心调至右脚,随后左脚跟上并用力蹬地,使右脚向前迈出一大步,即为垫步。垫步动作急促、幅度小且富有爆发力。垫步是从静止到运动的起动步,是高低重心转换的过渡环节,在攻防之间起到转换步的作用。

4. 蹬跨步(图6-20)

接发球准备姿势,右脚向来球方向跨出一大步,即为蹬跨步。蹬跨步时,脚跟落地,脚尖膝关节稍外展,身体重心落至右腿,上体前倾不可超过膝关节,左脚向前提拉,如果球落点距离身体远,中间可加垫步或交叉步调整。

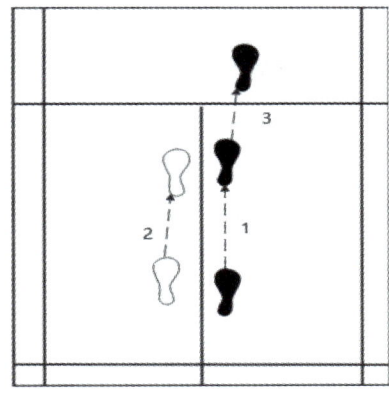
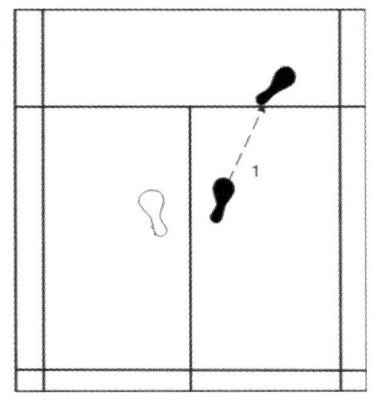

图 6-19　垫步（以右脚为例）　　图 6-20　蹬跨步（以右脚为例）

（二）步法分类及其组合

根据场上的位置与球的距离，羽毛球步法可以分为上网步法、后退步法、中场左右两侧移动步法。实践中，可采用一步到位击球或二步、三步移动到位击球。

1. 上网步法

上网步法是指从场地中央位置向网前来球方向移动的步法。它主要完成上网搓球、推球、勾球、扑球及挑球的步法。

1）上网动作方法

一步跨步上网步法：起动时，左脚用力蹬地，身体重心移向右侧，右脚向来球方向跨出一步击球。二步跨步上网步法：左脚先向来球方向跨出一步，随后右脚向前跨出一大步到位击球。三步跨步上网步法：右脚先向来球方向跨出一小步，接着左脚向前跨出第二步，最后，右脚跨出一大步到位击球。

2）上网步法组合（表 6-1，表 6-2）

表 6-1　上网进攻步法组合

步法组合	实用范例
垫步＋跳步	网前扑球
垫步＋蹬跳步	网前扑球、拨球
垫步＋跨步	网前搓、推、勾球
并步＋蹬步＋跨步	头顶杀球、上网搓球

表 6-2　上网防守步法组合

步法组合	实用范例
垫步＋跨步	上网打低手位球
并步＋跨步	从后场回中心接吊球
并步＋垫步＋跨步	从后场打完高球、上网接低球

2.后退步法

后退步法是指根据来球方向从球场中心位置后退到底线边缘的步法。它主要完成后退回击高球、吊球、杀球、后场抽球。

1)正手后退步法(图6-21)

(1)并步后退步法。右脚向右后侧身退一步,重心移至右腿,向右转体,接着左脚用并步靠近右脚,右脚再向后移动一步,成为左脚在前右脚在后,侧身对网,为击后场球做准备动作。

(2)交叉步后退步法。右脚向右后侧身退一步,并带动髋部右后转,接着左脚从右脚后交叉后退一步,右脚再向后移动一步成为左脚在前右脚在后、侧身对网,为击球做准备动作。

(3)并步加跳步后退步法。与并步后退步法的第一二步后退步法相同,第三步采用侧身双脚起跳各侧后到位击球,后双脚落地。

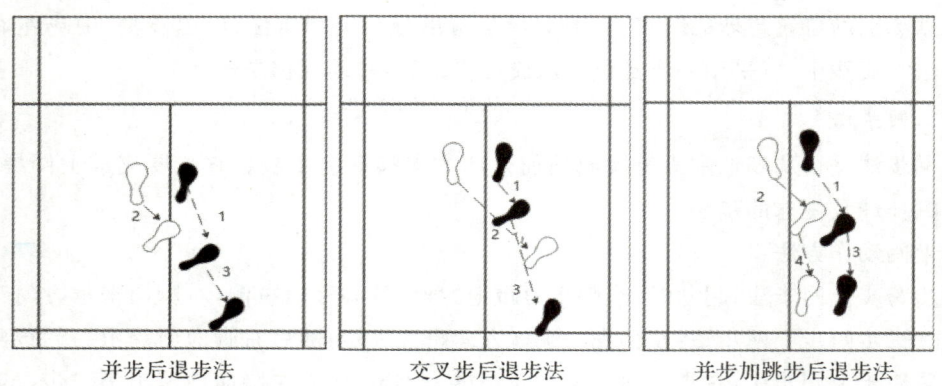

图6-21　正手后退步法(以右脚为例)

2)头顶后退步法(图6-22)

头顶后退步法是对方来球向左后场区,用头顶击球技术还击时所采用的后退步法。

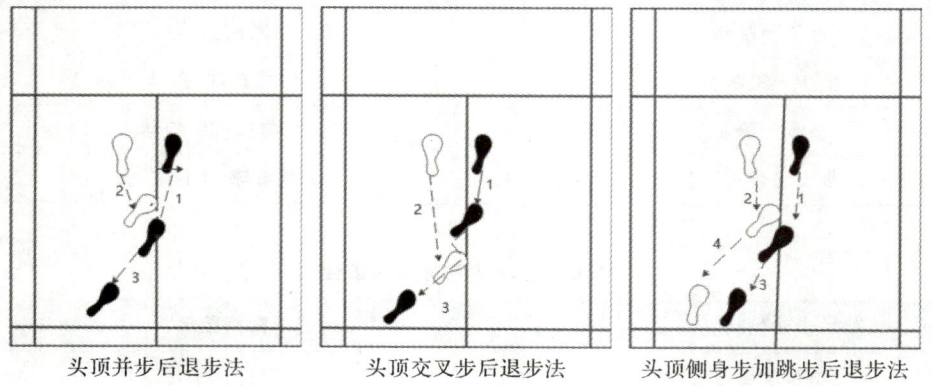

图6-22　头顶后退步法(以右脚为例)

(1)头顶并步后退步法。髋关节及上体快速向右后方转动的同时,右脚向后退一步,接着左脚用并步靠近右脚,右脚再向左后移至合适位置,左脚跟进。

(2)头顶交叉步后退步法。髋关节及上体在快速向右后方转动的同时,右脚向后退一步,接着左脚从右脚后交叉后退一步,右脚再向左后移至合适位置,左脚跟进。

(3)头顶侧身步加跳步后退步法。髋关节及上体在快速向右后方转动的同时右脚向后退一步,紧接着右脚向后方蹬地跳起,上身后仰,并在凌空中完成击球动作。此时,左脚在空中做一个交叉动作后先落地,上体收腹使右脚着地时重心落在右脚上,便于左脚迅速回动。

3)后退步法组合(表6-3,表6-4)

表6-3 后退步法进攻组合

步法组合	实用范例
垫步＋跳步	头顶杀球
垫步＋跨步	跨步正手杀球
并步＋跳步	正手突击杀球
垫步＋并步＋跳步	正手突击平高球
垫步＋跨步＋跳步	击打正手高远球、吊球、杀球

表6-4 后退步法防守组合

步法组合	实用范例
垫步＋跨步	正手转身打低手位后场球
垫步＋转身跨步	正手接杀球;反手接杀球;反手后场高远球、吊球、杀球

3.中场左右两侧移动步法

左右两侧移动步法主要是还击中场球(包括上手击球和下手击球)时所使用的步法。

1)向右移动的步法

(1)跨步。当来球距身体较近时,左脚用力蹬地,使右脚向来球方向跨出一大步,右脚着地时右腿成弓箭步,身体前倾,前倾幅度大小要根据来球高度而定。

(2)垫步。当来球距身体较远时,左脚先向右脚并一步,左脚一着地迅速用力向右蹬,使右脚迅速向右跨出一大步,右脚着地后腿成弓箭步,身体前倾,出手击球。

2)向左移动的步法

(1)身体正对球网移动的步法。这种移动无论是用正手击球还是用反手击球都可以采用。脚下移动可采用如前所述的向右移动的跨步或垫步。

(2)身体背对球网移动的步法。这种步法只适用于反手击球,当判断来球在左侧,将重心移至左脚,左脚用力蹬地,身体左转,同时右脚向左侧移动一大步,形成背对球网,用反手击球。击球时,要根据来球的高度确定身体的姿势。

3)两侧移动步法组合(表6-5)

表 6-5　两侧移动步法组合

步法组合	实用范例
跨步（小步或大步）	近身抽球、接杀球
蹬步＋跨步	远身接杀球、转身蹬跨接反手球
垫步＋蹬步＋跨步	靠边接杀球

第三节　羽毛球运动基本战术

一、单打战术

(一)单打发球战术

1. 发球抢攻战术

发球抢攻战术一般分为发网前球、平快球、平高球，争取从发球时就做到第三拍的主动进攻。此战术对付应变能力较弱的对手时，效果将出其不意。

(1)发后场高远球：把球发到对方端线处，迫使对方后退击球，增加对方进攻的难度。

(2)发平高球：由于球飞行速度快，对方没有充足时间考虑对策，回球质量会受到一定的影响。

(3)发平快球：原则"以快为主"，发平快球主要发中线与端线交界处的位置。

2. 发网前球战术

发网前球能直接限制对方把球往下压，发球后迅速进入抢攻。发球时，把球发到靠近前发球线，球飞行的路线较短，容易封住对方攻击自己后场的角度；把球发到前发球线外角位能起到调离对方中心位置的作用。

(二)单打战术中常见组合技术打法类型

1. 控压后场底线战术

控压后场底线战术是通过高远球控压对方底线，使得对方的注意力集中在后场，迫使对方后退，然后通过放网来回调动对手，造成对手回球不到位，己方获得进攻机会而得分的打法。

2. 拉四方球战术

拉四方球战术是后场通过高远球、吊球或者网前通过搓球、推球、挑球、勾球来将球击打到对方场区的四个场角上，从而调动对手向前、后、左、右跑动，在对手回球不到位或者出现空当的时候进行有效攻击的方法。

3. 快拉快吊结合突击战术

快拉快吊结合突击战术以高远球控制对手后场，结合吊球使对手前后跑动，在对手上网时,再通过推球压对手后场底线,使得对手顾此失彼、疲于应付,从而为我方创造进攻的机会。

要点:以快速拉、吊(结合假动作)作为争夺主动权的第一个阶段,即控制与反控制阶段;通常以劈杀、点杀或网前扑杀作为一个第二阶段或第三阶段,即主动一击阶段以及最后致命一击阶段。

4. 后场进攻下压战术

后场杀球或吊球造成对手被动放网前球,己方快速主动上网搓、推球,迫使对方挑球,己方再以重杀结束战斗。它对运动员的体能、力量、步法、网前技术有较高的要求。

5. 防守反击战术

这是一种通过打四方球以及灵活的球路变化来调动对手并伺机反攻的打法。这种打法适用于防守技术和步法好且进攻偏弱的选手。

(1)故意起高球:当对手的进攻能力不强时,可以故意起高球来消耗对手,使对手进攻失误率增加,等对手的主动失误或对手主动回高远球,己方就能获得进攻的机会。

(2)接杀挡网:当对手连续杀球进攻时,通过接杀挡网前进行回击。

(3)接杀抽底线:当对方杀球进攻技术不是很熟练,杀球出现过高时,用平抽的技术快速地把球抽到对手另一侧的底线,不给对手再次进攻的机会。

(4)接吊放网:当对手久攻不下时,通常会变换杀、吊结合的策略;当对手吊球时,是接吊球放网打反击的好时机。

(5)平抽放网:当双方处于快速的平抽状态时,可以通过突然放网等节奏变化让对手难以适应,放网后上到网前准备封网,迫使对手不敢轻易拼网前,只能起高球。

二、双打战术

(一)双打发球战术

1. 发球的站位

(1)紧贴前发球线和中线:这是最常用的发球站位,使用反手发网前内角,球过网后球托向下,不易被对方下压进攻,也便于第三拍封网。

(2)靠中线:正、反手都可发网前球、平快球、平高球,并且各种路线都可以发。缺点是球的飞行时间长,对方有较多时间判断处理。

(3)离中线较远处:主要适用于在右场区以正手或在左场区以反手发平快球攻对方双打后发球线的内角位,配合发网前外角位。

2. 发球路线和落点的选择

(1)调动对方,破坏对方站位:如对方两名队员站位是甲在后、乙在前的进攻队形,在发球给乙时以后场为主结合网前,而发球给甲时则要以发网前为主结合后场,这样从发球时就打乱了对方的站位。

(2)避实就虚,抓住对方弱点发球抢攻:如果对方紧压网前站在网前内角位,就通过发网前外角位来破坏对方的站位;如果对方站位离中线较远,发平快球突袭后场内角位。

(3)发球要有变化:落点变化。发球的时候,网前和后场相结合,网前的外角、内角位,底线的内角、外角位相结合。在发球的弧线上也要有变化,使接球方很难琢磨到发球方的规律。长短结合,这种发球的作用是使对方在起动上、判断上要有前蹬和后蹬起跳击球的变化,如对方不注意判断或起跳弱,很容易造成失误或被动局面。前场区的1、2号位和后场区的3、4号位结合,都为内外角结合的发球战术,这种战术是可以起到破坏对方精力集中于某一点的作用,会迫使对方打出的球路没有质量,威胁性不大,但有利于我方反击。

(二)双打战术中常见组合技术打法类型

1. 攻人战术

集中攻势进攻于对方一名较弱队员,使对方强者队员接不到球或过来帮助时,又会暴露出空当,为我方寻求进攻得分的机会。

(1)二打一战术:二打一攻人战术就是集中火力攻击对方有明显弱点的选手,并伺机突袭另一对手因疏忽而露出的空隙。

(2)攻右肩战术:此种战术目标是每一球落点要准确地攻击对方其中一人的右肩上,这一点是防守的薄弱区。

2. 攻中路战术

(1)防守方左右站位时把球打在俩人的中间位置:该战术可以造成防守方两个人争抢一球或同时让球,出现配合不默契的情况。由于打对方中路,对方回球的角度也小,网前队员封网相对容易。

(2)守方前后站位时把球下压或轻推在边线半场处:该战术大多是在接发网前球和守中反攻抢网时运用。这种球防守方前场队员拦截不到,后场队员又只能以下手击球放网或挑高球,后场两角便会空当,便可攻击防守方的空当或打追身球。

3. 攻直线战术

(1)杀直线小对角战术:当获得进攻时,应该攻击对方的两边球互相结合,成小交叉路线。

(2)杀边线战术:此战术是在进攻时,有目的地把球杀到边线的附近。此种战术不利于对方反抽或挑底线球,有利于我方的同伴网前封网。

(3)边攻边、中攻中战术:这种战术是属于混合战术,即攻边线战术和攻中路战术之组合。当对方的来球在靠两边边线时,攻球的落点在两边线,如对方来球在中间区时,就朝中路进攻。

4. 攻后场战术

攻后场战术通过打平高球、平推球、挑底线球把对方一人紧逼在底线两边两角移动,使其在底线两边移动击球,在其打出半场高球或网前高球时即可大力扣杀,取得该球的胜利或主动。

5. 第三拍战术

在我方发球质量较好的情况下,就会出现第三拍的主动情况,这时,要求在前场的发球者迅速举拍封住对方的习惯球路。要求前后场的人都能做到高打、快打、狠打、硬打压住对方,并做到跟进压网,成分边进攻的队形,争取在前半场压制对方。

(三)双打比赛中运动员站位的轮转

轮转就是两个人在球场上位置的转换,目的就是为了使己方的进攻更加流畅,增加进攻的威胁性,同时也可以使自己的防守更加牢固。

1. 防守转攻的轮换

当对方进攻质量不高或己方回出一拍高质量的防守球时,场上就有出现攻防转换的机会,此时抓住这个机会应该随球上网,并做好封网准备。搭档则要迅速补上抢网同伴的身后空当,从而完成一次由守转攻的轮转换位。

2. 进攻转防守的轮转

双打中进攻往往会遭遇对方的严防死守,当进攻不畅或者进攻质量不高时,两个人需要立刻进入防守站位。轮转最基本的规律是就近防守。离球近的人先进入防守位,同伴补位到空当的防守位。如果一个队员斜线跑到网前挑高球,之后就应该直线后退,负责防守半边场地区域。

3. 前转后的轮转

双打轮转很多时候在进攻站位时完成的前后轮转,轮转时,既能顺时针轮转,也能逆时针轮转。

1)后场进攻体力消耗过大时,前后轮转,进而形成连续进攻。

2)后场进攻较弱,尤其是混双打时女选手在后场时,要进行前后的轮转。

第四节　羽毛球运动基本规则与裁判法

一、羽毛球部分比赛规则解读

(一)部分术语释义

(1)场地:羽毛球场地用白(黄或其他容易辨认的颜色)线(宽40毫米)画出的一个长13.40米,双打宽6.10米,单打宽5.18米,双打球场对角线长14.723米,单打球场对角线长14.366米的长方形(图6-23)。

(2)运动员:参加羽毛球比赛的人。

(3)发球方:有发球权的一方。

(4)接发球方:发球方的对方。

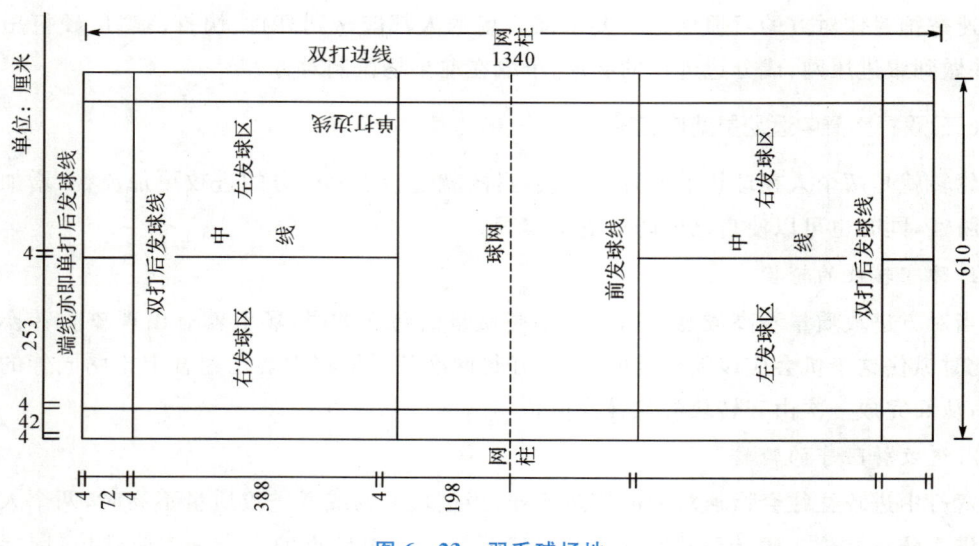

图 6-23 羽毛球场地

(二)比赛部分计分规则

(1)除非另有规定,礼让比赛或替换规则外,一场比赛应以三局两胜定胜。

(2)除规则 4 和 5 的情况外,先得 21 分的一方胜一局。

(3)对方"违例"或球触及对方场内的地面成死球时,则另一方这一回合胜并得 1 分。

(4)20 平后,先得 2 分的一方胜该局。

(5)29 平后,先得 30 分的一方胜该局。

(6)一局的胜方在下一局首先发球。

(三)发球规则

(1)一旦运动员站好位置准备发球,发球员的球拍头开始向前挥动,即为发球开始。

(2)一旦运动员发球开始,发球员球拍击中或未击中球,即为发球结束。

(3)发球员应在接发球员准备好后才能发球,如果接发球员已试图接发球,即视为已做好准备。

(4)双打比赛发球时,发球员和接发球员的同伴应在给予的场区内。其站位不限,但不得阻挡对方发球员或接发球员的视线。

(4)以下情况为合法发球:

①一旦发球员和接发球员做好准备,任何一方都不得延误发球。

②发球员球拍头向后摆动一旦停止,任何对发球开始的迟延都是延误。

③发球员和接发球员,应站在斜对角的发球区,脚不得触及发球区和接发球区的界线。

④从发球开始至发球结束,发球员和接发球员的两脚,都必须有一部分与场地的地面接触,不得移动(残疾人轮椅式比赛中,从发球开始至发球结束,发球员和接发球员的轮椅必须静止不动,发球员的轮椅自然地逆向移动除外)。

⑤发球员的球拍,应首先击中球托。

⑥发球员的球拍击中球的瞬间,整个球应低于距场地地面高度 1.15 米。轮椅式比赛中,发球员的球拍击中球的瞬间,整个球应低于发球员的腋下。

⑦发球开始,发球员挥拍必须连贯向前,直至将球发出。

⑧发出的球向上飞行过网,如果未被拦截,球应落在规定的接发球区区域内(即落在界线上或界线内)。

⑨发球员发球时,应击中球。

(四)单打规则

1. 发球区和接发球区

(1)一局中,发球员的分数为零或双数时,双方运动员均应在各自的右发球区发球或接发球。

(2)一局中,发球员的分数为单数时,双方运动员均应在各自的左球区发球或接发球。

2. 击球顺序和位置

一回合中,球应由发球员和接球员交替从各自所在场区一边的任何位置击出,直至成死球为止。

3. 得分和发球

(1)发球员胜一回合则得一分。随后发球员再从另一发球区发球。

(2)接发球员胜一回合则得一分,随后,接发球员成为新发球员。

(五)双打规则

1. 发球区和接发球区

①一局中,发球方的分数为零或双数时,发球方均应从右发球区发球。②一局中,发球方的分数为单数时,发球方均应从左发球区发球。③接发球方上一回合最后一次发球运动员应在原发球区,其同伴的站位与其相反。④接发球员应是站在发球员斜对角发球区的运动员。⑤发球方每得一分,原发球员则变换发球区再发球。⑥除发球区错误没有被发现情况外,发球都应从与其得分相对应的发球区发出。

2. 击球顺序和位置

每一回合发球被回击后,由发球方的任何一人和接球方的任何一人,交替在各自场区的任何位置击球,如此往返直至死球。

3. 得分和发球

① 发球方胜一回合则得一分。随后发球员继续发球。②接发球方胜一回合则得一分。随后接发球方成为新发球方。

4. 双打发球顺序

每局比赛的发球权传递如表 6-6 所示:

表 6-6 双打比赛发球权传递表

过程及解释	比分	位置	发球区	发球员和接发球员
比赛开始	0-0	C D B A	从右发球区发球（因发球方比分为0）	A发球、C接发球
A和B得1分。A和B交换发球区。C和D在原发球区接发球	1-0	C D A B	从左发球区发球（因发球方比分为单数1）	A发球、D接发球
C和D得1分，获得发球权。A和B，C和D变各自原发球区	1-1	C D A B	从左发球区发球（因发球方比分为单数1）	D发球、A接发球
A和B得1分，获得发球权。A和B，C和D变各自原发球区	2-1	C D A B	从右发球区发球（因发球方比分为双数2）	B发球、C接发球
C和D得1分，获得发球权。A和B，C和D均不改变各自原发球区	2-2	C D A B	从右发球区发球（因发球方比分为双数2）	C发球、B接发球
C和D得1分，交换发球区。A和B均不改变各自原发球区	3-2	D C A B	从左发球区发球（因发球方比分为单数3）	C发球、A接发球
A和B得1分，获得发球权。A和B，C和D均不改变各自原发球区	3-3	D C A B	从左发球区发球（因发球方比分为单数3）	A发球、C接发球
A和B得1分，交换发球区。C和D均不改变各自原发球区	4-3	D C B A	从右发球区发球（因发球方比分为双数2）	A发球、D接发球

二、临场执裁具体流程

（一）比赛开始前——进入比赛场地前

(1)领取计分表。
(2)确保规定数量的司线员到达工作岗位。
(3)检查运动员服装是否符合"竞赛通用规程"的有关要求。
(4)确保运动员按计分表上的姓名顺序或按裁判长要求的顺序列队。

（二）比赛开始前——进入比赛场地后

(1)执行"挑边"。双打比赛时，记录开局时站在右发球区的运动员姓名，以便随时检查发球时运动员是否站在正确的发球区内。

(2)"挑边"结束后,应尽快上裁判椅、启动秒表,记录热身时间。

(3)如使用计分表,在双方的计分栏处记录"0",在发球员的计分栏处记录"S"或"发",如比赛为双打,需要在接发球员计分栏处写上"R"或"接"。

(4)检查所有的计分设备是否正常工作,司线员位置是否正确。

(三)比赛开始

裁判员宣告比赛开始,并宣告运动员姓名或单位,并相应地将手指向右边或左边。宣告发球方。

例如单打单项赛宣告语:"女士们、先生们,在我右边'W、A',在我左边'X、B','W'发球,比赛开始,0∶0。"

(四)比赛中

(1)规范用语。

(2)临场裁判员应记录和报分。

(3)关注计分器是否正确。

(4)需要裁判长帮助时,将右手高举过头;需即时回放系统裁决时,将左手高举过头。

(5)当一方输了本回合而失去发球权时,应宣报"换发球",报新发球方的分数与新接球方的分数。

(6)"比赛开始"或"继续比赛"应由临场裁判员宣报。

(7)当违例发生时,临场裁判员应宣报"违例"。

(五)延伸比赛

(1)在每局比赛领先方得20分时,对应宣报"局点"或"场点";

(2)每局比赛中任何一方分数到达29分时,对应宣报"局点"或"场点";在宣报比分之前,要先宣报"局点"或"场点";用英文宣报时,"局点"或"场点"总是在发球方分数后,接球方分数前。

(六)每局结束

(1)每一局最后一个回合结束,必须立即宣报"……局比赛结束",而不受鼓掌、喝彩声等影响。

(2)第一局结束后,宣报"第一局比赛结束,……(运动员姓名或团体赛队名)胜……(比分)"。

(3)第二局结束后,宣报"第二局比赛结束,……(运动员姓名或团体赛队名)胜……(比分),局数1∶1"。

(4)每局结束,临场裁判员均应要求场地助理或司线员擦地。

(5)在每局的间歇中,不到100秒,应重复宣报"……号场(超过一片场地时)20秒"。仅有一片场地时,只重复宣报"20秒"。当裁判员宣报"……号场地20秒"时,教练员应离开比赛场地。

(6)第二局比赛开始时,宣报"第二局比赛开始,0∶0"。当有第三局比赛时,则宣报:

"决胜局比赛开始,0∶0。"第三局或只进行一局的比赛,当一方先得 11 分时的回合一结束,临场裁判员应宣报比分,紧接着宣报"间歇、交换场区"或"换发球、间歇、交换场区"。间歇后恢复比赛时,宣报"继续比赛",并再次报比分。

(7)比赛结束后,临场裁判员应在计分表上记录比赛结束时间、比赛时间和所用球数。

三、规则与裁判法中值得关注的变化

(一)竞赛规则内容的变化

1. 发球高度规则的变化

发球队员的球拍击中球的瞬间,整个球应低于距场地地面垂直高度 1.15 米,替代了旧规则中的"发球过腰"(发球员的球拍击中球的瞬间,整个球应低于发球员的腰部)、"发球过手"(发球员的球拍击中球的瞬间,发球员的拍杆和拍头应指向下方)。

2. 裁判员规范用语的变化

规范用语的完善,能方便裁判员与运动员之间的沟通。《羽毛球竞赛规则(2022版)》中裁判员的规范用语增加了对发球违例和行为不端的警告和违例的解释用语。如裁判员针对违犯新规则解释的规范术语为"发球违例,过高"。

3. 比赛计分表填写方面的变化

简化了事件记录、纠正发球区错误及司线员错误的记录符号,更重要的是增加记录了行为不端的解释说明。统一了裁判员在记分表中对服装、违例、伤病等事件的表述,使赛事记分表在报告事件方面更加统一规范。

(二)裁判法内容的变化

1. 裁判员管理时限的变化

根据《羽毛球竞赛规则(2022版)》,裁判员的管理时限从进入竞赛场区开始,直至该场比赛结束离开竞赛场区为止,并且对进退场过程中的行为不端按照比赛进行中的行为不端进行处理。但赛前或赛后在竞赛场区出现的行为不端应按相应规则规定处理,不影响该场比赛。

2. 裁判员工作流程部分的变化

《羽毛球竞赛规则(2022版)》中对裁判员工作提出了更细致的要求。如一名运动员在一场比赛中,只允许召唤医生使用喷剂一次;"挑边"结束后尽快上裁判椅,启动秒表;热身时间从裁判员在裁判椅上坐下开始,至宣报"比赛开始,0∶0"等内容。增加了预赛中,被裁判长终止的比赛时的宣报。

3. 羽毛球运动道德行为规范内容的变化

《羽毛球竞赛规则(2022版)》中定义了"道德规范"中相关的概念,完善了教练员、教育者、运动员行为规范和义务的内容,增加了"关于赌博、投注和非正常比赛的规定"及"技术官员行为规定"内容。

4. 残疾人比赛的有关规定

《羽毛球竞赛规则(2022版)》对残疾人比赛的相关规定进行了修改完善,依据世界羽联

相关规定,对残疾人比赛分级及相关定义进行了详尽解释,还增加了辅助设备、国际比赛场馆设施规定、处罚规定等三个部分,为今后的残疾人羽毛球赛事的判罚提供依据。

思考题

1. 在双打和混双比赛中为什么一定要有轮转的配合?
2. 简答起动步对步法的重要性。
3. 简述羽毛球运动的发展历程。
4. 羽毛球运动中单双打的计分比赛规则是什么?
5. 羽毛球比赛中临场的裁判员种类有哪些?分别的职责是什么?
6. 双打比赛运动员发球顺序是什么?
7. 单打球路练习对技、战术的帮助是什么?
8. 如何把握网前推、扑球技术的击球时机?
9. 高远球和平高球在比赛中的运用时机怎么把握?
10. 正确握拍对打好羽毛球的影响是什么?

第七章　网球运动

第一节　网球运动概述

一、现代网球运动的历史与发展

(一)网球运动的起源

网球与高尔夫球、保龄球、桌球并称为世界四大绅士运动。它的起源可以追溯到 12 至 13 世纪的法国。当时,在传教士中流行着一种用手掌击球的游戏,方法是在空地上两个人隔一条绳子,用手掌将由布包着头发制成的球打来打去。后来,这种活动进入法国宫廷成为王室贵族的一种游戏,当时人们称其为 jeude paume(法语为用手掌击球)。14 世纪中期,法国人将这种游戏使用的球赠送给英皇亨利五世,之后网球传入英国。这种球的表面是由埃及一个叫 tennis 的小镇所产的最著名的绒布制作的。英国人将这种球称为 tennis 并流传下来。

英国爱德华三世对网球产生很大兴趣,下令在宫中修建一片室内球场。当时,球拍的拍面由羊皮制作而成,球的表面由布面改成皮面,球的大小、重量没有详细记载。15 世纪发明了穿弦的球拍,16 世纪古式室内网球成为法国的国球。以后,古式室内网球有了自己的规则,在欧洲,尤其在英国得到了较好的开展。

(二)网球运动的发展

近代网球起源于英国。1873 年,英国少校温菲尔德在羽毛球运动的启示下,设计了一种户外男女都可以从事的网球运动,当时叫司法泰克运动。1875 年,随着这项运动在"8 字形"球场上风靡起来,全英槌球俱乐部为此在槌球场边另设了一片草地网球场。紧接着,古式网球的权威机构玛利博恩板球俱乐部为这项运动制定了一系列规则。

1877 年,在英国伦敦郊外温布尔顿成立了几个草地网球总会,草地网球运动在英国得到了进一步的开展。同年 7 月,举办了首届草地网球锦标赛,即温布尔顿第一届比赛。亨利·琼斯同另外两个人为这次比赛制定了全新的规则,他本人担任了比赛的裁判。当时的球场为长方形,长 23.77 米,宽 8.23 米,至今未变。发球线离网 7.92 米,网中央高度为0.99米。发球员发球时,可一脚站在端线前,另一脚站在端线后,发球失误一次不判失分。采用古式室内网球的0、15、30、45每局计分法。可以说,亨利·琼斯是现代网球的奠基人。

紧随英国之后开展网球运动的国家是美国。1881年,世界上第一个全国性网球协会是美国全国草地网球协会("全国"两字于1920年取消)。1887年,美国开始举办草地网球女子单打锦标赛;1890年举行女子双打锦标赛,1892年举行混合双打锦标赛。

19世纪90年代中期,网球进入了初步发展的阶段,许多国家和地区组织了网球协会,并定期举行比赛。

1913年3月1日在法国的巴黎成立了世界网球的最高组织——国际网球联合会。它的成立为网球的进一步发展开辟了一条更加广阔的道路。

1970年以后,网球运动又得到了进一步的发展。网球运动发展较快的主要原因有以下两点:第一是允许职业选手参加温布尔顿等锦标赛,开创了职业网球巡回赛的先河,促进了运动员技术水平的提高。第二是科技在球拍等器材制造中的应用,促进了网球运动向前发展。

二、世界网球运动组织及重大赛事

(一)世界网球运动组织

目前世界网球运动组织主要有国际网球联合会(ITF)、男子职业网球协会(ATP)、女子职业网球协会(WTA)。它们所服务的比赛包括各种男子和女子挑战赛、卫星赛、巡回赛、奥林匹克网球赛、戴维斯杯赛、联合会杯赛、国际元老赛、大学生运动会网球赛、青少年单项赛、青少年团体赛和超九大赛(现称为"大师系列赛")以及最著名的四大网球公开赛等。

(二)世界网球重大赛事

1. 温布尔登网球锦标赛

温布尔登网球锦标赛是现代网球史上最早的比赛,由全英俱乐部和英国草地网球协会于1877年创办。首次正式比赛在该俱乐部位于伦敦西南角的温布尔登总部进行,名为"全英草地网球锦标赛"。

2. 法国网球公开赛

法国网球公开赛通常在每年的5月至6月在罗兰·加罗斯网球场举行,是继澳大利亚公开赛之后进行的第二场大满贯赛事。法国公开赛规定每场比赛采用5盘3胜淘汰制。

3. 澳大利亚网球公开赛

澳大利亚网球公开赛是在澳大利亚举行的四大满贯赛事之一,是由澳大利亚草地网球协会(LTAA)承办的,第一届比赛是在墨尔本圣基尔达路的板球场进行的,到2008年已举行了96届赛事。

4. 美国网球公开赛

美国网球公开赛、英国温布尔登网球公开赛、法国网球公开赛和澳大利亚网球公开赛被国际网联指定为四大世界性网球公开赛(即大满贯赛)。每届比赛均在每年的8月底至9月初在美国纽约城网球总会的国立网球中心举行。

三、网球基本礼仪

网球场上的基本礼仪有以下几个方面。

(一)进场和退场

如果您正准备打球,却发现有人大模大样从身后走过,您跑到后场救球,却撞到了别人,您能不烦吗?好习惯是从平时养成的。要想从别人打球的球场通过,必须等死球状态时才行,这样也是为了自己的安全考虑。

(二)要球

在别人发球或打球的过程中,您闯进去捡您的球,这属于"非法入侵",是失礼行为。必须要等对方赛完一分,处于死球状态,我们才能捡球,最好客气地请场地的人把球递过来。

(三)语言

打球时需要精神专注,大声喧哗是很失礼的。因此,在打球时,我们应尽量少讲与打球无关的话,讲话音量也不要太大,若实在要交流,两个人最好走到网前近距离交流。

(四)面对对手

如果轮到您发球,对方一个"泰山压顶"式的高压球扣过来,或者随手把球打到角落,您会是什么感觉呢?所以,应轻巧地把球尽量准确地交给对方。要给对手多个球时,要一个一个地给。

当对手打出好球时,应为其鼓掌。特别是在比赛中,当对手打出了自己很难打出的漂亮得分球时,尽管内心懊丧与遗憾,很难诚心地向对手表示祝贺,但也应礼貌地用手轻拍球拍,潇洒地祝贺。面对对手的失常,频繁失误,不要过于喜形于色,要有礼仪素质。

(五)赛后

赛后握手应伸出握拍手,眼睛直视对手,持手相握,把自己的握拍手伸向对手意味着友好,并表达自己"我没有伤害你"的意思。

另外,赛后在自己胜的场次,不必为对手忧虑;相反在自己负时也不必找理由为自己辩解,诚实承认技不如人,不论胜负,都不必过于被其所累。赛后也可与对手交流,亦可与对手成为网球朋友。

第二节 网球运动基本技术

一、正手击球技术

正手击球有三种打法,上旋球、下旋球和平击球。网球是一种向上抬起的弧线运动,要想打出进攻性、稳定性、变化性强的底线正拍,就必须围绕上旋球来建立技术体系。上旋是球拍面在击球时保持垂直,并由下向上挥出的动作。

准备动作:左手扶拍颈,右手握拍,手 V 型虎口对准拍柄第三条线和第四条线之间的平面上;面朝球网方向站立,两脚自然分开与肩同宽;双膝自然弯曲,上身稍向前倾,脚跟稍提起,将肩、腰、膝的力量放松,并盯住来球。

击球前:判断来球方向,球在飞行时迅速地以腰为轴向右转动身体,转肩同时右手向后拉拍;左肩向前迎击,略向前倾,重心移向右脚,拍头向后并低于来球的高度;膝关节弯曲,保持由低向高处移动的动作。

击球时:正手前挥击球时,重心向前移动,左脚向击球方向跨出;击球点在自己身体转体左脚斜前方的齐腰处或稍前一点,可以用自己的左手为目标指向击球点;手腕固定,拍头低于击球点 30 厘米左右,击球时拍面垂直于地面,由下向上、由里向外击球。

随挥动作:球拍击球后继续向上方挥出,身体重心由低向高方向移动;随挥的结束动作是右肩触到自己的下巴,拍面打开,拍柄底部朝下;右脚鞋底对向后挡网并保持好平衡。

对于一般初学者而言,我们着重推荐学习东方式正手平击球技术,因为此动作简单易学。在掌握、领会了这种基本击球技术以后,学习人员可根据实际情况,再选择学习适合自己身体条件的技术打法。

正手平击球技术的整个过程可分为以下四个阶段(以右手持拍为例)。

(一)东方式、半西方式握拍和准备阶段

用左手握住拍颈,将拍面垂直地面,拍柄底部正对身体,把右手掌放在拍面上,慢慢向下滑动,直至拍柄底部,然后五指自然分开握住,与握手动作相似,又称握手式握拍。

准备阶段站立时,两脚开立与肩同宽,身体放松,眼睛平视,双膝微屈,重心在两个前脚掌上,脚后跟稍稍抬起;肩部放松,两肘自然下垂,轻触腰两侧,保持拍头位置高于手腕。

(二)侧身引拍阶段

当判断球来自正手方向时,迅速移动,尽早向后引拍。首先以右脚为轴,转体侧身,左脚向前踏出,两脚并排站立,重心落在后脚,保持两边肩膀水平;转体的同时,右臂收紧于腋下,自然直线水平向后拉拍;拍头稍向上指向后方,并低于来球高度,且拍面接近垂直地面,拍柄底部正对来球。

(三)重心前移向前挥拍阶段

当球接近身体时,先蹬后脚,重心前移,同时转体、转肩,左手指向来球,右手持拍顺势向前向上挥出。手腕要固定,拍头一定要垂直地面直至将球水平击出。击球点的位置在前脚的侧前方,固定与腰齐高。在球接触球拍时,重心已在前脚,收紧下巴,眼睛盯球,右手充分将球向前送出,尽量延长球与球拍接触的时间,想象是用手掌心将球推出。

(四)随挥动作阶段

在球离开球拍后,继续将球拍向前、向上挥出,使右臂自然接触下巴,拍头挥至左前上方,并用

左手扶住拍颈；右脚尖要停留在地面上，鞋底面正对后挡网，重心充分停留在前脚并站稳。

二、反手击球技术

（一）握拍

单手反拍采用东方式反手或西方式握拍，双手反拍（以右手为例）采用右手大陆式左手半西方式握拍。

（二）准备

准备的动作与正手击球相同。

（三）后摆球拍

在准备动作的基础之上，将与持拍手同侧的脚向来球方向前跨半步至一步，同时以异侧脚为支撑向后侧转体（肩、髋一体同时转），同时后摆球拍。

双手后摆：双手落在腰髋部的高度上，持拍稳定但不僵硬，双手不能握得太紧，也没有大幅度的翻转或晃动，拍头在手腕自然而不吃力的限度内与手腕持平或略高于双手，拍面自然倾向于地面，双腿弯曲、重心下降并落在与持拍手相异一侧的脚上，眼睛盯球。

单手后摆：单手后摆与双手后摆有很多地方是相似的，如重心的转移、拍面倾向地面、眼睛盯球等，差异当然也存在，比如手腕固定的强度与力度不同。单手后摆时手腕一定要坚固、稳定，哪怕紧张一些也好。辅助手虽然不必像双手后摆时一样与持拍手紧靠在一起，但也不要认为辅助手是多余的而将其吊于体侧，应将其扶在拍体上协助持拍手抬起拍头，它对于协调转体与发力、掌握身体的平衡都具有重要的作用，这与正手相似。

后摆幅度：反手无论单手握拍还是双手握拍，其后摆幅度皆要比正手稍大一些，因为反手是离心用力，对许多腰腿部力量不足的击球者来说更需要加大后摆幅度、加长加速度的过程来获取动力，而加大转体幅度则是加大后摆幅度的根本保障和真正的意义所在。反手击球（特别是单手握拍）如果不以转体为大前提，不以充分的转体为发力的源泉，其结果比正手击球不转体要糟糕得多。

后摆弧度：与正手一样，反手后摆时持拍手也应带动球拍画一个圆滑的弧线并且拍头有个小小的下吊动作。此动作在双手后摆过程中可表现得较为松弛柔和，而在单手后摆过程中则应以简洁、强劲为原则，弧线划得不必太精致更不能随意吊下拍头，否则将影响手腕、肘在前挥发力时的坚固和一致程度，导致无法与球对抗。

这里还要再一次请朋友们注意保持肘部弯曲并收近腰部。直臂后摆、直臂击球是有百弊而无一利的，无论双手还是单手握拍。

（四）前挥击球

反手前挥击球过程中的基本要点（如拍面、自下而上、重心由后脚移至前脚、蹬地发力等）与正手的差异仍然不是很大，在此不再重复。需要重点强调的还是转体的问题。转体无论在正手还是在反手击球过程中永远是第一位要做好的，后摆时转体到位只是开了个好头，前挥击球时能再转回来与球相对抗则更为重要。另外,单手前挥时持拍手仍要保持强劲的前挥势头,辅助手可留于身后像展开翅膀一样帮助身体掌握平衡,也可帮助持拍手扶住拍柄并在前挥时向前推送一下,把单手挥拍变为"半双手"挥拍。双手握拍者两只手不要分主次,特别是辅助手不能过于主动地前顶拍柄,否则整个球拍的动力平衡就会被破坏掉,发力将失去协调性。

关于击球点。反手单、双手的最佳击球点都应在身体侧前方腰部或略低于腰部的位置,这一点不是轻易等得到的,而需要击球者全力以赴去抢、去争取。关于击球点离身体的远近。原则上说,在合理的范围内无论正反手都应争取击球点能离身体近些,身体转体的半径越短越有利于发力,我们在前面的内容里已有涉及。但由于正反手在发力时还有个向心和离心的区别,所以相对来说反手是越靠近身体越好,而正手对击球点的要求比反手就要宽泛一些,远近的弹性大一些,有时候手臂完全离开体侧都是可以的,只要击球者仍然有力量控制住球拍、控制住球就行。到达击球点时拍面的倾斜角度和拍体与手臂所成的角度均可参照正手。

(五)随挥动作

反手同正手一样,随挥动作也是尽量沿出球方向送出球拍,不同之处在于正手时挥至持拍手异侧耳朵的高度,而反手时则是挥至持拍手同侧的耳朵高度。

双手握拍的随挥动作比较容易也比较随意,一般只注意双臂保持弯曲并且一致前挥到尽头,最后自然过渡至同侧的耳朵附近就可以了,其间不要有翻肘、抬肘等多余动作。从始至终都是双手握拍,在实际运用中,许多球员在击中球后就已经把辅助手松开了,也有的人等双手挥过肩头高度才将辅助手松开,只要击球者能够控制住自己的球拍、能够完整顺畅地发力,这些都是可以采用的随挥方式。

单手握拍的随挥幅度比较难掌握,原则上应该是宜小不宜大。很多初学者因为不能够熟练地依靠转体去发力击球,所以往往要靠大幅度地甩胳膊发力击球,结果造成随挥幅度过大,甚至整个手臂都甩到身体后面去了,这不仅会影响身体快速地准备下一次击球,而且也容易造成肩部的损伤,因为肩部肌肉很难负荷多次如此剧烈的牵拉。弥补的办法:①加强练习上臂及肩部周围的肌肉以便在随挥时能够有力量控制球拍的走势;②保持整个身体包括手臂、球拍的走势大方向是向前面而不是向旁边拉;③把转体动作延续至随挥结束以缓解肩部的压力。

三、发球技术

在现代网球运动中,发球技术是非常重要的,是唯一由自己掌握的击球法。它可以不受对方制约,在较大程度上能够发挥出个人的特点。发球是进攻、得分的开始,而稳定情绪又是发球必不可缺的前奏。

1. 稳定情绪

运动员在心浮气躁的情况下是很难发出一个好球的。运动员通常会在发球的位置上做几次深呼吸,再拍拍球,然后站定准备发球。各人习惯不同,因而稳定情绪的做法也各有异,但这一环节最好不要省略并且尽量延续至准备动作当中去。

2. 握拍

大陆式握拍。许多网球初学者都喜欢用东方式正手握拍进行发球,这可能是底线击球所留下的"后遗症"。其实一试便知,如果采用此种握拍在右区而且是用正常动作发球的话,球出手后十有八九会偏向外角一侧,因为手腕在自然情况下所形成的拍面就是如此的角度,若想使拍面偏向内角则必须向内转手腕,而经常做此动作不仅相当别扭而且易使手腕受到损伤。所以在可能的情况下最好不要用东方式正手握拍进行发球。

3. 准备动作

众所周知,发球要发在对角的发球区内才算好球,发球员若站在单打右区发球,那么球应该落入对面的 A 区之内,若站在左区发球则球应落入对面的 B 区之内,靠近发球线的 C、D 两个角一般被称为内侧角,靠近边线的 E、F 两个角相应地被称为外侧角。球员在发球之前对球出手后的方向、落点、旋转、速度等都应做个前期的预判,盲目发球无疑是在浪费先发制人的好机会。发球前具体的准备动作:双脚自然分开站立,两脚的连线根据球员不同的习惯可与底线相垂直,也可以保持另外一个合适的角度。身体自然前倾,最好只持一个球,球自然握在持球手的拇指、食指及中指上,无名指和小指自然屈于球的后部,切忌用力将球握在手里或捏在手里。关于球拍相合:许多初学者喜欢拿起球和球拍,走到发球位置后立即就开始抛球并挥拍击球,仿佛球和拍是不相关的两样东西,这显然是很草率的,需要在之后的实训中进行改正。球拍相合,不仅能够提示球员集中注意力,告诉自己"我要发球了",同时也能帮助球员稳定情绪和整理思路,初学者应该养成此习惯。

4. 抛球

准备动作稳定下来以后,顺势就是抛球及挥拍击球了。这两个环节能否配合得好是能否发好球的关键,而抛球的质量则又是关键中的关键。位置得当、出手平稳的抛球无异于为挥拍击球创造了稳定的条件,反之则无异于给下面一系列环节制造了一个动荡的外部环境。很少有人能在前后左右飘忽不定地抛球之下发出保质保量的好球,初学者更是如此,所以学发球的第一步是先学抛球、先练抛球。

(1) 抛球的方法:在准备动作的基础上,持球手的肘部渐渐伸直并向下靠近持球手同侧的大腿,然后从腿侧自下而上将球抛起。在整个动作过程中,手臂保持伸直的状态,其轨迹的平面与地面垂直,掌心向上,以拇指、食指、中指三指将球平稳托起,尽量避免勾指、甩手腕等多余的手部小动作,以免影响球的平稳走势,球在空中的旋转越少越好。球脱手的最佳点在手掌走势的最高点,脱手过早容易造成球在空中旋转或晃动,出手过晚则会令球"走"向脑后失去控制。脱手时托球的三手指要最大限度地展开,球不是被"扔"到空中而是被"抛送"到空中去的,初学者应对此多体验。注意抛球的同时右手应开始挥拍后摆,这样动作才能协调一致。

(2) 球脱手后在空中的位置:根据不同的需要,球出手后在空中相对于身体的前后位置也不尽相同。一般来说,第一发球强调出球的速度与攻击力,击球点较靠前,因此球也抛得较靠前。第二发球较为保守,在保证成功率的前提下强调球的旋转和控制球的落点,击球点也就相应后移,因此球自然要抛得靠后一些,基本上与背弓时身体的纵轴线相一致。抛球的位置也可参照球落地后相对于前脚的位置来确定。一般来说,第一发球抛球后球应落于前脚前一个拍头的位置上。

(3)抛球的高度:球抛到空中的高度当然不能低于击球点的高度,但究竟多高才合适要视个人情况而定,因为此高度限定了挥拍击球所用的时间。从准备姿势到抛球出手,身体重心还有一个后靠至后脚再前移至前脚的过程,同时髋部前顶、腰背呈"背弓"状,然后反弹背弓并发力挥拍击球。在下文我们将对此有详细的论述。刚刚开始学发球的朋友肯定要面临总是抛不稳球的难题,没关系,"再抛一次"是最好的攻关办法。因为抛球的稳定性建立在一定的手感基础之上,所以一般在学发球动作之前最好能专门花一点时间练习抛球,在以后的实际发球练习中也要注意要领,如果偶尔没有抛好的话,接住重抛就是了,千万不要勉强发球出手,否则很容易破坏掉辛辛苦苦学来的动作。

5.挥拍击球

抛球与挥拍击球是同时开始进行的。挥拍击球的环节包含以下几方面。

(1)后摆球拍:以准备姿势为基础向持拍手一侧转身,同时持拍手引导球拍贴近身体,像钟摆一样将球拍摆至体后(不一定要直臂后摆,但掌心一定要朝向身体)。一发抛球,球的位置较靠前;二发抛球,球的位置较靠后。

(2)背弓动作:球拍后摆至一定高度后(此高度因个人习惯而异,但要注意大臂不应紧夹在体侧),以肘为轴,小臂、手、拍头依次向体后、背部下吊,同时屈双膝并伴随身体后展呈"弓"状。

(3)击球:在屈膝、背弓动作的基础上自下而上依次蹬直踝部、膝部,反弹背弓并向出球方转体,与此同时仍以肘为轴带动手、拍头摆向击球点,最后在力的爆发点上击中抛送于空中的球。发力是自下而上一气呵成的,其间的快慢由个人掌握,个人习惯与身体素质不同速度也不一样,但共同的一点是球拍走势最快、最具爆发力的一点应在到达击球点那一瞬间。击球点时身体已全部面向出球方,拍面自然地稍向内侧以便击于球的侧后部,发出侧上旋球或侧旋球。注意第二发球的练习。专家认为评价发球好坏取决于第二发球的质量高低。强有力的第二发球,同样可以具有很强的攻击力,有好的第二发球做后盾,第一发球才可以更加大胆。

(4)搔背动作:挥拍击球时肘部有一个"引导小臂、球拍下吊至背后再以肘部为轴带动臂、拍摆向击球点"的过程。这一过程好像在用拍头给后背搔痒,故被称为"搔背动作",其目的是持拍手能有一个摆动速度的过程,为达到击球点那一瞬间力的爆发做充分的准备。搔背动作完成得是否到位关键要看搔背时手、臂是否得到了充分的放松,如果在手、臂十分僵硬的情况下完成此动作,那么到达击球球点时球员一定会感到整个身体的弹性都已被破坏掉了,发不出力也就在情理之中了。一发抛球后,球落于前脚前一个拍头的位置。发球击球前的拍头下垂形成"搔背动作",应注意这不是有意做出来的,而是行云流水般的发球动作中拍头自然在背后下垂所形成的。

(5)击球点的位置:球员手持球拍在空中所能达到的最高点就是击球点。屈膝、弓背积蓄力量及蹬地、发力击球是一个比较理想化的说法,因为根据第一发球和第二发球的不同需求,击球点是相应要有前后变动的,但"力争高点"是在选择击球点时最基本的原则。有了"制高点",不仅动作可以最大限度地、舒展地做出来,更重要的是在控制球路和球的落点以及对球施加的压力上,高点击球有着显而易见的优势。在这里还有一个关于击球点的小常识:6.40 米为发球线至球网间距离,0.914 米为网中心高度,11.885 米为底线至球网间距离。许多人希望自己发出的球个个威力无比,所以在击球时就不自觉地想将球大力强压过网,平击的成分无形中便占了主导。若想将球平击发过网并令其落在发球区内,那么击球点至少要达到 2.74 米的高度,也就是说击球者的身高至少要达到 1.80 米。也许很多朋友正是如此的身高,但掺杂进技术的成分,这个高度就很难真正体现到发球当中去了。所以,发球者最好不要在发球时苛求平击平打,多加些侧旋、上旋是比较明智的,因为这样可以让球走一个弧形轨迹,利用弧顶的高度达到过网的目的,再利用余下半段的弧线达到令球落入发球区的目的,这样可以大大提高发球的成功率。

击中球时虽然挥拍击球动作已完成,但整个发球过程却仍在继续。到达击球点后球员应顺着身体及挥拍的惯性做收腹、转肩和收拍的动作,最终拍子由大臂带动收向持拍手的异侧体侧,结束发球动作。这一过程被称为"随挥",即随球挥动,与底线击球的随挥异曲同工。很多初学者习惯于将拍子收于持拍手同侧的体侧,这不仅有违于发力、转体的惯性,还很容易将拍头敲在自己的小腿胫骨上,从而造成伤痛。非持拍手在送球脱手后不应立即放下或紧夹于体侧,而应帮助身体掌握平衡并在随挥结束时接住已处于末势的球拍。

同时,还要注意击球时,眼睛一定要注意盯着球,使拍面击在球的正确部位。发球要"精",每个运动员必须熟练掌握,把它作为比赛得分的一种重要手段。发球要善于变化。发球时应当把旋转、力量、落点很好地结合起来变换运用。发球要结合抢攻。运动员必须把发球同发球后的抢攻连贯起来,要熟悉对方回球的规律(包括对方回球落点的变化规律)。发球时必须针对对方的技术水平,优点和缺点以及站位等情况来决定自己应当运用的发球方法。发球前要先观察对方,然后再将球发出。

6.易犯错误和纠正方法(表 7-1)

表 7-1 易犯错误和纠正方法

编号	易犯错误	造成原因	纠正方法
1	抛球不稳	抛球点不准确,身体前后左右晃动	重心不稳定,加强抛球练习
2	击球时身体前倾过多	球拍拍面下压太多,球下网调整抛球	将球抛出后,按合适的击球点击球,注意手腕向前
3	击球时身体前倾不够	球拍拍面下压不够	注意手腕下压。球出界将球向前抛,按合适的击球点击球
4	后摆动作不放松,肩关节不灵活	缺少"鞭打"动作,球发不出力	多进行挥拍练习,使之放松协调。多体会"鞭打"动作

四、接发球技术

由于接发球是仅次于发球的重要击球技术,一旦对方发球命中,接发球即决定着这一分的发展。如果我们仅仅依靠平时练习所掌握的那些技术,很难应对对方在发球时迅速而突然的变化,所以必须进行专门和系统的接发球训练,才能适应实战需要。

(一)练习步骤

(1)多球式的接发球练习根据运动员的接发球训练要求进行,教练员用多球发球,给运动员进行专门的接发球练习。为了增加送球力量,教练员可站在发球区附近位置发球,应注意发球的落点、力量、旋转、速度等因素,尽量与实际发球相似。

(2)与发球员配合的接发球练习需要对方有一至两名运动员练发球,结合实战,进行接发球练习,可练习接发球破网、接发球抢攻、接发球随球上网等。

(3)提高接发球准确性的练习需要对方有多人轮流发球,要求接球员把球回击到指定的区域内。

(4)提高接发球实战能力的练习需要有目的地安排进行单打或双打战术练习,互相对抗,以提高接发球在实战中的心理素质。

(二)注意事项

(1)准备接发球要放松。只需在击球时发力,身体紧张会影响腿部的移动。

(2)向前迎接球,要主动进攻,不要被动应对,注意提起脚后跟,使重心向前,不能脚跟着地。

(3)注意力高度集中,当对方抛球上举挥拍时,眼睛应紧紧地注视着球。

五、 截击球技术

(一)握拍

采用大陆式握拍。

(二)练习步骤

(1)先徒手做模仿挥拍练习,然后再持拍、挥拍练习,并逐渐结合步法做挥拍练习。

(2)用多球进行单个动作的网前截击练习,以体会动作和球感。

(3)由两名队员在场上发球线附近进行截击对拦凌空球的练习,以练习反应判断以及反正和反拦的相互变换。

(4)在网前中场或近网对底线进行截击球练习,先单线定点,后可加大难度进行左右移动截击或不定点截击。

(5)通过技术组合练习截击球。如发球上网或随球上网练习中场和近网截击,提高实战中的截击能力。

(6)网前一人截击球,底线两人破网,提高截击者的难度,练习反应、判断能力。

(三)注意事项

(1)在对方击球前或击球的瞬间,重心就前移,做到人到球到。

(2)击球时,双肘关节应放在前面,眼睛始终盯着球,以身体的力量和短小的撞击动作来截击球。

(3)随着对方来球的高低,要随时调整击球时的拍面角度,始终保持出球点在身体侧前方。

(4)中场截击后应立即向网前移动,占据网前有利位置。

(5)截击低球时,最好使球的落点深些,以增加对方回球的难度;截击高球时,要采取进攻的打法,以求截击直接得分。

(四)易犯错误及纠正方法

1. 向后扭引拍幅度过大

纠正方法:

(1)建立正确的截击球引拍技术概念。

(2)背靠墙、网挡,反复练习截击球技术。

2. 击球无力

纠正方法:

(1)练习者反复练习转肩、上步动作。

(2)要求练习者将拍头向侧上方,模仿击球动作,也可用加重球拍练习。

(3)将球吊在离身体适当的位置,反复练习撞击球动作。

3. 网前站立腿过直

纠正方法:

(1)练习者膝关节弯曲,反复练习向左右、前后方移动。

(2)网前站立,提踵,双脚不停地移动。

第三节　网球运动基本战术

一、底线型打法

底线型打法原来偏重防守,比较被动。近年来,出现了一种攻击性的底线打法,运动员用凶猛的底线双手抽击,使对方难以截击。世界著名网球运动员博格就擅用这种新的底线型打法。优秀的底线型运动员一般都能掌握扎实的正、反手抽球,并具有相当强的攻击力,利用快速有力的抽球打出落点深而角度大的球,能够一拍接一拍地使用大角度的猛抽,并带有较强的上旋性,迫使对手处于被动局面。当出现中场浅球时,以快速迎前的动作进行致命一击,这种类型的打法虽在比赛中很少上网,但遇到少量的上网,也能抓住时机进行网前攻击。另外在接球和破网技术方面,能顶住对手强有力的发球,既会用隐蔽动作完成破网技术,又会抽挑结合,使对手网前难以发挥威力。

二、上网型打法

这种战术主要指球员积极创造一切机会和条件上网,发球后积极争取上网,并在空中截击来球,使对手措手不及。这种打法积极主动、富有攻击性,但也有一定冒险性。上网后利用速度和角度造成对手还击困难。美国著名球星麦肯罗擅于使用这种打法。优秀的上网型运动员一般都能掌握发球上网和抽球上网的战术,发球技术凶狠、力量大、有威胁性。另外,截击球和高压球的攻击力也很强。

三、综合型打法

综合型打法是底线型和上网型两种打法的综合使用,运动员应结合对手情况采用不同打法,随机应变。美国著名网球运动员康纳斯擅用这种综合型打法。优秀的综合型运动员一般都能掌握全面技术,无论是发球、接发球,还是截击和高压球,都应具有很高水平,能够根据不同对手、不同比分、不同临场情况采用相应战术,有时底线对抽,有时伺机上网截击,时而发力猛抽,时而稳抽稳拉,有时削放轻球,有时挑出上旋高球,充分发挥多样化技术,并结合敏捷步法,机智灵活地争取主动机会。

四、双打技术与战术

(一)在发球前做出抢网决定

抢网是网前人横向移动,拦截对方接球员打过来的斜线球。它要求发球方有敏捷的思维和快速的步法。所以,很重要的是两个人要在事先商定,如果对方打斜线球时,网前人则要去抢网。一些双打配对队员喜欢用暗号,例如网前人把手放在背后,用握拳或张开手指向发球员表示是否抢网。但在发球开始之前,两名运动员用口头约定更好一些。一旦做出决定,便必须坚决执行。

(二)防住空出的场地

当网前人扑出去拦截接发球时,他那半个球场便无人防守。所以发球员发球之后,不应该直接冲向前,而应向前跑几步,然后向同伴留下的那半场跑去,并继续向网前移动。抢网的人在拦截之后,应当继续进入发球员的场区。两个人交叉移动,可以防住对方可能回击的直线球以及抢网人第一次截击没能得分后的回击球。

(三)起动要早

抢网时,需要在对方接球员击球的一瞬间起动,而不要在接球员击球之前移动,把自己的行动意识暴露给对方。如果接球员察觉到你要抢网,便会打直线球并可能得分。等球时,身体前倾,准备好蹬出去击球。向右边抢网时,蹬左脚并快跑几步到截击位置。绝大多数的运动员喜欢用正拍抢网,因为它截击的伸缩度大。但是,不论是正拍抢网还是反拍抢网都要快速起动。

(四)退在后场对付抢网的队员

当对方网前队员抢网时,接球员和同伴要控制好站位。如果你是接球员的同伴,并在向网前移动,抢网者就可能往下击球到你的脚下,使你难以回击。如果你是接球员,并且也在向网前移动,抢网者既可以向你的脚下攻击,也可以将球打在你和同伴之间,所以这两种站位都不利。如果退在后场，就有时间移动到位，或者挑出高球，使球不死。

（五）打直线球

如果接发球总是打斜线球，对方就会判断出来并积极抢网。所以，一旦对方抢网开始，就要打斜线球使对方网前人不敢随意抢网，也可以试用攻击性的挑高球过头顶的方法。如果网前人知道你的高球有威力，就会从网前向后退步，这就减少了对方抢网成功的可能。但是，不要看见对方可能抢网的一点点动作就改变主意，因为他可能做出假装抢网的样子，使你临时改斜线球为直线球而击球失败。

（六）抢网时向下击球

要抢网成功，必须在球比较高时击球，就是说要向前移动，靠近球和网，才能往下打球。越靠近网，球就越高，也就越易于截击。但是，也不要近到击球时球拍触网，那是犯规的，即使击球成功，也会被判为失分。抢网者要朝着对方网前人的脚下拦击，或朝对方两人间的空当击球，以便直接得分。

（七）注意发球的配合

双打球经常比单打球更具有强烈的攻击性。由于发球员的同伴首先占据了网前制高点的位置，随时准备截击接发球员的第一还击球，因此给对方的压力很大，迫使接发球员势必向发球员还击大角度的球，这个球要求有一定的球速，否则，有可能被对方抢截，所以难度很大。如果用随发球上网形成双上网，那么威胁性就更大了，一旦对方打直线球就会造成我方一举得分，或者至少也给我方得分创造出良好的条件。然而，接发球员必须百分之百地控制好还击给对方的反手直线球。否则，那将会为对方创造出一个成功的"破网"球机会。

在双打的每盘比赛中，通常发球技术最好的球员应该是第一发球员。而在每场比赛中，第一次发球更为重要。因为，发球员能够较容易地上网，还可以运用有利的战术。

第四节　网球运动基本规则与裁判法

一、发球

1. 发球前的规定

发球员在发球前应先站在端线后、中点和边线的假定延长线之间的区域里，用手将球向空中抛起，在球接触地面以前，用球拍击球（仅能用一只手的运动员，可用球拍将球抛起）。

2. 发球时的规定

发球员在整个发球动作中，不得通过行走或跑动改变原站的位置，两只脚只准站在规定位置，不得触及其他区域。

3. 发球员的位置

(1) 每局开始，先从右区端线后发球，得或失一分后，应换到左区发球。

(2) 发出的球应从网上越过，落到对角的对方发球区内，或其周围的线上。

4. 发球失误

球拍未击中球；发出的球，在落地前触及固定物（球网、中心带和网边白布除外）；违反发球站位规定。发球员第一次发球失误后，应在原发位置上进行第二次发球。

5. 发球无效

发球触网后，仍然落到对方发球区内；接球员未做好接球准备。以上情况均应重发球。

6. 交换发球

第一局比赛结束，接球员成为发球员，发球员成为接球员。以后每局结束，均依次互相交换，直至比赛结束。

二、通则

1. 交换场地

双方应在每盘的第1、3、5等单数局结束后，以及每盘结束双方局数之和为单数时，交换场地。

2. 失分

发生下列任何一种情况，均判失分。

(1)在球第二次着地前，未能还击过网。
(2)还击的球触及对方场区界线以外的地面、固定物或其他物件。
(3)还击空中球失败。
(4)故意用球拍触球超过一次。
(5)运动员的身体、球拍，在发球期间触及球网。
(6)过网击球。
(7)抛拍击球

3. 压线球

落在线上的球都算界内球。

三、双打

1. 双打发球次序

每盘从第1局开始，由发球方决定由何人首先发球，对方则同样在第2局开始时，决定由何人首先发球。第3局由第1局发球方的另一位球员发球。第4局由第2局发球方的另一位球员发球。以下各局均按此顺序发球。

2. 双打接球次序

先接球的一方，应在第1局开始时，决定何人先接发球，并在这盘单数局，继续先接发球。双方同样应在第2局开始时，决定何人接发球，并在这盘双数局继续先接发球。他们的同伴应在每局中轮流接发球。

3. 双打还击

接发球后，双方应轮流由其中任何一名队员还击。如运动员在其同队队员击球后，再以球拍触球,则判对方得分。

四、计分方法

1. 胜1局

(1)每胜1球得1分,先胜4分者胜1局。

(2)双方各得3分时为"平分",平分后,净胜两分为胜1局。

2. 胜1盘

(1)一方先胜6局为胜1盘。

(2)双方各胜5局时,一方净胜两局为胜1盘。

3. 决胜局计分制

在每盘的局数为6平时,有以下两种计分制。

(1)长盘制:一方净胜两局为胜1盘。

(2)短盘制:决胜盘除外,除非赛前另有规定,一般应按以下办法执行。

A. 先得7分者为胜该局及该盘(若分数为6平时,一方须净胜2分)。

B. 首先发球员发第1分球,对方发第2、3分球,然后轮流发2分球,直到比赛结束。

C. 第1分球在右区发,第2分球在左区发,第3分球在右区发。

D. 每6分球和决胜局结束都要交换场地。

4. 短盘制的计分

(1)第1个球(0∶0),发球员A发1分球,1分球之后换发球。

(2)第2、3个球(报1∶0或0∶1,不报15∶0或0∶15),由B发球,B连发2分球后换发球,先从左区发球。

(3)第4、5个球(报3∶0或1∶2,2∶1,不报40∶0或15∶30,30∶15),由A发球,A连发两球后换发球方,先从左区发球。

(4)第6、7个球(报3∶3或2∶4,4∶2或1∶5,5∶1或6∶0,0∶6),由B发1分球之后交换场地,若比赛未结束,B继续发第7个球。

(5)比分打到5∶5,6∶6,7∶7,8∶8……时,需连胜2分才能决定谁为胜方。但在记分表上则统一写为7∶6。

(6)决胜局打完之后,双方队员交换场地。

思考题

1. 简述网球运动的发展简史。
2. 简述网球四大公开赛的举办国家和场地情况。
3. 简述网球运动有哪些技术(五个以上)。
4. 简述网球正手击球动作的五个环节。
5. 简述单打比赛中的基本战术。
6. 简述双打比赛中的基本战术。
7. 简述网球比赛中的计分方法。
8. 简述网球比赛中的双打发球次序。

中 篇

民族传统体育与搏击运动

第八章　武术

第一节　武术概述

一、武术的起源与发展

武术是以技击动作为主要内容,以套路和格斗为运动形式,注重内外兼修的中国传统体育项目。

武术是在长期的历史文化发展中,在古代军事冷兵器攻防格斗的基础上融合中华美学、中华医学、中华哲学、中华兵学等诸多文化于一体,逐步发展成熟起来的。武术在古代更多用于军事战斗,而在当代属于体育领域的一个项目,具有竞技、健身、格斗、防身、娱乐等功能。

在古代,由于战争频发,至商周时期,武术已经成为奴隶主贵族的必修课程,春秋时期武术已经形成一定的体系。三国时期,中国冶铁技术逐渐成熟,中华武术随着兵器制式的改变,技法也发生质的飞跃。至明、清时期,统治者对武术的相关资料进行了挖掘整理,并且继承了表演化武术的套路和内练功法,形成了异彩纷呈的武术拳种。武术流派层出不穷,各流派的宗师也不断涌现,如杨氏太极拳宗师杨露禅,八卦掌宗师董海川,形意拳宗师李洛能等。

1936年,中国武术队赴柏林奥运会参加演出。中华人民共和国成立后,武术运动发展非常迅速。1950年,中华全国体育总会召开了武术工作座谈会,倡导发展武术运动。1957年国家体委将武术列为体育竞赛项目。第一部《武术竞赛规则》制定于1958年。同年,中国武术协会在北京成立,确定了拳、刀、枪、剑、棍五种竞赛套路。武术竞技的规范化训练促进了武术技术水平不断提高。在国家体委的统一指导下,群众开展了形式多样的武术活动,武术的社会化程度得到极大提高。

1994年,国家体委武术运动管理中心出台了"中国武术段位制"。1996年,国务院学术委员会正式批准设立武术学科专业方向博士学位点。

二、武术的特点与价值

中华武术主要特点：①内外合一，形神兼备；②具有广泛的适用性；③具有传统文化的教育功能。

中华武术是中国的名片，在世界上有广泛的影响力。武术在海外的广泛传播彰显了中华文化的魅力。中华武术不仅仅是一种技艺，还是中华文化的精神标识和内核。它体现了中华民族自强不息的精神力量。

第二节　武术的基本功

武术基本功包括手型、步型、腿法、跳跃和组合动作等。下面介绍几种常见的基本功。

一、武术的手型

（一）拳（图 8-1）

动作说明：五指手心握紧，拇指扣于中指第二指节上。
要点：直腕、卷紧、拳平。
易犯错误：屈腕、拳面不平。
纠正方法：示范拳的技击用法。
学法提示：先演示拳的规格、要求，再进行转换练习。

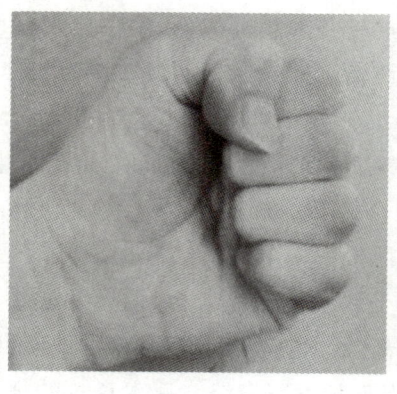
图 8-1　拳动作

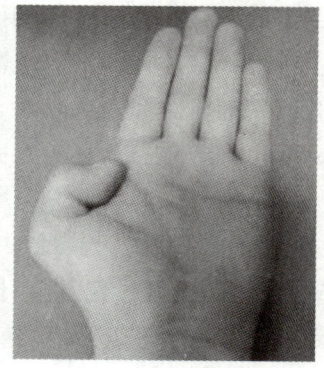
图 8-2　掌动作

（二）掌（图 8-2）

动作说明：弯曲拇指紧扣，四指并拢伸直。
要点：立掌、竖指。
易犯错误：掌不立、五指未并拢。

纠正方法：示范掌的技击用法。

教法提示：先演示掌的规格、要求，再进行转换练习。

（三）勾（图8-3）

动作说明：五指捏拢，屈腕。

要点：屈腕。

易犯错误：腕没有弯曲、指未捏拢。

纠正方法：示范勾的技击用法。

教法提示：先演示勾手的规格、要求，再进行转换练习。

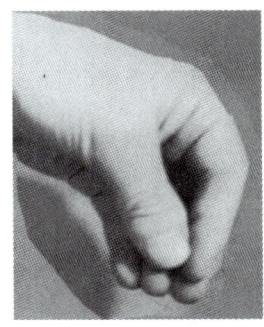

图8-3 勾的动作

二、武术的步型

（一）弓步（图8-4）

动作说明：前脚掌向前可微内扣，屈膝大腿和小腿基本成90°，后面腿挺直，脚尖内扣斜45°，全脚掌着地，上体挺正，面对前方，两手放置腰间。

要点：上体挺正；屈前腿、后面腿挺直。两脚前后距离约为四倍脚的长度。

易犯错误：前脚掌外撇，后脚跟翘起。后腿不直。弯腰挺腹。

纠正方法：强调蹬直后面腿、落髋，全脚掌蹬地。

图8-4 弓步

图8-5 马步

（二）马步（图8-5）

动作说明：眼视前方，两手可置于腰间。脚跟外蹬，脚尖对前方，屈膝半蹲，上体挺正，两脚距离三脚长度。

要点：脚尖对前方、上体挺正。

易犯错误：上体前俯后仰，两脚外敞，弯腰跪膝。

纠正方法：定好双脚之间的距离后，再屈膝成马步，再强调动作规格。

教法提示：结合手法步、型的转化练习。

(三)虚步(图8-6)

动作说明：前后腿分立，相距同肩宽。重心全部由后腿承担，后腿屈膝半蹲，全脚着地；挺胸、立腰、前腿屈，脚尖虚点地面。

要点：重心全部由后腿承担，脚尖斜向前。

易犯错误：支撑腿承担不了全部重心。

纠正方法：立腰，后腿承担身体的全部重心。

教法提示：加强腿部力量。

(四)仆步(图8-7)

图8-6 虚步

图8-7 仆步

动作说明：两腿下蹲，一腿伸直，腿伸直脚掌着地，内扣。另一腿臀部和小腿靠紧。

要点：立腰、落髋，两脚均全脚掌着地。

易犯错误：腿伸不直，两脚均未全脚掌着地。未全蹲，脚跟提起。上体未立腰。

纠正方法：先立腰再下蹲。

教法提示：增加柔韧练习。

(五)歇步(图8-8)

动作说明：两腿交叉全蹲，立腰、臀部坐于后小腿。

要点：臀部贴紧后小腿，两腿贴紧。

易犯错误：腿距离过大。上身摇晃。

纠正方法：挺胸，强调两腿贴紧。

教法提示：练习后腿膝关节穿过前侧膝关节后侧。

图8-8 歇步

三、腿法练习

(一)正压腿

动作说明：将一腿置于一定高度的平台，将腿伸直，立腰振压，不要弯腰和低头，目视脚尖勾脚。支撑腿也要挺直,两手扶膝或抓握脚,上体用嘴尽量触及伸直腿的脚尖。两腿交替进行。

要点:振压幅度要逐渐加大,上体挺胸,腿伸直。

(二)侧压腿

动作说明:将一腿从体侧置于一定高度的平台,将腿伸直,一臂上举,一掌立于异侧胸前,立腰振压,不要弯腰和低头,上体向侧振压。支撑腿也要挺直。两腿交替进行。

要点:开髋,两腿伸直,腰部挺立侧倒。

(三)正踢腿

动作说明:上身及支撑腿挺直,左脚虚点,面对前方,两臂撑平立掌,右脚勾起直腿猛踢,上步用力踢腿,脚尖向额头行进间一步一踢,后腿踩实踩稳。

要点:注意上身不要歪,两腿不可弯曲。

(四)侧踢腿

动作说明:两臂撑平立掌侧对前方,行进间交叉步,前腿向侧上踢,将一侧手高举,脚尖上踢,向上举手方向踢去。

要点:身体正直,换方向,换腿,换掌上踢,行进间交叉步,一步一踢。膝盖不可弯曲。腰挺直。

(五)弹腿

动作说明:正对前方站稳,一脚支撑,另一脚提膝并弹腿,要求一气呵成,后脚抓地。一步一踢。

要点:配合手法练习,上身不要左右摇摆。

(六)里合腿

动作说明:两臂撑平立掌正对前方,行进间身体正直,右脚向左前上步,左脚直腿向左前上摆起,顺势向右上扣击,行进间换腿上踢,一步一踢。膝盖不可弯曲。腰挺直。前移重心,脚尖点地,左脚向右前上半步。左右交替进行。

要点:身体正直,摆踢要靠近身体。

(七)外摆腿

动作说明:两臂撑平立掌正对前方,行进间身体正直,左脚向左前上步,前移重心的同时,右脚先向左前摆起,顺势经前向右侧外摆,行进间换腿上踢,一步一踢。膝盖不可弯曲。腰挺直。前移重心,脚尖点地,右脚向右前上半步。左右交替进行。

要点:两臂撑直,要有外摆的过程。

四、跳跃动作

(一)腾空飞脚

动作说明：助跑结束后，右脚向上起跳，左脚向前摆起并伸直腿，随后使膝盖弯曲。起飞后，右脚快速向前弹踢并伸直脚。起飞时，双手击响。左臂向侧面抬起，形成钩状，右手掌拍打右脚。它可以单脚或双脚同时下落。

要点：跳跃应高而浮，落地应轻而稳，拍脚应响亮。

(二)旋风脚

动作说明：左脚上移至左前，双臂抬起，右脚向左脚前面上移，上体左转180°，手臂从上到下，从左到上摆动，同时将右脚踩在地面上，左腿向左向后旋转180°。右脚离地面后，迅速将腿向左侧靠拢，用右脚掌击左手，继续旋转着地。旋风脚主要是用转身的力量击拍。

要点：右脚踏跳同时双臂摆起。

(三)腾空摆莲

动作说明：起飞动作。连续上步，右脚踏跳，当身体在空中时，左腿向上向右摆起，右脚摆动腿的运动方向和路线与向外摆腿的运动相同。同时，两手掌摆置前额的顶部，将手拍击右脚，完成空中击响。

要点：右脚踏跳同时双臂摆起。

第三节　武术的主要拳种

一、长拳

长拳是在查拳、华拳、红拳、炮拳等拳种基础上形成的一种拳。初级长拳是推广武术运动的基础，适合青少年练习。本教材选用初级长拳第三路，1957年由国家体委综合整理创编。

初级长拳第三路从开始到结束共38个动作。
1 预备势；2 虚步亮掌；3 并步对拳。详细见表8-1。

表 8-1 预备势动作

动作序号	动作名称	动作说明	动作要点	动作图示
1	预备势	两脚并步站立，两臂垂于身体两侧，五指并拢贴靠腿外侧，眼向前平视	头要端正，下颌微收，挺胸，塌腰，收腹	
2	虚步亮掌	右脚向右后方撤步成左弓步。右掌向右、向上、向前划弧，掌心向上；左臂屈肘，左掌提至腰侧，掌心向上。目视右掌，右腿微屈，重心后移。左掌经胸前从右臂上向前穿出伸直；右臂屈肘，右掌收至腰侧，掌心向上。目视左掌，重心继续后移，左脚稍向右移，脚尖点地，成左虚步。左臂内旋向左、向后划弧成勾手，勾尖向上；右手继续向后、向右、向前上划弧，屈肘抖腕，在头部上方成亮掌（即横掌），掌心向前，掌指向左，目视左方	三个动作必须连贯。成虚步时，重心落于右腿上，右大腿与地面平行。左腿微屈，脚尖点地	
3	并步对拳	右腿蹬直，左腿提膝，脚尖里扣，上肢姿势不变。左脚向前落步，重心前移。左臂屈肘，左勾手变掌经左肋前伸；右臂外旋向前下落于左掌右侧，两掌同高，掌心均向上。右脚向前上一步，两臂下垂后摆。左脚向右脚并步，两臂向外向上经胸前屈肘下按，两掌变拳，拳心向下，停于小腹前。目视左侧	并步后挺胸、塌腰。对拳、并步、转头要同时完成	

第1段动作(表8-2):4 弓步冲拳;5 弹腿冲拳;6 马步冲拳;7 弓步冲拳;8 弹腿冲拳;9 大跃步前穿;10 弓步击掌;11 马步架掌。

表8-2 第1段动作

动作序号	动作名称	动作说明	动作要点	动作图示
4	弓步冲拳	左脚向左上一步,脚尖向斜前方;右腿微屈,成半马步。左臂向上向左格打,拳眼向后,拳与肩同高;右腿蹬直成左弓步。左拳收至腰侧,拳心向上;右拳向前冲出,高与肩平,拳眼向上,目视右拳。	成弓步时,右腿充分蹬直,脚跟不要离地。冲拳时,尽量转腰顺肩。	
5	弹腿冲拳	重心前移至左腿,右腿屈膝提起,脚面绷直,猛力向前弹出伸直,高与腰平。左拳向前冲出,目视前方	支撑腿可微屈,弹出的腿要用爆发力,力点达于脚尖	
6	马步冲拳	右脚向前落步。脚尖里扣,上体左转。左拳收至腰侧,两腿下蹲成马步,右拳向前冲出。目视右拳	成马步时,大腿要平,两腿平行,脚跟外蹬,挺胸、塌腰	
7	弓步冲拳	上体右转 90°右脚尖外撇向斜前方,成半马步。右臂屈肘向右格打。拳眼向后,目视右拳。左腿蹬直成右弓步。右拳收至腰侧;左拳向前冲出。目视左拳	与本段的弓步冲拳相同,唯左右相反	

续表

动作序号	动作名称	动作说明	动作要点	动作图示
8	弹腿冲拳	重心前移至左脚,右腿屈膝提起,脚面绷直,猛力向前弹出伸直,高与腰平。右拳收至腰侧,左拳向前冲出,目视前方	与本段的弹腿冲拳相同	
9	大跃步前穿	左腿屈膝。右拳变掌内旋,以手背向下挂至左膝外侧,上体前倾。目视右手。左脚向前落步,两腿微屈。右掌继续向后挂,左拳变掌,向后向下伸直。目视右掌。右腿屈膝向前提起,左腿立即猛力蹬地向前跃出。两掌向前向上划弧摆起。目视左掌。右腿落地全蹲左腿随即落地向前铲出成仆步。右掌变拳抱于腰侧,左掌由上向右向下划弧成立掌,停于右胸前。目视左脚	跃步要远,落地要轻。落地后立即做下一个动作	
10	弓步击掌	右腿猛力蹬直成左弓步。左掌经左脚面向后划弧至身后成勾手,左臂伸直,勾尖向上;右掌由腰侧变掌向前推出,掌指向上,掌外侧向前,目视右掌	成弓步时,右腿充分蹬直,脚跟不要离地	
11	马步架掌	重心移至两腿中间,左脚脚尖里扣成马步,上体右转。右臂向左侧平摆,稍屈肘;同时左勾手空掌由后经左腰侧从右臂内向前上穿出,掌心均朝上。目视左手。右掌立于左胸前;左掌向左上屈肘抖腕亮掌于头部左上方,掌心向前。目右转视。	马步同前	

第2段动作(表8-3):12 虚步栽拳;13 提膝穿掌;14 仆步穿掌;15 虚步挑掌;16 马步击掌;17 叉步双摆掌;18 弓步击掌;19 转身蹬腿马步盘肘。

表8-3 第2段动作

动作序号	动作名称	动作说明	动作要点	动作图示
12	虚步栽拳	右脚蹬地,屈膝提起;左腿伸直,以前脚掌为轴向右后转体180°。右掌由左胸前向下经右腿外侧向后划弧成勾手;左臂随体转动并外旋,使掌心朝右。目视右手。右脚向右落地,重心移至右腿上,下蹲成左虚步。左掌变拳下落于左膝上,拳眼向里,拳心向后;右勾手变拳,屈肘向架于头右上方,拳心向前,目视左方	重心完全放在右腿,屈膝下蹲	
13	提膝穿掌	右腿稍伸直。右拳变掌收至腰侧、掌心向上;左拳变掌由下向左向上划弧盖压于头上方,掌心向前。右脚蹬直,左脚屈膝提起,脚尖内扣。右掌从腰侧经左臂内向右前上方穿出,掌心向上;左掌收至右胸前成立掌,目视右掌	支撑脚与右臂充分伸直	
14	仆步穿掌	右脚全蹲,左脚向左后方铲出成左仆步。右臂不动,左掌由右胸前下经左腿内侧,向左脚面穿出。目随左掌转视	伸出腿要挺直,脚尖回勾	

续表

动作序号	动作名称	动作说明	动作要点	动作图示
15	虚步挑掌	右脚蹬直,重心前移至左脚,成左弓步。右掌稍向下降,左掌随重心前移向前挑起。右脚向左前方上步,左腿半蹲,成右虚步。身体随上步左转180°。在右脚上步的同时,左掌由前向上向后划弧成立掌,右掌由后向下向前上挑起成立掌,指尖与眼平。目视右掌	上步要快,虚步要稳	
16	马步击掌	右脚落地,脚尖外撇,重心稍升高并右移,左掌变拳收回腰侧;右掌俯掌向外搂手。左脚向前上一步,以右脚为轴向右后转体180°,两脚下蹲成马步。左掌从右臂上成立掌向左侧击出;右掌变拳收至腰侧。目视左掌	右手做搂手时,先使臂稍内旋、腕伸直,手掌向下向外转,接着臂外旋,掌心经下向上翻转,同时捏握成拳。收拳和击掌要同时	
17	叉步双摆掌	重心稍右移,同时两臂向下向右,掌指均向上。目视右掌。右脚向左腿后插步,前脚掌着地。两臂继续由右向上向左摆,停于身体左侧,均成立掌,右掌停于左肘窝处。目随双掌转视	两臂要划立圆,幅度要大,摆掌与后插步配合一致	
18	弓步击掌	两腿不动。左掌收至腰侧,掌心向上;右掌向上向右划弧,掌心向下左脚后撤一步,成右弓步。右掌向下向后伸直摆动,成勾手,勾尖向上;左掌成立掌向前推出。目视左掌	成弓步时,右腿充分蹬直,脚跟不要离地	

续表

动作序号	动作名称	动作说明	动作要点	动作图示
19	转身踢腿马步盘肘	两脚以前脚掌为轴向左后转体180°。在转体的同时,左臂向上向前划半立圆,右臂向下后划半圆。右臂向下成反臂勾手,左臂向上成亮掌。右腿伸直,脚尖勾起,向额前踢。右脚向前落地,脚尖里扣,右手不动,左臂屈肘下落至胸前,左掌心向下。目视左掌。上体左转90°,两腿下蹲成马步。同时左掌向前向左平掳变拳收至腰侧,右勾手变拳,右臂伸直,由体后向右向前平摆,至体前时屈肘,肘尖向前,高与肩平,拳心向下,目视肘尖。	两臂抡动时划立圆,动作连续。盘肘时要快速有力,右肩前顺	

第3段动作(表8-4):20 歇步抡砸拳;21 仆步亮掌;22 弓步劈拳;23 换跳步弓步冲拳;24 马步冲拳;25 弓步下冲拳;26 叉步亮掌侧踹腿;27 虚步挑拳。

表8-4 第3段动作

动作序号	动作名称	动作说明	动作要点	动作图示
20	歇步抡砸拳	重心稍升高,右脚尖外撇。右臂由胸前向上向右抡直;左拳向下向左,使臂抡直。目视右拳。上动不停,两脚以前脚掌为轴,向右后转体180°,右臂向下向后抡摆,左臂向前随身体转动。紧接上动,两腿全蹲成歇步。左臂随身体下蹲向下平砸,拳心向上,臂步微屈;右臂伸直向上举起。目视左拳	抡臂动作要连贯完成,划成立圆。歇步要两脚交叉全蹲,左腿大、小腿靠紧,臀部贴于左小腿外侧,脚跟提起;右脚尖外撇,全脚着地	

第八章　武术　157

续表

动作序号	动作名称	动作说明	动作要点	动作图示
21	仆步亮掌	左脚由右腿后抽出前上一步,左腿蹬直,右腿半蹲,成右弓步。上体微向右转。左拳收至腰侧,右拳变掌向下经胸前向右横击掌。右脚蹬地屈膝提起,上体右转。左拳变掌从右掌上向前穿出,掌心向上;右掌平收至肘下。右脚向右落步,屈膝全蹲,左腿伸直,成仆步。左掌向下向后划弧成勾手,勾尖向上;右掌向右向上划弧微屈,抖腕成亮掌,掌心向前。头随右手转动,至亮掌时,目视左方	仆步时,左腿充分伸直,脚尖里扣,右腿全蹲,两脚脚尖全部着地。上体挺胸塌腰,稍左转	
22	弓步劈拳	右腿蹬地立起,左腿收回并向左前方上步。右掌变拳收至腰侧,左勾手变掌由下向前上经胸前向左做搂手。右腿经左腿前方向左绕上一步,左腿蹬直成右弓步。左手向左平捋后再向前挥摆,虎口朝前。在左手平捋的同时,右拳向后平摆,然后再向前向上做抡劈拳,拳高与耳平,拳心向上,左掌外旋接扶右前臂。目视右拳。	左右脚上步稍带弧形	
23	换跳步弓步冲拳	重心后移,右脚稍向后移动。右拳变掌臂内旋以掌背向下划弧挂至右膝内侧;左掌背贴靠右肘外侧,掌指向前。目视右掌。右腿自然上抬,上体稍向左扭转。右掌挂至体左侧,左掌伸向右腋下,目随右掌转视。右脚以全脚掌用力向下震踩,与此同时,左脚急速离地抬起。右手右由左向上向前搂盖而后变拳收至腰侧;左掌伸直向下、向上、向前屈肘下按,掌心向下。上体右转,目视左掌。左脚向前落步,右腿蹬直成左弓步。右拳向前冲出,拳高与肩平;左掌藏于左腋下,掌背贴靠腋窝。目视右拳	换跳步动作要连贯、协调。震脚时腿要弯曲,全脚掌着地,左脚离地不要高	

续表

动作序号	动作名称	动作说明	动作要点	动作图示
24	马步冲拳	上体右转90°,重心移至两腿中间,成马步。右拳收至腰侧,左掌变拳向左冲出,拳眼向上。目视左掌	马步重心放在两腿中间	
25	弓步下冲拳	右脚蹬直,左腿弯曲,上体稍向左转,成左弓步。左拳变掌向下经体前向上架于头左上方,掌心向下。右拳自腰侧向左前斜下方冲出。目视右拳	左掌摆在额头上方	
26	叉步亮掌侧踹腿	上体稍向右转。左掌由头上下落于右手腕上,右拳变掌,两手交叉成十字。目视双手。右脚蹬地并向左腿后插步,以前脚掌着地。左掌由体前向下、向后划弧成勾手,勾尖向上;右掌自前向右、向上划弧抖腕亮掌,掌心向前。目视左侧。重心移至右腿,左腿屈膝提起,向左上方猛力蹬出。上肢姿势不变,目视左侧	插步时上体稍向右倾斜,腿、臂的动作要一致。侧踹高度不能低于腰,大腿内旋,着地点在脚跟	
27	虚步挑拳	左脚在左侧落地。右掌变拳稍后移,左勾手变拳由体后向左上挑,拳背向上,上体左转180°,微含胸前俯。左拳继续向前、向下划弧上挑,右拳向下向前划弧挂至右膝外侧,同时右膝提起。目视右拳。右脚向左前方上步,脚尖点地,重心落于左脚,左腿下蹲成右虚步。左拳向后划弧收至腰侧,拳心向上;右拳向前屈臂挑出,拳眼斜向上,拳与肩同高。目视右拳	重心完全放在左腿,屈膝下蹲	

第4段动作(表8-5):28弓步顶肘;29转身左拍脚;30右拍脚;31腾空飞脚;32歇步下冲拳;33仆步抢劈拳;34提膝挑掌;35提膝劈掌弓步冲拳。

表8-5 第4段动作

动作序号	动作名称	动作说明	动作要点	动作图示
28	弓步顶肘	重心升高,右脚踏实。右臂内旋向下直臂划弧以拳背下挂至右膝内侧,左拳不变。目视前下方。左腿蹬直,右腿屈膝上抬。左拳变掌,右拳不变。两臂向前、向上划弧摆起。目随右拳转视。左脚蹬地起跳,身体腾空,两臂继续划弧至头上。右脚先落地,右腿屈膝,左脚向前落步,以前脚掌落地。同时两臂向右、向下屈肘停于右胸前,右拳变掌,左掌变拳。右掌心贴靠左拳面。左脚向左上一步,左腿屈膝,右腿蹬直成左弓步。右掌推左拳,以左肘尖向左顶出,高与肩平。目视前方	交换步时不要过高,但要快。两臂抢摆时要成圆弧	
29	转身左拍脚	以两脚前脚掌为轴向右后转体180°。随着转体,右臂向上、向右向下划弧抢摆,同时左拳变掌向下、向后向前上抢摆。左腿伸直向前上踢起,脚面绷平。左掌变拳收至腰侧,右掌由体后向上、向前拍击脚面	右掌拍脚时手掌稍横过来,拍脚要准而响亮	
30	右拍脚	左脚向前落地,左拳变掌向下向后摆,右掌变拳收回腰侧。右脚伸直向前踢起,脚尖绷平。左拳变掌由后向上、向前拍击右脚面	与本段的转身左拍脚相同	

续表

动作序号	动作名称	动作说明	动作要点	动作图示
31	腾空飞脚	右脚落地,左脚向前摆起,右脚猛力蹬地跳起,左腿屈膝继续前上摆。同时右拳变掌向前向上摆起,左掌先上摆而后下降拍击右掌背。右腿继续上摆,脚面绷平。右掌拍击右脚面,左掌由体前向后上举	蹬地要向上,不要太向前冲,左膝尽量上提。击响要在腾空时完成,右臂伸直成水平	
32	歇步下冲拳	左、右脚先后相继落地。左掌变拳收至腰侧。身体右转90°,两腿全蹲成歇步。右掌抓握、外旋变拳收至腰侧;左拳由腰侧向前下方冲出,拳心向下。目视左拳	歇步要两腿交叠,完全下蹲	
33	仆步抡劈拳	重心升高,右臂由腰侧向体后伸直,左臂随身体重心升高向上摆起。以右脚前脚掌为轴,左腿屈膝提起,上体左转270°。左拳由前向后下划立圆一周;右拳由后向下向前上划立圆一周。左腿向后落一步,屈膝全蹲,右腿伸直,脚尖里扣成右仆步。右拳由上向下抡劈,拳眼向上;左拳后上举,拳眼向上。目视右拳	抡臂时一定要划立圆	
34	提膝挑掌	重心前移成右弓步。同时右拳变掌由下向上抡摆,左拳变掌稍下落,右掌心向左,左掌心向右。左、右臂在垂直面上由前向后各划立圆一周。右臂伸直停于头上,掌心向左,掌指向上;左臂伸直停于身后成反勾尖。同时右腿屈膝提起,左腿挺膝伸直独立。目视前方	抡臂时要划立圆	

续表

动作序号	动作名称	动作说明	动作要点	动作图示
35	提膝劈掌弓步冲拳	下肢不动。右掌由上向下猛劈伸直,停于右小腿内侧,用力点在小指一侧;左勾手变掌,屈臂向前停于右上臂内侧,掌心向左。目视右掌。右脚向右落地;身体右转90°。同时左掌变拳收至腰侧,右臂内旋划弧做劈掌。上动不停,左腿蹬直成右弓步。右手抓握变拳收至腰侧,左拳由腰侧向左前方冲出。目视左拳	提膝时右臂向上伸直,冲拳时左腿膝盖挺直	

结束动作(表 8-6):36 虚步亮掌;37 并步对拳;38 还原。

表 8-6 结束动作

动作序号	动作名称	动作说明	动作图示
36	虚步亮掌	右脚扣于左膝后,两拳变掌,两臂右上左下屈肘交于体左前。目视右掌。右脚向右后落步,重心后移,右腿半蹲,上体稍右转。同时右掌向上、向右、向下划弧停于左腋下;左掌向左、向上划弧停于右臂上与胸前,两掌心左下右上。目视左掌左脚尖稍向右移,右腿下蹲成左虚步。左臂伸直向左、向后划弧成勾手;右臂伸直向下、向右、向上划弧抖腕亮掌,掌心向前,目视左方	
37	并步对拳	左腿后撤一步,同时亮掌从两腰侧向前穿出伸直,掌心向上。右腿后撤一步,同时两臂分别向体后下摆。左脚后退半步与右脚并拢。两臂由后向上经体前屈臂下按,亮掌变拳,停于腹前,拳心向下,拳面相对,目视左方	
38	还原	两臂自然下垂,目视正前方	

二、太极拳

简化 24 式太极拳源于杨氏太极拳。动作舒展大方、连绵不断、柔和放松。太极拳是传统拳种之一,已被列入世界非物质文化遗产名录。简化 24 式太极拳是 1956 年由国家体委综合整理创编。

简化 24 式太极拳动作名称(表 8-7):

1 起式;2 左右野马分鬃;3 白鹤亮翅;4 左右搂膝拗步;5 手挥琵琶;6 左右倒卷肱;7 左揽雀尾;8 右揽雀尾;9 单鞭;10 云手;11 单鞭;12 高探马;13 右蹬脚;14 双峰贯耳;15 转身左蹬脚;16 左下势独立;17 右下势独立;18 左右穿梭;19 海底针;20 闪通臂;21 转身搬拦捶;22 如封似闭;23 十字手;24 收式。

表 8-7 24 式太极拳动作

动作序号	动作名称	动作说明	动作图示
1	起式	左脚开立两臂前举屈膝按掌,身体自然直立,两脚开立,与肩同宽,脚尖向前,两臂自然下垂,两手放在大腿外侧,眼向前平看。两臂慢慢向前平举,两手高与肩同宽,手心向下。上体保持正直,两腿屈膝下蹲,同时两掌轻轻下按,两肘下垂与两膝相对,眼平看前方	
2	左右野马分鬃	稍向右转体收脚成抱球状,转体上步,弓步分手上体微向右转,身体重心移至右腿上,同时右臂收在胸前平屈,手心向下,左手经体前向右下划弧放在右手下,手心向上,两手心相对成抱球状,左腿随即收到右脚内侧,脚尖点地,眼看右手。身体微向左转,左脚向左前方迈出,右脚跟后蹬,右腿自然伸直,成左弓步,同时上体继续向左转,左、右手随转体慢慢分别向左上、右下分开,左手高与眼平(手心斜向上),肘微屈,右手落在右胯旁,肘也微屈,手心向下,指尖向前,眼看左手 后坐撇脚,收脚成抱球状,转体上步,弓步分手上体慢慢后坐,身体重心移至右腿,左脚尖翘起,微向外撇(大约 45~60°)。左脚掌慢慢踏实,左腿慢慢前弓,身体左转,身体重心再移至左腿,同时左手翻转向下,左臂收在胸前平屈,右手向左上划弧放在左手下,两手心相对成抱球状,右脚随即收到左脚内侧,脚尖点地,眼看左手	

续表

动作序号	动作名称	动作说明	动作图示
3	白鹤亮翅	稍右转体，跟步抱球。后坐转体，虚步分手。上体微向左转，左手翻掌向下，左臂平屈胸前，右手向左上划弧，手心转向上，与左手成抱球状，眼看左手，右脚跟前进半步，上体后坐，身体重心移至右腿，上体先向右转，面向右前方，眼看右手。左脚稍向前移，脚尖点地，成左虚步，同时上体再微微向左转，面向前方，两手随转体慢慢向右上、左下分开，右手上提，停于右前额，手心向左后方，左手落于右胯前，手心向下，指尖向前，眼平看前方	
4	左右搂膝拗步	左搂膝拗步： 转体摆臂，摆臂收脚，上步屈肘，弓步搂推 右搂膝拗步： 后坐撇脚，摆臂收脚，上步屈肘，弓步搂推	
5	手挥琵琶	跟步展臂，后坐引手，虚步合手	
6	左右倒卷肱	右倒卷肱： 稍右转体，撤手托球，退步卷肱，虚步推掌 左倒卷肱： 稍左转体，撤手托球，退步卷肱，虚步推掌	

续表

动作序号	动作名称	动作说明	动作图示
7	左揽雀尾	转体撤手,收脚成抱球状,转体上步,弓步掤臂,摆臂后捋。转体搭手,弓下前挤,转腕分手,后坐引手,弓步前按	
8	右揽雀尾	后坐扣脚,收脚成抱球状,转体上步,弓步掤臂,摆臂后捋。转体搭手,弓步前挤,转腕分手,后坐引手,弓步前按	图示与左揽雀尾方向相反
9	单鞭	转体运臂,右脚内扣,上体右转,勾手收脚,转体上步,弓步推掌	
10	云手	后坐扣脚,转体松勾,并步云手,开步云手,并步云手,开步云手,并步云手	
11	单鞭	转体勾手,转体上步,弓步推掌	

续表

动作序号	动作名称	动作说明	动作图示
12	高探马	跟步托球,后坐卷肱,虚步推掌	
13	右蹬脚	穿手上步,分手弓腿,收脚合抱,蹬脚分手	
14	双峰贯耳	屈膝并手,上步落手,弓步贯拳	
15	转身左蹬脚	后坐扣脚,转体分手,收脚合抱,蹬脚分手	
16	左下势独立	收脚勾手,屈蹲撤步,仆步穿掌,弓腿起身,独立挑掌	
17	右下势独立	落脚勾手,碾脚转体,屈蹲撤步,仆步穿掌,弓腿起身,独立挑掌	图示与左下势独立方向相反

续表

动作序号	动作名称	动作说明	动作图示
18	左右穿梭	左穿梭： 后坐，收脚成抱球状，转体上步，弓步架推 右穿梭： 落脚成抱球状，转体上步，弓步架推	
19	海底针	跟步提手，虚步插掌	
20	闪通臂	提手提脚，弓步推掌	
21	转身搬拦捶	后坐扣脚，坐腿握拳，摆步搬拳，转体收拳，上步拦掌，弓步打拳	

续表

动作序号	动作名称	动作说明	动作图示
22	如封似闭	穿手翻掌,后坐引手,弓步前按	
23	十字手	后坐扣脚,弓步分手,交叉搭手,收脚合抱	
24	收式	翻掌分手,垂臂落手,并步还原	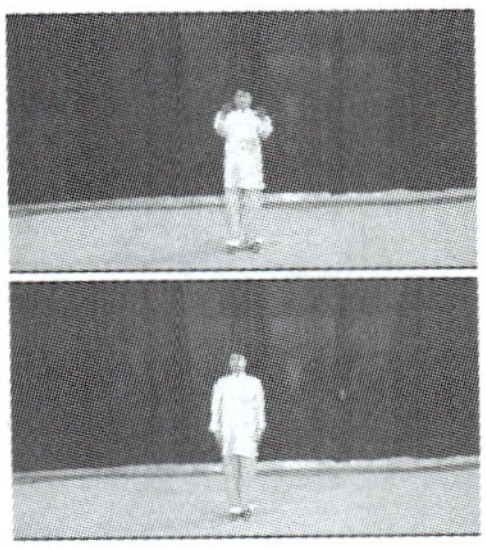

第四节　武术运动基本规则与裁判法

一、武术套路比赛通则

运动员身体的任何部位开始动作,即开始计时;运动员结束全套动作,计时结束。

长拳、南拳、刀术、剑术、枪术、棍术自选套路不得少于1分20秒。太极拳自选套路为3~4分钟。太极拳规定套路为5~6分钟。

青少年组和儿童组不得少于1分10秒。

二、武术套路评分标准

裁判员组用两块表计时,时间不足的扣分,以规定时间的一块表为准。

运动员应在同侧场地完成相同方向的起势和收势。

裁判长对裁判员的评分有异议时,应在宣布最后得分之前进行调整。

运动员因客观原因造成比赛中断者,可重做一次,不扣分。如自身原因造成的重做须扣1分。

运动员的应得分数,只取小数点后两位数,小数点后第三位数不能四舍五入。

在比赛中,运动员的器械或服装违反规定,应取消该项成绩。

除太极拳外,参加其他拳术比赛的运动员,必须系软腰带。

如果一位运动员,出现两次以上第一个出场比赛的情况,应做适当调整。

当评分中出现明显不合理现象时,裁判长可以公开调整分值。

当运动员行抱拳礼时,拳、掌与胸之间的距离为20~30厘米。

运动员上场比赛时,不允许佩戴耳环、项链、手锡等装饰品及手表。如违反上述规定者,一经发现将取消比赛成绩。

武术比赛中参加评分的人员是由三组裁判员组成的,即由评判动作质量分的裁判员3~5名(A组)、评判演练水平分的裁判员3~5名(B组)及由评判难度分的裁判员2名(C组)组成。

裁判员评分:各项比赛满分10分。其中动作质量的分值为5分;演练水平分得分值为2分;难度的分值为3分。

裁判员应严肃、认真、公正、准确地进行裁判工作。

其他错误的扣分:在一个动作中,同时发生两种以上其他错误,应累计扣分。

思考题

1. 简述武术的发展历史。
2. 武术步型如何分类?
3. 简述武术的概念。
4. 武术有哪些作用?
5. 简述武术对培养中华民族精神的价值和作用。
6. 练习武术最基本的动作有哪些?

第九章　中国式摔跤运动

第一节　中国式摔跤运动概述

中国式摔跤运动是中华民族传统体育项目的一个分支,是集防身、技击、健身、观赏娱乐价值于一体的民族传统体育项目。我国古代关于摔跤运动的文字记载很少。中国古代调露子的《角力记》是我国第一本有关摔跤运动的专著。《角力记》中写道:"夫角力者,宣勇气,量巧智也。然以决胜负,骋骄捷,使观之者远怯懦,成壮夫。已勇快也,使之能斗敌。至敢死者之教勇,无勇不至。"可见,中国式摔跤运动是一项智力和体力结合的体育项目。

一、中国式摔跤运动的起源与历史发展

原始社会的人类,为了生存,除了与恶劣环境斗争之外,还要与兽类斗争,与不同原始群斗争。当时的斗争工具不发达,除了石头、树枝以外,主要是双手。这种斗争场面逐渐发展成原始舞蹈的表演题材,比如我国最古老的两种舞蹈。其中,"大傩"表演人与兽斗,"角抵"表演人与人斗。在古代,角抵具有舞蹈和竞技两种性质。而其竞技的一面逐渐发展成为当今的中国式摔跤运动,演变过程如表9-1所示。

表9-1　中国式摔跤历史演变

时间	名称	内容
先秦时期	角力	成为军事科目
秦汉时期	角抵	成为贵族与百姓的娱乐项目
隋唐时期	相扑	建立专职训练相扑的机构
两宋时期	相扑	出现了女相扑手表演
辽金时期	拔里速戏	
元朝时期	搏克	主要用于贵族与百姓的娱乐与生产
明朝时期	掼跤	主要在军队推广掼跤

续表

时间	名称	内容
清朝时期	布库	为更好地培养、训练布库,设立一个专职机构:"善扑营"
民国时期	摔角术	摔跤师傅走向民间,在各地开设跤场,收徒传授摔跤技艺
		第一届与第二届国术国考,设有摔角术
		1931年制定摔角术的《国术考试细则》(修正)
中华人民共和国成立后	中国式摔跤	1953年,中国式摔跤被正式列入国家体育竞赛项目
		1956年,中华人民共和国体育运动委员会颁布《中国式摔跤运动员等级制》
		1993年全运会后,中国式摔跤退出全运会
		2016年底,国家体育总局印发《中国式摔跤十年发展规划》

(一)先秦时期:角力

公元前11世纪,周朝初年,摔跤作为一项军事训练项目出现。各诸侯国把角力和射箭、驾车并列。据《礼记·月令》中记载:"孟冬之月,……天子乃命将帅讲武,习射、御、角力。"士兵练习的技能是"射、御、角力",主要在战场上应用。

(二)秦汉时期:角抵

秦统一中国后,将摔跤的名称统一称为"角抵"。

秦灭亡后,直到汉武帝时期,角抵才开始在大范围内盛行。据《汉书·武帝纪》记载,汉武帝元封三年(公元前108年)春天,在长安举办了角抵比赛,规模宏大。从那以后,朝廷每年在春天、夏天都举办角抵比赛。张骞出使西域后各附属国使节定期朝见汉朝天子。汉朝天子为了向使节们展示中原王朝的国富民强,通常举办大型角抵比赛。秦汉时期,角抵不仅是一种重要的军事训练项目,而且是大型活动中宫廷的表演项目。

(三)隋唐时期:相扑

隋唐是我国摔跤(当时叫相扑)项目发展相当繁盛的时期。隋朝统一后,人民生活安定,每年正月十五都举行相扑大会。这一天非常热闹,大家都来观看。有钱人会搭棚观看。

唐朝中期太平盛世,军队一般举办拔河或者相扑活动。

(四)两宋时期:相扑

由于宋朝结束了唐末的动荡局面,人民过上了相对稳定的生活,相扑就又在这一时期繁荣起来。相扑在宫廷中作为表演项目,一般作为"压轴戏"出场。

在宋朝,民间的相扑也在发展。当时有一种私相扑叫作"瓦市相扑"。人们在瓦市进行相扑比赛,女相扑手先出来表演活跤。等观众聚集多了以后,年轻力壮的相扑手开始表演摔跤或者直接进行比赛。摔跤爱好者也可以参与进来。

宋代沿袭唐代,民间对相扑的喜爱超乎现在我们的想象。当时,民间相扑可以作为一种技艺,像说书、唱戏等一样成为一种行业,可见那时相扑发展之盛。

(五)辽金两朝:拔里速戏

契丹族建立辽国。在辽境内,摔跤也非常盛行。但是辽的摔跤与宋的相扑不是一个系统。从地理环境看,辽国处于我国北方,气候比较寒冷,相扑手赤身搏斗是不可能的。辽朝人摔跤时穿着衣物,但是会露出胸膛腹部,类似今天蒙古族摔跤的衣着。其特点是力士们摔跤时会在乳房上贴上两个圆片遮挡。如果在比赛过程中,圆片被对手抓掉,力士则非常不好意思地退出比赛。

金国把摔跤手叫作"拔里速",把摔跤叫作"拔里速戏"。金国的摔跤发展可以说是一波三折,随着统治者的更替,相扑和拔里速戏交替繁荣,相扑手和拔里速的地位也在不断变化。

(六)元朝时期:搏克

骑马、射箭、摔跤至今都是蒙古族男儿三艺。元朝是中国摔跤历史的一个大转折。元朝统治者,为了维护自己政权的统治地位,将人分为蒙古人、色目人、汉人、南人四等,先是禁止汉人、南人习武,之后禁止集会,最后连大型祭祀和庙会都被禁止。相扑在当时的社会背景下相较于蒙古族搏克本身没有太大优势,而且相扑的许多较为突出的技术经过近百年的融合已经被蒙古族搏克所吸收,从此相扑逐渐淡出中国摔跤史。取而代之的是宫廷中相扑与蒙古族搏克融合起来的新形式的摔跤。

(七)明朝时期:掼跤

明代的摔跤被称为"掼跤",具有发展体力、增强战斗力的作用。掼跤在明代被列为军事训练项目之一。例如正德七年(1512年),武宗朱厚照"尝于西内练兵,令江彬率兵入,学营阵,校骑射,或时为角抵之戏"。明代文人著有《万法宝全》,内绘有众多摔跤图。但是,明代却是摔跤的衰落期,由于元统治者对习武者的压制,摔跤运动发展至明朝已大不如从前。

(八)清朝时期:布库

清朝把摔跤叫作"布库"或"演布库"。"布库"是满语中摔跤的意思。清朝统治者为了吞并其他部族,扩大势力范围,大力提倡布库,因为他们认为可以提升军事技能。

在清朝入关前,布库目的不是为了娱乐,而是为了战争需要。清朝入关之后,为了更好地培养、训练布库,设立了一个专职机构,它就是大名鼎鼎的"善扑营"。顺治皇帝驾崩后,年仅八岁的爱新觉罗·玄烨即位(年号康熙),鳌拜把持朝政。康熙皇帝精选了数十名少年摔跤手,名为陪伴自己摔跤玩乐,实则勤操苦练以备他日之用。后来这批少年摔跤手技艺成熟,成功生擒鳌拜,为康熙皇帝巩固政权做出突出贡献。自此之后,清政府更加重视和提倡摔跤,选拔八旗部队中擅长摔跤的精英兵士编成一个军营,称作"善扑营"。自清初顺治十三年(1656年)至光绪二十五年(1899年),每年蒙古朝见时,每逢阴历腊月二十三日及正月初五、初六、十九日时,在北京中南海紫光阁举行"捏毯子",令善扑营布库能手与蒙古摔跤能手一决胜负。当时,由于在御前摔跤,必须铺垫棕毯,所以人们将此活动称为"捏毯子"或"摔毯子"。清朝时期,凡是担任善扑营的翼长被称为"噶尔达",都身体高壮,力大过人。善扑营除翼长外,还有扑户叫"他西露"(意指军队的兵),上下共三级。这三级的官员都由旗人担任。当时皇帝在每年冬天举行摔跤比赛,一般兵将按等级高低参加比赛,本领特好的人员除外。赛毕,皇帝依比赛成绩,给褒奖、升级、加冕等。

"善扑营"大体上担当四项任务:一是保护皇上及皇室成员;二是为皇上及王公大臣进行摔跤比赛表演;三是培训军队中的摔跤教练;四是举办祭祀活动。

清朝皇帝每年举行摔跤比赛,主要在热河避暑山庄或者故宫。比赛有布库、蒙古式摔跤和厄鲁特蒙古摔跤。最精彩的是满蒙之间的对抗。清朝的摔跤"演布库",融合了隋、唐、宋时期的相扑和辽、金、元时期的拔里速戏以及搏克,让中国摔跤得到了极大的发展。

(九)民国时期:摔角术

1911年,末代皇帝溥仪下诏退位。善扑营解散,扑户们都走向民间。民国时期,军阀混战,社会动荡,但是在这个时期却出现了许多远近闻名的摔跤大师。比如,北京的沈友三、宝善林,天津的张魁元、卜恩富,济南的佟顺禄,保定的平敬一、常东升等。

这一时期,部分摔跤手在各地开设跤场,收徒传授摔跤技艺。1921年,杨双恩最先在天桥开了打拳卖艺的场子,之后,学过摔跤的沈友三加盟杨双恩的场子。从此,摔跤成为固定的职业。这些露天的跤场,三面围以粗木长凳,中间用黄土铺垫,每天早晨需先将黄土翻松刨软,以防伤人,条件十分简陋。1927年冬,杨双恩辞世,沈友三独自撑起场子,之后主要以摔跤撂地为主。沈友三曾经自荐力挫俄国大力士,续写了中国摔跤的光辉历史,被后人称为"天桥八大怪之一"。2008年,天桥摔跤经国务院批准被列入第二批国家级非物质文化遗产名录。

(十)中华人民共和国成立后:中国式摔跤

1953年,中国式摔跤正式列入国家体育竞赛项目,并于当年举行了全国比赛。1956年,中华人民共和国体育运动委员会颁布了《中国式摔跤运动员等级制》。1957年,在中华人民共和国体育运动委员会(今国家体育总局)的支持下,中央体育学院(现今北京体育大学)的王德英先生及其团队编写了《中国式摔跤规则》。与此同时,中国摔跤在竞赛过程中,出现分值的判定,并正式命名为中国式摔跤。之后,中国式摔跤竞赛规则经过十余次大规模的修订,今天运用的规则是《2020版中国式摔跤竞赛规则》。

1959年第一届全国运动会中,中国式摔跤被列为正式比赛项目,那时涌现出一批优秀的运动员,如河北队队员高富桐、贾福才,山西队队员崔福海,解放军队队员何润宗,北京队队员钱德仁、杨宝和等。1993年全运会后,中国式摔跤退出全运会。

2016年底,国家体育总局举重摔跤柔道运动管理中心印发《中国式摔跤十年发展规划》,国家大力发扬中国式摔跤。比较知名的中国式摔跤国际比赛有"法国巴黎市长杯中国式摔跤国际邀请赛""中国式摔跤国际邀请赛""中国式摔跤世界杯"等。

二、中国式摔跤运动的传播价值

（一）弘扬传统道德文化

中国式摔跤运动的传统道德文化具有多元性；中国式摔跤运动的礼仪为传统武术的抱拳礼，有助于开展特色课程；中国式摔跤运动"以礼始，以礼终"，可以深化高校学生道德和礼仪观念，增强学生尚武崇德的精神。

（二）增强民族团结意识

中国式摔跤运动是我国多民族摔跤运动相融合的体育项目，它在多方面体现我国民族大团结文化。推广中国式摔跤运动课程，加强高校学生的民族团结意识，丰富新时代高校学生中华民族凝心聚力的思想。

（三）坚定文化自信

中国式摔跤运动"国跤精神"的传承与新时代高校课程以"立德树人"为根本的发展路径相通。它让高校学生群体在了解中国式摔跤运动文化内涵的同时，汲取民族传统体育璀璨文化的营养，使学生成为具有文化自信的新时代中国特色社会主义的接班人。

（四）激发拼搏精神

中国式摔跤运动是最能激发拼搏精神的一项民族传统体育项目。原因是中国式摔跤运动在竞技环境中，以倒地为输，站立为胜。运动员只能依靠自己的体力、智力与对方周旋，抓住每一次机会，找出对方的弱点，全力以赴。中国式摔跤运动在竞技环境中对人体拼搏精神具有激发作用，因为中国式摔跤运动参与者要不断克服各种生理、心理上的极限，达到一种超越自我的目的。这是中国式摔跤运动在精神理念上的最高追求，同时也是体育运动所要达到的一种境界。

第二节　中国式摔跤运动基本功

一、自我保护动作

（一）前倒地

上体向前扑倒下时，两手开掌，手指略向内，两手掌拍垫子的同时屈肘，抬头勿使头面着垫子。

（二）后倒地

两腿并拢，两臂前平举；之后上体前倾，臀部落在接近脚后跟处；以臀、腰、背顺序着垫向后滚动，同时双手拍垫子；双腿屈膝抬起。

(三)侧倒地

左脚前进一步,左脚支撑身体时,右脚向前抬,两臂前平举;左腿屈膝半蹲后倒。

(四)滚翻倒地

双脚自然站立,左脚前进一步,形成左脚在前,右脚向后倾斜站立状态,手指自然并拢双手相对,双腿弯曲身体前倾双手靠近垫子,头部向右侧转动朝向垫子,双腿蹬直身体向前移动,双手接触并支撑垫子后,屈肘经左肩背向前滚动过去,右肩随滚动方向体侧挥动,右臂与身体形成夹角45°。掌心向下,手指自然并拢,虎口向内,要锁紧腕关节,手掌与肩臂形成一体,在身体与垫子接触的同时拍打垫子。

(五)前滚翻

运动员从深蹲支撑开始,身体重心前移,双腿直蹬离地,同时屈膝,低头,挺胸,提臀。运动员将后脑勺置于双手支点前,依次通过颈、背、腰、臀向前滚动。当滚到后垫时,运动员可以快速收腹屈膝,上半身会顺着大腿抱膝成下蹲姿势,完成前滚。

(六)后滚翻

从蹲撑开始,双臂推撑要均匀用力,身体后倒,臀部、背部、颈部、头一次着地,滚动要圆滑。当双脚着地瞬间,迅速抬头,双手支撑推地,上体抬起成蹲撑。

二、腿功

(一)盘腿

两脚开立并与肩同宽,两腿屈膝半蹲,两腿交替盘踢起来,一腿盘踢,另一腿仍屈膝半蹲,重心放在前脚掌上,上体自然垂直、放松,盘踢起来的腿要脚内侧向上,脚跟向另一侧髂前上棘前踢。至此,左、右交替进行练习。

(二)站立抽腿

两脚开立并与肩同宽,左脚向前上半步,右脚背后插,右脚跟提起,两腿微屈膝半蹲。身体要以右前脚掌为轴,向左转体约90°。转体同时,左脚进行盘踢,随转体左脚从右脚膝关节以上,向左抽出落地。

(三)跳八扇

先是两脚并立,脚后跟提起,两腿屈膝半蹲,两臂下垂体前十字交叉。两脚向两侧跳出,形成马步,两脚后跟提起向外蹬,呈内八字形,两臂同时向两侧摆动分开,接着两脚跳动内收,回到开始姿势。左脚向左斜前,右脚向右斜后,同时跳出,上体稍向右转,两脚后跟提起向外蹬,呈内八字形,两臂同时向两侧摆动分开,两脚跳动、上体稍向左转两脚内收,回到开始姿势。右脚向右斜前,左脚向左斜后,再同时跳出,上体稍向左转,两脚后跟提起向外蹬,呈八字形,两臂同时向两侧摆动分开,紧接着两脚跳动,上体稍向右转两脚内收,之后回到开始姿势。两脚后跟提起外蹬,成内八字形,两臂同时向两侧摆动分开,紧接着两脚向后跳动内收,再回到开始姿势。按照以上顺序,反复进行练习。

(四)大崴桩

左弓步,两脚距离约为半米左右,两脚后跟稍离地面,上体自然垂直,两手掐腰,重心下压,以两前脚掌为轴,用力向右后转体,成右弓步,后左右交替进行练习。

三、腰功

(一)摆腰

两脚开立,宽度约为半米左右,脚稍内扣,重心放在前脚掌,两腿膝关节伸直,上体向前俯下,两臂向前伸直,手指尖接近地面。上体向左、右反复摆动,随摆动两手前伸,肩、肘、腰放松。注意:摆动到两侧时,双肩保持水平,避免扭肩。

(二)涮腰

两脚开立,宽度约为半米左右,两腿微屈成马步形,重心放在前脚掌,上体前下附,两臂向前自然伸开,两手中指尖接近地面。上体由左向后翻转绕环,翻转时两臂配合自然。后倒翻转时,抬头、挺腹、挺膝用力翻转,翻转过来后上体仍然向前下俯。

(三)长腰

两脚开立,宽度约为半米左右,两腿微屈,重心放在前脚掌,两臂前平举,双手握拳。上体前俯,紧接着向左摆动,两前脚掌为轴,用力向左拧转成左弓步,同时左手拉到腰侧,拳心向上,右手向左摆动,肘微屈,拳心向下至头上部,胸部接近左膝上,收好下颚向左后变脸。之后,上体前俯,紧接着向右摆动,两前脚掌为轴,用力向右拧转成右弓步,同时右手拉到腰侧,拳心向上,左手向右摆动,肘微屈,拳心向下至头上部,胸部接近右膝上,收好下颚向右后变脸。

四、中国式摔跤运动的跤架与手法

(一)跤架

1. 站立跤架

上肢松肩、坠肘,上手在前稍高,低手向后稍低,手指并拢、弯曲。两脚开立,宽度约为自身的一脚半,两腿屈膝。

右架:右手、右脚在前为右架(图9-1)。

左架:左手、左脚在前为左架(图9-2)。

图 9-1 右架

图 9-2 左架

2. 移动跤架

移动跤架有上步、退步、左右滑步。左脚滑步时，先动左脚再动右脚；右脚滑步时，先动右脚再动左脚，始终保持两脚开立的距离。

注意事项：要防止左滑步先动右脚，以及右滑步先动左脚，容易破坏自身两脚开立的距离，如果形成两脚交叉状态，就会破坏自身平衡。

（二）把位认识与抓握

1. 小袖

抓握对方股二头肌上方的跤衣袖口为小袖，抓握时四指在内，拇指在外（图 9-3）。

2. 直门

抓握对方左前胸襟为直门，拇指在外，四指在内，向外卷起（图 9-4）。

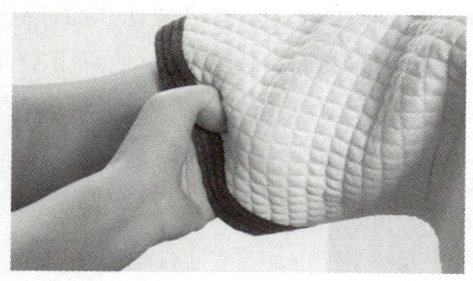
图 9-3 小袖

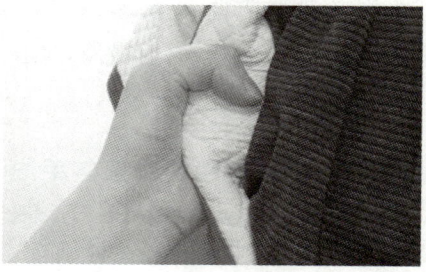
图 9-4 直门

3. 偏门

正握对方右前胸襟为偏门，拇指在外，四指在内，向外卷起（图 9-5）。

4. 软门

抓握对方跤衣左右胸襟以下腰带以上的对襟部位为软门，抓握时拇指在外，四指在内（图 9-6）。

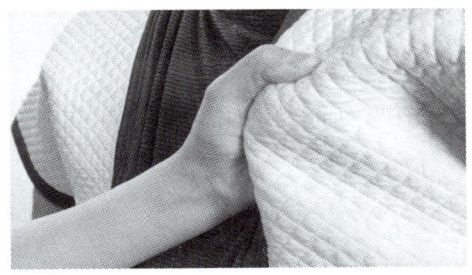 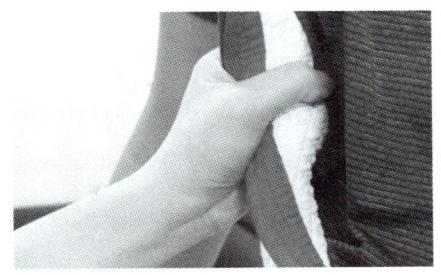

图 9-5　偏门　　　　　　　　　图 9-6　软门

5. 反挂门

反握对方右前胸襟为反挂门，虎口朝下，直抓握住对方左胸襟（图 9-7）。

6. 大领

大领指跤衣的后领部位，主要是右手抓握，拇指在内，四指在外（图 9-8）。

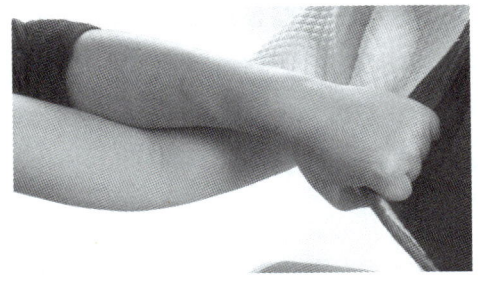 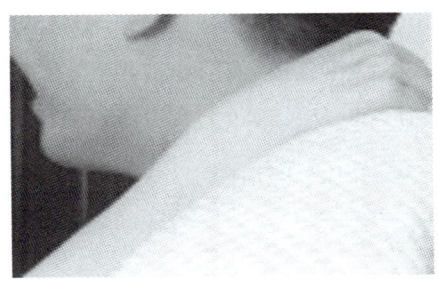

图 9-7　反挂门　　　　　　　　图 9-8　大领

7. 中心带

中心带指右手抓握腹前中带部位，抓握时需要四指插入带内（图 9-9）。

8. 后带

后带指背后跤衣带，右手抓握时拇指在内，四指在外（图 9-10）。

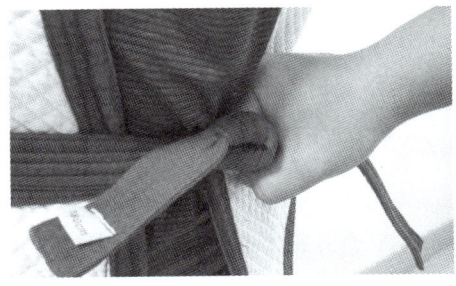 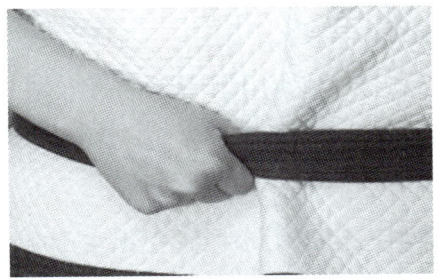

图 9-9　中心带　　　　　　　　图 9-10　后带

（三）手法

（1）捅手：抓握把位向前或向斜前方发力的动作，同时需要与步法、技术动作配合协调一致。

（2）登手：在实战或比赛时，被对方率先抓握了把位，则用手臂的力量以及被抓把处身体部位的配合来登开对手的把位动作。

（3）耘手：双手抓握把位控制对方，向一侧迅速地一横向耘，利用对手反向抗衡之际，迅速运用技术动作。

（4）掖手：一手抓握对方合适的把位，另一手抓握对方手腕向下掖。

第三节　中国式摔跤运动技战术

一、中国式摔跤运动常用技术动作

中国式摔跤运动常用技术动作主要包括非转体技术动作、转体技术动作以及半转体技术动作。大学生需要掌握的非转体技术动作有大拿切、抱双腿、偏门小袖撮、大拿撮、掏腿；半转体技术动作有搂、偏门小袖耙、大拿坡脚、架梁坡脚以及大得合；转体技术动作有手别、钎别、夹脖入以及叉入。下文讲解以右架为例。

（一）非转体技术动作

1. 大拿切

左手抓小袖，向右斜前支出，同时上左脚。右脚提起，经左脚内侧，右臂抬起。右脚向前，向左画圆，切别对方的右腿，左脚用力蹬地，使上肢向右前方跨出。左脚随之上步，右前脚掌蹬地成左弓步。左手小袖向左腰侧拉，右臂伸直，右腋下切压对方颈部。

2. 抱双腿

将对方双手向两侧打开，之后重心向前下撤，右脚上到对方两脚之间，同时双手从对方两腿外侧，抱向对方膝窝。右肩顶对方小腹，同时双手向左右腰侧拉。

3. 偏门小袖撮

左手抓握小袖，右手抓握偏门；右肩在前，右脚前移，脚前内侧靠紧对方左脚外侧，左脚跟进，重心在左脚。右脚伸直，右脚内扣向上发力，左脚微屈下压重心，双手向前下推。

4. 大拿撮

左手抓握小袖，右手抓握大领，右手前推并下沉，左手向斜下挤并下沉。右肩在前，右脚前移，脚前内侧靠紧对方左脚外侧，左脚跟进，重心在左脚。右脚伸直，右脚内扣向上发力，左脚微屈下压重心，双手向前下推。

5. 掏腿

右手抓握偏门，上右脚步至对方左脚外侧，左手从对方两腿之间，掏对方左腿膝窝，向回拉，右手向右斜前下堆压。

(二)半转体技术动作

1. 搂

左手抓小袖,右手向右侧抱对方颈部,上右步至对方两脚之间,左脚从外侧搂挂对方右腿膝窝,左手向腰左侧斜拉,下颚紧靠对方左肩上,含胸低头,上体向前下压。

2. 偏门小袖耙

左手抓握小袖,右手抓握偏门,左脚向斜前上半步,右脚尖内扣,右膝挺直,右脚形成镰刀形,用右脚前内侧勾挂对方的右脚后跟。右脚勾拉时,右手偏门向左斜前支按,左手小袖下沉回拉。

3. 大拿坡脚

左手抓握小袖,右手抓握大领,上左脚步,左腿稍屈膝,重心在前脚掌,用右脚内侧踢对方左脚外侧或者左脚踝关节的位置。同时右手向右斜下拉,左手配合摆动。

4. 架梁坡脚

左手抓握小袖或者手腕,右臂屈肘,拐架对方的右腋窝,右手拳心向内。同时上左脚步,左腿稍屈膝,重心在前脚掌,用右脚内侧踢对方左脚外侧或者左脚踝关节的位置,向下沉使对方右臂伸直,随之向右摆动。

5. 大得合

左手抓握小袖,右手抓握大领,右脚上步到对方两脚之间,左脚跟步进行,在右脚后,右脚内旋大腿侧面向前绷脚尖,向前下伸出,右脚拇指内侧为力点,小腿迅速向后勾挂,用右腿膝窝挂对方左腿膝窝,右手前斜支压,左手向腰侧拉,上体向右旋转前下压。

(三)转体技术动作

1. 手别

左手抓握小袖,右肩顶紧对方右肩前下,右手别住对方的右膝关节外侧,左手小袖向左腰侧拉,上体左转向前下压,右肩向左转扣、下压,左手别紧对方膝部,向后斜上拨挑。

2. 钎别

左手抓握小袖,右手抓握偏门,上右步,背左步,再向左转体猛力蹬出,右脚踏地,右小腿后侧别住对方右膝下侧,左手小袖向左腰侧拉,右手偏门扣腕,向左前下卷压。

3. 夹脖入

左手抓握小袖,右臂从后侧夹抱对方颈部;同时上右步,背左步,左转体,两腿微屈,臀部顶紧对方的腹部,左手小袖向腰侧拉,右手抱腰向前左斜下压,上体向倾向左后转脸,向前左斜下卷压。

4. 叉入

左手抓握小袖,右臂叉抱对方的腰部;同时上右步,背左步,左转体,两腿微屈,臀部顶紧对方的腹部,左手小袖向腰侧拉,右手抱腰向前左斜下压,上体向倾向左后转脸,向前左斜下卷压。

二、中国式摔跤运动战术

（一）战术能力

1. 战术知识

中国式摔跤运动的战术知识是制定战术的基础，也是提升专项思维能力的基础。作为中国式摔跤运动的教练员和运动员，需要了解中国式摔跤运动的战术知识。战术知识包括：第一，无论是教练员还是运动员都需要加强对比赛规则、比赛日程的理解，这样才能制定好合理的战术。如果教练员、运动员不具备这方面的认识，不仅不能指导好比赛，而且难以制定好合理的战术；第二，教练员以及运动员要学会观察比赛和分析比赛情况，明确比赛目标。运动员需要了解对手的跤架、手法特点、擅长技术动作以及比赛风格等。分析对手的特点，做出正确的战术实施方案。战术认识是运动员在运动生涯中必须具备的思想意识，随着运动员竞技水平的逐步提高和经验的不断丰富，教练员以及运动员的知识也要随之增加。运动员的战术理念，思维的客观性、可靠性与合理性，在很大程度上影响他对战术的认识。

2. 战术思维

中国式摔跤运动员对战术的准确、快速认识是完成战术任务的重要依据，也是战术能力水平的体现。因此，提高中国式摔跤运动员的战术思维水平是平时训练的一个根本任务。

3. 战术技巧

中国式摔跤运动是集体能、技能于一体的对抗项目。在竞赛中，必须根据变化情况及时改变战术。比赛场上竞争激烈，出现的情况复杂，灵活运用战术的隐蔽性越强，威力就越大。

4. 战术运用

中国式摔跤运动员根据对手的情况，赛前制定战术。作为一名高水平运动员，应能够根据比赛中千变万化的情况，灵活运用战术。

（二）战术训练

1. 战术训练目的

战术训练目的就是通过训练使运动员掌握各种战术，提升运动员的战术能力，在竞赛过程中能根据不同对手和不同情况实施不同战术，最终达到战胜对手获得胜利的目的。

2. 战术训练内容

（1）学习和掌握中国式摔跤运动的战术知识和战术发展趋势。

（2）培养和提升战术思维能力，形成战术意识。

（3）掌握中国式摔跤运动的战术技巧，提升战术运用的应变能力。

（4）培养中国式摔跤运动员勇猛精进、敢为人先的精神。

第四节　中国式摔跤运动基本规则

一、竞赛通则

(一)比赛场地

竞赛台为宽16米×16米,高60～80厘米的正方形比赛台。比赛场地为14米×14米表面覆盖革制盖单的正方形比赛垫子。比赛垫子为厚度6～8厘米,硬度25～30度,渗透深度小于或等于38毫米,接触回弹时间小于或等于50毫秒,能量吸收大于或等于70%,最大加速瞬间碰撞强度小于或等于30克的EVA材质的摔跤垫子。比赛区是指场地中心直径为9米的圆形区域,比赛区域颜色明显区别于保护区。比赛区外部边沿至比赛垫子外部边沿区域为保护区。比赛区中间相距3米各标出红蓝线(开始线),面向裁判台左红右蓝,开始线长60厘米,宽6厘米。运动员出场线位于红方、蓝方一侧的比赛区外侧,出场线长60厘米,宽6厘米。

(二)服装

1. 跤衣

1)跤衣材质

跤衣布料为全棉或含棉不低于70%的棉布,不可过厚,过硬或者过滑,撕拉强度不少于2000牛顿。布料重量为成年组每平方米1400克、青年组每平方米1140克,面料应有凹凸纹路。

2)跤衣颜色

跤衣颜色为白色;跤衣衣襟、袖口边缘缝有3.5厘米宽的红色或蓝色的色带。

3)跤带

跤衣带子宽度为3.5厘米,厚度为0.6厘米,颜色为单色(白色、红色或蓝色)。扎腰带时跤带必须穿过穿孔由腹前绕至后腰,第二圈再绕回腹前打扁结,打节后带子余长35～40厘米。

4)跤衣袖口

运动员着跤衣后抬肘关节与肩关节齐平后屈臂90°,袖口尺寸不小于8厘米。

2. 跤裤

跤裤布料为全棉或含棉量不低于70%的棉布,颜色与跤衣相同,沿裤缝外侧分别缝有3.5厘米宽的红、蓝色带。跤裤为直腿裤,裤腿底部与踝骨持平。

3. 跤鞋

跤鞋为软底高腰的鞋,鞋面颜色与跤衣颜色一致或为黑色。比赛中禁止使用底部为深颜色的跤鞋。

(三)比赛礼仪

着装礼仪:运动员上场之前,必须按本规则第三条规定着装。跤衣、跤裤边条和跤带的颜色要一致;比赛进行中,运动员须经场上裁判员指令,才可整理服装;女运动员跤衣内必须穿白色无袖带弹力的紧身上衣,不得穿戴有金属或其他硬质框架的胸罩。

仪表礼仪:运动员仪表要整洁大方,皮肤暴露处不得涂抹油脂或油彩;运动员不得佩戴各种首饰、硬质发夹及硬质护件。运动员的头发和男性胡须不长于10毫米或刮净,长发必须编扎;为保护运动员的指甲不得长于1毫米。

礼节礼仪(抱拳礼):立正姿势,两臂上抬至胸前呈环形状,右手握拳,拳眼向下颌,左手五指并拢,拇指微屈,掌心压在右拳四指部位。两手合拢瞬间,向前略推。

二、一般规则

(一)竞赛性质

个人竞赛:以个人在所属级别所取得的成绩,确定个人名次。

团体竞赛:以每个团体所有被录取运动员的成绩积分总和,确定团体名次(具体要求以竞赛规则规定为准),以所属团体之间比赛成绩确定名次。

(二)竞赛制度

单败淘汰赛制。
复活赛制。
循环赛制或其他赛制。

三、年龄组别及体重级别

(一)年龄组别

男、女成年组:16周岁以上;
男、女青年组:15~17周岁;
男、女少年组:12~14周岁。

(二)体重级别

1. 男子

成年组:52kg、56kg、60kg、65kg、70kg、75kg、82kg、90kg、100kg、100kg以上。
青年组:48kg、52kg、56kg、60kg、65kg、70kg、75kg、82kg、90kg、100kg。
少年组:40kg、44kg、48kg、52kg、56kg、62kg、68kg、75kg。

2. 女子

成年组:48kg、52kg、56kg、60kg、65kg、70kg、75kg、82kg。

青年组：44kg、48kg、52kg、56kg、60kg、65kg、70kg、75kg。
少年组：40kg、44kg、48kg、52kg、56kg、62kg、68kg。

(三)赛事安排、竞赛时间

赛事安排：每个级别的比赛在一天内结束，同一运动员每场比赛之间的间隔时间不少于10分钟。

竞赛时间：成年组每场比赛净时6分钟，上下半场各3分钟，局间休息30秒。青年组和少年组每场比赛净时4分钟，上下半场各2分钟，局间休息30秒。

(四)比赛中的信号

上场信号：场上裁判员做出两臂侧平伸后向上呈90°弯曲，掌心向内，召集运动员从比赛区外侧上场。

开始比赛信号：场上裁判员发出"预备，开始"口令，运动员开始比赛。

停止比赛信号：场上裁判员发出"停"的口令，运动员停止比赛。

比赛结束信号：以电子计时系统鸣哨或鸣锣为准。

(五)临场教练员指挥以及申诉规定

(1)教练员必须着装整洁，坐姿端正地在指定席位上指挥。

(2)比赛进行中，教练员不得进入比赛区域，不得用语言、手势等不文明行为侮辱裁判员及干扰裁判员执裁。

(3)临场申诉：教练员对比赛判罚有异议时，必须在场上裁判员宣判后3秒钟内起立，向场内抛掷"抛掷物"提出申诉(若教练员申诉成功，则退还"抛掷物"，教练员依然享有申诉权。若申诉失败维持原判，则收回"抛掷物"取消该场教练员临场申诉权)。

四、比赛中的判罚

(一)进攻有效与无效

进攻有效的情况：①在比赛区内将对方摔倒着地在保护区。②在比赛区内将对方摔倒着地后，自己踏入或跌入保护区。③在比赛区内将对方摔倒着地与自己踏入保护区同时发生。④将对方摔倒着地与裁判员暂停口令同时发生。⑤将对方摔倒着地与鸣哨(锣)同时发生。⑥使用动作者使用的动作符合技术动作结构逻辑。

进攻无效的情况：①使用犯规动作和踩踏对方脚进攻。②场上裁判员叫停后仍然进攻。③将对方摔倒着地在鸣哨之后发生。

(二)得分标准

得分判定依据：(除特殊技术动作使用结构外，任何一方运动员身体除两脚以外的任何一点着地便输分)分值是以双方运动员的最后身体状态及运动员身体着地部位为判分依据。具体得分标准如下。

(1)得3分:将对方摔成头部、躯干、肘部、臀部位着地,自己保持两脚站立。

(2)得1分:

①将对方摔成头部、躯干、肘部、臀部位着地,自己第三点随之触地或支撑。

②将对方摔成手、膝部位着地。

③对方身体任何部位接触保护区。

④对方或对方教练受到1次警告。

(三)互不得分

(1)双方同时着地。

(2)双方同时出界。

(四)特殊说明

(1)使用跪腿摔成功时得1分。

(2)使用跪腿摔未成功时,虽然膝盖着地,但能迅速站立不失分。反之则判罚失1分。

(3)使用技术动作将对手摔倒着地后,自己手撑在对手身体上判定未保持两脚站立,失去重心。

五、消极

消极表现:①故意逃避比赛;②倒地后不立即起身,拖延比赛时间达5秒钟;③比赛进行中,用头顶住对方;④无论把位是否有利,都没有实质性进攻或反攻动作,不积极抢手、不抓握跤衣、不积极进攻、无进攻意图;⑤拖延比赛时间达15秒钟。

比赛开始60秒内,双方运动员均没得分,裁判员应根据运动员在场上的表现,对相对消极的一方运动员进行消极处罚。

六、判定胜负

累计得分多者胜,优势获胜。比赛中双方比分相差6分时,终止比赛,判领先方获胜。若双方得分相同,技术分得分高者获胜。若技术分相同,则判得3分多者胜。若得3分相同,则判最后得分者胜。

思考题

1. 简述"善扑营"的起源。

2. 简述摔角术的发展。

3. 中国式摔跤跤衣把位的名称是什么?

4. 中国式摔跤运动的得分标准是什么?

5. 中国式摔跤裁判人员的组成是什么?

第十章 龙狮运动

第一节 龙狮运动概述

龙狮运动是中华民族传承千年的传统项目,有着浓郁的民族特色和悠久的历史文化积淀。项目历经千年,经不同时期、地区、民族、文化融合后,应不同民族的生活需求逐渐演化为各具特色的传统项目。从文化意义上来讲,龙狮运动是象征中华民族团结协作、不屈不挠、对美好生活向往、对美好事件祝福的顺遂项目。

一、龙狮运动的起源和发展

舞龙的历史大概从商代开始,考古学家解释:"商代人们用土塑造成龙的模样,以祭祀求雨。"这证实了龙标识的出现和祈雨息息相关。汉代龙有了最初的形状分化,人们对龙的大小、颜色、数量以及舞者的人数和着装有了要求。隋朝,舞龙逐渐具有艺术性和观赏性,明清时随着民俗节日的成熟,舞龙逐渐成为节日标配,同时晚上舞龙的出现也衍生了各式各样、各种用途的舞龙节目。中华人民共和国成立后,政府对舞龙进行了规范管理。当代舞龙虽因地域不同,各地区与各民族表演形式不同,但都具有服务大众健身、文化艺术传承等价值意义。

狮的由来要从汉唐说起,汉朝"丝绸之路"开辟后,西域的大月氏国和安息国主动与汉朝结好,向汉武帝进贡了狮子。最早在宫廷出现了"狮子"表演。唐代后,宫廷逐渐有了专职管理和培训狮子舞的机构。后唐,随着民俗节日的规范,"狮子"表演逐渐发展至民间,有了民间的舞狮表演。明清时,南方蛮夷之地被开发和发展,狮子舞也被带往两广地区,和当地的舞蹈、武术、文化结合之后,衍生出了南狮这一项目。从此,舞狮基本形成了长城以北、华北地区的北狮和岭南地区的南狮两个派别。

二、龙狮运动的价值

(一)文化传承

弘扬优秀传统文化是时代的主旋律,舞龙舞狮是我国传统文化的代表。龙狮运动作为民族传统文化的重要代表之一,是在民族文化养分中滋养出来的,是一项极具多元社会功能的运动项目。龙狮运动具有"弘扬民族精神,继承和发扬中华民族一切优秀传统文化"的基本内涵,对传统文化的弘扬具有深刻意义。

(二)教化功能

龙狮运动的产生和发展与中华民族精神发展一脉相承,它对人们的行为和认知起教育和感化作用。威廉·考尔斯特在《民俗文化哲学》一书中曾说:"一个婴儿在降生后第一眼看到的就是民俗事物,首先接触到的也是民俗事物,就在这样的民俗中学习直到停止生命活动,最后仍然要在民俗仪式中安葬,送入天国。"因此,从这样的理论来看,我国龙狮运动同样对人们具有教化功能。

(三)健身娱乐

龙狮运动不仅具有观赏性质,而且对运动员来说也有着十分有效的健身效果。研究证实,舞龙对增强人体协调性、爆发力、耐力、力量等生理机能有显著效果。舞狮过程中运动员将"舞"与"武"相结合,能够极大地满足人们视觉冲击的好奇心和刺激感,具有强大的娱乐效应。因此,龙狮项目不仅能够强身健体,同时在欢庆娱乐时也能烘托氛围。

(四)民族凝聚

龙狮运动对民族精神凝聚具有重要作用。运动过程中,队员团结一致,具有强烈的归属感。中华民族是一个大集体,正是多民族融合才使得我们中华"举龙"腾飞。海外华人、华侨通过龙狮运动增强民族认同感,龙狮运动已经成为中华民俗活动的象征,世界各地只要有华人的地方,就有龙狮运动的习惯。

(五)竞赛功能

龙狮发展的内核动力是创新和竞赛。为进一步推动龙狮运动的发展,1995年1月在香港成立了国际龙狮总会,极大地促进了世界龙狮运动的竞赛推广和发展。目前,已有国际、国家、省级、市级的多种类型竞赛,舞龙舞狮运动逐渐成为全民参与的竞赛项目。

三、当代龙狮运动的新发展

(一)技术层面

2001年在四川双流进行了龙狮竞赛规则的新修订。舞龙运动大致划分为8字舞龙、游龙、穿腾、翻滚以及组图造型五大类别。北狮技术主要有单狮展示、武士展示、双狮配合等几部分。南狮技术主要由出山、游玩、进食、归山等相对应的基础技术构成。

(二)竞赛层面

经国际龙狮运动联合会和中国龙狮运动协会的协调与统筹,以及多次全国体育大会和国际龙狮大会研究,目前形成了统一的2011版国际舞龙、南狮、北狮的竞赛规则、裁判法。比赛内容也细化为南狮、北狮、舞龙几大类别以及传统、规定、竞速、抽签、障碍等几大项目,为不同特长方向的人才和队伍提供了竞赛目标。

(三)人才层面

龙狮运动在各类高层次培训和业务骨干培训方面逐渐形成较为稳定的人才培训体系。目前,涌现出了一大批高水平的裁判员、运动员、科研人员等,例如赵连文、雷军蓉、刘云东、谭展飞等,也出现了一些科研基地,如中国龙狮运动协会武汉体育学院科研基地、中国龙狮运动协会教育实践基地[中国地质大学(武汉)]等。

(四)学科层面

中国龙狮运动协会对接高校,以人才为轴心,在各地区建立了龙狮运动科研与人才储备基地。龙狮运动走进了高校,优秀的龙狮运动员们可推荐攻读研究生学位。民族传统体育龙狮运动方向的本科生发展空间变得更大。

第二节 龙狮运动基本内容

根据运动项群训练理论,舞龙舞狮均属于技能主导的评分项目。因此舞龙舞狮表演与竞赛成绩的高低要取决于内容编排、技能技巧、动作规范是否达标以及节奏和配乐的效果。

一、舞龙运动的基本内容

(一)情的方面

舞龙在情的方面主要有两个内容。其一为龙情节的表达,即通过游曳、起伏、翻腾、穿越和静态造型表达龙的故事情节,通过动、静、急、缓的变化表达龙的情感变化,但其整体是涵盖在一个完整故事情节中进行展示的。其二是表达龙的情感意志,表达其不畏艰险、勇往直前、克服困难的意志品质。

(二)法的方面

舞龙步法包含有弓步、马步等步型和碾步、进步等步法。

舞法是舞龙技术水平展示的关键环节,具体的舞法有原地舞动和行进间舞动,各种形式的舞法将龙的情感加以展示。

握法是指运动员握把的方法,主要有正握、背握、换手等方法,音乐需要在竞赛表演中根据动作进行变换。

音乐配法指的是选择配合龙体动作音乐节奏的方法,音乐在舞龙主题选定、节奏变换、运动员体能分配以及故事情节的跌宕起伏中有隐性的导引作用。

(三)技的方面

龙珠与龙体的配合。龙珠即为龙的龙元,在舞龙表演中起着引领作用。手持龙珠的人必须是武术基本功深厚、技巧熟练的优秀运动员,他通过手持龙珠进行翻、滚、腾、穿、跃等动作,给龙发出具体走向和路线信号。一位优秀的龙珠者不仅能够在舞龙运动中给予运动员准确的节奏和路线,更能够给予观众极深的第一印象,将舞龙表演的氛围烘托到更高一个层次。

运动员与龙体的配合。舞龙运动中每个运动员都是龙体的一部分,因此在舞动过程中,每个运动员都要考虑自己的活动但同时也要给予前后队员方便活动的动作基础。运动员通过长时间相互配合将自己"融入"龙体之中,展示最优形态。

音乐与龙体的配合。舞龙运动自古以来都有背景音乐烘托气氛的惯例,音乐的旋律与龙行进快慢、形状变化都有一定的关联性。在现代舞龙创新中,背景音乐也是很重要的一个内容。2019年,第十二届龙狮锦标赛上,武汉体育学院舞龙队用当时流行的哪吒配音,出场便引起了观众的共鸣,给予了龙生动的灵魂。

(四)形的方面

形圆:"圆与对称"是中国自古以来的审美特征。在舞龙运动中无论是横向还是纵向运动,龙的轨迹都要求呈圆形,通过龙体的圆来表达龙的威武和庄重。而为了达到外形的圆,需要运动员们快节奏运动的同时要注意各动作之间的依次过渡,通过依次画圆达到龙整体的美感和力量感。

路顺:"顺"指舞龙过程中龙体和运动路线的顺畅,龙体的各部分不能有明显的停顿和脱节、塌陷等,这样才能够让观众"不出戏",而要做好顺,则需要龙头、龙身和龙尾协调一致,依次活动。

龙连:"连"主要指舞龙运动中,各个动作变换之间的"丝滑"。同时通过动作丝滑和龙体圆的变换缓慢引导观众情感从低到高。

韵灵:"灵"指龙体展示出来的变化无常、折叠起伏。在游曳、起伏的动作中,运动员通过各种姿态将龙的力量、神秘等进行表现,将龙的精气神韵进行展示。

二、舞狮运动的基本内容

(一)舞狮主线

在传统舞狮与现代竞技融合发展之后,北狮运动的主旨表达更加清晰、动作更加惊险。北狮运动的主线由武士和狮子亮相、武士展示、狮子与武士纠缠斗争、单狮展示和最后统一收势几个部分组成。武士或狮子做第一动。随后,武士做各种难度动作来展示精湛的技术以及勇猛威武的形象,为下一个环节驯服狮子做提前交代。第三个环节狮子醒来或趁武士休息时对武士进行戏弄,随后武士开始与狮子进行各种纠缠斗争,最后智取胜利。第四个环节狮子被制服后跟随武士的命令,做出各种动作和神态。第五个环节在故事主线展示完毕后,由武士携狮子做统一的动作展示,然后对观众和裁判致谢。

南狮运动由更为细化的九个环节构成,分别为睡狮、出洞、探青、惊青、弄青、食青、醉青、吐渣、归洞。它所表达的是一头狮子在睡梦中被饥饿闹醒,随后出洞寻找食物,在寻找的过程中经历过桥、照面、戏弄玩物等,然后被香气吸引寻到食物,勇敢地排除食物旁边的不明物体,然后开心地吃到食物,最后归洞的一个故事。20世纪80年代南狮北舞改革后,南狮运动在内容上有很大的创新改变。

(二)神技可观

北狮主要有楞、美、惊、怕、急等几大类相貌神态。它所展示的大致为刚睡醒或者刚被制服的时候的呆头呆脑,脚步僵硬的形态。双狮玩耍或者戏弄武士时表现傲娇形态。武士高超技术展示狮子在制服过程中的惊吓、惊愕形态。这些形态主要通过跺脚、腾举、挠腮、啃桌、滚地等动作进行展示。

南狮相貌神态主要由喜、怒、哀、乐、动、静、惊、疑等几大类组成,这些神态表达了狮子生动活泼、勇猛刚健、生性多疑、贪玩贪食的特征。喜所展示的是狮子排除万难采到食物时的高兴神态。怒表达的是狮子遇到外界物体阻挡或者受到其他物体骚扰时生气愤怒的状态。哀表达狮子担心吃不到食物时的失望和伤心状态。乐表达了狮子与其他小动物玩耍时的活泼欢快状态。动表达了狮子行走的体态。静表达了狮子休息时安详的体态。惊表达了狮子遇到危险时的恐惧神态。疑表达了狮子对不明物体的猜测或者焦虑状态。这些形态、神态主要通过目光直视、姿态下伏、颤抖、腾跃等动作进行表达。

(三)传情达意

传情达意指舞狮过程中所营造的娱乐氛围以及借助狮子表达人类的聪明才智、希冀愿望等。在现代竞技运动的规范发展下,为了统一、便捷地评分和推广,舞狮规定了套路,对传情达意的展示有所弱化,但仍脱离不了故事主线的支撑。

南狮的独特之处在于"采青"。"青"有狭义和广义之分。狭义上的青指的是各类"彩礼",指通过动作采摘或捕获的食物。广义上的青指的是需要破解的套路或阵型,通过采青来表达人们的希冀或者意志品质。南狮根据青的位置分为高青、地青和中阵青。高青一般有高杆、塔台,需要狮子经历险阻或者通过人体叠罗汉在高处用下肢勾起青,然后进行吞食,主要表现狮子不惧艰苦的精神。地青主要有椰子青、蟹青、蛇青等,狮子需要通过看、探、排险等过程最后吃到食物,这一过程主要展示狮子的有勇有谋。中阵青是采青中最有特色的一个类型,狮子通过破解各种阵法最后采到青。在这一过程中布型和破阵均要遵循一定的规则和程序,例如七星伴月、五行四方以及八仙贺寿等,但青的意义都是表达人们的美好愿望和对自然规律的尊重。

(四)狮的例俗

狮子是祥瑞之物,因此从古代传承到今天有一些约定俗成的规范和要求。北狮运动中例俗相对较少,北狮区分为公狮和母狮,一般头系红花为公狮,头系绿团为母狮。

南狮运动的例俗相对较多,一般从一头新狮子开光开始都有一定仪式和限制。在狮子开光或者即将进行较大赛事或者活动之前,狮子都需要请比较年长或者权威的前辈进行"礼拜、点睛"的仪式。人们根据狮子胡须的长短、软硬区分狮子的等级和性格脾气,《舞狮的艺术》中写道:"狮有白须、黑须、长须、短须。白而长,主老劲,如垂暮之英雄……龙狮相会时,只能行拜礼,不能握手。"

第三节　龙狮运动基本技术

为推动龙狮运动普及发展,国际龙狮运动联合会 2011 年推出了《国际舞龙南狮北狮竞赛规则、裁判法》。本书将龙狮基本动作分为 A、B、C 三个难度级别,其中 A 级为初级,B 级为中级,C 级为高级。

一、舞龙运动基本技术

(一)舞龙运动基础动作

舞龙队伍主要由龙珠和龙体两部分组成。在运动中,龙珠和龙体都有着专业的动作名称和区别,了解基础动作对于掌握舞龙技术有重要作用(表 10-1)。

表 10-1　舞龙运动中的基础技巧

名称	龙珠	龙体
步型、步法	弓步、半马步、仆步、提膝	弓步、马步、跪步等
	圆场步、矮步、碾步、进步、退步、横移步、跃步、弧形步	大八字步、小跑步、圆场步、矮步、进步、退步、横移步、跃步、弧形步
	腾空飞脚、旋风脚、旋子、侧空翻等	站肩、靠背、搁腿、挂腰等
手法	端龙珠、举龙珠、换把	端龙、举龙、拖龙、擎龙、换把
	正握、背握、换握、顺握、反握	正握、背握、换握、顺握、反握
舞法		8字类、游龙类、穿腾类、翻滚类、造型类

弓步:双脚距离四至五倍脚长的长度,重心前移至前腿,前腿折叠大致与地面平行,后腿蹬直;双脚脚尖朝前,微内扣,双脚全脚掌着地,哪条腿在前即为哪侧弓步。同时双手持龙珠于体侧,目视前方。舞龙运动中多用顺弓步或侧向弓步。

半马步:动作同弓步,下坐重心落于两腿之间成四六马,双腿折叠大致与地面平行。右脚脚尖朝前,微向外,左脚脚尖向外 45°。身体侧向左腿方向,膝盖不超过脚尖,全脚掌着地。双手持龙珠于体前,目视龙珠。

仆步:双脚距离四至五倍脚长的长度,一条腿屈膝全蹲,膝盖于脚尖外展 45°,另一条腿伸直扑出脚尖向前 45°,双脚全脚掌着地,哪条腿在前即为哪侧仆步。同时手持龙珠在体前,目视龙珠。

提膝:右脚外展 45°且伸直支撑重心,左腿提膝,脚面绷直,并扣于右腿前侧,提起的膝盖过腰。同时双手持龙珠于体前并上举过头顶,目视前方。

端龙(珠):手持龙或珠的动作。一手持于把位末端,另一手持于把位中间,双臂微屈。使杆子端平横于胸前,目视龙珠。

举龙(珠):双手持龙或珠上举的动作。左手握于把位末端置于腰部或之上位置,右手握于把位中间置于肩部上方,把位直立于体侧,目视前方。

拖龙(珠):双手持龙或珠下拖的动作。左手握于把位末端置于腰部或之下位置,右侧手手臂伸直,拖于身体斜下方,向右侧斜后方目视龙珠或龙体。

换把:双手交换位置的动作。双手端把位与胸用平齐,手臂微屈。随后龙体或龙珠向上划弧,在直立位完成双手滑动交换的动作,最后成异侧端把位与胸平齐。

圆场步:手持龙或珠行走的动作。双手端龙或珠,双脚依次从脚后跟过渡到脚尖,保持重心在一条平稳直线上进行圆形路线缓慢行走的动作。

矮步:手持龙或珠低位行走的动作。双腿屈膝半蹲,双脚依次从脚跟过渡到脚尖的行走动作,是类似于圆场步的低位动作。

8字类:运动员将龙体在身体左右两侧交替进行8字形状环绕的动作,可快可慢、可定位、可行进,也可利用人体组成多种姿态,方法多种多样。

游龙类:运动员以较大幅度奔跑游走,通过龙体快慢变化、高低起伏、左右游荡进行形态展示的动作,表达龙左右盘旋和曲折变化的形态特征。

穿腾类:龙体呈现纵横交叉形式行进的动作。龙珠、龙头、龙节依次在龙身下穿过,称作"穿越",龙珠、龙头、龙节在龙身体上越过,称作"腾跃"。

翻滚类:龙体呈立圆或者斜圆形运动的连续动作,当龙身运动到运动员脚下时,运动员利用跨越、跳跃迅速依次跳过龙身,称为"跳龙",龙体同时或者依次做360°翻转,运动员利用滚翻或者手翻的方法越过龙身,称为"翻滚动作"。

造型类:龙体运动中组成的图案和相对静止的龙体造型。

(二)舞龙运动 A 级技巧

根据国际龙狮竞赛规则规定,A 级为舞龙运动的基础动作和技巧,适宜初级练习者接触的练习(表 10-2)。

表 10-2 舞龙运动 A 级技巧

A1:8 字类	A2:游龙类	A3:穿腾类	A4:翻滚类	A5:造型类
A1-1:原地8字舞龙	A2-1:直线行进	A3-1:穿龙尾	A4-1:龙翻身	A5-1:龙门造型
A1-2:行进8字舞龙	A2-2:曲线行进	A3-2:越龙尾		A5-2:塔盘造型
A1-3:单跪舞龙	A2-3:走(跑)圆场			A5-3:盘尾造型
A1-4:搁脚舞龙	A2-4:滑步行进			A5-4:龙出宫造型
A1-5:套头舞龙	A2-5:起伏行进			A5-5:蝴蝶盘花造型
A1-6:扯旗舞龙	A2-6:单侧起伏小圆场			A5-6:组字造型
A1-7:靠背舞龙	A2-7:矮步跑圆场			A5-7:龙舟造型
A1-8:横移(跳)步舞龙	A2-8:直线(曲线、圆场)行进越障碍			A5-8:螺丝结顶造型
A1-9:起伏8字舞龙				A5-9:卧(垛)龙造型

8字类:A级多是原地、慢速或短距离行进间的左右两侧舞动动作,舞动过程对于初学者来说较容易掌握。

游龙类:A类多是慢节奏、短距离、小力量的半边或者圆场小跑步,练习者在动作衔接中间有着较为充裕的过渡时间。

穿腾类:A类所涉及的运动员数量和变换动作是较少的,练习者动作的表达能够在一定基础上完成。

滚翻类:A类所涉及的龙翻身,是运动员在小区域内可以一同完成的动作。

造型类:A类是在平面即可完成且线条简单的动作。

(三)舞龙运动B级技巧

根据国际龙狮竞赛规则规定,B级是在A级动作基础上有所发展、有所提升,具有一定难度,适宜已经有一定基础的练习者练习(表10-3)。

表10-3 舞龙运动B级技巧

B1:8字类	B2:游龙类	B3:穿腾类	B4:翻滚类	B5:造型类
B1-1:原地快速8字舞龙	B2-1:快速曲线起伏行进	B3-1:龙穿身	B4-1:快速逆(顺)向跳龙行进(2次以上)	B5-1:上肩高塔造型自转1周
B1-2:行进快速8字舞龙	B2-2:快速顺逆连续跑圆场	B3-2:龙脱衣	B4-2:连续游龙跳龙(2次以上)	B5-2:龙尾高翘寻珠、追珠
B1-3:跪步行进快舞龙	B2-3:快速矮步跑圆场越障碍	B3-3:龙戏尾	B4-3:大立圆螺旋行进(3次以上)	B5-3:首尾盘柱
B1-4:抱腰舞龙	B2-4:快速跑斜圆场	B3-4:连续腾越行进		B5-4:龙翻身接滚翻成造型
B1-5:双人换位舞龙	B2-5:骑肩双杆起伏行进	B3-5:腾身穿尾		B5-5:单臂侧手翻接滚翻成造型
B1-6:快舞龙磨转		B3-6:穿尾越龙身		
B1-7:连续抛接龙头横移(跑)步舞龙		B3-7:卧龙飞腾		
		B3-8:穿八五节		
		B3-9:首(尾)穿花缠身行进		

8字类:B级是在原地、慢速或短距离行进的基础上加快速度或增加场地变化或双人配合的左右两侧舞动动作,在这个过程中考验的是运动员的速度以及动作变化和双人配合的能力。

游龙类:B类是在慢节奏、短距离、小力量的基础上加快速度或增加固定的障碍以及双人配合因素的半边或者圆场跑动动作,这类动作需要运动员有更好的速度素质和双人配合的能力。

穿腾类:B类是在A级基础上增加了许多动作参与且需要更快速度才能满足,这需要运动员对技巧更加熟练并具备较高配合能力。

滚翻类:B类对动作的次数、灵活变化、龙的控制能力都提出了进一步严格的要求,这就需要运动员拥有对龙更强的控制和配合队友的能力。

造型类:B类是在平面和线条简单的基础上,上升为立体和复杂线条的定势,这要求运动员有更好的姿态控制能力和临场变化能力。

(四)舞龙运动C级技巧

根据国际龙狮竞赛规则规定,C级是高难度级别的组合动作,且具有较高的锻炼价值和审美价值,适宜专业运动队和运动员练习(表10-4)。

表10-4 舞龙运动C级技巧

C1:8字类	C2:游龙类	C3:穿腾类	C4:翻滚类	C5:造型类
C1-1:跳龙接一蹲一躺快舞龙	C2-1:站肩平盘起伏(2周以上)	C3-1:快速连续穿越行进(3次以上)	C4-1:快速连续斜盘跳龙(3次以上)	C5-1:大横8字花慢行进(成型4次以上)
C1-2:跳龙接摇船快舞龙	C2-2:直线后到、鲤鱼打挺接擎龙行进	C3-2:连续穿越腾越行进(4次以上)	C4-2:快速连续螺旋跳龙(4次以上)	C5-2:坐肩后仰成平盘起伏旋转(1周以上)
C1-3:跳龙接直躺快舞龙			C4-3:快速连续螺旋跳龙磨转(6次以上)	
C1-4:依次滚翻接单跪快舞龙			C4-4:快速左右螺旋跳龙(左右各3次以上)	
C1-5:挂腰舞龙(2人1组)			C4-5:快速连续磨盘跳龙(3次以上)	
C1-6:K式舞龙(3人1组)				
C1-7:站腿舞龙(2人1组)				
C1-8:双杆舞龙(1人2杆)				

8字类:C级是在B级动作的基础上又增加了动作变化、双人躯干相互支撑、动作间完成技巧等一类时间短、技巧性强、配合需求高的动作,这需要运动员有更高的专项素质和动作技巧能力。

游龙类:C类上升为运动员在做另外动作的间歇时间内完成游龙,这需要运动员有极高的专业技巧能力和短时间内节奏划分的能力。

穿腾类:C类对动作的速度、次数、时机把控和身体姿态提出了更高要求,这需要运动员对动作的固化、情况的变化等因素有强的掌控能力。

滚翻类：C类对动作的次数、动作连贯和场地变化提出了要求，这需要运动员在极短的时间内完成固定动作的转变。

造型类：C类对于定型的次数和多动作配合提出了要求，这需要运动员有很强的动作掌控能力和心理舒缓能力。

(五)舞龙运动的易错点

舞龙是一类团体运作的运动，本书大致列举了五类动作易犯错误的细节，并给出纠正训练要点和方法，以便运动员使用(表10-5)。

表 10-5　舞龙运动基础技巧易错点

动作类别	易犯错误	纠正方法
8字动作	动作不够圆顺	注意龙体上缘，加强上顶与后带的力量
	龙体运动与人体脱节	强化龙体运动规律的认识和专门步法练习
	动作速度不统一	加强队员之间的配合
	上腰、挂腰等配合动作失误或滑落	加强徒手的专门练习与器械的配合
	力量不足，速度不快	加强力量速度训练以及重复强化训练
游龙动作	龙体打折塌肚，脱节	加强配合训练，有意识地注意龙的上缘
	龙体各节速度不一	加强节奏训练
	人与龙体运动不协调	加强队员的意识培养，熟悉动作要领
	快速度及复杂条件失误	加强身体基础素质训练
穿腾动作	穿腾、腾跃龙体变形不饱满	加强舞龙意识与专项训练
	穿腾动作不协调	加强节奏与配合训练
	动作不轻松，僵硬，出现停顿	加强心理素质与动作熟练
	踩碰龙体，龙拖地	加强配合，由慢到快，强调龙体的外撑和饱满
翻滚动作	动作不协调	多增加徒手练习
	前后速度不一致，动作脱节，不流畅	加强节奏和配合练习
	龙形幅度小，不圆顺	加强规范练习，先做大幅度慢动作练习
	踩碰龙体	强化力量和配合练习
	翻滚动作失误	加强滚翻技巧训练
组图造型	组图造型方位感弱	多做固定造型练习，熟悉位置
	造型解脱速度慢	熟悉造型的做法和路线，加强专门练习
	造型龙体不饱满，形象不逼真	强化队员的配合，强调图形和位置的感觉

二、舞狮运动基本技术

(一)舞狮运动基础动作

在舞狮运动中南狮和北狮都有着专业且基础的动作名称和区别,了解基础动作对掌握舞狮技术有重要作用(表 10-6)。

表 10-6 舞狮运动的基础动作

名称	北狮	南狮
步型、步法	行步、跑步、盖步、错步、碎步、颠步等;旋风脚、踺子后空翻、后手翻、腾空飞脚等各类武术动作	弓步、马步、仆步、虚步、独立步、跪步、插步、小跳步、开合步、麒麟步、小跑步、两移步、探步等各类滑稽动作
手法	握狮头,开口、闭口;双手扶位、单手扶位、脱手扶位;摇、点、摆、错、叼等	单(双)阴手、单(双)阳手、开口式、合口式;单手握、双手握、摆尾;三点、四点等
舞法	亮相、卧势、高举、侧滚翻、直立、独立转体180°、舔毛、啃桌、瘙痒、甩尾等	腾起、凌空推进、上单(双)腿、占位上双腿、钳腰、坐头站肩、回环快走、上桩、单桩坐头、(两桩柱)180°回头跳、180°转体上单腿(占位上双腿)等
基本形态	楞、美、惊、怕等	喜、怒、哀、乐、动、静、惊、疑等

单(双)阴手、单(双)阳手:掌心向上为阳手,反之为阴手(南狮),双掌控制狮嘴开合(南、北狮同)。

摇:双手扶头圈,双手交替做上下回旋动作,做出立圆的运动路线。

点:双手扶头圈,身体向右侧回旋,与地面呈 45°夹角,左右手做上下交替运动。对侧方法相同,方向相反。

摆:双手扶头圈,上右步时狮头摆至右侧,重心放置右腿上。对侧方法相同,方向相反。

错:双手扶头圈,双手拉至狮头向左侧做出预摆动作,左手与左侧腰同时发力,摆至身体右侧,呈半马步,重心放置在左腿上。右侧方法相同,方向相反。

叼:一手扶头圈,另一手用小臂托头圈,手从狮嘴拿球回至狮嘴中央。

弓步、马步、仆步、虚步、独立步、跪步:同武术和舞龙运动的基本步型。

开合步:马步半蹲姿势,两脚同时蹬地并向中间并拢,稍向前跳,前脚掌着地,随后在快速稍向后分开呈马步。

麒麟步:马步半蹲姿势,右脚向左侧前方上步并外展,双腿屈膝下蹲,左脚跟离地,身体稍向右转。随后,左脚迅速绕过右腿向右侧上步并外展,双腿屈膝下蹲,右脚跟离地,身体稍向左转。

颠步:直立分腿站,头尾按逆时针方向跳步行进,狮头迈右脚时,狮尾迈左脚,使步伐协调一致。对侧方法相同,方向相反。

腾起：狮尾紧握狮头腰带并借助狮头向上跳跃的惯性将狮头上举至头上方的动作,是凌空推进与飞跃的基础性动作。

上单(双)腿：狮头站在狮尾单(双)腿上的一种造型动作。它常用于眺望或者恐吓,表示狮子生动活泼、勇猛果敢的性格。

钳腰：狮头双腿紧夹狮尾腰部或两肋,狮头面部向下的动作。它常用于饮水、采青,表示狮子贪玩好奇、不畏险阻的性格。

站肩、坐头：狮头站在狮尾肩膀上或者坐在头上的动作。它常用于瞭望等,表示狮子威武、矫健的特征。

亮相：直立分腿站,狮头呈偏左马步,使头由左向右下摆动,同时狮尾左右仆步配合。对侧方法相同,方向相反。

卧势：狮头双腿分开且脚底着地大小腿折叠,吸气时狮头由左下向右上、向前摆转,同时狮尾右手撑地,左手一手拉扶狮头,自己呈侧倒姿势,随吸气动作左手肘缓慢上台,使狮皮上鼓,模仿狮子呼吸。

(二)舞狮运动 A 级技巧

根据国际龙狮竞赛规则规定,A 级为舞狮运动的基础动作和技巧(表 10-7、表 10-8),适宜初级练习者接触练习。

表 10-7 北狮运动 A 级技巧

动作分类	具体动作	
A1:上肩	A1-1:平地或高台上肩	
A2:上腿	A2-1:平地或高台上腿	A2-2:平地上腿单足起立
A3:飞跃	A3-1:连环飞跃	
A4:回转	A4-1:三或四桩上环回走动,头尾互换	
A5:翻滚	A5-1:平地翻滚	
A6:倒立	A6-1:平地矮倒立	
A7:接抛球	A7-1:平地叼球	
A8:双狮配合	A8-1:双狮各种结合造型	A8-2:双狮互跃
A9:引狮员	无规定动作	

上肩：A 级动作包含一个单一动作,主要是狮头、狮尾在原地动作。

上腿：A 级动作包含两个单一动作,主要是狮头、狮尾在原地动作。

飞跃：A 级动作只有一个单一动作。

回转：A 级动作由狮头、狮尾的单一动作构成,表示为头尾互换。

翻滚：A 级动作表现为地上安全动作。

倒立：A 级动作表现为地上安全且低位动作。

接抛球:A 级动作表现为狮头基础动作。
双狮配合:A 级动作表现为狮头基础动作。

表 10-8 南狮运动 A 级技巧

动作分类	具体动作				
A1:上腿	A1-1:桩上站位单腿	A1-2:桩上上腿,狮尾单足站立(时过5秒)			
A2:站肩、坐头	A2-1:桩上坐头(包括钢丝)	A2-2:桩上站肩(含钢丝)			
A3:上桩	A3-1:直接上桩,桩高1米至1.3米				
A4:桩上飞跃	A4-1:飞跃1.5米至2米				
A5:桩上连续飞跃	A5-1:连续飞跃(两落点总长度3米至3.5米)				
A6:桩上环回快走	A6-1:三桩或四桩上回环走动、头尾互调,环回走动				
A7:钳腰	A7-1:桩上钳腰饮水	A7-2:桩上上腿弯动作			
A8:壁虎功	A8-1:壁上上下行走	A8-2:壁上平行进退			
A9:翻滚	A9-1:桩上跳下,地上接滚翻(狮头、狮尾同时下位)				
A10:钢索	A10-1:钢索上腿	A10-2:钢索上足探水	A10-3:钢索上足撩水		
A11:过桥	A11-1:上单腿	A11-2:其他索桥技巧增加	A11-3:横行或回环转身	A11-4:左右单足撩水	A11-5:上双腿行进(1米以上)
A12:悬挂	A12-1:双腿开双腿悬挂				
A13:其他梯、盘、环、堡	A13-1:踏沙堡	A13-2:踏木盘	A13-3:上球	A13-4:上梯	

上腿：A级动作包含两个单一动作，主要是狮头、狮尾在原地动作。

站肩、坐头：A级动作同样表现为两个独立的单一动作。

上桩：A级动作有一个上桩动作，主要表现为高度较低。

桩上飞跃：A级动作有一个单一动作，飞跃距离较短。

桩上连续飞跃：A级动作由两个单一动作组成，飞跃距离较短。

桩上回环快走：A级动作由狮头、狮尾的单一动作构成，表示为头尾互换。

钳腰：A级动作包含两个单一动作，主要是狮头、狮尾在原地动作。

壁虎功：A级动作包含两个单一动作，主要是狮头、狮尾在原地动作。

翻滚：A级动作表现为高处向低处过渡，且地处更为安全的泄力动作。

钢索：A级动作包含三个单一动作，主要是狮头、狮尾在原地动作。

过桥：A级动作包含五个单一动作，主要是狮头、狮尾在原地或换腿动作。

悬挂：A级动作包含一个单一动作，主要是狮头、狮尾在原地动作。

其他：A级动作包含四个单一动作，主要是狮头、狮尾在硬质材料上进行的动作。

(三)舞狮运动B级技巧

根据国际龙狮竞赛规则规定，B级是在A级动作基础上有所发展、有所提升，具有一定难度，适宜已经有一定基础的练习者练习(表10-9、表10-10)。

表10-9 北狮运动B级技巧

动作分类	具体动作		
B1：上肩	B1-1：梅花桩上肩		
B2：上腿	B2-1：桩上上腿狮头单足起立	B2-2：桩上上腿狮头狮尾双单足	
B3：飞跃	B3-1：连环飞跃过障碍	B3-2：狮绕越高台角	B3-3：飞跃上飞腿
B4：回转	B4-1：单或双桩上环回走动头尾互调	B4-2：梅花桩180°抽头转身	
B5：翻滚	B5-1：双狮互滚背	B5-2：平地侧头飞滚	B5-3：高台、梅花桩上跳下平地
B6：倒立	B6-1：平地中、高倒立		
B7：接抛球	B7-1：平地接抛球		
B8：双狮配合	无规定动作		
B9：引狮员	B9-1：引狮员滚、腾、翻、跃	B9-2：引狮员踏器材上饰物(罐、花等)	

上肩：B级动作包含一个单一动作，主要表现为高位站立动作。

上腿：B级动作包含两个单一动作，主要表现为高位狮头于狮尾腿上的站立动作。

飞跃:B级动作由三个单一动作组成,主要表现为飞跃障碍或飞跃后组合动作。
回转:B级动作由狮头、狮尾的两个动作构成,表示为头尾互换或者转身后动作。
翻滚:B级动作由三个动作组成,表现为双狮配合滚翻动作。
倒立:B级动作表现为在A级地上、低位的基础上变中、高位动作。
接抛球:B级动作表现为在A级基础上变接住抛球。
引狮员:B级动作由两个单一动作组成,表现为武士的跳跃类动作或支撑类动作。

表 10-10 南狮运动 B 级技巧

动作分类	具体动作			
B1:上腿	B1-1:桩上跳跃,站位上腿	B1-2:桩上 180°回头跳跃接占位上单(双)腿		
B2:站肩、坐头	无规定动作			
B3:上桩	B3-1:直接上桩,桩高 1.3 米至 1.5 米			
B4:桩上飞跃	B4-1:飞跃 2.1 米至 2.8 米			
B5:桩上连续飞跃	B5-1:桩上 180°转身飞跃 2 米以上			
B6:桩上环回快走	B6-1:单柱桩上 180°回头跳	B6-2:两桩柱上单腿造型		
B7:钳腰	B7-1:转体上腿弯腰	B7-2:两桩柱钳腰旋转 360°		
B8:壁虎功	B8-1:壁上上腿			
B9:翻滚	B9-1:桩上滚跟头	B9-2:桩上翻滚落地	B9-3:桩上侧空翻	
B10:钢索	B10-1:钢索上翻跟头	B10-2:钢索上劈叉	B10-3:钢索上钳腰	B10-4:钢索上倒挂采青
B11:过桥	B11-1:桥上翻身倒挂采青			
B12:悬挂	B12-1:单桩脚顶悬挂上腿位	B12-2:双桩脚顶悬挂上腿位	B12-3:单桩悬挂转位	
B13:其他梯、盘、环、堡	B13-1:踩沙堡坐头或站肩	B13-2:踩木盘坐头或站肩		

上腿:B级动作包含两个复合动作,主要是狮头、狮尾在原地动作的基础上进行两个动

作衔接。

上桩：B级动作只有一个上桩动作，主要表现为在A级的基础上高度上升。

桩上飞跃：B级动作只有一个单一动作，表现为在A级的基础上增加了飞出距离。

桩上连续飞跃：B级动作有一个复合动作，由飞跃和转身组成。

桩上回环快走：B级动作由狮头狮尾的复合动作构成，表示为有转体跳跃和力量耐力的造型。

钳腰：B级动作包含两个复合动作，主要有转体加其他动作。

壁虎功：B级动作包含一个复合动作，表示从低位向高位跳跃后成造型动作。

翻滚：B级动作表现为软器械滚翻以及空中滚翻类动作。

钢索：B级动作包含四个单一动作，主要是在软器械上的动作。

过桥：B级动作包含一个复合动作，主要滚翻后接动作。

悬挂：B级动作包含三个复合动作，主要表现为独立支点悬挂后接转动。

其他：B级动作包含两个单一动作，主要在小面积支点上进行站立动作。

（四）舞狮运动C级技巧

根据国际龙狮竞赛规则规定，C级是在A级和B级动作基础上进一步发展、提升划分的技巧等级。C级是高难度级别的组合动作，且具有较高的锻炼价值和审美价值，适宜专业运动队和运动员练习（表10-11、表10-12）。

表10-11 北狮运动C级技巧

动作分类	具体动作		
C1：上肩	C1-1：梅花桩站肩狮尾单足立	C1-2：梅花桩站肩狮头、狮尾单足立	C1-3：飞跃接上肩
C2：上腿	C2-1：桩上跳跃，站位上腿		
C3：飞跃	C3-1：2.5米以上两个器材间飞跃		
C4：回转	C4-1：梅花桩上180°抽头转身，上肩或上腿	C4-2：高台梅花桩上挂腰旋转360°	C4-3：引狮员上狮身旋转360°
C5：翻滚	C5-1：高台、梅花桩上侧翻下平地	C5-2：高台梅花桩上前翻下平地	C5-3：引狮员后空翻坐狮身
C6：倒立	C6-1：高台、梅花桩倒立		
C7：接抛球	C7-1：高台、梅花桩接抛球（距离3米以上）		
C8：双狮配合	C8-1：双狮重叠，引狮员在狮身上倒立造型	C8-2：双狮侧（前）翻下高台（梅花桩）	
C9：引狮员	无规定动作		

上肩:C级动作包含三个复合动作,主要表现为高位单腿站立造型动作或飞跃动作。

上腿:C级动作包含一个复合动作,主要表现为高位狮头于狮尾腿上的站立动作。

飞跃:C级动作只有一个单一动作,主要表现为飞跃的距离限制。

回转:C级动作由狮头、狮尾的三个复杂动作构成,表示为高出转身后造型或者上腿动作。

翻滚:C级动作由三个复杂动作组成,表现为从高台向地上过渡或者武士空中动作接造型动作。

倒立:C级动作表现为高处倒立动作。

接抛球:C级动作表现为在B级基础上远距离抛球。

双狮配合:C级动作有两个复合动作,表现为空中动作或者多人组合的造型动作。

表 10-12 南狮运动 C 级技巧

动作分类	具体动作				
C1:上腿	C1-1:两桩柱180°转体凌空占位上单腿	C1-2:凌空推进(1.4~1.8米)接转体180°上双腿	C1-3:凌空横推进,过三桩上,单(双)腿	C1-4:连续回头跳接180°转体占位上单(双)腿	
C2:站肩、坐头	C2-1:钢丝上站肩(或坐头)行进(1米以上)	C2-2:桩上腾空推进(3连环以上)接转体180°坐头			
C3:上桩	C3-1:直接上桩,桩高1.51米以上				
C4:桩上飞跃	C4-1:飞跃2.81米以上	C4-2:挂桩悬挂接横跃钳双桩	C4-3:双(单)桩双腿上同时飞跃1.8米或以上再接一个B级动作	C4-4:单腿上同时飞跃2米或以上再接一个B级动作	C4-5:飞跃1.8米或以上回头跳接180°转体占位上腿
C5:桩上连续飞跃	C5-1:连续飞跃(两落点总长度4.51米以上)或接上腿	C5-2:连续飞跃(两落点总长度4米以上)接飞身钳桩再上腿	C5-3:腾空推进(3连环)转体360°站桩	C5-4:桩上连续腾空向前推进或连续往回飞跃4.51米以上	C5-5:桩上连续腾空向前推进(1.4~1.8米)接360°转体造型
C6:桩上环回快走	C6-1:桩阵上180°连续回头跳跃2.5米或以上	C6-2:桩阵上180°回跳接坐头或接足三连环动作			

续表

动作分类	具体动作				
C7:钳腰	C7-1:单桩飞跃1.4米以上接占位上腿弯腰饮水连环动作	C7-2:桩上飞跃1.4米以上钳桩弯腰采青接上双腿	C7-3:桩上飞跃1.4米以上挂桩再上腿	C7-4:两桩柱跳跃180°钳腰再上腿	C7-5:腾空推进转体270°接挂桩或钳桩再上腿
C8:壁虎功	C8-1:在壁上钳腰或上腿弯腰饮水	C8-2:在壁上坐头	C8-3:壁虎功加上腿弯控试或采青		
C9:翻滚	C9-1:钢丝上滚翻狮爪踩钢丝				
C10:钢索	C10-1:钢索上180°连续回头跳(3次以上)	C10-2:钢索上180°连续回头跳接钳腰或坐头			
C11:过桥	无规定动作				
C12:悬挂	C12-1:连环悬挂加连环上位各动作				
C13:其他梯、盘、环、堡	无规定动作				

  上腿:C级动作包含四个复杂动作,主要是狮头、狮尾在桩柱上进行飞跃、转体之后再呈组合的动作。

  站肩、坐头:C级动作包含两个复杂动作,主要表现为在软器材上进行组合动作再行进一定距离和推进距离之后转体接组合造型。

  上桩:C级动作有一个上桩动作,主要表现为直接由狮头带动上桩。

  桩上飞跃:C级动作由五个多类型动作组成,表现为飞出距离更远、飞出后接转体或者接组合。

  桩上连续飞跃:C级动作有一个复合动作,由飞跃和转身组成。

  桩上回环快走:C级动作由狮头狮尾的两个复杂动作构成,表示为有转体、跳跃、力量耐力和距离限制的造型和动作。

  钳腰:C级动作包含五个复杂动作,主要有飞跃接转体或者体位变换以及其他动作。

  壁虎功:C级动作包含三个复合动作,表示从低位向更高位变换后成造型动作或接其他动作。

  翻滚:C级动作表现为软器械滚翻,滚翻后动作部位限制。

  钢索:C级动作包含两个复杂动作,主要是在软器械上进行的转体、跳跃动作。

  悬挂:C级动作包含一个多类型概括动作的解释,主要表现为连环动作以及悬挂。

(五)舞狮运动的易错点

舞狮是双人匹配与团体磨合的团队运动,本书大致列举了舞狮基础动作中易犯错误的细节(表10-13),并给出训练要点与方法,以便运动员和教练员使用。

表 10-13 舞狮运动基础技巧易错点

动作类别	易犯错误	纠正方法
上腿	人体运动与狮具脱节	加强带狮具的练习,形成习惯动作
	头尾动作速度不统一	加强队员之间的默契配合
	配合动作失误或滑落	加强徒手的专门练习与器械的配合
	力量不足,速度不快	加强力量速度训练以及重复强化训练
站肩、坐头	动作上不去	加强跳跃动作和托举动作的练习
	头尾速度不一	加强双人的节奏配合练习
	站不稳或坐不稳	狮头核心不足,狮尾脚步不定,需加强力量练习
上桩、飞跃	不敢起跳	加强基础训练,强化心理训练
	头尾动作不一致	加强队员之间的默契配合
	上桩缓慢、飞出距离较短	强化心理训练,强化狮头蹬地与收腿训练
	头尾用力冲突	加强双人配合,了解对方用力时长
钳腰	道具磕地	加强挺背,抬头训练
	收夹位置低	狮尾加强三头肌训练,狮头强化起跳训练
	狮尾出现顶狮背现象	熟悉低头顶腰发力
回转	回转不到位	强化转角训练和盲法训练
	回转失衡	增强核心与下肢力量
翻滚	角度失衡	强化双人重复与大角度训练
	狮身脱节	双人重复训练,熟悉对方发力习惯

第四节 龙狮运动基本规则与裁判法

为进一步推动世界龙狮运动的发展,国际龙狮运动联合会于2008年组织专家对规则进行研讨,并于2011年正式发布2011版国际竞赛规则。

一、竞赛组织机构与参赛规定

(一)竞赛组织机构

(1)根据不同的竞赛规模,设置竞赛委员会、竞赛部或者竞赛处。由负责竞赛业务的行政人员组成。在大会组委会统一领导下,负责大会的竞赛组织工作。

(2)竞赛组织一般设置总裁判长1人,副总裁判长2~3人。

(3)裁判组设置裁判长1名,评分员5~9人,值班裁判员1人,套路检查裁判员1~2人,记分员和计时员各1人,其他人员若干。

(二)参赛队伍规定

(1)参赛必须包含领队、教练员和运动员。

(2)龙队人数不超过13人,其中领队1人,教练员1人,运动员11人(包含替换队员和伴奏队员)。

(3)南狮人数至少出场6人,不超过10人,其中领队1人,教练员1人,运动员8人(包含替换队员和伴奏队员)。

(4)北狮人数至少出场5人,不超过10人,其中领队1人,教练员1人,运动员8人(包含替换队员和伴奏队员)。

二、竞赛通则与场地器材

(一)竞赛通则

(1)舞龙、南狮和北狮竞赛按照竞赛年龄区分为成年组(18周岁以上,含18周岁)、少年组(12周岁至17周岁,含12周岁)和儿童组(不满12周岁)。

(2)舞龙、南狮和北狮竞赛按照竞赛项目划分为规定套路、自选套路、传统套路、技能项目和其他项目。技能项目包括抽签、竞速、障碍。其他项目包括夜光舞龙和舞凤。

(3)舞龙、南狮和北狮竞赛时间均为7~10分钟,器材布置不得超过10分钟。

(二)场地器材

(1)舞龙、南狮和北狮竞赛场地均为边长20米的正方形平整地面(特殊情况下,边长不得少于18米),场地边线宽0.05米,边线周围至少有1米宽的无障碍区,上方有8米的无障碍空间。

(2)舞龙龙珠球体直径不少于0.33米,杆高(含珠)不低于1.7米。龙头重量不少于2.5千克。龙头外形尺寸,宽不少于0.36米,高不少于0.6米,长不少于0.8米,杆高不低于1.25米,杆高不低于1.85米(含龙头高)。龙身为九节,直径不少于0.33米,全长不少于18米,龙身杆高(含龙身直径)不低于1.6米。

(3)南狮狮头正面不小于0.55米高不小于0.5米长不小于0.7米桩阵最高不得超过3米最低不得低于0.5米,其中半数桩柱必须达到2米,桩柱脚踏圆盘直径不超过0.38米(含保护圈垫),桩阵长度不超过 15 米,最短不小于 10 米(含曲线计算),宽度不得超过 1.5 米,不能小于 0.5 米。

(4)北狮引球球体直径不少于 0.3 米,传统套路引球形式不限。狮头正面高不小于 0.46 米,宽不小于 0.56 米,前后不小于 0.66 米,颈部不少于 5 个铃铛,铃铛直径不小于 0.05 米。狮被为包身覆盖形,狮毛均匀得体,两狮颜色要有区别或者有不同标志,狮衣、狮裤应为狮子的肢体服饰,要与狮被一致,狮鞋应有狮爪型面覆盖。

(5)方桌宽 1.5 米,高 0.8 米,高台(多层方桌)高度最高不超过 3 米,最低(两层)不低于 1.61 米。

三、评分细则与扣分细则

(一)裁判员评分细则

在龙狮运动的项目评分中,自选套路从动作规格(5分)、艺术表现(3分)、动作难度(2分)指标进行评判,规定套路从动作规格(7分)、艺术表现(3分)指标进行评判,视展示效果分别给予零到满分,其中同一难度动作只统计 1 次,动作规格可具体划分为小跌(轻微失误或轻微不符)、中跌(明显失误或明显不符)、大跌(严重失误或严重不符),具体条目详见扣分细则。传统套路从礼仪、主题、形态、神态、效果、音乐、编排、特色、技巧以及服饰器材等 10 个指标视展示效果给予 0~1 分,满分 10 分。

(二)裁判员扣分细则

1. 舞龙运动扣分细则(表 10-14)

表 10-14 舞龙运动裁判员扣分细则

类别	扣分理由	扣分数值
没有完成套路	规定时间内没有完成套路,中途退场者	不予评分
严重失误	动作失误,龙体出现不合理打结	每次扣 0.3 分
	动作失误倒地	
	动作失误脱把	
明显失误	龙体运动各节速度不统一,出现塌肚或者脱节现象	每次扣 0.2 分
	龙体运动幅度不统一,出现不合理擦地	
	队员失误相撞、碰踩龙身、龙杆,龙体出现短暂停顿	
	队员上肩、上腿、搁脚、骑肩、叠背、滚背、挂腰等技术动作失误或滑落	
	龙体运动由动到静、由静到动转换松散	
	快舞龙时力量不足、速度不快	
	单一动作次数不足	

续表

类别	扣分理由	扣分数值
轻微失误	龙体轻微打折	每次扣 0.1 分
	龙体运动与人体动作轻微脱节	
	人体造型动作不到位	
	躺地、起立时有附加支撑	
	组图造型转换不够紧凑,解脱不够利索	
	静态造型,龙体不饱满、形象不逼真	
其他失误	器材落地	每次扣 0.2 分
	器材损坏	每件扣 0.3 分
	服饰掉地	每件扣 0.1 分
	教练员以信号、叫喊方式提醒本队场上队员	每次扣 0.1 分

2.南狮运动扣分细则(表 10-15)

表 10-15 南狮运动裁判员扣分细则

类别	扣分理由	扣分数值
没有完成套路	规定时间内没有完成套路,中途退场者	不予评分
严重失误(大跌)	狮头、狮尾俱跌于桩上或地上	每次扣 1 分
	狮头或狮尾一人跌于桩上或地上且人、狮分离	
	有青不采、不设青或无主题(没呈报比赛套路名称)	
明显失误(中跌)	狮头或狮尾一人跌于桩上或地上,但人、狮没有分离	每次扣 0.5 分
	不能取回落青,没有完成主题	
	传统项目中,采青内容(主题、程序)违例:狮子出洞,无洞的形式;悬崖青,从高跳下;桥青,从桥底过;蛇、蟹、蜈蚣从正面采青等	
轻微失误(小跌)	凡在器械上或上腿出现滑足、失足;上腿出现滑足超出膝盖以下	每次扣 0.3 分
	竞赛中出现失衡、附加支撑	
	上下器材时器材损坏或倒下	
	采青时,青不慎脱落,但仍能够以其技巧取回落青	
	不合理采青(颈下采青、整个手掌伸出狮嘴外)	

续表

类别	扣分理由	扣分数值
其他失误	上单腿不协调、不自然，滑足	每次扣 0.1 分
	上器材不稳而过位	
	头尾非规定相撞	
	狮具部件、器材配饰、狮青脱落	

3. 北狮运动扣分细则（表 10-16）

表 10-16　北狮运动裁判员扣分细则

类别	扣分理由	扣分数值
没有完成套路	规定时间内没有完成套路，中途退场者	不予评分
严重失误	狮头、狮尾俱跌于台上或地上	每次扣 1 分
	狮头或狮尾一人跌于桩上或地上且人、狮分离	
明显失误	狮头或狮尾一人出现跪地、附加支撑	每次扣 0.5 分
轻微失误	凡在器械上或上腿出现滑足、失足；上腿出现滑足超出膝盖以下	每次扣 0.3 分
	上下器材时器材损坏或倒下	
	狮头、器材相撞、磕地	
	造型动作静止时间不足 3 秒	
	引狮员跌倒（跪、坐）于台上或地上	
其他失误	狮具部件、器材配饰、乐器、引球脱落	每次扣 0.1 分

（三）裁判长扣分细则（表 10-17）

表 10-17　龙狮运动裁判长扣分细则

类别	扣分理由	扣分数值
出界	出界或踩线	每人每次扣 0.1 分
时间	不足或超出规定时间 1 秒至 15 秒	扣 0.1 分
	不足或超出规定时间 15.1 秒至 30 秒	扣 0.2 分
	……	……
改变动作	漏做、增加和改变动作顺序、路线、方向	每次扣 0.3 分

续表

类别	扣分理由	扣分数值
重做	客观原因造成比赛中断,可重做一次	不予扣分
	运动员受伤,器材损坏,伴奏音乐等主观原因造成的比赛中断,经裁判长许可后,可申请重做	扣1分
违例	参赛队伍参赛人数超出或不足	1人扣0.5分
	(舞狮项目)桩阵高低、长度或圆盘直径等与规格不符	每项扣0.5分
	自选套路登记表迟交	扣1分
	礼仪违例	每次扣0.5分
	规定套路与自选套路队员不一致,出现替换	每人扣0.5分
	提示违例	扣1分
	传统项目中,用生禽、特制陶瓷、危险易燃物作为摆设布阵	每项扣1分
	(舞狮项目)保护人员不得超过4人	违者扣0.5分
	(舞狮项目)保护人员在比赛中触及狮或器材	每次扣0.5分

思考题

1. 简述龙狮运动的发展过程。
2. 简述龙狮运动的当代价值。
3. 龙狮运动评判的基本内容有哪些?
4. 龙狮运动的A级技巧有哪几大类?
5. 龙狮运动按照竞赛项目划分大概有哪些?

第十一章　大学生安全防卫学

第一节　大学生安全防卫学概述

一、预防暴力犯罪与大学生安全防卫学简介

预防暴力犯罪一般有两种意义,它的广义是指动用整个社会的力量来减少和防范暴力犯罪来保证人民生命和财产的安全,如教育可以预防青少年加入黑恶势力或选择犯罪作为他们未来的职业,而社会福利则给需要的个人提供必要的帮助防止他们靠犯罪来养活自己。人民警察及整个公检法系统威慑和限制歹徒的行动自由,而街邻联防则可免除社区的黑恶势力及其他犯罪的骚扰,保证社区的安全。只有全社会与个人一起预防,相辅相成,互不偏废,才能收到预防暴力犯罪的最大效果。

大学生安全防卫学是一门实用性科学,它综合了犯罪学中的原理与知识,公检法系统与警方的犯罪统计数据与案例,及各种拳术中的实用格斗部分而形成的一套独立的安全防卫学体系。安全防卫学不仅研究、检验防范与应对暴力犯罪的理论、策略、技术及仪器设备等,而且更注重研究设计各种实用性课程,向广大人民群众推广,以提高人民群众的安全防范意识与技能。它的宗旨是把全国的每个人、每一家,都武装起来以应对暴力犯罪。

二、大学生安全防卫学的性质

安全防卫行为有几个最明显的性质,而大学生安全防卫学的性质也是在这些特殊性质的基础之上形成的。

(一)防御性与被动性

由于在各种暴力犯罪中都是歹徒主动攻击受害者,因而防卫者只能被动地去反应、去对付歹徒。这就决定了安全防卫者在与歹徒的较量中,歹徒永远都占有先机,而防卫者却总要被动防御。

(二)不可预知性

安全防卫者与歹徒之间的较量是一场不对等、不公平的"战争",受害者都在明处,而歹徒却在暗处。人们不知道谁是歹徒,他们的攻击目标是谁,他们想干什么、处在何地、何时作案,因而防范起来困难重重,这是自卫防身者的最大弱点。

(三)残酷性

当安全防卫者遭遇歹徒攻击时,格斗往往残酷而惨烈。大部分罪犯都是阴险狡猾、心狠手辣、无法无天的冷血亡命之徒。他们什么都敢做、什么都敢干,如刀枪棍棒、膝肘拳脚、砖头酒瓶,无所不用其极地要达到他们的攻击目的,而大学生安全防卫者一方亦是拼死反抗以保护自己的生命安全。双方在手段的使用上和格斗的程度上都没有任何限制,这种对抗的残酷程度可想而知。

(四)复杂性

大学生安全防卫者要防范和对付各种犯罪,各种歹徒,各种犯罪手法。这好比一场战争,又好比一场体育比赛,双方的准备程度、智力水平、技术水平、身体条件以及特定的场合与具体情况都会对胜负产生重大影响。

三、大学生安全防卫教育的目的

大学生安全防卫教育的主要目的是通过培养学生的自我保护意识和动机,掌握与运用智力与心理技巧、策略,学习运用格斗技、战术经验来提高大学生安全防卫的实际能力,以使他们能够成功地预防暴力犯罪的攻击,并能在遭受徒手或武装的歹徒攻击时,能有效地应对罪犯。虽然大学生安全防卫教育不能保证学生在学完课程之后就能百分之百地保证他们的生命安全,但这种教育却能降低他们成为受害者的概率。大学生安全防卫教育的两大主要目标:一是让学生提高自我保护意识;二是帮助学生提高身体素质和格斗能力。

第二节 预防与策略

本节主要具体分析暴力犯罪方式并提供预防措施。学生先针对所列出的危险信号或危险行为来对照自己,看看自己和所列危险信号能否对上号。如果有一条或几条对上,则说明遭到这种犯罪攻击的可能性大。因此在察觉自己的危险行为后,应立即采取措施,有一条就消除一条,消除隐患。如果自己的行为与危险清单都对不上号,则可采用第二种方法,即一般防范原则与措施来加以预防。

一、防范凶杀（本章二维码视频有详细讲解，此处略）

(1)危险行为：检查与消除。
(2)防范凶杀一般原则。

二、防范抢劫（本章二维码视频有详细讲解，此处略）

(1)危险行为：检查与消除。
(2)防范抢劫一般原则。

三、防范强暴（本章二维码视频有详细讲解，此处略）

(1)危险行为：检查与消除。
(2)防范强暴一般原则。

四、防范攻击伤害（本章二维码视频有详细讲解，此处略）

(1)危险行为：检查与消除。
(2)防范攻击伤害的一般原则。

五、防抢包、抢首饰及掏包

歹徒抢包、抢首饰及掏包，目标在钱，如果得手一般不会再伤害受害者。但在抢劫过程中，受害者很可能也会受伤，或与歹徒发生冲突而遭到歹徒攻击。

(一)危险行为：检查与消除

(1)携带较多现金或露财。
(2)佩戴贵重首饰。
(3)钱包未得到妥善保护。
(4)为其他事而走神，忘了保护钱包。
(5)缺乏警觉。
(6)单独行动。

(二)防范抢包、抢首饰及掏包的一般原则

(1)不要佩戴贵重而引人注目的首饰。否则，但歹徒会把你当成目标。
(2)少带现金，而且不要露财。尤其不要在别人注目之下打开钱包掏钱。
(3)在人多地方买东西时，先在人少处把钱准备好，并抓牢自己的包。
(4)把包夹在腋下比较保险，尤其不要因为拎东西把两手都占上，而忘了护包。
(5)走路要警觉，留心环境，提防歹徒的突然袭击，尤其是驾驶摩托车的歹徒。

第三节　格斗技术

一、远战格斗技术

远战格斗指的是自卫者与歹徒之间保持两臂以上的距离,运用移动、躲闪、格挡、长拳及长踢等技术进行攻防的格斗。它类似于空手道或跆拳道比赛的方式。远战的主要目的是使自卫者能在格斗中与歹徒保持一定的安全距离,以使歹徒抓不到或打不到自卫者,因此这种格斗方式对自卫者相对安全一些。自卫者有一定的时间和距离对歹徒的攻击意图或动作做出及时反应。自卫者进可以攻,退可以守,攻守分明。这种格斗对自卫者危险性小些,因而在选择格斗方式时,自卫者应尽可能采用这种格斗方式,尤其是在歹徒靠近或抓住自卫者之前,或在解脱搂抱控制之后,或当歹徒有刀时。

(一)远战格斗姿势与移动

1. 姿势

合理的远战格斗姿势能使自卫者快速移动,快速进攻,快速退防。各种拳术均有自己的基本姿势。最常用和最实用的自卫防身远战格斗姿势有些类似于拳击的基本姿势。动作如下:

(1)与歹徒保持两臂距离。
(2)两脚如肩宽,重心在前脚掌上。
(3)两膝弯曲。
(4)身体半左转,两肩向内拢。
(5)头稍向下缩,注视歹徒。
(6)左拳约与下巴高,置敌我之间,主要保护头部与肋部。
(7)右拳在胸前,主要保护下颌、肋部及裆部。

2. 移动

快速的脚步移动可使自卫者保持安全距离,以便进可抓住对方空当进攻,退可避开歹徒抓、打、踢。移动技术包括前、后、左、右四个方向。前移用来出拳、出腿攻击歹徒,后移用来躲避对方抓、打、踢,左右侧移动用来避开对方前冲。移动的基本步法是向哪个方面移动,哪只脚就先动,而另一脚快速跟随以保持同样的格斗姿势。有时移动不只一两步,但基本方法都一样。

(1)后移时后脚先撤,前脚随撤。
(2)前移时前脚先动,后脚跟上。
(3)左移时左脚先动,右脚跟上。
(4)右移时右脚先动,左脚跟上。

(二)远战进攻技术

进攻技术作用有三:一是用来阻挡歹徒靠近自己;二是击伤歹徒以使其失去或削弱其攻

击能力;三是阻吓对方以使歹徒知难而退。

1. 拳法

(1)前手直拳。前手靠近歹徒且出拳又快,用来打击歹徒脸部,或用来诱惑歹徒护脸,而乘机用后拳打其肋、腹部。动作如下:

①快速向右转体,左肩前送发力。

②左拳击歹徒鼻梁。

(2)后手重拳,此拳主要用来打击歹徒肋部或下腹。若歹徒个子不高,亦可用来打击头部。动作如下:

①右脚左转,向左转身。

②右肩前送发力,以拳面击打歹徒肋部和腹部。

2. 腿法

(1)前蹬脚,前蹬力量较大,主要用来攻击对方裆、腹或膝以使其丧失攻击能力或迫使其后退躲避。前蹬脚两脚都可以使用。动作如下:

①向左转体面对歹徒,前提右膝。

②右脚前伸脚尖向上击歹徒下腹。

(2)侧踹脚。侧踹脚左右腿都可以用。动作如下:

①前腿向内侧提膝,脚尖向内侧。

②用脚外侧蹬踹歹徒膝部。

3. 组合技术

在实际自卫防身格斗时,任何人很难靠一招一式就把歹徒击倒,尤其是敌我双方都拉开格斗架势时。这时运用组合拳就比较有效,因为组合拳的功能在于使歹徒防不胜防,总是被动挨打。比如,侧踹—直拳—重拳组合。

(三)防守技术

在真正的自卫远战格斗中,自卫者不仅要会以攻为守,也要会在歹徒踢打时格挡及闪避。自卫远战格斗攻守转换频繁,攻中有守,守中亦有攻,自卫者要熟练灵活转换这两种方式以增加胜算。

1. 防拳

1)格挡

格挡是防拳最容易、最简单的方法。只要自卫者摆出正确的格斗姿势,歹徒出拳就会受到阻碍,因为自卫者的双手在挡道。为了安全起见,可将歹徒之拳稍向侧挡,以使其落空,但格挡动作要小,格

图 11-1 推挡防拳

挡后手立即回原位,并且在格挡后要迅速退出歹徒的有效攻击或立即反攻距离,以免落入只能招架的地步。动作如下:前手击歹徒右拳向左推挡开(图 11-1)。

2）躲闪

躲闪属防拳的中级技术。其目的是使自己的身体成运动状态以使歹徒出拳时找不到或打不到目标,若与格挡结合使用则更为安全。基本躲闪技术有三种:后闪、下闪和侧闪。三种躲闪各有利弊。后闪比较容易,不管对手哪只手出拳都可以向后闪避。下闪容易但难接后续动作且易遭到对手撞膝。侧闪容易避开对手攻击并易接后续动作。但判断对手哪只手出拳并选择躲闪方向却较难。

动作如下。

(1)后闪动作:头部向后躲避,双手护脸可准备侧踹。

(2)下闪动作:下蹲弯腰躲避来拳。

(3)侧闪动作:左脚左移,上体左倾左转避开来拳。

2.防踢

1）后撤

防踢的最简单、最安全的方法是后撤一两步,以躲开歹徒脚踢的有效打击距离,后撤步前面已介绍过。看到对方起脚要迅速撤步,一般都来得及。

2）腿挡

当歹徒起脚很快,自卫者已来不及撤步或无处可退时,宜用腿挡技术。自卫者在对方踢腿时迅速提起前膝,既可保护裆部又可避免膝部被歹徒踢伤。为了保证安全,在采用腿挡时,自卫者可用后腿后跃一步同时前腿来挡。

动作如下。

(1)腿挡动作:前膝侧提挡住敌脚。

(2)跳挡动作:前膝侧提挡住敌脚,后脚后跳撤步。

(四)远战策略

远战策略包括进攻型策略和防守型策略。远战格斗成功与否不仅取决于技术优劣,而且取决于策略运用得是否合理。自卫者要根据敌我双方情况来灵活运用。

1.进攻型策略

自卫者不是消极等待歹徒进攻让自己挨打,而是主动出击,以攻为守来击伤或击退歹徒或吓退歹徒。每当自卫者不得不击伤歹徒才能保护自己,或出于各种原因(如歹徒有后援或自己耐力不好不能持久时)想尽快打退歹徒,或在歹徒身高力量都不占优势时,可考虑应用这一策略。

(1)用巧计诱骗歹徒,待其松懈时猛攻。

(2)用假动作及组合拳连续攻击歹徒。

(3)摆出一副拼命的大打架势,即使挨上一两拳也不在乎。两军相逢勇者胜。要在气势上能压倒对方。

2.防守型策略

防守型策略主要是躲避歹徒锋芒,以逸待劳,当歹徒十分强壮、凶猛或持刀,或急于抓住自卫者以求速战速决,或自卫者对主动攻击缺乏能力与信心时,自卫者应考虑采用这种策略。其主要的实施方法包括下面几点：

(1)不断移动,保持安全距离;

(2)节省体力,不要轻易出腿出拳;

(3)如歹徒进逼无处后退时,应重踹逼退对方;

(4)留心环境以利用地形与武器;

(5)采用激击战术,有机会就打,打了就跑,打不着就准备与歹徒长时间对峙。

进攻型策略在进攻时由于太靠近歹徒而会增加危险。防守型格斗则灵活机动,但在活动范围受限制时作用不大。两种策略的应用根据双方的水平与能力及具体的格斗情况来选择。一般来讲,防守型较适合初学者。

二、近战格斗技术

近战格斗方式主要用于自卫者与歹徒距离较近(一臂之内)时,其主要技术包括用肘、膝或短踢及短拳来打击歹徒并同时防备歹徒使用这些招数。

(一)基本姿势

近战格斗的基本姿势类似于远战格斗,但身体缩得更紧,两臂更靠近身体,两手护头、两臂肘护肋,前腿内合护裆。攻守均由这个姿势开始。

近战格斗的移动方式基本上是跳步移动和碎步移动,加上身体向后向侧的躲闪动作。

(二)进攻技术

1.膝撞技术

膝部是近战格斗中力量最大、最有威胁的武器,主要用来打击歹徒裆部及下腹。若打击这些有效部位则立即使歹徒失去反抗能力,若击中腿部这样的强壮部位也会大大削弱歹徒的攻击能力。动作如下：①抓住歹徒双肩或双手。②快速提膝前顶歹徒裆部。

2.肘击技术

肘也是近战中威力强大的武器。武林中有"宁换十拳不换一肘"之说。肘击主要用来打击歹徒头、肋部及下腹。肘击可打高打低。下面是几种基本肘击技术。

(1)前横肘。这项技术主要用来打击歹徒头部,尤其当歹徒个子不高时,动作如下：

①向左快速转体;

②用横肘击歹徒头部。

(2)前顶肘。这项技术主要用来打击歹徒肋部及下腹,尤其当歹徒个子比较高时,动作如下：

①重心下降,后腿前蹬,后手顶住前手加力;

②身体左转加力,以肘尖击打歹徒肋部。

(3)后横肘。这项技术主要用来打击背后之歹徒,尤其当歹徒个子不高时,动作如下：身体迅速侧转,同时以肩带肘,以肘及上臂击歹徒头部。

(4)后顶肘。这项技术主要用来打击背后之歹徒,尤其是歹徒个子很高时,打击部位是

肋部与下腹,动作如下:

①腿向后蹬,身体快速侧转;

②以肩带肘向后击歹徒肋部。

3.短拳

(1)上手短拳,主要用于绕过歹徒双手而打其脸或耳后(图11-2)。动作如下:①上体快速侧转,以肩带动;②拳心向下,击歹徒耳后。

(2)下手短拳,主要用手打击歹徒肋部或腹部。动作如下:①身体快转,后腿前蹬;②以腰肩带动,拳向上击打歹徒的肋部或腹部。

(3)冲天炮,主要用来从歹徒双手之间空当拳打歹徒下巴,动作如下:①身体快转,后腿上蹬;②以腰肩带动,拳面向上打歹徒下巴。

图11-2 上手短拳击头

4.头撞

头撞技术主要用来打击歹徒鼻梁或下巴,动作如下:①以腰腹带动上体前移;②以头撞歹徒鼻梁。

(三)防守技术

在近战中歹徒也可能会用上面的招数来进攻,对此,自卫者可用下面三种防守方式来对付歹徒的攻击。

1.格挡后退

自卫者用手、臂、肩、腿挡住歹徒的第一招,然后猛推歹徒,同时跳步后撤至安全距离(图11-3)。这一防守方法对一般自卫者比较安全。动作如下:①以手挡对方来拳,后猛推对方。②用跳步或撤步退回,准备下一个动作。

图11-3 格挡后退

2.格挡反击

当自卫者无处后退,或打算速战速决扭转局势时可用这种防守方法,这是一种积极防御的防守方法。动作如下:①挡住对方来拳。②以膝顶撞歹徒裆部。

3. 单个技术防守。

防歹徒的短拳一般可用格挡技术或身体躲闪技术（同远战技术）。而对付歹徒的膝肘攻击：一是后退以撤出其有效攻击距离，因为膝撞、肘击都是近战技术；二是贴紧对方以使其无法发力。膝肘技术都需要一定的距离来加速。如一开始就被挡住，则膝肘力量就发挥不出来。

三、摔法格斗

当歹徒企图抓住，或已经抓住自卫者的肩膀而试图将其摔倒在地时，自卫者必须使用摔法来对付歹徒。这种格斗主要包括下面的内容：防抓肩，在肩膀被抓时解脱，保持身体平衡，在被摔倒时保护自己，基本摔法及对付歹徒用摔法的进攻。

摔法格斗方式远不如远战格斗或近战格斗方式安全，因为歹徒一般都强壮一些，所以在抓住自卫者时歹徒往往会占力量上的优势。在抓摔滚打的混战中，自卫者也没有时间和机会去想主意。另外，这种格斗方式最耗体力，一般在几分钟之内自卫者就会筋疲力尽。因而如果自卫者不得不使用这种格斗方式时，不宜久战，最好用一两招击退歹徒从而退出对方的抓摔，并使用远战格斗方式。

虽然此处主要介绍摔法，但自卫者不要限制自己，在防抓和对付摔的过程中，一旦有机会就可以用拳、脚、膝、肘等远战、近战技术来攻击歹徒。

（一）保护性倒地技术

倒地技术主要是在歹徒摔倒自卫者时，自卫者用来保护自己以避免受力倒地，并进一步与歹徒做地面格斗。保护性倒地本身就是一种自卫防身技术。而且自卫者在学会倒地技术后信心会增强，从而使摔法格斗的学习更容易。倒地技术包括前倒、后倒、侧倒、前滚和后滚五种。

（二）破解抓肩、保持平衡

1. 破解抓肩

破解抓肩是歹徒抓住自卫者双肩时，自卫者以肩或臂横撞歹徒迫使其松手（图11-4）。自卫者此时亦可以膝顶裆。动作如下：①向左转体以肩或臂击歹徒肘腕。②准备再战。

图11-4 破解抓肩

2. 保持平衡

保持平衡主要用在歹徒抓住自卫者肩膀并前拉后推企图摔倒自卫者时，同时伺机用远战格斗、近战格斗或摔法来解脱。动作如下：抓住歹徒，移动保持平衡。

（三）摔技及破解技术

摔技主要用在格斗中伺机摔倒对方以求解脱，并在歹徒运用摔技时能破解其技。摔法多种多样，有中国式、西方式，还有柔道式。这里只介绍一种比较容易的摔技。

1. 勾腿摔

动作如下：①右手推左手拉，使歹徒右肩右脚靠前，同时左脚跨越歹徒右脚。②提左腿勾住歹徒右腿。③右手前推，右腿后踢歹徒腿摔之。④转体将歹徒摔倒。

2. 破解勾腿摔

破解勾腿摔有两种方法：一种是在歹徒伸腿欲挑自卫者腿时，自卫者迅速将后腿后撤；另一种是在歹徒伸腿时用同样技术将其摔倒。

破解勾腿摔第一种方法动作如下：①歹徒伸腿欲绊。②撤腿。

破解勾腿摔第二种方法动作如下：①歹徒伸腿欲绊。②自卫者用勾腿摔迎之。

四、地面战格斗

地面战格斗也是自卫防身学的一类不可缺少的格斗方式。从很多案例的统计看，在遭到突然袭击时，自卫者尤其是女性往往在五六秒之内就被歹徒摔倒在地而处于劣势。自卫者安全脱身的机会比远战格斗和近战格斗大为减少，这类格斗一般只在不得已的情况下才使用。

被歹徒摔倒不见得就输掉了这场格斗，若自卫者能正确使用倒地技术，并应用地面战格斗技术，则仍有机会脱险。地面战格斗一般有三种方式。

（一）跪姿摔跤

这种格斗方式是在自卫者尚未完全倒在地上或刚起身就被歹徒抓住而不得不以跪姿与歹徒格斗时所用的技术。若尚未被歹徒抓住，则可以用拳法或肘法攻击歹徒，或后滚摆脱；若已经被歹徒抓住且歹徒企图继续将自卫者摔倒时，应使用摔技中的平衡技术以保持平衡，同时伺机出拳、出肘、抓脸偷袭歹徒，或使用后面介绍的锁关节技术来对付歹徒，若被歹徒抓臂、抓发、锁喉、抱住时，参照解脱格斗一节所用技术。动作如下：

(1) 抓住歹徒以保持平衡，用前推或侧拉来拖倒歹徒。

(2) 拳击歹徒面部。

（二）地面远战

当自卫者已倒在地尚未被歹徒抓住或按住时，可应用各种远战中的踢打技术来迫使歹徒保持一定的距离。尽管不可能完全搬用远战技术，但在做适当调整后仍然可以具有攻击力。地面远战的基本方式包括几个步骤（图 11-5），动作如下：①倒地保护；②踢打推开歹徒；③滚出歹徒的攻击范围；④摆出地面架势，以脚对歹徒，以手作脚移动；⑤当歹徒靠近时，踢其膝、裆或脸;⑥当歹徒后退时,向反方向滚出站起。

图 11-5　地面远战技术

(三)地面解脱技术

当歹徒将自卫者抓或压在地上时,自卫者必须使用地面解脱技术来对付歹徒的抓、锁喉、拳打、刀刺。地面战比起远战,自卫者格斗的难度大大增加,危险大大增加,尤其当歹徒身强力壮时,脱身机会大为减少。自卫者在地面战时应全力以赴,可使用各种技术,包括踢裆、打脸、挖眼、口咬、抓裆来对付歹徒。

下文介绍的地面解脱技术是用来对付几种常见的紧急情况。这些技术学起来不难,但在遭到攻击时能识别歹徒手法并合理使用却不易。快速识别及合理应对是地面战格斗中一种重要的能力,因为歹徒不会给你时间让你去想歹徒的攻击手法是什么及如何对付。所有的解脱技术都应该是自动展开的。

1.体上卡喉解脱法

此法用于歹徒压在自卫者身上并以双手卡喉时(图 11-6),动作如下:①歹徒上压卡喉。②双臂猛击猛压歹徒双臂于胸前。③一腿蹬地向侧转体,抽一只手将歹徒头向上推。④双手将歹徒头向上使劲推。⑤待歹徒前冲时,侧推其体。

图 11-6 压臂转体解卡喉

2. 体上压臂解脱法

当歹徒压在自卫者身上并压住双手时,自卫者的情况变得十分困难,所能应用的技术十分有限。下面的滑臂解脱可能是唯一可用的技术,虽然它也不能保证次次成功(图 11-7),动作如下:①歹徒上压自卫者双臂。②自卫者用膝盖快顶,并下拉左臂。③用右臂及全身力量向左推倒歹徒。

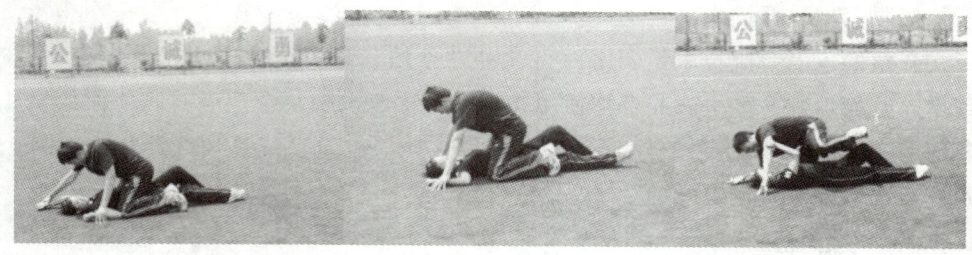

图 11-7 滑臂解脱体上压臂

五、解脱格斗技术

歹徒在攻击受害者时往往采用突然袭击的方式来控制要害部分,以期将受害者迅速制服。自卫者在遭到突然袭击的情况下往往没有时间来考虑对策,更难以保持安全距离,因而必须被动地根据受攻击的方式和部位来采取一些解脱方法。采用这种格斗方式,其成功率要比其他方式,如远战格斗、近战格斗更低。如有其他可能,应避免使用。解脱格斗所对付的攻击行为分四大类:抓臂、抓发、锁喉、抱腰。此处只介绍前三种。

(一)抓臂解脱技术

1. 上抓臂

当歹徒上抓前臂时,自卫者可用踢打、膝顶击退歹徒,或用这些技术吸引对方注意力,再用转压解脱技术(图11-8),动作如下:自卫者用另一只手抓住自己的被抓手,同时进一步靠近,手下压、肘上抬压住对方手腕。

图11-8 转压解脱

2. 下抓臂

当歹徒下抓前臂时,自卫者可用踢打,或用未被抓的一只手打歹徒脸,然后用转体解脱法(图11-9),动作如下:①用未被抓的手迎面一抓或一拳。②乘歹徒躲闪时,手下滑抓住被抓之手。③双手从歹徒两臂之间上提。④转身加力摆脱。

图11-9 转体解脱

3. 后扭臂

当歹徒将自卫者一手扭在背后时,自卫者可使用以下几种技术解脱。若歹徒稍远,则可用后蹬脚攻击歹徒裆、腹、小腿骨或膝盖来解脱。若歹徒将自卫者手臂上抬，自卫者因疼痛而失去反击能力时，可用前滚法解脱。若歹徒就在背后时可用肘击加摔法解脱。

肘击后的解脱动作如下：①歹徒后扭臂，以肘后击其头部。②将肘的同侧腿移至歹徒体后跘摔其腿。③后推歹徒使之跌倒。

（二）抓发解脱

抓头发以控制受害者是歹徒的惯用手段之一，而且效果很灵，因为头发（尤其是女性的马尾发型）一旦被抓，受害者的头部马上被歹徒所控制，而反制却很难。对付抓发一般有几个步骤：应先抓住歹徒之手以保持对头部的控制，并防备歹徒进一步打脸卡喉，同时以远战或近战技术还击，以迫使歹徒松手，视情况接下来可用摔法或反关节技术。

（1）前抓发解脱（图11-10），动作如下：①双手抓住歹徒手臂。②同时用膝顶其裆部。

图11-10　抓踢锁肘解脱

（2）后抓发解脱（图11-11），动作如下：①双手抓住歹徒之手，双臂挺直。②快转身以上臂击其肘。③以膝顶裆部。

图11-11　击肘顶裆解脱

(三)卡喉锁喉解脱

卡喉锁喉置自卫者于十分危险的处境。一旦不能及时解脱,就可能窒息昏倒。更严重的是若歹徒加力则可损伤甚至折断受害者的脖颈,尤其是后锁喉。锁喉解脱的过程一般是先抓住歹徒手臂以保护脖颈并保证呼吸,然后使用适当攻击技术迫使歹徒松手。

1. 前卡喉

抓顶击肘解脱法,动作如下:①双臂抓住歹徒双臂并下压。②以膝顶裆。③转身以坚挺手臂横击歹徒肘。

2. 后锁喉

抓、咬肘击解脱法,动作如下:①双手抓歹徒手臂下拉。②下巴回收贴紧喉。

3. 夹头

掏裆抠眼解脱法,动作如下:①先以双手拉住敌臂以护颈,另一手偷袭敌裆。②若敌人紧闭双腿,则上抠敌眼同时后推使敌向后倒下。

六、特殊格斗

特殊格斗是指在敌我实力相差较大的情况下使用的自卫防身术,如对付两个或更多的歹徒,或对付持刀、持枪的歹徒。歹徒若手中有枪或刀等武器则更增加了自卫防身格斗的危险性。许多案例也表明在枪口上或刀尖、刀刃下自卫防身难度很大,相关实验研究也证明对付持匕首攻击者的危险性,受伤概率可达80%,而对付持枪攻击者的受伤概率也达到58%。

(一)对付持刀歹徒

刀尖上的自卫防身与枪口上的自卫防身有些类似,安全防卫者所面临的最大难题是摸不清歹徒的意图而拿不定主意。专家们认为对付持刀歹徒与对付持枪歹徒相似。第一还是服从以避免伤害并寻找等待机会。第二是逃跑以脱离险境。第三是徒手或使用其他器械与歹徒格斗。

1. 服从

当歹徒紧紧抓住安全防卫者并且以刀尖对准胸时,当安全防卫者无法逃跑又无法格斗时,当安全防卫者自知技术或力量都占下风时,或当歹徒明确表明只要钱财时,安全防卫者应采用服从的战术,但在服从时亦应注意歹徒举动并随时准备逃跑或格斗,最好能与歹徒有点距离。

2. 逃跑

一般来说,防卫课教师都告诫学生,不管他们的武艺多高,在遇上持刀歹徒时首先要跑,除非是无路可逃。逃跑的好处是能迅速摆脱险境,而且歹徒不能像用枪械那样从后面远距离射击,因此安全程度较高。另外,一般歹徒也不愿或不敢公然在大街上持刀追人。但逃跑也会受一些因素限制,如是否有路可逃、跑速及耐力如何等。

3. 格斗

以格斗对付持刀歹徒容易激怒和威胁歹徒而使其全力攻击安全防卫者,并且一旦动起手来安全防卫者便没有退路。在其他招数都不灵的情况下,格斗便成为唯一的手段,尤其是在歹徒铁了心要将安全防卫者置于死地时,或强迫其去偏僻处而安全防卫者又无法逃跑时,或安全防卫者技术力量占优势时。

1) 远战对短刀

远战对刀相对安全一些,而且进可攻退可守。远战对短刀的原则如下:第一是保持移动、保持距离使歹徒之刀无法伤及目标。第二是少用拳而多用掌以侧挡来刀,并准备抓其手臂。尽管手有时会受伤,但要害部位将得到有效保护。第三是抓住时机,以腿攻击歹徒之膝,或踢歹徒持刀之手。第四是随时用手边可以抓到的武器攻击,并寻找机会逃跑。下面是远战对短刀的基本技术(图11-12),动作如下:①保持距离与移动。②抓住机会踹其膝迫使其退后。

图 11-12　远战对短刀

2) 器械对短刀

前面所列研究结果已表明使用椅子、棍子,甚至衣服都可以减少对刀格斗的受伤概率。但实战时手边不一定恰好有这些器械,安全自卫者应灵活利用一切可能用的器械来减少伤害,如书背、沙发坐垫、脸盆、水桶、球拍等。下面介绍三种方式对刀,包括秋衣对刀(图11-13)、马扎凳对刀(图11-14)及拖布把对刀(图11-15)。

秋衣对刀动作如下:(1)抓住衣服两肩拉紧,两手上下将衣服置于体前。(2)当刀刺来时,侧挡刀锋,马上回到体前。

图 11-13　秋衣对刀

马扎凳对刀动作如下:①举起凳子以椅腿对敌,避免被歹徒抓到凳腿。②当歹徒试抓凳子时,可举凳猛击、或后退、或侧踹其膝。

图 11-14　马扎凳对刀

拖布把对刀动作如下:①持拖布把对准敌头。②猛刺其头,腹或裆,歹徒欲抓棍时后撤回棍或侧踹其膝。

图 11-15　拖布把对刀

(二)以少对多动作(图 11-16)

①遭到两个歹徒夹击。
②战其中一方。
③在该歹徒后退时迅速到另一边对付另一歹徒。

图 11-16　以少对多动作

第四节　不断学习,终身受益

人们常认为学过一门安全防卫学的课程,自己就有了一道护身符,从此便可以高枕无忧,远离暴力犯罪了,这种想法实在是太天真。学会这门知识固然可以降低成为犯罪受害者的概率,但并不能百分之百地保证安全防卫者的终身安全。并且,一门课程学习的结束并不意味着安全防卫学习活动的结束,恰恰相反,这正是每个学生在未来漫长的人生道路上保护自己生命安全的开始。而且,学习如逆水行舟、不进则退、不用则废。其中,格斗技术的学习亦如拳术练习,三天不练则会手生。若想长期保持自己的实战格斗能力,并在日常的生活中将自己成为受害者的概率降至最低程度,最好的措施是做好两件事:第一,始终保持安全防卫的意识与警觉,并把所学过的知识、策略应用于日常生活之中,步步为营,以使预防犯罪侵害的警钟长鸣;第二,继续学习,不断扩展自己的知识并巩固提高格斗技术,同时又能始终掌握现代犯罪的发展趋势以尽早防范。

学生应把防范措施落实到每个行动上。预防犯罪的基本原则与措施我们已在前文详细介绍过了。学生应尽快尽早地把适合自己的一些原则与措施付诸实施。预防犯罪是一项长期的任务,而不是临时抱佛脚的一种权宜之计。另外,与家人、朋友、同事等保持互通,互相提醒对形成安全的生活方式亦很有作用。学生应能创造性地把预防暴力犯罪的原则措施用来保护自己。有些措施是临时性的,如外出旅游的防范;而大部分则是长期的、终生性的防范,需要更长时间来预防,如改掉坏脾气、学会与人为善、减少树敌等。只有学会了这些,方能在日常生活中融会贯通,将自身受到威胁的概率降到最低。

思考题

1. 大学生安全防卫教育的性质有哪些?
2. 大学生安全防卫教育的目的有哪些?
3. 如何防范凶杀?
4. 如何防范抢劫?
5. 如何防范强暴?
6. 如何防范攻击伤害?
7. 摔法格斗的策略有哪些?
8. 在远战格斗的移动中,快速移动的脚步对远战格斗有什么样的作用?
9. 解脱格斗策略有哪些?
10. 在地面战格斗中,如已经被歹徒抓住且歹徒企图继续将其摔倒时,应该怎么做?
11. 在面对持枪或持刀的歹徒时,什么样的情况下我们需要进行格斗?
12. 学完这门课,你认为学习这门课的必要性有哪些?

第十二章　跆拳道运动

第一节　跆拳道运动概述

一、跆拳道运动的概念与发展

(一)跆拳道的概念

跆拳道运动是一种起源于朝鲜半岛的格斗术,主要利用手、脚等部位进行格斗对抗,是一项注重礼仪修养的体育运动。跆拳道中跆意为以脚踢、摔撞;拳,以拳头打击;道,是一种艺术方法。它是以腿法为主的功夫,其腿法占70％,跆拳道的套路共有25套,另外还有兵器、擒拿、摔锁、对拆自卫术及10余种基本功夫等。跆拳道是经东亚文化发展的一项朝鲜武术,以"始于礼,终于礼"的武道精神为基础。

(二)跆拳道运动的发展

跆拳道运动于1988年奥运会时被列为示范项目,从1992年的巴塞罗那奥运会开始为试验比赛项目,到2000年的悉尼奥运会成为正式比赛项目。跆拳道在全世界的组织主要有两个:国际跆拳道联盟(ITF)和世界跆拳道联盟(WTF)。

1989年,世界跆拳道联盟首次在北京举行跆拳道培训班,跆拳道首次作为竞技体育被介绍到中国。1992年10月7日,中国跆拳道筹备小组成立。1995年5月,共有22个单位250多名运动员参加了在北京体育大学举行的第一届全国跆拳道锦标赛,从此,跆拳道运动在中国迅速发展起来。1995年8月正式成立了中国跆拳道协会,魏纪中当选为第一任主席。1995年11月,中国跆拳道协会成为世界跆拳道联盟(WTF)正式会员。

二、跆拳道运动的特点及功能

(一)跆拳道运动的特点

1. 手脚并用,以腿为主

跆拳道运动主要以腿法为主,腿法在跆拳道运动中占70％。根据跆拳道的运动理论,腿的力量要比手臂的力量大得多,而且腿法攻击威力大、攻击路线长,能够有效地保护自身容易遭受攻击的部位。

2. 直来直往,以刚制刚

在跆拳道比赛中,以躲闪作为防守的方法很少被采用,大多采用手臂、手掌、拳进行格挡防守,直接接触、以刚制刚,方法更加简练硬朗。

3. 功力测试,方法独特

跆拳道练习者经过系统训练,可以使其四肢能够发挥出巨大的威力。无论是在跆拳道表演、晋级考试还是在比赛或训练中,功力测试都是一项非常重要的内容。

4. 发声扬威,以气催力

无论是跆拳道品势练习,还是相应的训练或比赛,练习者都应该具备威武磅礴的气势。他们通过发出声音,能够使自身的兴奋性增强,并使自身的注意力提高,从而使自己将全部精力投入到训练或比赛之中。

5. 内外兼修,身心合一

跆拳道运动不仅强调身体的外在训练,同时还注重心智的内在修炼,要求内外同修,身心合一。

6. 礼始礼终,谦和恭让

"礼"是跆拳道运动中最为重要的训练内容,它贯穿于跆拳道训练的整个过程之中。

(二)跆拳道运动的功能

1. 修身养性,完善人格

跆拳道运动不仅推崇"以礼始、以礼终"的尚武精神,同时还将"礼义廉耻,忍耐克己,百折不屈"作为自身的宗旨。

2. 健体防身,磨炼意志

跆拳道运动具有很强的对抗性,它紧张激烈,对于人的力量、速度、耐力、灵敏性和柔韧性等身体素质的提高具有积极作用,能够提高人体内脏器官的机能,尤其是能够促使神经系统的灵敏性得到明显提高。

3. 娱乐欣赏,陶冶情操

跆拳道是一项具有很强对抗性的运动形式。参与跆拳道比赛的双方运动员除了要斗勇之外,还要斗智、斗技,特别是跆拳道腿法高超精妙,具有很好的观赏价值。

三、跆拳道运动基本动作术语与礼仪

(一)跆拳道运动基本动作术语

1. 拳法

竞技跆拳道中的拳法主要有正拳(也称"平冲拳"或"直拳")一种,品势中的拳法则有正拳、勾拳、锤拳等。

(1)正拳(图 12-1):将手的四指并拢并握紧,拳面要平,然后拇指压贴于食指和中指的第二指节上。使用正拳时,用拳正面的食指和中指部分击打。

(2)勾拳(图 12-2):握法同正拳手法。使用时用食指和中指关节根部的突出部分击打。

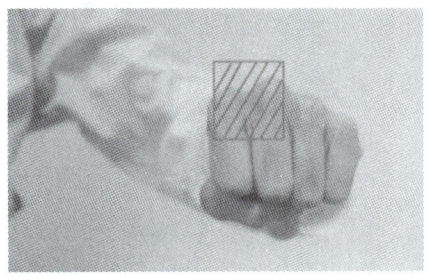
图 12-1 正拳

图 12-2 勾拳

(3)锤拳(图 12-3):握法同正拳手法。使用时用小指和手腕间的肌肉部分击打。

(4)平拳(图 12-4):是向前平伸拳,然后把手指的第二指节弯曲,指尖贴紧手掌,拇指弯曲紧贴食指尖,用第二指尖击打。

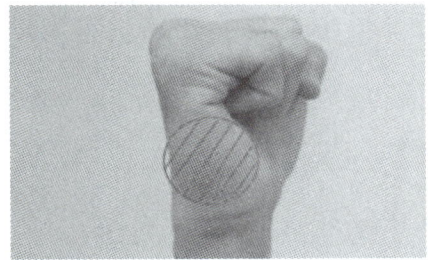
图 12-3 锤拳

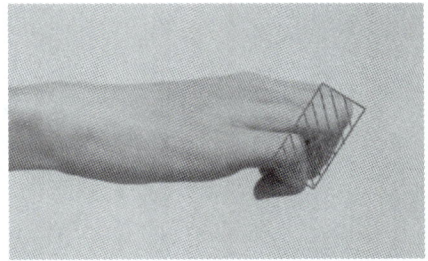
图 12-4 平拳

(5)中突拳(图 12-5):中指或食指从正拳的握法中突出,主要击打太阳穴和两肋部。

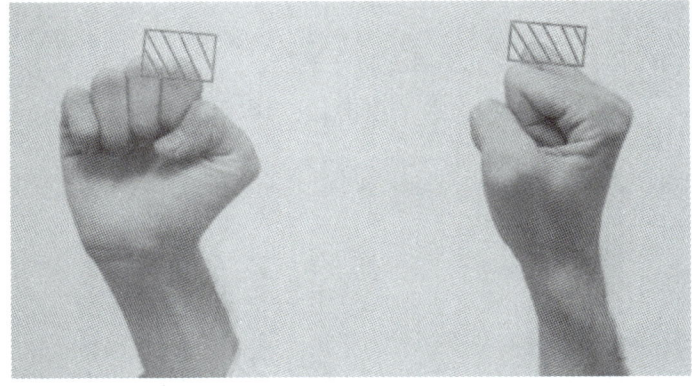
图 12-5 中突拳

2.掌法

(1)手刀(图 12-6):要求四指伸直,拇指弯曲靠近食指,用小指侧的掌外沿攻击对方。只局限于在品势中使用。

(2)背刀(图12-7):手法与手刀相对,用食指侧攻击对方。只局限于在品势中使用。

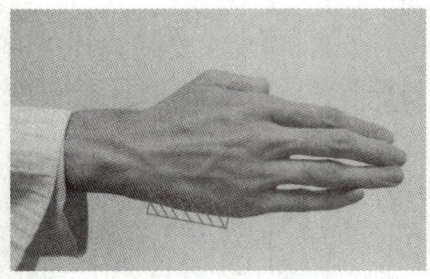
图12-6 手刀

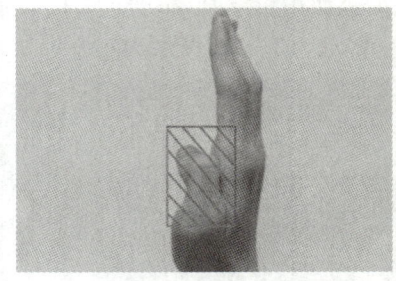
图12-7 背刀

(3)贯手(图12-8、图12-9):手形与手刀基本相同,要求拇指微屈,主要用四指指尖戳击对方的要害部位,如戳击对方的眼睛、喉部等。只局限于在品势中使用。

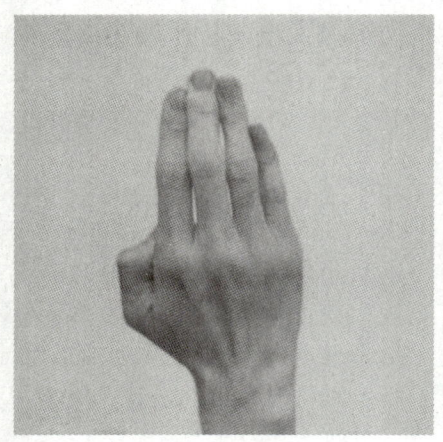
图12-8 贯手1

图12-9 贯手2

3.臂法

(1)腕部:腕关节的四周部位,主要用于防守格挡。

(2)肘部(图12-10):用肘的鹰突关节攻击,只局限于在品势中使用。

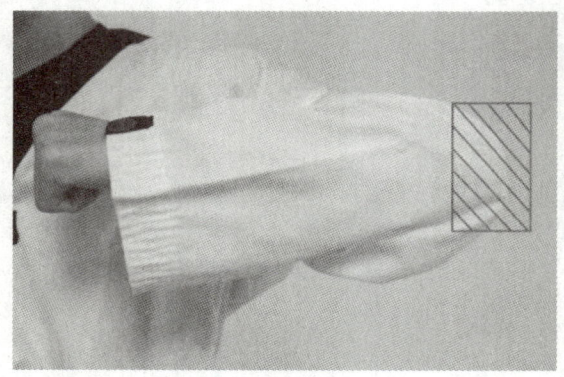
图12-10 肘部

(3)前臂和上臂：主要用外侧进行格挡防守，其中前臂的格挡在竞赛跆拳道比赛中经常被运动员所使用。

4.脚法和膝法

跆拳道比赛中，运动员主要以腿攻为主，所采用的脚的部位是脚面、足刀、脚尖和脚跟。

(1)脚面击打法：用脚的正面部分(图12-11)攻击对方，主要用来踢击对方髋关节以上、锁骨以下被护具包围的部位和头部的侧前剖面。

(2)足刀法：用脚外沿侧蹬对方，多用于侧、推踢(图12-12)。

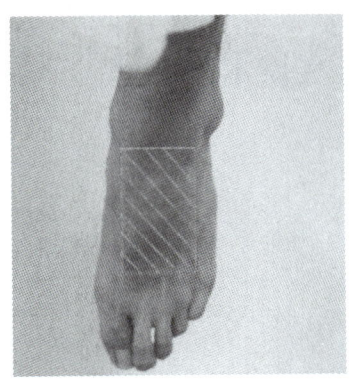
图12-11 脚面

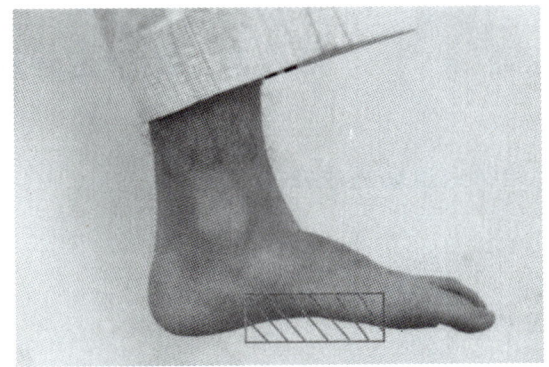
图12-12 足刀

(3)脚跟法：主要用脚跟(图12-13)后踢和推踢对方。

(4)脚前掌法：主要用前脚掌(图12-14)攻击对方，多用于劈腿。

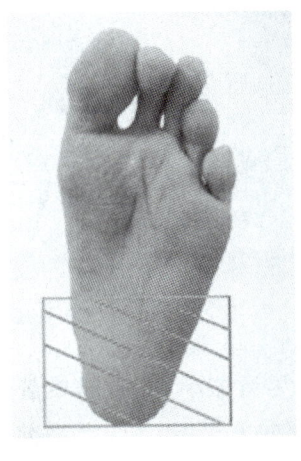
图12-13 脚跟

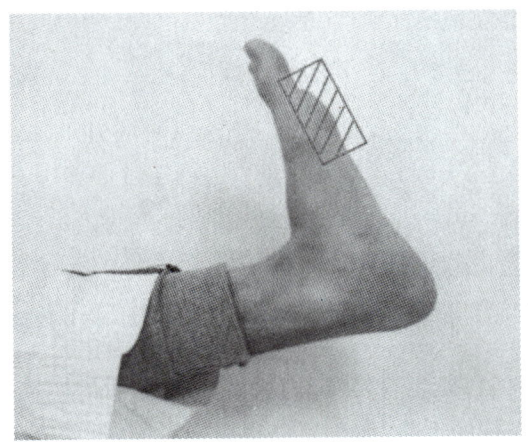
图12-14 脚前掌

(二)跆拳道运动的礼仪

跆拳道运动的精神可以概括为礼义、廉耻、忍耐、克己、百折不屈。在跆拳道运动中，教练要对练习者进行行为、精神以及礼仪规范方面的教育。

在练习跆拳道之前，练习者首先要向国旗敬礼，心中时刻装着为祖国争夺荣誉的信念，充分体现爱国主义精神;教练与队员之间相互敬礼,体现尊师爱生的崇高品德;队员之间相互行礼,体现集体主义、团结一致、互助友爱的高尚情操。跆拳道的礼仪具体体现在练习者的一切行为规范中,如在平时遇到老师与长辈时应该行礼问候;在训练场,从坐姿到站姿都有一定的规范要求;对老师的指导、教诲,要敬礼并立正聆听;在进行跆拳道训练的过程中,尤其是在进行自由对抗或踢靶练习时,要先向对方行礼,为对方在自己的训练中所付出的辛勤劳动表示感谢,等等。在尊重前辈、恪守诚信的前提下,磨炼技艺是对练习者的基本要求,也是必须遵循的原则。

第二节　跆拳道运动基本技术

一、跆拳道运动进攻技术

(一)前踢与横踢

1. 前踢(图 12-15)

在跆拳道运动中,前踢是学习横踢的基础,在品势中常常被使用。

技术分析:右架站立,身体的重心转移到左腿;提起右大腿的同时髋部略向左转,膝盖朝前,脚面稍微绷直,双手握拳自然垂直放在身体的两侧;继续将髋关节前送,右大腿向前抬提,当大腿抬至水平或者稍高时,将小腿向前弹出,用脚面击打目标;直接向右转髋使右小腿折叠快收回到原来的位置,之后右腿后撤,还原成右架的准备动作。

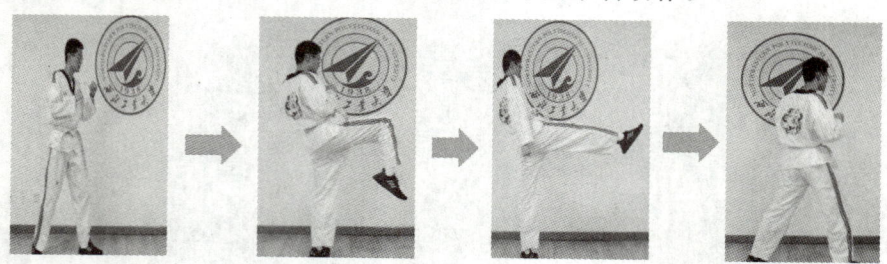

图 12-15　前踢

动作要领:提起右腿时,两大腿内侧之间的距离应该尽量缩小,即右腿尽量直线出腿。为了保持身体的重心,躯干可以稍微向后倾,尽可能将髋部向前送出,如果是高前踢,髋部则应该尽可能向上向前送。击打时脚面绷直,小腿弹出之后,在弹直的一瞬间,使脚产生鞭打的效果。脚尖的方向向前上方,用前踢主要攻击对方的面部以及下颚。

练习步骤(图 12-16):先练踢后腿,同时向前送髋,再进行弹出小腿的练习。进行前踢动作的完整练习并能够熟练使用,左右架交替进行练习,空动作练习一段时间之后,脚靶配合进行练习。两人一组,交替进行前踢的练习,逐渐提高前踢动作的高度与远度。

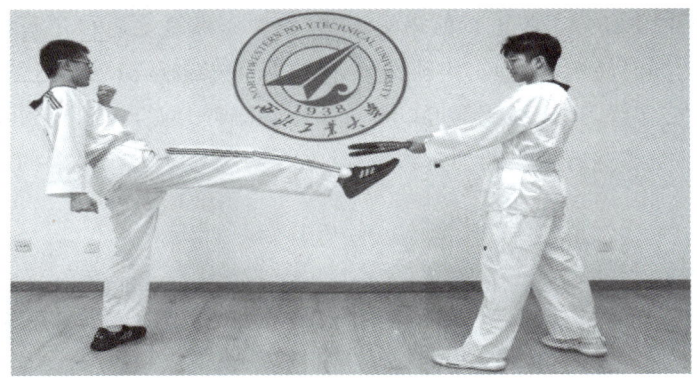

图 12 - 16　练习步骤

2.横踢与反击横踢

1)横踢(图 12 - 17)

横踢是跆拳道比赛中最为常用的一种技术动作,同时也是运动员得分的重要技术之一。

技术分析:①右架站立,身体的重心转移到左腿;②提起右大腿的同时髋部略向左转,膝盖朝前,大小腿折叠,脚面绷直;③继续将右大腿向前提高,左脚向外侧转动,右腿快速鞭打踢出小腿,膝盖朝向左侧;④用脚面击打对方胸腹部、面部及身体的两肋(或者是所有被护具包围的部位);⑤击打之后,右脚自然落下成左架,之后后撤右脚,还原成右架的准备动作。

图 12 - 17　横踢

动作要领:①横踢与前踢相似,不同之处在于横踢腿的膝盖方向在击打的一瞬间是瞬时转髋朝向对方的腹部,而前踢腿的膝盖方向是向前上方;②提起右腿时,两大腿内侧之间的距离应该尽可能小,即右腿尽可能直线踢出;③为了保持身体的重心,躯干稍微向左后倾从而配合快速转髋;④击打时脚面稍微绷直,但是踝关节要保持放松;⑤小腿弹出后,在弹直的一瞬间应该有一个制动的过程,使脚面产生鞭打的效果;⑥提膝应该尽可能随着转髋同时进行,不能完全转髋之后再提膝,这样会导致膝盖过早偏向左侧;⑦左脚应该配合髋部的转动,转动时可以稍微有一些踮起;⑧用横踢主要攻击对方胸腹部、面部以及身体的两肋。

2)反击横踢(图 12 - 18)

技术分析:反击横踢是按照横踢的要领来完成技术动作,不同之处就是支撑腿随着身体重心的移动轨迹向后或者向斜后方移动。当对方发起进攻时,自己要迅速向后移动重心,并通过反击横踢得点。

动作要领(图12-19):①先进行前踢的练习,等动作熟练之后再进行横踢的动作练习;②提后腿(提膝)的同时转髋;③弹出小腿;④熟练之后可以进行横踢击打头部(高横踢)的练习;⑤左右架进行交替练习,让两腿都可以熟练横踢;⑥脚靶配合进行练习;⑦高横踢击打脚靶;⑧两人为一组,交替进行横踢的护具练习;⑨结合步法移动进行横踢的动作练习;⑩进行反击横踢的练习。

图12-18 反击横踢　　　　　　　图12-19 反击横踢动作要领

(二)后踢与劈腿

1.后踢与反击后踢

1)后踢(图12-20)

后踢是跆拳道比赛中比较常用的一种技术动作,同时也是反击对方进攻的主要技术。此处动作要领略,主要做技术分析。

技术分析:①右架站立,身体的重心移到左腿;②以左脚尖为轴,左脚跟外旋,身体向右后方转动,同时右大腿提起,使大小腿几乎成折叠,然后脚尖勾起,头部稍微向右后方转动;③右腿向后平伸后蹬,在蹬直前膝盖稍外翻(向右侧);④用脚跟部位击打对方的腹部与胸部;击打之后,右脚落下成左架,之后右脚向后撤,还原成右架的准备姿势。

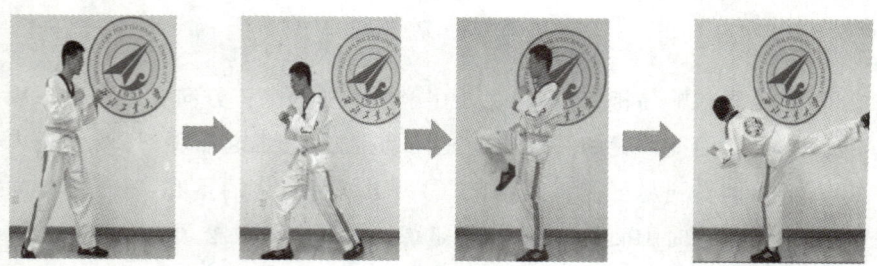

图12-20 后踢

2)反击后踢(图12-21)

技术分析:反击后踢是按照后踢的动作要领完成动作,只是支撑腿向前跳。当对方进攻时,自己应该快速向前移动身体,采用反击横后踢得点。其目的在于与对方保持一定的距离,实际是后跃步加后踢。

图 12-21　反击后踢

动作要领(图 12-22)：①开始练习时可以用手扶支撑物,从而更好地体会后蹬的感觉；②转身的同时要提膝；③平伸后蹬；④进行完整的后踢动作练习,用固定靶进行练习；⑤在熟练掌握动作之后可以进行后踢击打头部(高后踢)的练习；⑥左架右架可同时进行练习；⑦练习反击后踢；⑧以沙袋为道具进行后踢的动作练习；⑨同伴手持脚靶来进行反应靶练习；⑩同伴穿护具进行反应护具的练习。

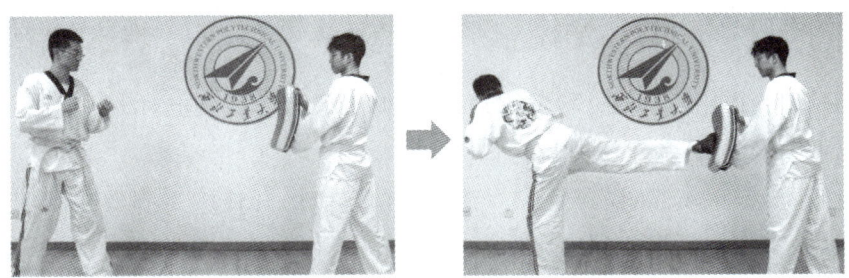

图 12-22　反击后踢动作要领

2. 劈腿与腾空劈腿

1) 劈腿(图 12-23)

劈腿也称为"下劈",是跆拳道运动的一种常用技术动作,同时也是进攻与反击对方进攻的重要技术。此处只做技术分析,动作要领略。

技术分析：①右架站立,身体的重心先移到左腿；②右大腿提起,同时略转髋向左并向上送髋,使右腿膝盖与胸部尽可能贴近,身体的重心向上；③右脚高举过头,右腿伸直贴紧上体,上体保持正直或者稍微向前倾,身体的重心向上；④右脚脚面稍微绷直,右腿迅速下压(像刀劈木块一样),用脚掌或者脚后跟砸对方的头部,身体的重心前移到右腿上,身体应该稍微向后仰来控制身体的重心；⑤击打之后,右脚自然下落成左架,之后后撤右脚,还原成右架的准备姿势。

图 12-23 劈腿

2）腾空劈腿（图 12-24）

技术分析：左架准备姿势站立，先把身体的重心移到左腿，右腿提膝向上，身体向上跃起的同时左脚蹬地起跳腾空，左腿用劈腿向前击打对方的面部。

动作要领：腾空劈腿通常是在与对方处于中、远距离时使用，动作要求两臂有力上摆，配合右腿上提与左腿蹬地而使自己的身体迅速腾空。腾空劈腿主要是进攻对手的面部。

3．后旋踢与侧踢

1）后旋踢（图 12-25）

后旋踢是跆拳道比赛中的一种常用动作，同时也是运动员反击对方进攻的一项重要技术。此处只做技术分析，动作要领略。

技术分析：①右架站立，以左脚尖为轴，左脚跟外旋，身体的重心转移到左腿；②身体向右后方转动，右大腿同时提起向斜后方向40°左右蹬伸，头部向右后方转动；③继续旋转身体，右腿借助旋转的力量，向后划一个半圆形的水平弧线，快速屈膝同时用脚掌击打对方的头部；④击打之后，身体的重心仍然在左腿上，右脚自然下落，然后还原成行架的准备动作。

图 12-24 腾空劈腿

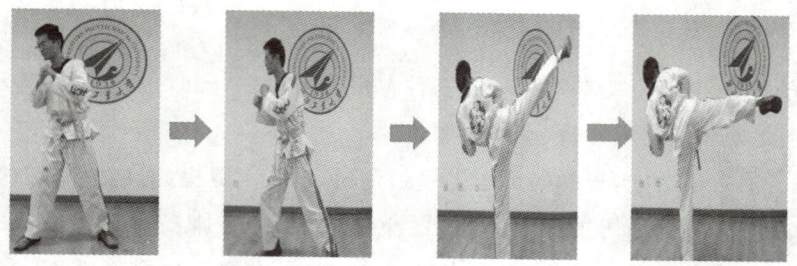

图 12-25 后旋踢

2）侧踢（图 12-26）

侧踢主要用以阻挡对方的进攻，它并不是主要的得分技术动作。

技术分析：①右架准备姿势站立，将身体的重心转移到左腿，同时以左脚前掌为轴脚跟内旋；②右大腿直线提起，弯曲小腿的同时向左转髋，身体右侧侧对对方；③膝盖方向朝内，勾脚面，展髋，走直线平蹬出右腿，用脚掌外侧攻击对方；④右腿自然落下，并撤回到原来的位置。

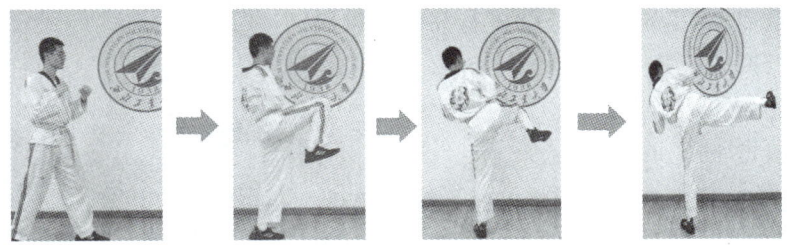

图 12－26 侧踢

动作要领（图 12－27）：①侧踢大致等同于武术散手中的侧踹；②也可以用前腿（左腿）直接侧踢对方；③左脚应该配合向前进行移动；④用侧踢主要攻击对方身体的两肋以及胸腹部。

练习步骤：①先进行提腿转髋的练习；②再进行平蹬腿的练习；③进行侧踢的完整练习；④进行前腿的侧踢练习；⑤进行侧踢击头的动作练习；⑥用护具或者沙袋进行侧踢的练习。

图 12－27 侧踢动作要领

4. 鞭踢（图 12－28）

鞭踢：主要是用前腿进行击打，在跆拳道比赛中并不经常使用。

技术分析：①右架站立，身体的重心转移到左腿，以左脚前脚掌为轴脚跟内旋；②身体向左方转动，同时提起右大腿向前，头部向左方转动；③右腿膝盖朝左内扣，右小腿由外向内有一定弧度的摆动并伸小腿，身体也随之侧倾；④突然屈膝，用脚掌向右横着鞭打对方的面部；⑤击打之后，右脚自然落下，还原成右架的准备动作。

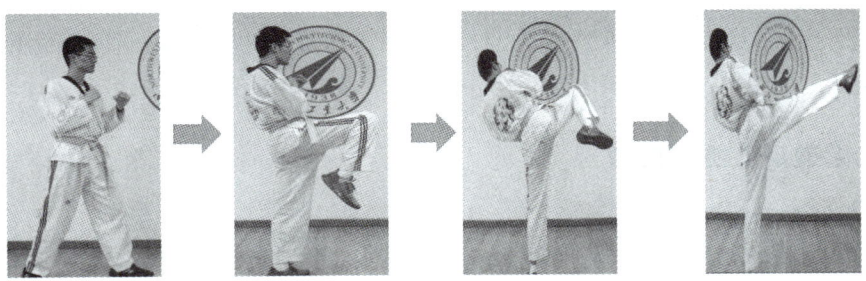

图 12－28 鞭踢

动作要领（图 12－29）：①为了增加击打的力度，右腿应该先从外向内有一定弧度的摆动，之后再突然向右方鞭打；②击打过程中，小腿与足尽可能横着鞭打；③身体转动时，头部应该配合同向转动；④在开始时，小腿要自然放松，在接触对方头部前再瞬时绷紧脚面，用脚掌击打；

⑤左脚要配合髋部的转动,同时调整好身体的重心;⑥用鞭踢主要是击打对方的面部。

练习步骤:①开始练习时可手扶支撑物,体会向前蹬腿的感觉;②练后用小腿鞭打;③进行完整的鞭踢动作练习;④可同时进行左架右架的练习;两个人用脚靶配合练习,开始先固定靶,之后进行反应靶练习。

5. 拳进攻(图 12-30)

拳进攻是跆拳道比赛中比较常用的一种技术动作。拳进攻比较难得分,因此并不是运动员得分的主要技术,它主要是用来进行防守以及配合腿的进攻。运动员右架站立,左手拳就是前手拳,右手拳就是后手拳。

图 12-29 鞭踢动作要领

技术分析:右架站立,右脚向后蹬地,身体的腰部和上体快速有力地向左前方扭转,从而增加出拳的速度与力量;在右脚蹬地的同时,右臂迅速向前伸,肘关节抬起,前臂内旋,拳心向下方转动,使拳面、前臂、肘关节与肩成一条直线并处在一个水平面上;同时身体重心移至左腿上,用拳击打对方胸腹部;在击打中目标后,有一个制动的过程,然后手臂迅速放松,并借左腿的支撑力量将手臂收回,恢复成右架准备姿势。

图 12-30 拳进攻

12-31 拳进攻动作要领

动作要领(图12-31):①用拳击打对方护具的一瞬间,腕关节要保持紧张,将拳握紧的同时憋气,从而增加出拳的力量;②拳进攻主要是在双方距离比较近的情况下使用,击打时应该准备立即起腿进攻或者反击;③也可用前手拳进行击打,这样通常是为了在距离比较近的情况下,出拳击打后使两个人之间的距离拉大,并抓住时机使用腿攻技术,如使用劈腿或者横踢等。

二、跆拳道运动防守技术

(一)利用闪躲、贴近等方法进行防守

闪躲指当对方进攻时,通过脚步的移动向左右两侧或者后方进行躲避,从而阻止对方的进攻。贴近指当对方进攻时快速上步与对方靠贴在一起,导致对方由于距离过近而无法进行有效的进攻。例如,当乙方采取后腿劈腿的技术向甲方发起进攻时,甲方向左侧或者右侧移动自己的身体,以此来躲避乙方的劈腿进攻。又如,当乙方采取前横踢的进攻方式时,甲方可以迅速后撤一步或者是上前一步,贴近乙方使其不能以规则所允许的踝关节以下身体部位击打而得分。

(二)利用格挡的方法进行防守

根据防守方向的不同,格挡的方法可以分为向上、向(左右)斜下、向(左右)斜上防守三种。通常,跆拳道运动员采取格挡方法的主要原因如下:一是对方进攻速度相对较快,自己来不及闪躲或者贴近而下意识地采取格挡防守;二是自己对对方所要采取的技术已经有所预判,从而采取有针对性的格挡来进行有效反击,将格挡转化成攻防的连接技术来争取比赛的得分。

1.向上格挡(图12-32)

1)技术分析

右架准备姿势。左手握拳从下至上,以左前臂上架格挡,或是右手握拳,以右前臂上架格挡,此时手臂上架的同时肘部向内侧移动,也就是应该有一个向上并向外横拨的动作。一般情况下,运动者右架站立时,采用左前臂进行格挡,这样有助于后腿(右腿)进攻,进攻的动作包括横踢、劈腿等;如果运动员采用右前臂进行格挡,就有助于前腿(左腿)的进攻,进攻动作包括前横踢、侧踢以及劈腿等。

图12-32 向上格挡

2)学练方法

动作要领:①抬臂动作应该迅速,前臂弯曲上架,头部尽可能向后仰,不要与上架的臂处于同一个垂直面上,从而在对方下劈力量太大而自己的前臂不能进行有效的格挡时,面部不至于被对方击中;②如果只是单纯的上架,对方就会借力保持身体的重心同时迅速收腿来衔接下一个动作,这样会使自己处于不利位置。正确的方法应该是向上格挡时手臂要有一个向上并向外横拨的动作,让对方借不到力从而不能够迅速调整好身体的重心;③快速向上格挡的同时就开始准备反击动作,应该抢在对手之前调整好自己身体的重心或者连接下一个动作之前进行反击。

易犯错误:①向上格挡的同时没有向外横拨;②只单纯上架而没有进行立即反击;③上架时,手臂与头部处于同一个垂直面上,如果对方的下劈力量太大,自己的面部就会被对方击中。

2.向(左右)斜下格挡(图12-33)

1)技术分析

右架准备姿势。左手握拳从上至下,以左前臂向左斜下方格挡,或者是右手握拳,以右前臂向右斜下方格挡。通常,运动者用左前臂进行格挡有助于后腿(右腿)的进攻,进攻动作可以采取横踢击腹或击头、劈腿等;如果运动者采取右前臂格挡的方式,则有助于前腿(左腿)的进攻,进攻动作包括前横踢、横踢、侧踢以及劈腿等。

图12-33 向(左右)斜下格挡

2)学练方法

动作要领:①向左(右)斜下格挡时,动作应该有力而短促,格挡幅度不要太大,手臂在格挡之后不要再有一个向外撩的动作;②在左(右)前臂格挡的同时,身体要有一个向格挡的反方向移动的动作,与对方踢过来的腿应该保持一定的距离,避免当对方腿击打的力量较大时自己的手臂、护具一起被击打;③向左(右)斜下格挡的同时也是自己迅速做出反击动作的最佳时机;④格挡对方的部位是其腿的胫骨以下的部位;⑤在向(左右)斜下格挡的同时,应该防止对方借力使用高前横踢击头动作。

易犯错误:①向左(右)斜下格挡时,格挡幅度太大,手臂在格挡之后还有一个向外撩的动作,这样使对方有时间进行身体重心的调整;②在左(右)前臂格挡的同时,身体没有向格挡的反方向移动,在对方腿击打的力量较大时,连同手臂、护具一起被击打;③向左(右)斜下格挡同时,自己没有及时做出相应的反击动作,从而错过了得分的最佳时机。

3.向(左右)斜上格挡(图12-34)

1)技术分析

右架准备姿势。左手握拳从下到上,用左前臂向左斜上方进行格挡,或者是右手握拳,用右前臂向右斜上方格挡。通常,运动者用左前臂进行格挡有助于后腿(右腿)进攻,进攻动作包括横踢击腹或者击头、劈腿等;如果运动员用右前臂进行格挡就有助于前腿(左腿)的进攻,进攻动作包括前横踢、横踢、侧踢以及劈腿等。

图12-34　向(左右)斜上格挡

2)学练方法

动作要领:①向左(右)斜上格挡时,动作应该短促而有力,格挡幅度不要太大,格挡之后手臂不要附带一个向外撩的动作;②在左(右)前臂格挡的同时,身体(尤其是头部)要有一个向格挡的反方向或者向后移动的动作,与对方攻来的腿保持一定的距离,即格挡的前臂不要与头部处于同一平面上,否则如果对方腿击打力量比较大,很容易导致自己的手臂与头部一起被击打;③向左(右)斜上格挡时,同时也是自己进行反击动作的最佳时机;④格挡对方腿的胫骨以下的部位;⑤在向(左右)斜下格挡的同时,应该防止对方借力使用侧踢的阻击动作。

易犯错误:①向左(右)斜上格挡时,格挡幅度过大,格挡后手臂还有一个向外撩的动作,这样会使对方有时间进行身体重心的调整;②在左(右)前臂格挡的同时,身体或者头部没有向格挡的反方向移动,或者头部没有向后移动,在对方腿击打的力量较大时会连同手臂、头部一起被击打;③向左(右)斜上格挡同时,如果自己没有快速做出反击动作就会错过得分时机。

三、跆拳道运动基本战术

(一)直接式进攻战术

所谓直接式进攻战术,主要是指在比赛中充分发挥自身的技术特长,使用自身最为擅长、最有把握的技术直接展开攻击。

(二)压迫式强攻战术

在比赛中,可使用压迫式强攻战术,即在比赛的开始阶段,当对方精神还没有高度集中,还没有做好充分的准备时,就发起猛烈的、连续的进攻。

(三)引诱式进攻战术

经验丰富的运动员在比赛中经常会采用"声东击西""指上打下"的战术,通过各种方位的假动作来达到克敌制胜的目的。我方通过运用引诱式进攻战术,有意露出"破绽",给对方造成进攻的假象,在对方采取相应的动作进行应对时,我方就抓住机会进行进攻。这种战术旨在通过假动作来转移和分散对方的注意力,使其对假动作有所反应,我方则利用其反应动作,找出其防守的弱点和不足,然后展开进攻。这一战术在跆拳道比赛中较为常用,是一种最为基本的战术。

(四)防守式躲闪和反击战术

当对方的正面进攻猛烈时,可采用向前、后、左、右的移动躲闪,这样不仅可以避其锋芒,还能够创造进攻的机会

(五)克制对方长处的战术

每一个运动员都有其擅长的技术,因此,在比赛时,应认真观察和分析对方擅长的技术,然后积极调整自身的应对策略,限制对方长处的发挥。

(六)集中打击对方短处的战术

几乎每个运动员都有自己的弱点和短处,有的防守能力差,有的不能很好地防守后旋踢,有的耐力差,等等。运动员通常在赛前要分析对手以往比赛的录像,或是观察对手同其他选手比赛时的战术动作来发现对方的短处在哪。

(七)利用对方习惯性动作的进攻战术

针对对手自然产生的习惯动作,可采用有效的进攻方法。许多运动员在比赛中都存在着一些无意识的习惯性动作。如在即将进攻前,习惯身体晃动几次;或是要后踢反击前,先向前进一步再后撤一步,等等。运动员要善于观察和及时捕捉这些战机,做好准备,一旦对方出现习惯动作,则立即发动进攻。

(八)边线进攻和防守战术

边线进攻和防守战术是根据跆拳道竞赛规则的要求,逼迫对手出界的一种战术手段。一般是利用主动进攻,有目的地将对方逼迫到边线,造成对方的心理恐慌,使其担心被罚而动作失调,或是多次将对方逼迫出界。如果自己被对方逼迫到边线,要及时用贴身转动,使对方来不及调整而被迫出界。

第三节 跆拳道运动品势

跆拳道运动品势(又称之为型)是以技击动作的攻防进退为素材,通过特定运动的规律变化而编排的整套练习形式,是进行跆拳道格斗对抗训练的基本训练形式和基础。它类似于中国武术中的套路练习形式,即将一定数量的动作串联编排起来,形成固定模式的套路。

一、跆拳道运动品势教学的基本特点

(一)注重基本功的练习

跆拳道运动品势的基本内容丰富多彩、形式多样,基本功和基本动作一般包含手型、手法、步型、步法、腿法、拳法、肘法、脚法、跳跃等内容,正是由它们形成了多姿多彩、多种形式的品势套路。品势练习能有效提高学生的力量、速度、灵敏性、柔韧性、平衡等身体素质,同时它也是培养学生坚强的自信心、顽强的意志品质和健康的心理素质的有效途径与手段。

(二)直观教学为主,首重动作规格

跆拳道运动品势的内容繁多、动作复杂,但路线方向相对变化较简单,多以直线转折为主,所有演示路线类似中国的九宫八卦图。它外形要求全身协调配合,内重精神与意识、呼吸与劲、力相统一,并伴有发声来振奋精神。

(三)突出特点,抓住重点

攻防技击是跆拳道运动的显著特点,品势则是跆拳道运动在漫长的历史发展演变过程中对技击动作精华的浓缩。因此,在品势教学中,教师应紧紧抓住技击这个特点,来对动作进行分析,逐个剖析动作的攻防含义和劲、力的使用方法,强调动作的速度、力度及节奏,使学生明确每个动作的用法,加深其对动作攻防技击内涵的理解。

(四)内外合一,形神兼修

在品势教学中,提高演练技巧是其重要特点之一。品势的观赏价值较高,给人以刚劲有力的阳刚之美,并通过演练展示出跆拳道深厚的文化内涵和礼仪礼节。

二、跆拳道运动品势教学的方法

教学方法是完成教学任务的手段与途径,科学地运用教学方法对完成教学任务和提高学生的积极性,提高教学的效果有重要的意义。教学方法的运用要以教学任务、品势特点、学生实际、教学条件等具体情况为依据。跆拳道运动品势教学中通常采用的方法有直观教学法、完整教学法、分解教学法、语言教学法、预防与纠正错误法。

(一)直观教学法

动作示范是品势教学中最基本的一种方法。它是以标准的动作为范例,使学生通过直观来了解动作的形象、结构、要领和方法,使学生较为全面地观察教师的示范动作,这突出了示范的目的,也取得了很好的教学效果。

(二)完整教学法与分解教学法

品势是由单个动作和不同的演练路线所组成的,每个动作又因品势的不同而难度各异。因此,品势教学常用完整教学法与分解教学法。

(三)语言教学法

正确运用语言教学法,有助于学生正确理解动作,加快掌握技术要领,培养学生分析问题与解决问题的能力。正确地讲解、启发和提示,能够使学生了解学习任务,端正学习态度,确保教学任务的完成。

(四)预防与纠正错误法

学生在学习和掌握每个动作的过程中会出现各种错误,教师应及时发现错误并指出正确的动作要领,提出解决问题和预防问题的方法。

第四节　跆拳道运动基本规则与裁判法

一、跆拳道运动竞技竞赛规则

(一)竞赛场地

1. 竞赛场地

竞赛场地应为平整、无障碍的场地,铺设有弹性的防滑垫,必要时,竞赛场地可置于离地面 0.6~1.0 米高度的平台上。边缘线外缘部分应低于 30°的斜坡向下倾斜,以保障参赛运动员的安全。

举办方可选择下列任意一种形状的竞赛场地,竞赛场地由竞赛区域与安全区域构成。

(1)正方形赛场:正方形竞赛区域为 8 米×8 米。竞赛场地(竞赛区和安全区)应不小于 10 米×10 米,不大于 12 米×12 米。

(2)八角形赛场:竞赛场地应为正方形,应不小于 10 米×10 米,不大于 12 米×12 米。竞赛场地的中央为八角形的竞赛区,该赛区直径约为 8 米,八角形的每一侧边长度为 3.3 米。

(二)参赛运动员

1. 参赛资格

(1)参赛队伍国籍拥有者。

(2)有 WT 或 MNA 的推荐。

(3)有国技院或 WT 颁发的段位或级位证书。

(4)拥有 WT 的全球运动员执照。

(5)年龄在 17 岁以上的可参加相关年份主办的成人比赛(青少年锦标赛 15~17 岁,少年锦标赛 12~14 岁)。

2.比赛服装和竞赛装备

(1)在所有列于 WT 赛事日历的比赛中,必须使用 WT 批准认证的道服或比赛服装以及所有例如但不限于地垫、PSS(保护和计分系统)、IVR、护具等竞赛装备。

(2)参赛运动员须穿着世界跆拳道联盟所认证的道服、头盔、护胸、护臂、手套、护裆、护腿和电子感应袜(使用 PSS 的情况下)。

(3)穿着道服时,护臂、护腿应戴在道服内;穿着比赛服装时,护臂、护腿应戴在服装内,两种情况下,护裆都应穿在服装内。

(4)参赛运动员应自带 WT 认可的护具,如手套、护齿等,以供个人使用。少年运动员的头盔必须配备有面罩。禁止穿戴头盔以外的任何物品,任何宗教物品,且不得造成伤害或妨碍对方运动员。

3.反兴奋剂测试

反兴奋剂测试指在比赛中对运动员进行兴奋剂检测。

(三)量级区分

(1)世界级别。

(2)奥运会级别。

(3)青年锦标赛级别。

(4)青奥会级别。

(5)少年级别。

(四)竞赛分类

1.竞赛分类

(1)个人赛。

(2)团体赛。

2.赛制分类

(1)单败淘汰制。

(2)循环赛制。

(五)比赛时间

(1)比赛将进行 3 局,每局 2 分钟,局间休息一分钟。如果 3 局过后分数持平,休息 1 分钟进行第 4 局时长 1 分钟的黄金加时赛。

(2)每局比赛时长可根据相关比赛技术代表的决议可调整为 1 分钟×3 局,1 分钟 30 秒×3 局,2 分钟×2 局或 5 分钟×1 局(每位参赛运动员有 1 次 30 秒的暂停时间)。

(六)称重

(1)参赛运动员在其比赛日前一天进行统一称重。统一称重时间由组委会决定,并在领队会议上告知各参赛队。每次称重的时长不超过 2 小时。

(2)每个比赛日上午将在场馆进行随机称重。所有通过统一称重的运动员必须在开赛前 2 个小时参加随机称重。若有运动员随机称重时没有出现,则被取消参赛资格。随机称重必须在每个比赛日开赛前 30 分钟前完成。

(3)称重时,男性运动员穿着内裤,女性运动员穿着内裤和胸罩。若运动员愿意,可以裸体称重。少年和青年运动员必须穿着内衣称重,可以抵消体重 100 克。

(七)比赛程序

(1)每场比赛开始前,主裁给出"青""红"的口令,双方参赛运动员左臂夹头盔进入竞赛区域,若参赛运动员未到场,或在教练区未及时穿戴全套服装,包括全套护具、制服等,他将被视为弃权,主裁将宣布其对手为获胜方。

(2)主裁发出"准备和开始"口令开始比赛。

(3)每局比赛由主裁发出"开始"口令即开始。

(4)每局比赛以主裁判员的口令"停"结束。

(5)最后一局比赛结束后,主裁向获胜方举手并宣布其胜利。

(6)选手退场。

(八)合规技术与区域

1. 合规技术

(1)拳的技术:握紧拳头并使用正拳进行正面攻击的技术。

(2)脚的技术:使用踝关节以下脚的部位进行攻击的技术。

2. 合规区域

(1)躯干:允许使用拳的技术和脚的技术攻击被护具包裹的躯干部位,但禁止攻击后背脊柱部位。

(2)头部:指锁骨以上的部位,只允许使用脚的技术进行攻击。

(九)有效得分

1. 得分区域

(1)躯干:护胸的蓝色或红色区域。

(2)头部:头盔底边上的所有头部区域。

2. 有效得分标准

(1)通过合法技术,以一定力度击打躯干得分区域,则得分。

(2)通过合法技术,击打头部得分区域,则得分。

(3)除了出拳的技术外,技术、击打力度或击打部位的有效性将由电子计分系统判定。PSS的判定不可提出录像审议IVR。

(4)WT技术委员会应根据选手重量级别、性别和年龄段,决定击打力度和PSS的感应度,在某些必要的情况下,技术代表可以重新校准有效的击打程度。

3.有效得分

(1)有效拳的技术击中躯干护具得1分。

(2)有效腿的技术击中躯干护具得2分。

(3)有效旋转技术击中躯干护具得4分。

(4)有效腿的技术击中头部护具得3分。

(5)有效旋转技术击中头部护具得5分。

(6)给出一个"严重警告"判罚,对方运动员得1分。

4.比赛成绩为3局比赛分数总和

(十)犯规行为与判罚

(1)违规行为和判罚由主裁宣告。

(2)规定的违禁行为将由主裁以"严重警告"口令进行扣分判罚。

(3)一次"扣分"将给予对方选手1分。

(4)犯规行为。

以下为犯规行为,应给予"严重警告"判罚:①越出边界线。②倒地。③回避比赛。④抓或推对方运动员。⑤提膝阻挡或踢对方运动员腿部以阻碍进攻,或者在空中踢击动作超过3秒以阻碍进攻,或瞄准对方运动员腰部以下的意图踢击。⑥踢击腰部以下部位。⑦在主裁发出"分开"的口令后的进攻。⑧用手击打对方运动员头部。⑨用膝部顶撞或攻击对方运动员。⑩攻击倒地运动员。⑪在贴靠的状态下,膝部向外,用脚侧或脚底击打电子护具。

若参赛选手累计"扣分"次数达10次,主裁应通过判罚犯规宣布该名选手为败方。

(十一)黄金得分与优势判定

(1)若3局比赛结束时双方平分,进行第4局金赛局(加时赛),时间1分钟。

(2)进入金赛局,运动员前3局的得分归零。

(3)金赛局中,首先获得2分及以上分数的运动员为获胜方,或者一方运动员被判罚两个"严重警告"时,对方运动员获胜。

(4)金赛结束时,若双方均未能得到2分,根据以下优势标准判定获胜方。

①金赛局中使用拳的技术得1分的运动员。

②金赛局中没有运动员使用拳得1分,或者双方均使用拳得1分时,本局比赛中,电子护具感应到击打次数最多的运动员。

③如果电子护具感应到的击打次数相同,前三局中获胜局数更多的运动员。

④如果获胜局数相同,所有四局比赛中被判罚"严重警告"更少的运动员。

⑤如上述获胜标准均一致,则由临场主裁判员和边裁判员根据金赛局双方运动员的表现进行优势判定。如果优势判定决定为 2∶2,则由主裁判员的判定决定获胜方。

(十二)击倒

在进行合规攻击时,应宣布击倒:

(1)由于对方的得分技术的力量,导致除双脚以外的身体任何部位触地。

(2)由于对方的得分技术,导致选手身体摇晃,丧失继续比赛的意识和能力。

(3)由于受到合法的得分技术,裁判判定被攻击的运动员无法继续比赛。

(十三)技术官员

(1)技术代表。

(2)竞赛监督委员会(CSB)成员。

(3)裁判人员。

资格:WT 注册的国际裁判证书持有者。

①主裁:裁判掌握和控制整场比赛;比赛过程中根据场上情况,即时发出"开始""分开""暂停""继续""结束"、减分或判罚等口令,并判定胜负;依据本规则独立行使判决权利。

②边裁:即时计分;当主裁提出要求时,如实回答主裁的问询。

③录像审议员(RJ):应审查即时回放,并在 30 秒内将决定通知主裁。

④技术助理:应在竞赛过程中保持监控记分牌计分、宣告判罚与时间是否正确,并立即通知主裁在相关方面的任何棘手问题;技术助理与系统操作和记录人员保持密切沟通以通知主裁开始或停止竞赛。技术助理应手动记录所有的分数、判罚与实时录像回放审查(IVR)结果于技术助理的报表上。

(4)各竞赛场地裁判人员的组成。

①由 1 名主裁和 3 名边裁组成。

②由 1 名主裁和 2 名边裁组成。

5.裁判员的指派

主裁和边裁的指派应在比赛时间表确定后进行;同场赛事中,主、边裁不得与参赛运动员具有相同国籍。但当裁判员人数不足时,边裁可例外。

(十四)制裁

当教练、参赛运动员、官员或国家会员协会的任何成员有不当行为时,WT 主席、秘书长或技术代表可要求召集现场特别制裁委员会进行审议。特别制裁委员会应审议此事,并可传唤有关人员确认事件。特别制裁委员会应审议此事,并确定应采取的纪律行动。审议结果应立即向公众宣布,并以书面形式连同相关事实和理由,报告给 WT 主席和秘书长。

二、跆拳道运动品势竞赛规则

(一)品势竞赛场地

比赛区域安排在比赛场内部,大小为10米×10米(自由品势团体为12米×12米)的正方形,水平且无障碍物,地面为有弹性的垫子或木地板。但根据需要,比赛场可以设置高度为0.5米～0.6米的比赛台,考虑到安全性,应呈现30°以内的倾斜角。

10米×10米的区域称为比赛区。比赛区的外缘线称为警戒线。不设比赛台时,比赛区四周外缘布置5厘米的白线。

(二)比赛类别

1. 公认品势项目

(1)男子个人赛。(2)女子个人赛。(3)男子团体赛。(4)女子团体赛。(5)混双比赛。

2. 自创品势项目

(1)男子个人赛。(2)女子个人赛。(3)混双比赛。(4)团体赛(由3名男运动员与2名女运动员以上所组成的5人团体)。

(三)比赛方式

比赛方式有淘汰赛制、循环赛制、积分赛制、混合方式为积分赛制加淘汰赛制。

(四)比赛场地与时间规定

公认品势:个人、混双、团体比赛场地为10米×10米,规定时间为30～90秒以内。

自创品势:个人、混双比赛场地10米×10米,团体(男女至少各两个人)比赛场地12米×12米,规定时间为60～70秒以内,不足或超过的,每5秒扣0.1分。两套品势之间休息时间为30～60秒。

(五)评分标准

1. 公认品势(10.0分)

(1)正确性。(2)表现力。

2. 自创品势(10.0分)

(1)技术性(6.0分)。(2)表现力(4.0分)。(3)气的表现。(4)音乐与动作编排。

3. 对于腿法难度技术的种类标准,每年由世界跆拳道联盟(WTF)品势委员会制

(1)评分标准:技术性(6.0分)。演练品势完成度(分值为5.0分)。(2)腿法技术的完成度(1.0分)。(3)表现力(4.0分)。

思考题

1. 什么是跆拳道？其主要内容包括哪几个部分？
2. 简述跆拳道项目的特点。
3. 简述跆拳道运动品势套路包括哪些。
4. 简述跆拳道比赛中允许使用的技术和允许攻击的部位有哪些。
5. 简述跆拳道比赛中有效得分的部位。
6. 简述跆拳道比赛中有效得分分值。
7. 简述跆拳道比赛中被判罚警告的犯规行为有哪些。
8. 简述跆拳道比赛中判罚扣分的犯规行为有哪些。
9. 简述跆拳道比赛的种类、方法和时间。

下 篇

体能与操舞运动

第十三章 游泳运动

第一节 游泳运动概述

一、游泳运动的起源与发展

(一)游泳运动的起源

众所周知,我们生活的地球70%以上的面积被水覆盖,早在远古时代,居住在江、河、湖、海一带的古代人为了生存,通过观察和模仿鱼类、青蛙等动物在水中游动的动作,逐渐学会了游泳生存技能。在与人或兽的战争及格斗时,游泳是最基本的生存技能之一。因此,游泳是在社会发展和人类劳动以及征服自然和改造自然界的斗争中产生的。

(二)游泳运动的发展

1. 古代游泳运动

根据史料记载,游泳在古代波斯、希腊、罗马等军队中就占有极重要的位置,是重要的军事技能之一。我国游泳历史源远流长。在5000多年前,我国的古陶器中就雕刻着人们潜入水中猎取水鸟和类似现代爬泳的图案。在4000多年前,就有大禹治水的功绩,当时人们在与洪水搏斗中已掌握了不少泅水方法,并能掌握较高的泅水技能了。

2. 现代游泳运动发展

现代游泳运动起源于英国。1828年,英国在利物浦乔治码头修造了第一个室内游泳池。1837年,英国伦敦成立了第一个游泳组织。1896年,雅典第一届现代奥林匹克运动会将游泳列为正式比赛项目。1912年,第五届奥运会正式设立了女子游泳比赛项目。1952年国际规则正式将蛙泳和蝶泳分成两个项目进行比赛。发展到今天,游泳项目已经成为奥运会中仅次于田径项目的金牌大户。2021年东京奥运会游泳比赛项目已增加至35项。

3. 我国游泳运动发展

游泳作为一种运动项目,在19世纪中叶以后,由欧美传入我国,在香港及沿海城市开展起来而后传播至内地。在抗日战争时期,中国共产党人十分重视开展群众性游泳活动。延河被当成了"天然游泳池",延安体育会经常组织游泳辅导活动,许多机关、学校和部队也经常组织各种形式的游泳比赛。许多人正是在延河里学会了游泳,而后以强健的体魄投身于民族解放和人民革命事业中去。1953年,在第一届国际青年友谊运动会游泳比赛中,我国优秀运动员吴传玉获得男子100米仰泳冠军,五星红旗第一次在国际运动场上飘扬。1957—1960年,我国著名运动员戚烈云、穆祥雄、莫国雄三人先后5次打破世界纪录。改革开放以后,我国的游泳事业跨入迅速发展的黄金时期,涌现出大批世界级优秀运动员,如庄泳、蒋丞稷、罗雪娟、孙杨等。目前,我国竞技游泳已经取得了长足的进步,成为世界泳坛上一支不可忽视的劲旅。

二、游泳运动的分类与管理机构

(一)游泳的分类

根据目的和功能,游泳运动分为竞技游泳、实用游泳和大众游泳三类。

1. 竞技游泳

竞技游泳分游泳池比赛和公开水域比赛两大类。游泳池比赛包括25米短池和50米长池的比赛。世界上最高规格的游泳比赛为世界游泳锦标赛和奥运会游泳比赛。

公开水域游泳比赛是指在江、河、湖、海等自然水域进行的游泳比赛,其不限姿势,按天然的条件确定比赛距离。公开水域10千米马拉松游泳比赛从2008年起被正式列为奥运会游泳比赛项目。

2. 大众游泳

大众游泳是以增强体质为宗旨,以丰富人们文化生活为目的的一种群众性游泳活动,如康复游泳、健身游泳、横渡江河海峡、冬泳等。

3. 实用游泳

在军事、生产、生活服务上使用价值较高的游泳方式称为实用游泳。根据不同需求而形成的实用游泳技术主要有爬泳、蛙泳、反蛙泳、侧泳、潜泳、踩水等。

(二)国际游泳运动管理机构

国际游泳联合会(简称国际泳联)是1908年由比利时、丹麦、芬兰、法国等国倡议成立。国际泳联是国际单项体育联合会总会成员,正式用语为英语和法语,工作用语为英语。国际泳联的任务是确定奥运会和其他国际比赛中游泳、跳水、水球和花样游泳的规则,审核和确认世界纪录,指导国际重大游泳赛事。国际泳联总部设在瑞士的洛桑。

中国游泳协会是国际泳联的会员单位。

三、游泳的功能与作用

(一)保障生命安全

人们在日常的生产、生活中势必会出现很多与水有关的意外事故和自然灾害。如果不会游泳,生命安全就会受到威胁。如果会游泳,自身的生存就会有保障,不但可以自救,还可以救人。因此,熟练的游泳技能成了保证生存的重要手段之一。世界上不少国家将游泳列为青少年学生必修的运动项目,要求从小掌握游泳技能。

(二)强健体魄

1. 改善心血管系统的机能

游泳时要克服水的阻力,这需要动用较多的能量,从而使心率加快,心输出量增大。长期坚持游泳锻炼,心脏体积呈运动性增大,心肌收缩有力,安静心率减慢,每搏输出量增加,血管壁增厚,弹性加大,心血管系统的效率得到提高。

2. 改善呼吸系统的功能

由于水的密度比空气大800余倍,人在水中受到的压力要远远大于在空气中。胸腔和腹腔在水中受到的压力增大,迫使人体的呼吸肌群用更大的力量进行呼吸。因此,经常游泳,可以增大呼吸肌的力量,提高呼吸系统的机能。游泳运动员的肺活量可以达到4000~6000毫升,甚至7000毫升以上,而一般人只有3000~4000毫升。

3. 改善肌肉系统的能力,塑造健美体形

游泳是一项全身参与的运动,游泳时需要动员更多的肌肉群参与代谢供能,长期游泳能够使肌肉的力量、速度、耐力和关节的灵活性都得到提高。游泳时通常不会表现出爆发式用力,因此不会使肌肉非常粗壮,但能够使肌肉充满弹性和柔韧性,塑造健美的身材。

4. 改善体温调节的机制

由于水的温度一般低于气温,水的导热能力又比空气强数十倍,因此人在水中散失热量远远快于在空气中。经常游泳能改善体温调节能力,从而使人体更能够承受外界温度的变化。

5. 防病治病、促进康复

游泳时,由于冷水的刺激,长期锻炼能增强机体适应外界环境变化的能力,抵御寒冷,预防疾病,所以经常游泳者不易感冒;由于水的浮力作用和身体平卧水面,脊柱充分伸展,对防止长时间坐、立而形成的脊柱侧弯颇有益处;近年来,一些竞技项目运动员受伤后,也采用水疗,并且起到了较好的作用,例如姚明、桑普拉斯等体育明星在受伤后都进行水中康复治疗。

6. 锻炼意志,促进心理健康

学习游泳需要克服一定的困难,特别是初学游泳的人群对水环境的陌生感容易使他们心生恐惧。学习游泳的过程,就是克服恐惧、寒冷、疲劳等困难的过程。常年坚持游泳能磨炼人的意志,鼓舞人的精神。

(三)在生产和国防建设中的功能

游泳在生产建设中有很高的实用价值,许多水上作业,如水利建设、防洪抢险、渔业等,都需要掌握游泳技能才能克服水的障碍,更好地完成生产建设任务。

在国防建设中,游泳是主要军事训练项目之一。经常进行游泳训练,能锻炼意志,加强组织纪律性,培养勇敢顽强、吃苦耐劳的精神。

(四)为国争光

在各大综合运动会中,素有"得田径、游泳者得天下"之说。游泳作为奥运会战略重点项目,要求加速提高运动技术水平,运动员在比赛中力争取得优异成绩,为国争光。

第二节　游泳前的准备与熟悉水性

一、游泳前的准备

(一)游泳运动前、中、后期注意事项

1. 游泳前的注意事项

1)健康检查

每名游泳锻炼的人都应该进行健康检查,根据检查结果确定是否适合进行游泳活动,从而保证健康,并预防传染性疾病通过泳池传播。凡患有心脏病、高血压、癫痫、活动性肺结核、传染性肝炎、皮肤病、红眼病、精神病、中耳炎等疾病者和具有开放性创伤的人,都不宜游泳。感冒发烧期间,也不宜游泳。女性月经期未采取措施不宜下水。

2)饮酒、饱食后和饥饿、过度疲劳时不能游泳

酒精能刺激中枢神经系统使之处于过度兴奋或抑制状态,酒后游泳容易发生溺水事故。饱食后游泳会减少消化器官的血液供应,使消化器官功能降低,影响食物的消化和吸收。另外,由于水的温度和压力会使胃肠的蠕动功能受到影响,容易引起胃痉挛,出现腹痛或呕吐。因此,饭后不要马上游泳,一般需相隔半小时到一小时后再下水。饥饿时游泳也不好,因为空腹时人体血糖含量下降,游泳时易发生头晕或四肢无力现象,甚至有昏厥的可能。在剧烈运动或大强度体力劳动后,身体已经感觉疲劳,肌肉的收缩及反应减弱,动作不易协调,如果马上游泳就会造成疲劳的积累,容易引起抽筋,发生溺水事故。因此,在剧烈运动或强体力劳动后,应休息一会儿,待体力恢复正常后再游泳。

3)游泳前适当热身

在下水之前最好先在陆地上做一些徒手操和肌肉、韧带的牵拉伸展运动,提高神经系统的兴奋性,使心血管系统、呼吸系统预先得到准备,使体温升高,从而增强肌肉和韧带的活动能力。通常游泳池的水温低于气温,加上水中散热速度快,如果没有经过充分热身,游泳时容易发生肌肉抽筋或拉伤等情况。

2. 游泳中的注意事项

(1)在游泳时要避免一切危险动作,如在浅水区跳水、互相打闹、过长时间地憋气潜水或者是在湿滑的池边追逐打闹等,均应避免。

(2)下水游泳时,不要突然跳入水中,应从脚逐步开始慢慢地入水。初学者应在浅水区域活动,已会游泳者也要量力而行,不要逞强好胜。

(3)游泳时,如遇抽筋,应保持冷静,不要慌张,应立即上岸或在水中自我救治抽筋部位。与此同时,也可呼救,以便周围的人及时来帮助、救护。

3. 游泳后的注意事项

(1)游泳结束前应做一些整理活动,如放松慢游、水中抖动肢体等,以使身体逐渐恢复安静状态。

(2)起水后及时沐浴,要认真清洗眼睛和身体,要注意个人卫生,不要借用他人毛巾。

(3)起水后检查耳道内是否有积水,如果耳朵进水,应用软棉棒和毛巾清除或倾斜头部把水控出,避免引发炎症。

(4)冬季游泳时,游泳者的体温容易急剧下降,游泳锻炼结束后应注意及时防寒保暖。

(二)肌肉痉挛(抽筋)的预防及处理

肌肉痉挛即抽筋。游泳时容易抽筋的部位主要是小腿、大腿和脚趾。预防抽筋的最有效方法是认真做好热身,下水前充分牵拉。如果抽筋,不要惊慌,可以采取适当的方法缓解或消除。例如发生小腿后部抽筋时,应先上岸,坐下,腿伸直、勾脚尖,一手向下压膝盖,一手向回拉脚趾,很快就能够缓解。之后可以再适当按摩抽筋部位。如果离岸边较远,难以上岸,可以吸一口气,仰浮在水面上,用抽筋腿同侧的手掌向下按压膝盖,另一只手握住抽筋腿的脚趾,用力向身体方向拉。待缓解后上岸休息,并进行按摩。

(三)游泳运动装备选择与穿戴方法

1. 必备游泳装备

1)泳装

泳装是最基本的游泳装备。市面上的泳装种类、品牌和款式很多,建议同学们根据需要选择不同的泳装。根据使用人群和使用目的不同,泳装可以分为竞技泳装、健身泳装和休闲泳装。竞技泳装的使用者主要是参加竞技游泳比赛的游泳运动员。为了减少阻力,竞技泳装的制造商不断选择和开发摩擦系数低、排水效果较好的面料,再精心设计,制造出造价昂贵的竞技泳装。竞技泳装由于需要紧密贴合身体,因此穿脱比较费力,使用寿命也较短。长期进行游泳锻炼的健身游泳者,最好使用健身泳装,这类泳装款式简洁,弹性较好,与身体的贴合度也较高,穿着舒适,对肢体运动的幅度没有限制。休闲泳装款式新颖,颜色亮丽,女款为分体泳装,通常适合在海滨度假或温泉洗浴等娱乐休闲场所使用。

2)泳镜和泳帽

除泳装外,游泳帽和游泳镜也是必备的游泳装备。佩戴游泳帽可以保持池水的清洁卫生,避免脱落的头发对游泳池的清理造成困难。练习者戴上游泳帽既能够保护头发,避免游泳池中的氯对头发的腐蚀,又可以避免长发进入眼睛、鼻子和耳朵,影响活动。泳镜不仅可以保护眼睛不受水中菌落和药物的污染,还能够使游泳者保持良好的视线,观察和纠正错误动作,避免与他人或池壁发生碰撞。

2. 辅助游泳装备

由于游泳环境的特殊性,除泳装、泳帽和泳镜外,游泳者最好准备一些辅助装备,以保障安全和健康。这些装备包括毛巾、拖鞋、洗护用品等。在游泳锻炼和训练中,为提高练习效果,循序渐进地进行教学,或增加训练难度,提高训练水平,学员会经常用到一些辅助训练器材,其中比较常用的包括打水板、浮漂、划手掌、脚蹼等。

3. 泳帽和泳镜穿戴方法

1)常见的泳帽穿戴方法

一般都会选择布胶的游泳帽,佩戴时将双手呈半圆状,以棱边为中间,插入帽子里,将帽子两边撑开,记住棱线还是要对着眉心的,撑开后举起帽子从后向前戴,将有头发的部分尽量套住,如果长头发较长,尽量将头发往帽子里塞,这样戴好泳帽。

2)常见的泳镜穿戴方法

不用管头带,直接把泳镜扣在眼部。佩戴的时候从前方往后佩戴。取下的时候将大拇指放入头带下,从后往前解除即可。

二、熟悉水性的练习方法与步骤

(一)熟悉水性的概念与原理

熟悉水性是指人们在学习四种竞技游泳技术之前对游泳的场地、水中的环境进行适应的练习过程。人们长期生活在陆地环境中,一切思维方式、动作模式都习惯了在陆地的方式与方法,而人们对水环境却是陌生的。就像宇航员首先要学习的是在失重的情况下如何行走,想学习游泳,必须先熟悉水中环境。

1. 水中呼吸

游泳的呼吸方式与陆地上的呼吸方式不同,水有压力,使人呼气困难,用陆地上的呼吸方法很容易呛水,发生溺水的危险。

2. 水中站立

人在陆地上的动作是直立的,而在水中人俯卧,要保持平衡才能够游泳。由于在水中保持平衡比较困难,人们往往产生怕水心理。

3. 游泳时的阻力

游泳动作的用力方式与陆地上动作的用力方式不同。陆地上动作的用力是敏捷的,游泳动作的用力是缓慢的,逐渐加快的。游泳动作实际上是避免阻力和利用阻力的过程,不合理的身体姿势和身体位置会增加游泳时的阻力,初学者往往不能理解这一点。说到这里,其实对于初学者来说,学习游泳的最大困难是对水的恐惧,掌握和熟练运用熟悉水性的练习方法可以有效地解除怕水心理。

1)熟悉水性各阶段的练习方法与步骤

(1)扶梯入池练习(安全入池)。

目的:掌握安全进入泳池的方法。

练习方法:双手握住池边扶手,缓慢地一步一个台阶,背对泳池入水。

练习重点:消除怕水的心理,反复练习可增加信心。

(2)水中行走练习。

目的:体会水里各方面的阻力。

练习方法:①身体面向池壁,双手扶池边,沿着池壁来回移动。②单手扶池壁,向前走向后退来回练习。③徒手水中行走,在泳池中小步、大步交替走,可以把双手分开放置水面,加强身体在水中的稳定性。④扶池边跳跃:双手扶池边,双脚蹬池底,向上跳起。⑤徒手水中跳跃:水中站立,两臂前伸平放水中,两臂向下压水,脚蹬池底,向上跳起。

练习重点:独立的水中平稳,快速移动。

(3)水中呼吸练习。

陆地上模仿站立闭气练习。

目的:学习闭气的方法。

练习方法:身体直立,双手下垂,全身放松,闭气10~20秒后吐气,重复6~8次,必须口吸口呼。

教学重点:口吸口呼,不能用鼻子呼吸,可以把手掌放在嘴前一寸处,检查鼻子是否漏气。

水中双手扶池边,练习站立呼吸。

目的:改进呼吸技巧。

练习方法:换气时间要短,头部侵入水中稍闭气后就开始吐气,要像鱼一样有气泡吐出,气即将吐尽的时候头伸出水面,当嘴露出水时猛吐气,换气。身体下降后,头部要全部侵入水中,身体上升的速度要慢,把嘴巴露出水面即可。

练习重点:水中换气的速度与节奏。

练习次数:10~20次一组,2~4组。

2)水中漂浮练习

(1)扶池边漂浮。

目的:掌握水中漂浮的方法。

练习方法:双手扶池边或扶同伴的手漂浮。吸气,低头并把头夹在两臂之间,水面在头顶处,身体平展,全身放松,在水中漂浮。站立时两腿大腿部位同时向胸部靠拢,然后双脚同时向下踩,踩到池底后双臂向下压水再抬头。

练习重点:身体在水中平直,打开身体各个关节,使身体平卧在水面。

练习次数:8~10次。

(2)扶池边漂浮加呼吸。

目的:掌握漂浮中换气的动作。

练习方法:身体平卧水中抬头换气,换气动作要快,换气后马上低头才能使身体在水中保持平衡,头部没入水中后一定要憋住气,坚持憋气5~10秒。

练习重点:在水中的平衡及换气。

练习次数:8~10次一组,4~6组。

3)水中滑行练习

(1)扶板蹬池底滑行。

目的:体会掌握游泳时身体的水平位置和流线型姿势。

练习方法:双手伸直扶打水板,两脚蹬池底,深吸气,低头,身体前倾并屈膝,当头和肩没入水中时双脚前脚掌用力蹬离池底,两腿并拢向前滑行,身体向前滑行时闭住气,待滑行速度减慢时抬头换气。

练习重点:滑行的距离与漂浮的时间,身体的各关节打开,低头,用力蹬离池底。

练习次数:8~10次一组,4组。

(2)徒手蹬池底滑行。

目的:提高水中保持平衡的能力。

练习方法：同扶板蹬池底滑行相同，只是难度稍大于上个动作，两脚站立，两臂并拢前伸，深吸气后低头脚蹬地，身体平卧在水面上滑行，滑行前吸气，身体尽量伸直，用力蹬池底。

练习重点：滑行的距离长短，练习结束后可与同学进行一次滑行比赛，看谁的滑行距离远。

练习次数：8～10次一组，4组。

第三节　游泳运动技术

一、蛙泳技术

(一)蛙泳概述与蛙泳腿部技术练习方法与步骤

1. 蛙泳概述

蛙泳是比较古老的一种泳姿，由模仿青蛙的游泳动作而得名，在民间广为流传。蛙泳属于"易学难精"的一种泳式，蛙泳游进过程中，身体位置随手腿动作不断变化，两臂和两腿的动作同时对称地进行。蛙泳的技术结构是4种姿势中最为复杂的，由于手臂和腿部动作的变化方向多，与其他泳姿的差别很大，所以较难掌握好。

蛙泳也是4种姿势中速度最慢的一种，从水下移臂和收腿会给身体带来很大的阻力，使前进速度突然下降，身体前进速度不均匀。但蛙泳也有一些独特的优点。如蛙泳的呼吸比较容易掌握，而且每个动作周期结束后都有一定的滑行放松时间，所以较容易学会。在掌握动作节奏后很快就能用较少的能量游较长的距离；此外还便于观察前方，它在实用游泳如救生等领域有重要的地位。同时蛙泳也经常用于颈、腰椎慢性病的康复治疗。

2. 蛙泳腿部动作技术组成与路线节奏

蛙泳的腿部动作很重要，它不仅起到保持身体平衡的作用，还可以产生较大推进力。蛙泳腿的动作可分为收腿、翻脚、蹬夹和滑行四个阶段，它们是紧密相连的完整动作。

1) 收腿

收腿是翻脚、蹬夹的准备动作。大腿放松，开始收腿的同时屈膝、屈髋，两腿慢慢地分开，小腿和脚应跟在大腿的后面。收腿时两腿的动作要放松、自然，力量要小，速度要慢。收腿结束后，大腿与躯干之间形成130～140°角，膝关节收紧，脚跟靠近臀部，小腿与水面垂直，两膝与肩同宽。

2) 翻脚

随着收腿的结束，两脚继续向臀部靠紧，大腿内旋使两膝内压的同时小腿向外翻，接着脚尖也向两侧外翻，使脚掌内侧正对蹬水方向。翻脚时膝关节内扣，勾脚旋外，脚跟尽量收至臀部。翻脚结束时小腿内侧及脚内侧对准水，从后面看像英文字母"W"。

3) 蹬夹

蹬夹包括蹬水和夹水两部分，它们是不可分割的整体。蹬夹水是由身体的核心力量及大腿同时发力完成伸髋、伸膝、伸踝动作。蹬水时应勾脚，使小腿内侧及脚内侧在蹬水时有较长时间的对水面。保持用脚跟做向外、向侧、向后的快速有力的蹬水动作。蹬水快结束后,双腿用力内收并拢,完成夹水动作。整个蹬夹水技术是一个由慢至快的鞭状蹬水技术。

4)滑行

蹬夹结束后,由于蹬腿的惯性作用两腿有一个短暂的滑行阶段。滑行过程中两腿应尽量伸直并拢,腿部肌肉和踝关节自然放松,为下一个动作周期做好准备。

3.掌握蛙泳腿部动作练习方法与步骤

1)陆地上勾、绷、翻脚练习

练习目的:可以帮助初学者掌握腿部动作概念,强化翻脚时的肌肉感觉。

练习方法:坐在地板上,双腿伸直,双手后撑,"1"做勾脚动作,"2"做翻脚练习,"3"还原。勾脚时要求脚尖朝上,绷脚时脚尖向前,翻脚时脚尖朝外。

练习重点:体会勾脚、翻脚时踝关节周围肌肉用力的感觉。

练习次数:10次×4组。

2)陆地上做撑蛙泳腿练习。

练习目的:明确蛙泳腿的动作概念,用分解到完整的方法体会蛙泳腿的动作结构和用力方法。

练习方法:坐姿,双腿伸直,身体后仰,双手后撑。

"1"收腿,用眼观察收腿时双膝的宽度同肩宽。

"2"翻脚,脚跟靠近大腿并翻在臀部外侧,脚尖朝外。

"3"蹬夹,强调蹬水的路线是弧线。

"4"滑行,双腿伸直并拢,脚尖绷直。

练习重点:收、翻、蹬、停四个环节的动作都要做到准确。

练习次数:16次×8组。

3)半陆半水俯卧蛙泳腿练习

教学目的:在没有视觉帮助的条件下,依靠肌肉运动感觉掌握蛙泳腿动作,为水中练习做好准备。

练习方法:髋关节在池边处双手前伸,上体俯卧池边双腿在水中按收、翻、蹬夹、滑行四个步骤进行练习。

练习重点:身体姿势和翻脚、蹬夹动作以及动作节奏的变化。

练习次数:20次×5组。

4)扶池边漂浮蛙泳腿练习。

练习目的:体会身体在水中漂浮平衡的基础上做蛙泳腿的感觉。

练习方法:双手扶池边,目视下方,双臂伸直,闭气,身体平直地漂浮于水面,双腿做蛙泳腿动作。

练习重点:身体姿势的保持以及腿部动作的连续性。

练习次数:5次×12组。

5)水中浮板蛙泳腿练习

练习目的:体会依靠自己蹬夹水的力量推动身体前进的感觉。

练习方法:两臂伸直,肩放松,双手扶板的边缘。在保证身体平稳漂浮的条件下双腿做蛙泳腿动作,蹬夹结束后漂浮时抬头吸气。初学者最好在腰部戴上浮漂,以帮助身体上浮,使脚的蹬夹水方向正确。

练习重点：身体平衡姿势放松。腿部动作的节奏和用力方法。

练习次数：25米×10组。

6）徒手滑行蛙泳腿练习

练习目的：体会无支撑条件下的蛙泳腿技术动作。

练习方法：蹬池边或者蹬池底滑行后做蛙泳腿的练习。身体自然放松，两腿蹬水后漂浮的时间稍长，注意体会蹬腿的效果及动作的节奏，并配合呼吸。

练习重点：动作节奏与用力方法，身体姿势的保持。

练习次数：25米×8组。

（二）蛙泳手臂与呼吸技术练习方法与步骤

1.掌握蛙泳手臂动作技术

蛙泳手臂划水可以产生较大的推进力，现代蛙泳技术更加强调臂划水的作用。掌握合理的手臂划水技术动作，使之与腿和呼吸协调配合，能有效地提高游进速度。蛙泳手臂动作可分为外划抓水、内划、前伸三个技术。

1）外划抓水技术

外划开始时，掌心应向下，直到划至肩外。外划以小拇指领先，手掌以很小的阻力面对水。一旦划至肩外，应屈肘，手掌转为向外向后，做好抓水准备。抓水动作是为了给后面内划创造有利条件。

2）内划技术

内划技术是蛙泳划臂技术中产生推进力最大的技术，这个动作始于手臂划到肩外、抓水动作完成时。随后手臂沿一个大的半圆形的轨迹依次加速向后、向下、向内和向上划水，直到手臂划至肩后，双手在肩下靠拢。注意向内划水一定是由手引导肘的动作。

内划要想获得较大的推进力，就一定要在最后夹肘时收手。手的动作应积极、快速、圆滑，收手结束时，肘关节应低于手，大、小臂的角度小于90°。夹肘动作尽量贴近身体，一方面是为了减少身体过分上抬造成不必要的阻力，另一方面是为了减少手臂与身体之间的空隙，减少形状阻力、压差阻力。划水速度是从慢到快，至夹肘收手时应达到最快。

3）前伸技术

伸臂是在向内划水的基础上进行的。当两手在下颌下接近并拢时开始前伸，通过向前伸肘和伸肩，两臂前移至伸直姿势。伸臂时应两手并拢，手腕自然伸直，肩肘伸展，手臂呈流线型沿直线前伸。

蛙泳整个手臂动作（图13-1）路线无论是俯视或仰视都似一个椭圆形，并且是一个连贯的、力量从小到大、速度从慢到快的完整过程。

2.掌握蛙泳手臂与呼吸动作技术

蛙泳手臂与呼吸动作是蛙泳学习过程中的一大难点。蛙泳采用抬头吸气的方法，即通过前伸下颚，使口露出水面进行吸气。蛙泳的呼吸

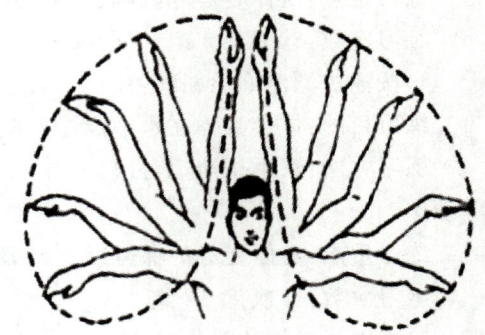

图13-1 蛙泳手臂动作

动作与划臂动作配合形式有两种,即早吸气和晚吸气。

1)早吸气

早吸气是在手臂外划时开始抬头吸气,内划低头憋气,伸臂时呼气。早吸气的吸气时间相对长些,这种配合比较容易掌握,初学者可以利用外划时产生向上的力帮助上身浮起来。因此,早吸气适合初学蛙泳的人采用。

2)晚吸气

晚吸气是在内划结束,头上升至水面最高处吸气,伸臂时憋气,外划时呼气。晚吸气的吸气时间较短,吸气时不做专门的抬头动作,头借助手臂内划使身体上升露出水面完成吸气。因此,游进时身体姿势好,阻力小。这种技术要求有强有力的手臂划水动作与之配合,有一定的技术难度,通常被高水平运动员采用。

3. 掌握蛙泳手臂与呼吸动作练习方法与步骤

1)陆地上蛙泳手臂与呼吸模仿练习

练习目的:初步掌握蛙泳划水与呼吸技术概念及正确的动作结构。

练习方法:身体前倾,双脚开立,双臂前伸。按照口令依次做外划抓水、内划(收手)、前伸的动作。开始只做划水,不加呼吸。随着动作熟练,加上呼吸的配合,在手臂外划时抬头吸气,手臂前伸时低头呼气。

练习重点:划水动作的方向和幅度。

练习次数:10 次×6 组。

2)半陆半水蛙泳手臂模仿练习

练习目的:巩固水中呼吸与划水的配合,体会划水时手臂对水的感觉。

练习方法:胸部以下俯卧在水面,水面与腋窝齐平,手臂按照节奏做划水动作。熟练后加上呼吸动作,外划、内划时头抬出水面吸气,前伸时头没入水中呼气。

练习重点:手掌对水的感觉、小臂和手掌以肘关节为轴的转动。划手的幅度,两臂夹水的速度。

练习次数:10 次×8 组。

3)浅水站立蛙泳划水加呼吸练习

练习目的:熟练呼吸与划臂的配合,掌握身体起伏与呼吸配合的节奏。

练习方法:站立在泳池中,弯腰低头,做蛙泳划水及呼吸动作练习。动作熟练后可以边划水边向前走动,体会划手推动身体前进的效果。

练习重点:身体起伏跟呼吸配合节奏。

练习次数:站立 10 次×8 组,行进间 25 米×8 组。

4)双腿夹板蛙泳手臂与呼吸配合动作练习

教学目的:强化水中呼吸与划水的配合熟练程度。

练习方法:俯卧水中,大腿夹浮板帮助下肢上浮,做手臂与呼吸配合练习,注意刚开始练习时滑行时间应稍长,待身体稳定后再开始下一次动作。

练习重点:在无固定支撑情况下,体会身体、手臂与呼吸配合熟练程度。

练习次数:25 米×8 组。

(三)蛙泳完整配合技术

1. 蛙泳完整配合动作技术组成

蛙泳臂腿配合技术较为复杂。为了保持游进速度的均匀性,臂腿的配合应尽量使游进过程中每个动作周期内的每个阶段都有推进力产生。正确的手腿配合技术是手臂划水时,腿自然放松伸直;收手时,腿自然屈膝;开始移臂时收腿,并快速蹬腿。蛙泳臂、腿、呼吸的配合多采用1∶1∶1配合,即每划水一次,蹬腿一次,吸气一次。

2. 蛙泳完整配合动作练习方法与学习步骤

1)陆地上模仿练习

练习目的:初步掌握蛙泳完整配合的节奏和方法,理解蛙泳配合的概念。

练习方法:直立地面,双臂上举,双手并拢。用口诀进行练习:"1"划手腿不动、"2"收手再收腿、"3"先伸臂来再蹬腿,"4"并拢伸直漂一会。

教学重点:臂、腿与呼吸动作的配合时机。

练习次数:20次×4～5组。

2)半陆半水蛙泳配合模仿练习

练习目的:巩固蛙泳完整配合的动作概念,根据身体与水相对位置的变化,体会腿部蹬夹水的感觉,并体会在水中划水和呼吸的感觉。

练习方法:可以分别采用两种形式。第一种是身体上半部分俯卧在池边上,髋关节在池沿处,双腿在水中,练习蛙泳完整配合动作。第二种是胸部以下部分俯卧在池边,胸部以上部位及头部悬于水面上部,池边与腋窝齐平,练习蛙泳配合动作。

练习重点:腿在水中时,重点体会蹬夹水的动作。手臂在水中练习时,重点体会呼吸的节奏。

练习次数:20次×4～5组。

3)分解到配合的过渡练习

教学目的:巩固蛙泳配合技术节奏,降低难度,提高游距。

练习方法:漂浮后先蹬夹腿,结束后再做划手换气。

练习提示:可先做蹬夹两次腿配合一次划手换气,动作熟练后改为一次腿、一次手。熟练后进行蛙泳完整配合练习。

练习次数:25米×4～6组。

二、自由泳技术

(一)自由泳概述与自由泳腿部技术

1. 自由泳概述

根据游泳竞赛规则规定,自由泳比赛中运动员可以采用任何泳式游进,而个人混合泳和混合泳接力项目中的自由泳是指仰泳、蛙泳、蝶泳以外的任何泳式。当用自由泳方式游泳时,身体俯卧在水面上,两腿上下交替打水,两臂轮流划水,使身体向前游进。自由泳的动作很像爬行,故又被称为"爬泳"。

自由泳是速度最快的一种泳式,在现代奥运会游泳比赛中自由泳项目最多,达16项。此外,混合泳接力以及个人混合泳比赛中还包括自由泳泳姿。

2.自由泳身体姿势,腿部动作技术组成与路线节奏

1)自由泳身体姿势

自由泳需要具有的身体姿势是身体俯卧于水中,尽可能保持水平姿势,略抬头,水面齐发际。身体与水面保持3~5°的夹角。爬泳游进中,身体随划水和移臂动作而不停地、有节奏地沿身体纵轴转动,手臂每侧转动的角度为35~45°。

2)自由泳腿部动作技术

两腿自然伸直,脚稍内旋,以髋关节为轴,大腿发力,带动小腿和脚上下交替做鞭状打水,向上打时直腿上抬,向下打时脚背向后下方用力,两脚打水幅度在30~40厘米。自由泳腿打水由向下打水和向上打水两部分交替构成,其中下打动作较为有力,上打动作相对放松一些。

(1)向上打水。向上打水几乎不产生推进力。由大腿带动小腿直腿向上移动,当整个腿部移到水面并与水平面基本平行时,大腿停止继续上移,转入向下打水,但小腿和脚由于惯性的作用仍然继续上移,使膝关节弯曲。当小腿和脚也完成向上打水时,大腿已经进入下打过程。

(2)向下打水。小腿和脚在上打结束后,在大腿的带动下开始向下打水。由于膝关节的弯曲,小腿和脚的打水方向是后下方。当大腿向下打水到最低处并开始向上打水时,小腿和脚仍未完成向下打水,直到膝关节完全伸直,小腿和脚才随大腿转入向上打水,然后开始下一次动作循环。

由于腿部各关节和环节构成了一个类似链状的结构,自由泳的向上打水和向下打水之间的界限并不十分分明,即大腿、小腿和脚并没有同时向上或向下打水。

(二)自由泳手臂技术

自由泳手臂的划水动作是推动身体前进的主要动作。其划水动作可以分为入水和前伸、下划和抓水、内划、上划、出水和空中移臂几个环节。

1.入水与前伸

入水时,手自然并拢伸直,随着身体纵轴的转动,手掌稍朝外以肘高、手低、大拇指领先斜插入水的方式在肩的延长线上,或在身体中线和肩的延长线之间入水,尽量减小入水时的阻力。入水后,随着身体的转动,手在水下沿身体中线尽量向前和向内伸展,手臂也向前伸直,当手前伸至最远处时,掌心转向下完成入水与前伸动作。

2.下划和抓水

下划时略屈臂,当肘关节高于手的位置时,手和前臂、上臂成一直线,即完成下划动作。下划动作要尽可能轻快地使手臂到达抓水位置,形成典型的高肘抓水动作。手臂入水后随着身体的转动向前伸,伸到最远处时立即开始做向下、向后的抓水动作,抓水时屈腕使手掌朝下方对准水,继而屈肘,手掌与小臂对准水,完成抓水动作。抓水虽然是整个划水周期中速度相对较慢的部分,但对后面划水的效果起着至关重要的作用。

3.内划

当手掌和小臂向后对准水,手臂形成高肘姿势时,运动员要运用身体转动的力量以及背

部和肩部的大肌肉群进行划水。当手掌向后划水至身体中线、胸部下方时，内划动作阶段结束。随着肩关节内收，手划水的攻角逐渐转为向内，肘关节弯曲程度逐渐加大，为加速上划做准备。

4. 上划

上划是划水推进力产生的主要动作，大部分运动员身体前进的最大速度就发生在每次上划阶段。手臂在内划完成后即开始向后、向外及向上的上划动作，手臂从身体下方划至接近水面。上划动作一直保持到手接近大腿，然后进入下一个空中移臂阶段。在上划动作阶段，手掌应该向后推水，而不是向上划水。

5. 出水与空中移臂

划水结束时，由大臂带动肘部向外上方提拉，将小臂和手提出水面，掌心转向内，以小拇指领先出水。出水动作必须迅速而不停顿，同时应该柔和、放松。移臂应放松自然，多数运动员采用高肘移臂，便于入水后快速抓水。从出水开始，肘关节就已经弯曲，随肩和上臂向前上方移动。移臂动作应借助于肩关节的自然内旋。移臂开始时手臂在空中向前、向外和向上移动。当手越过肩关节时开始前伸，手臂的动作转为向前、向内和向下。手的速度快于前臂和上臂的速度，手在肩前领先入水。

(三)自由泳完整配合技术

1. 自由泳手臂与呼吸配合技术

呼吸是自由泳的一个难点，是四种泳式中唯一采用了人们所不习惯的侧向转头吸气动作，因此呼吸一定要搭上游进过程中身体转动的"顺风车"。在自由泳游进过程中，划手与呼吸动作随着身体转动而进行，如果是刚开始学习自由泳或水平较低的运动员。建议采用早呼吸技术，即在开始划水阶段就开始转头，当手进入推水阶段时转头出水猛吐快吸，完成吸气动作，随着手臂前移转头呈水平姿势，眼睛正视池底；优秀自由泳运动员建议采用晚呼吸技术，即当划手进入推水阶段时，随着身体的转动快速转头猛吐快吸完成呼吸动作，随着手臂前移将头转成水平姿势，眼睛正视池底。由于多数运动员向呼吸一侧的身体转动幅度较大，因此轮流向两侧吸气可以使身体的转动较为对称。但在长距离项目中，不宜为盲目追求对称的身体转动而限制呼吸次数，影响氧的摄入。

2. 腿、臂、呼吸完整配合技术

自由泳完整配合指全身各个部分的协调配合。以右手划水为例，当右手划水结束出水时，髋关节向右转动，使身体呈现出较好的流线型，同时能够借助躯干大肌肉群的力量与划水产生合力；吸气时头部随着身体的转动而转动，而不是抬下颌，这样可使髋关节处于较高的位置，后背肌肉相对放松；移臂时提肩、提肘，保持较高的身体位置。左臂和双腿与右臂协调配合，才能产生最佳的完整动作效果。

完整配合还指在一个划水动作周期中腿打水、臂划水和呼吸比例。自由泳配合技术常见的有多种形式，其中 6∶2∶1 配合是较常见的，即腿打 6 次水、手臂划两次水、配合 1 次呼吸。此外，还有 4∶2∶1、2∶2∶1 以及不规则比例的多种配合形式。一般来说，短距离运动员在比赛中，常采用 6 次打水的配合技术，它便于保持较高的身体位置，而比赛中短距离运动员会控制吸气次数,通常50米比赛中运动员一般呼吸2次,甚至有运动员仅呼吸1次。长距离自由泳运动员在不同的阶段打腿次数不同,出发、冲刺时大部分运动员采用6次打水的配合技术,途中游采用4次或2次打水的配合技术。

第四节 游泳运动基本规则与裁判法

一、游泳基本规则

(一)各项泳式

1. 自由泳

(1)自由泳比赛可采用任何泳式。但个人混合泳及混合泳接力比赛,自由泳是指除蝶泳、仰泳、蛙泳以外的泳式。

(2)每次转身和到达终点时,运动员身体的某一部分必须触壁。

(3)在整个游程中,运动员身体的某一部分必须露出水面。在出发和每次转身时,允许运动员身体完全没入水中,但在15米前头的一部分必须露出水面。

2. 仰泳

(1)在"出发信号"发出前,运动员应在水中面对出发端,两手抓住出发握手器。禁止两脚蹬在水槽里、水槽上或脚趾勾在水槽沿上。当使用仰泳出发器出发时,两脚脚趾必须与池壁或触板接触,严禁脚趾勾在触板上沿。

(2)出发时和每次转身后,运动员应以仰卧姿势蹬离池壁并在整个游程中保持仰卧姿势,身体最大转动幅度不得达到与水平面成90°,头部除外。

(3)在整个游程中,运动员身体的某一部分必须露出水面。在出发和转身时,允许运动员身体完全没入水中,在15米前头的一部分必须露出水面。

(4)在转身过程中,运动员身体的某一部分必须触壁。转身过程中允许转动至俯卧姿势,之后立即做1次连贯的划水动作,并以此动作作为转身动作的开始。

(5)运动员到达终点时,必须以仰卧姿势触壁。

3. 蛙泳

(1)在出发和每次转身后,运动员身体可没入水中做1次手臂充分向后划至腿部的动作,在第1次蛙泳蹬腿动作之前,允许做1次蝶泳打腿动作。在第2次两手划臂至最宽点之前,头的一部分必须露出水面。

(2)从出发和每次转身后的第1次手臂动作开始,身体应保持俯卧,除转身动作外,任何时候都不允许身体呈仰卧姿势。只要身体呈俯卧姿势蹬离池壁,允许运动员在触壁后用任何方式转身。在出发后的整个游程中,动作周期必须是以1次划臂和1次蹬腿的顺序完成。两臂的所有动作应同时并在同一水平面上进行,不得有交替动作。

(3)两手应同时在水面、水下或水上由胸前伸出。除转身与触壁前的最后一次划水动作、转身过程中的动作外,肘部不得露出水面。两手应在水面或水下向后划水。除出发和每次转身后的第1次划水动作外,两手向后划水不得超过臀线。

(4)在每个完整动作周期内,运动员头的一部分必须露出水面。两腿的所有动作应同时并在同一水平面上进行,不得有交替动作。

(5)在蹬腿过程中,两脚必须做外翻动作。不允许做交替打腿或向下的蝶泳打腿动作。只要不接着做向下的蝶泳打腿动作,允许两脚露出水面。

(6)在每次转身和到达终点时,两手应分开在水面、水上或水下同时触壁。转身和到达终点前的最后一次手臂动作后可不接蹬腿动作。

4.蝶泳

(1)从出发和每次转身后的第1次手臂动作开始,身体应保持俯卧。除转身动作外,任何时候都不允许呈仰卧姿势。只要身体呈俯卧姿势蹬离池壁,允许运动员在触壁后用任何方式转身。

(2)整个游程中,两臂应在水面上同时向前摆动,并在水下同时向后划水。

(3)所有腿部的上下打腿动作应同时进行。两腿或两脚可不在同一水平面上,但不允许有交替动作,不允许蹬蛙泳腿。

(4)在每次转身和到达终点时,两手应分开在水面、水上或水下同时触壁。

(5)在出发和每次转身后,允许运动员在水下做多次打腿动作和1次划水动作,这次划水动作应使身体升至水面。15米前运动员头的一部分必须露出水面。

5.混合泳

(1)个人混合泳必须按照蝶泳、仰泳、蛙泳、自由泳的顺序比赛。每种泳式必须完成赛程四分之一的距离。

(2)在自由泳段,除转身动作外,身体须保持俯卧。转身后,在做任何打腿或划水动作前必须恢复俯卧姿势。

(3)混合泳接力必须按照仰泳、蛙泳、蝶泳、自由泳的顺序比赛。每种泳式必须完成赛程四分之一的距离。

(4)个人混合泳和混合泳接力比赛,每一泳式都必须符合对应泳式的规定。

二、游泳与裁判岗位职责

(一)游泳比赛中裁判员的岗位及人数

(1)执行总裁判2~4人;发令员2~3人;技术检查员4人。

(2)转身检查长2人(终点端和转身端各1人),转身检查员每条泳道两端各1人。

(3)自动计时长1人,自动计时员2~3人;人工计时长1人,副计时长1~2人,计时员每条泳道2~3人(其中1人由终点端转身检查员兼任)。

(4)编排记录长1人,副编排记录长1~2人,编排记录员4~8人。

(5)检录长1人,副检录长1~2人,检录员5~8人。

(6)宣告员1~2人;替补裁判员2~4人。

(二)了解各裁判岗位的职责

1. 总裁判的职责

(1)明确分工,全面主持当场裁判工作。
(2)解决比赛中的有关问题。
(3)可随时干预比赛,裁定比赛过程中的各种异议。
(4)决定具有争议的名次判定。
(5)可随时指派替补裁判员上岗。
(6)有权取消犯规运动员的比赛资格或录取资格。
(7)比赛前负责检查场地、器材。
(8)每组比赛开始时,通过连续短哨声、长哨声、向外伸展手臂以及收回手势对运动员进行组织。
(9)各项、各组的比赛成绩须经总裁判签名确认。
(10)有权取消任何泳装不符合规定的运动员比赛或录取资格。

2. 编排记录组裁判的职责

(1)编排记录长领导和分配组内工作;检查和核对比赛成绩、名次。
(2)编排记录员编排竞赛秩序,印制裁判各种表格。
(3)编排记录员需准确地记录和及时公布比赛成绩;统计和公布新创纪录、团体总分等;编排半决赛、决赛秩序。
(4)编排记录员负责编制《成绩册》。

3. 检录组裁判的职责

(1)检录长负责领导与分配检录员的工作。
(2)检录员负责布置检录室(处),核对运动员竞赛卡片(若无自动计时装置)。
(3)检录员还要检查运动员泳装和广告标识。
(4)检录员在每组比赛前负责点名、入场,并及时报告未参加检录的运动员名单。
(5)负责召集和引导获奖运动员参加颁奖仪式,协助兴奋剂检测人员确认相关运动员。

4. 发令员的职责

(1)发令员站在游泳池离出发端5米以内的侧面发令。
(2)负责管理由总裁判发出手势信号后至比赛开始的运动员。
(3)有权判定运动员出发时是否犯规,但最终判决须由总裁判决定。
(4)若发现运动员延误比赛、蓄意不服从命令或在出发时有任何其他犯规行为时,应向总裁判报告。

5. 技术检查员的职责

(1)技术检查员位于游泳池两侧,在总裁判直接领导下进行工作。
(2)负责检查运动员在游进中的泳式和动作是否符合规则,协助两端转身检查员检查运动员转身和到达终点的动作是否符合规则。
(3)技术检查员兼管召回线。

6. 转身检查组裁判的职责

(1) 转身检查长负责领导和分配本端转身检查员的工作。

(2) 出发端检查员负责检查运动员从"出发信号"发出后至第1次手臂动作结束的动作是否符合规则；在接力项目比赛中检查交接棒情况；使用仰泳出发器时负责安装和拆卸该装置。转身端检查员负责检查运动员从触壁前最后一次手臂动作开始至转身后第1次手臂动作结束的整个转身动作是否符合规则。

(3) 出发端检查员在800米和1500米项目中，当运动员距终点还剩两趟加5米时，应用铃声向运动员持续发出信号。转身端检查员负责800米和1500米项目中的报趟工作。

(4) 运动员抵达终点后，负责引导运动员有序起水。

7. 自动计时组裁判的职责

(1) 比赛前协助专业技术人员安装、调试自动计时装置；比赛时协助、监督专业人员操作主机及有关设备。

(2) 比赛时准确记录运动员的成绩、弃权及犯规情况。

(3) 如发现自动计时装置失灵，应及时报告总裁判。

(4) 接力比赛时，如发现自动计时装置有交接棒抢跳犯规，应及时报告总裁判。

8. 宣告员的职责

(1) 介绍比赛项目和进行情况，并宣布比赛成绩。

(2) 宣告员须与竞赛部门配合，组织好颁奖仪式。

思考题

1. 简述呼吸动作的要点。
2. 扶池边漂浮的教学难点是什么？
3. 如何使初学者在水中的身体姿势保持平衡与平直？
4. 如何避免水中痉挛的发生？
5. 游泳前的注意事项有哪些？
6. 简述蛙泳腿的动作要点。
7. 简述蛙泳腿的教学顺序。
8. 列举蛙泳腿的常见错误动作。
9. 自由泳两臂划水的配合有几种方式，每种方式有什么特点？
10. 简述总裁判的职责。
11. 简述发令员的职责。
12. 简述蛙泳比赛规定。
13. 简述自由泳比赛规定。

第十四章　健美运动

健美运动,英文原意是身体建设的运动,形象地说明了健美运动的本质和目的。它是通过徒手和利用各种器械,针对个人特点,运用专门的动作方式和方法进行锻炼,以达到强身健体、增强体质、发达肌肉、改善体型为目的的运动项目。它不受场地、器材、季节的限制,简单易行,是男女老少皆宜的、实用性强的塑身运动项目,被誉为"21世纪不可抗拒的人类需要"。竞技健美是在健美运动的基础上,参与者以取得优异比赛成绩为目的,进行长期的有计划、有规律的训练活动,以此获得完美的塑身效果并通过比赛等形式进行展示、交流、比拼的一种运动项目。

第一节　健美运动概述

一、健美运动的起源与发展

健美,是一种强调肌肉健壮与美的活动,是对身体的雕刻,跟传统竞技运动完全不一样,起源于古希腊,最初只有男性参加,以男子粗壮的手臂、发达的胸肌、粗壮的双腿为美。总体上,健美运动的起源与发展经历了三个阶段。

(一)古代健美运动

古代健美观念以古希腊为代表,他们认为健美的人体是宽敞的胸部,灵活而强壮的脖子,虎背熊腰的躯干和块块隆起的肌肉。古希腊人主要是通过体育运动来塑造和培养健美人物的,四年一届的古代奥林匹克运动会等场所,就是炫耀力量和人体健美的场合。公元前6世纪,古希腊就已经盛行"赤身运动"。当时的健身场是贵族青年必进的学校,他们在这里参加系统的机体和肌肉的训练,以便能够参加奥林匹克运动会。在竞技场上,竞技者为了表现身体线条的优美、浮凸而富有弹性的肌肉,把全身都涂上了当地盛产的橄榄油,裸体进行角逐。这些健美运动员被"雕塑家"记录下来并保留至今。古希腊雕塑家米隆的杰作《掷铁饼者》刻画了运动员全神贯注,铁饼脱手欲出的刹那姿势和匀称而丰满的肌肉质感,生动准确地表达了人体运动之美,在古希腊人眼里,这就是典型的健美人物。

(二)近代健美运动

19世纪以前,如德国、英国等国家出现了用杠铃、壶铃等器械来锻炼身体的现象,这既是现代竞技举重的起源,也是现代健美运动和力量举重的起源。当时的人追求的是力量的增长,在体型方面并无特殊的要求,他们肩膀宽厚、腰围粗大给人以健壮有力的印象,被称为大力士。19世纪中后期,出现了线条明显的肌肉和匀称健美体型的表演者,致使健美与举重出现了分化,逐步形成竞技举重和健美运动。

19世纪末健美运动因德国的德勒·穆勒(艺名尤金·山道)而萌发。由于年少时的他体弱多病,迫使他走上了健美的道路。他通过坚持不懈地锻炼,学习人体解剖学,懂得了科学锻炼的意义,不断地从实践中摸索出一套发达肌肉,提高力量的锻炼方法。他统一了健美思想、比赛方法,还制定了各种评判的标准,为现代健美运动的发展奠定了基础,促进了现代健美运动在各国的发展。因此,德勒·穆勒被后人尊称为体育家、表演家和艺术家,国际健美运动的鼻祖。

(三)现代健美运动

20世纪初,美国成了健美运动开展最为广泛的国家。1903年,美国的麦克法登举办了在美国的第一场以表现肌肉与力量美的比赛,他首创了健美比赛,推动了健美运动的开展,在美国被尊称为"健美运动之父"。20世纪40年代,本·韦德兄弟俩把健美运动推向了全世界。1946年,"国际健美联合会(IFBB)成立,本·韦德被选为国际健美联合会的终身主席。1947年,"环球先生"健美比赛首次举行。20世纪60年代,职业健美运动开始崛起。1965年创办了每年度世界水平最高的职业运动员参加的"奥林匹亚先生"大赛。1980年开始正式举行每年一度的"奥林匹亚小姐"大赛。1959年,斯里兰卡举办了亚洲先生健美锦标赛,揭开了亚洲健美比赛的序幕。2005年,国际健美联合会有179个会员,已经成为世界上最大的单项体育组织之一。1998年,国际健美联合会被国际奥委会接纳为奥林匹克大家庭的一员。

(四)健美运动发展中涌现出的优秀运动员

在健美运动的发展长河中,优秀的健美运动员人才辈出。1945年,克拉伦斯·罗斯获得"美国先生"的冠军,他是真正意义上符合现代审美的健美冠军,也是真正意义上的锻炼第一人。史蒂夫·里夫斯是"美国先生"和"宇宙先生"双称号得主,从他开始越来越多的人开始喜欢健美运动。雷格·帕克多次获得"健美先生"头衔,成为统治健美比赛二十余年的男人。20世纪60年代,约翰·格力麦克创办《发达肌肉》与《健与力》两大杂志,不断为健美运动献出自己的力量。塞尔吉奥·奥利伐一生累计获得20次左右的健美比赛冠军,三次"奥林匹亚先生"称号。20世纪70年代健美事业发展到了前所未有的巅峰时刻,阿诺德·施瓦辛格成了那个时代的代表,他几乎获得了当时所有的健美比赛奖项。

20世纪80年代,李·哈尼打破了施瓦辛格7次"奥林匹亚先生"的纪录,成为健美历史上最有名的运动员之一,开启了健美比赛新的定位。20世纪90年代,健美运动已经基本被世人所接受,可过于庞大的块头完全达不到正常人的审美标准,并且一些健美运动员由于过度追求维度,甚至出现了"奥赛肚"。21世纪,新时代下的健美运动将如何发展,仍是一个值得思考的话题。

二、我国健美运动的发展概况

(一)我国古代健美运动

我国是世界文明古国之一,我国古代以身体魁梧、武艺高强、健壮英俊、品德高尚为健美。我国古代将健力与美紧密结合在一起,而"举鼎、翘关、举石"等健身活动,则早已有了几千年的历史。

(二)中华人民共和国成立前的健美运动

现代健美运动是从20世纪30年代由欧美传入我国逐渐发展起来的。赵竹光是我国现代健美运动的开拓者,他在上海沪江大学读书时参加了美国的健美培训班并成立了我国最早的健美协会"沪江大学健美会",并于1934年和1937年先后翻译出版了《肌肉发达法》和《力之秘诀》。他积极介绍和推广健美运动。1940年5月,赵竹光又创办了"上海健身学院",当时的校训为"健全的身体,健全的人格,健全的头脑,健全的灵魂"。20世纪40年代初期,曾维棋在上海创办了"现代体育馆",出版《现代体育》杂志,宣传健美体格锻炼法。1944年,在上海八仙桥青年会礼堂举行了"上海男子健美比赛",这是新中国诞生前举行的唯一的一次全市性健美比赛。1945年10月在上海市民欢庆抗日战争胜利大游行时,上海健美界用三台人体健美造型的卡车参加了大游行,表现了爱国的民族精神,给人们留下了难忘的印象。

(三)中华人民共和国成立后的健美运动

中华人民共和国成立后,健美运动更受广大群众喜爱,上海先后建立了"健美体育馆""强华体育社"等近10个健美运动的场所,广州的健身院也发展到10家之多,北京、南京、苏州等地都吸引了很多青年参加健美运动。但是几年后,各体育场所都专搞竞技举重,健美运动基本上停滞两年多。20世纪80年代是我国健美运动复兴的年代。在改革开放的形势下,为了满足广大青年想使体格迅速健美起来的迫切愿望,上海、北京、广州等地建立了健美运动场所,先后开设了健美运动和健美操选修课,培养了数以千计的健美运动骨干,同时也培养了一些优秀选手。

(四)我国竞技健美比赛发展概况

在群众性健美运动广泛开展的基础上,在各级体育部门和有关人士的积极倡导和大力支持下,1983年6月我国在上海举办了第一届全国"力士杯"健美邀请赛。从1983年至1989年,我国先后在上海、广州、北京、深圳、屯溪、徐州、桂林举办了7届全国"力士杯"健美比赛。国际健美协会主席本·韦德对我国健美运动开展的情况给予了高度的评价,1985年他专程来我国观看了第三届全国"力士杯"健美比赛,并对在我国开展健美运动有较大贡献的陈镜开、赵竹光、曾维棋等9人分别授予了国际健美协会颁发的银质奖章、功勋奖章和荣誉证书。1985年11月,我国正式成为国际健美联合会的第128个会员国。

进入20世纪以来,我国竞技健美运动蓬勃发展,健美组织日益壮大。中国竞技健美运动达到了前所未有的发展高度。进入21世纪,健美运动在全国各地普及开展,充分显示了其广阔的发展前景。

三、现代健美运动的发展特点与趋势

(一)健美运动的发展特点

1. 健美运动在中国的"审美"困境

在中国,健美运动虽然已有 80 余年的历史,并在 1983 就开始举办全国性的赛事——"力士杯"健美比赛,但时至今日,仍有大量的民众和体育工作者对健美运动并不了解,甚至不少人持否定观点,这都在一定程度上制约我国健美运动的普及和发展,健美运动究竟美在哪里,它的中国化审美困境又是什么,未来应该如何发展,需要时间和实践给出答案。

2. 健美运动的思辨美学

肌肉的美是人的本质力量美。全身强壮饱满而又清晰的肌肉,是健美运动员基本的外形体征。在媒体视角或赛场上,健美运动员呈现给大众的一个显著特征,无疑便是黝黑发亮的皮肤。达·芬奇曾在著名画作《维特鲁威人》中勾勒出完美的人体比例。后世学者经过研究,在此基础上提出了人体包括肚脐、咽喉、膝关节、肘关节等 10 余个部位的黄金分割以及躯干、面部轮廓等 12 个黄金矩形。内在美是对身体的解放,意大利思想家布鲁诺曾指出:"灵魂的美胜于身体的美。"健美运动的美,不仅是外在肌肉、皮肤以及整体协调的美,更在于灵魂的美。

(二)健美运动的发展趋势

1. 健美理念的形成与发展

古希腊人崇尚体育运动,视没有受过正规运动训练的人为缺乏教养的人,他们会给体育比赛中的优胜者雕刻塑像,作为崇高的奖赏,《掷铁饼者》这个雕塑作品就是证明。在古希腊,人们对健康的崇拜与对美的追求,都被认为是一种高尚的文化修养和艺术思想的飞跃和升华,这就是古代的健美运动。

2. 健美运动的发展趋势

目前,健美运动的发展趋势有两种:一种是自然健身健美,目的是练出匀称漂亮的身材,提高身体健康水平。另一种是竞技健美,目的是通过科学的训练、合理的营养和充分的恢复,最大限度地发达全身肌肉。

四、健美运动的特点与价值

(一)健美运动的特点

1. 发达肌肉和匀称形体

健美训练的主要目的之一是发达人体各部位肌群,练就匀称漂亮的体型。在健美比赛中,一般以全身肌肉的发达程度和肌肉线条的清晰度为主要评分依据。因此,在训练中采用各种各样的动作方式、动作组合进行重复多次的负重训练,其目的就是以"超负荷训练"获得

"超量恢复",促进新陈代谢,使人体体格强壮,最大限度地发达全身各部位肌肉。

2. 增进健康和美化身体

健美运动顾名思义就是要"健康"和"美丽"。它的主要作用不仅要增进健康,增强体质,而且对美的要求极高,它将体育和美育有机地结合在一起,能给人以美的享受。

3. 随时随地,简便易行

健美运动可以徒手或依靠自抗力进行锻炼,也可以利用各种简单的阻力器械进行练习,还可以用一些自制的器械乃至简单的家具进行锻炼。

4. 动作简单,老少皆宜

健美运动的动作多种多样,简单易学,即使是采用杠铃和哑铃也可根据需要自行调整重量,训练的次数、组数和运动量,也可以根据体力进行调整。

5. 促进交往,丰富生活

健美运动经常是在健身中心进行的。人们通过锻炼,彼此互助,进行心得交流,促进人际交往,走出自我封闭的圈子,摆脱工作、事业、学习生活上的一些不良情绪,克服自己的一些弱点,改变不良习惯,达到丰富业余生活和提高生活质量的目的。

(二)健美运动的价值

1. 健身健美的生理价值

经常进行健身健美运动,其生理作用和效能十分显著,它不仅能发达肌肉,增强肌肉弹性和肌力,而且还能对各生理系统产生良好影响,还能改善体型、体态等。经常参加健身健美运动能使心肌中的毛细血管大量新生,增加心肌肌红蛋白含量。肌肉、骨骼、关节和韧带等构成人体的运动系统,健美运动可使肌纤维增粗,使肌肉中的毛细血管网增多,从而使肌肉的生理横断面增大,使肌肉变得丰满而发达。

2. 健身健美的心理价值

健康的心理是健身健美之本。参加健身健美运动,一方面有利于人体的健康,另一方面健康的人体又为心理健康提供了坚实的物质基础。参加健身健美运动,除了使自己的身体机能、形态水平得到提高外,还会形成一种良好的特殊的自我心理满足感,这是源于在新的领域中进行思想交流的结果,一种自我实现的多重心理健康效应。此外,健身健美还能促进意志品质的改善,抵御心理障碍等。

第二节 健美运动基本技术

一、健美运动的分类

健美运动的内容按其性质和作用可分为竞技健美和大众健美两大类。其中竞技健美包括肌肉健美竞赛、健身先生、健身小姐竞赛、男女形体竞赛、男女形体健身模特竞赛;大众健身包括徒手运动和器械运动等各种健美健身的锻炼方式。

二、健美运动准备动作与呼吸技术

（一）准备动作（图14-1，图14-2）

人体中骨骼是用来承受和传导力量的，骨骼的排列顺序是固定不变的，在适当的排列下做动作可以确保力量的顺畅传导；反之则使骨骼或关节处受到剪切力，久而久之会出现关节磨损疼痛等问题。

图14-1 徒手预备姿势

图14-2 硬拉时的预备动作

本文将身体整体分为核心和四肢来分析，主要有核心中立位，核心稳定，四肢关节顺位对齐，关节不锁死四个概念。核心中立位是安全训练和力量传导顺畅的根本。核心稳定指腰，骨盆、髋关节保持稳定状态。四肢关节顺位对齐指膝关节对齐脚尖（大腿外旋）、肘关节对齐手腕（小臂垂直地面）。如招财猫式及侧卧单腿上抬或侧滑步，采用徒手或弹力带抗阻的形式最佳。

关节锁死也是常见的问题，主要出现在肘、膝两个关节，动作顶点完全伸直手臂（腿）后，过度伸展肘（膝）关节，导致骨和骨之间相互对抗限制了力量传导，极大增加了关节的压力。正确做法是手臂和腿伸直时，肘（膝）关节处始终保持微屈。

（二）握法和握距技术

1. 握法

（1）全握：也称旋前握，即双手手背朝上手掌朝下，大拇指绕过杆像握拳一样的一种握法（图14-3）。

图14-3 全握

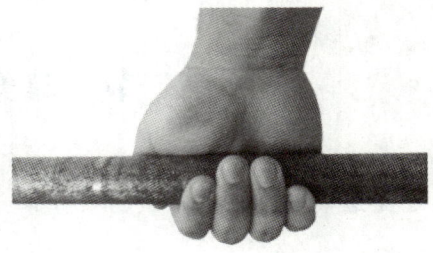

图14-4 半握

(2)半握:拇指与其他四指方向一致,不圈拢抓握,四指弯曲勾杆(图14-4)。

(3)反握:也称旋后握,即双手手掌朝上,手背朝下的一种握法,它与正握刚好相反。

(4)混合握:又叫正反握,顾名思义,即将正握与反握混合,一只手旋前另一只手旋后的一种握法。

(5)对握:也称中立握,是一种掌心相对的握法。

2. 握距

握距主要有窄握、中握和宽握三种。当运动员上体前倾,两手握杠屈臂拉起至上臂与肩平时,上臂与前臂夹角为直角时称中握;其夹角小于直角者为窄握;其夹角大于直角者为宽握。

(三)站距、半蹲和稍蹲技术

1. 站距

站距分为与肩同宽、比肩宽更宽(宽距)、比肩宽更窄(窄距)三种。

2. 半蹲

脚平行开立同肩宽或略比肩宽,双腿下蹲、大小腿夹角约为90°。身体略前倾,进行静止性半蹲练习,加上手臂的动作,在短期内便能迅速健身强体,效果十分显著。

3. 稍蹲

稍蹲准备姿势与半蹲准备姿势身体相比,重心稍向前移,两膝弯曲程度小于半蹲准备姿势。动作方法与半蹲准备姿势基本相同。

(四)呼吸技术

1. 健美训练常见的呼吸方式

呼吸是所有训练动作的基础,正确的呼吸方式可以帮助核心更稳定,更好地传导力量。常见的错误呼吸方式有肩颈式呼吸、泵式呼吸。训练中常见的呼吸方式有腹式、胸式、上背式、下背式、横向式、圆筒式呼吸及节律呼吸和瓦式呼吸。因此,呼吸是健身的第一课。

如不好理解不同的呼吸方式,可以把身体想象成一个长方体,呼吸时相对应的部位主导呼吸(其他部位辅助),该部位有明显的起伏,就对应了某种呼吸方式。长方体正面的下半部分对应腹式呼吸,正面的上半部分对应胸式呼吸,后面的上半部分对应上背式呼吸,后面的下半部分对应下背式呼吸,左右两侧对应横向式呼吸,整体向四周打开则对应圆筒式呼吸。肩颈式呼吸是长方体上面的主导呼吸,会耸肩过度。泵式呼吸则明显伴随肋骨外翻动作,这两种呼吸方式不利于核心的稳定,训练中应尽量避免。

2. 健美训练时如何选择正确的呼吸方式

良好顺畅的呼吸方式也可以帮助核心更加稳定。本文重点介绍节律呼吸和瓦式呼吸。

节律呼吸是指一呼一吸伴随着动作的节奏进行,每次动作伴随着一呼一吸,这样训练节奏更加流畅。呼气时,腹内压力相对吸气更大,身体更容易稳定,所以常规的复合动作如深蹲、硬拉、推举等,都是举起重物(肌肉收缩)时呼吸帮助身体稳定,对抗重力时吸气还原。健美训练中有一些单关节动作,如侧平举、二头弯举、哑铃飞鸟等,重量不会很大,可以采用逆呼吸的方式更好地保持动作全程稳定。以二头弯举为例，严格的二头弯举重量不会太大，可以在上举时吸气，下放对抗重量时呼气增加核心稳定，避免下放速度过快，使力量传递更准确，动作全程更稳定。

瓦式呼吸指在动作过程中不换气，在动作顶点时换气的一种方式。它适用于大重量练习，利用呼吸最大化增加核心稳定性，缺点是压力过大可能导致头晕目眩，一般不建议新手尝试。瓦式呼吸要在动作顶点时深深地吸一口气，然后闭气收臀，再用力呼气。因为闭气收臀的原因，虽然呼气可是气不会出来，这就导致腹内胸腔内压力瞬间提升，短时间内达到核心稳定最大化。建议先做轻重量练习，等身体稍微适应再增加重量练习。推荐的呼吸精进顺序如下。

1）腹式呼吸→胸式呼吸

腹式呼吸是最容易找到感觉的呼吸方式。训练中的腹式呼吸，腹部并非完全放松，而是感觉深层有收紧，在深层收紧的前提下再由腹部带动，可以想象有人突然一拳朝肚子打过来的感觉。比较适合的腹式呼吸练习是平板支撑。等能够很好地掌握以腹式呼吸为主导时，可以调整至以胸式呼吸为主导，再胸腹同步。

2）横向式呼吸→圆筒式呼吸

横向式呼吸是进阶式呼吸，呼吸时身体前后稳定不动，由身体两侧主导打开收拢。圆筒式呼吸则是精准掌握所有呼吸方式后，最终返璞归真式地呼吸，身体向四面八方同时扩散收拢，但同时还保持深层肌肉的稳定，需要深厚的训练功底。一旦掌握了圆筒式呼吸，训练的效率和安全性都会有质的变化。

三、健美运动技巧

(一)动作模式

动作模式是动作中目标肌肉能否找到收缩感的关键。用一句话总结为，动作中各关节依次灵活和稳定的能力。首先是人体发生运动的位置只有关节，常用关节从下至上为踝、膝、髋、骨盆、脊柱、肩胛、胸、肩、肘、腕、手指，做动作时其中的一部分关节活动，其余不动的关节则要尽量保持稳定。具体到动作中，如果有两个以上关节活动，需要明确哪个为主导，哪个为辅助。

以卧推为例，肩关节和肘关节在运动时看上去是相同的动作，但有些人胸部收缩感强，有些人胸部收缩感弱。假设两个身体状况类似，都没有训练经验的人同时训练，A 胸部收缩感强，B 胸部没有明显收缩感，单纯从动作模式分析：

情况一：A 肩胛骨比较稳定，在卧推的上推过程中没有明显的晃动，B 在上推时肩胛骨明显前引（肩膀抬离平板）。

情况二：A 和 B 都掌握了肩胛骨稳定，A 胸部收缩感明显，B 胸部没有收缩感觉。则引导 B，想象用大臂（肩关节）优先上推杠铃，小臂相对放松保持稳定即可。

(二)节奏

一个好的节奏没有具体标准，在健美训练中，动作节奏是"仁者见仁、智者见智"的问题，有些人习惯加速做动作,有些人匀速甚至刻意慢速做动作。不论什么节奏,目的是在动作过程中使肌肉保持持续的张力(紧绷)状态,只要能感到肌肉持续的张力(紧绷感),就会达到训练目标。

以卧推为例,一次完整动作分为四个阶段。①初始阶段:杠铃最高点。②对抗重力:下放杠铃阶段。③黏滞点阶段:杠铃最低点。④举起重量:推起杠铃阶段。

(1)对抗和举起重量的阶段。建议初学者采用匀速,但速度并非越慢越好,而是顺畅做动作,在动作过程中随时都能立刻停顿,始终在可控的速度,就是一个好的节奏。这样可以避免借助过多惯性,降低拉伤概率,同时始终使肌肉处在张力状态(有紧绷感)。在对肌肉的控制力稍强之后,可以在推起阶段加速,让肌肉发挥更大的力量。

(2)动作初始阶段的节奏。节奏根据训练动作和重量、以及个人训练水平有所区别。关于卧推最高点需不需要停顿的问题,有些人喜欢在最高点做顶峰收缩,达到更好的肌肉充血与肌肉密度,长期如此可以使肌肉质量更高,更加饱满。可如果重量相对太大,或当天状态不佳,或对肌肉控制力还不够的情况下,这种训练反而容易让肌肉放松,降低训练效率。所以,运动员需要根据自身情况具体调整。

(3)黏滞点阶段,肌肉在保持张力状态下,能拉到最长的位置。比如卧推的杠铃最低点,建议在这个点稍做停顿,能调动更多的肌纤维参与,同时可以不断地增加肌肉延展性,也就是使肌肉的面积看上去更大,把肌肉拉得更长。

(三)幅度

健美训练中,幅度以动作安全性为前提,是多个环节灵活性的叠加表现。如果动作模式和身体姿态没有问题,那么幅度越大,目标肌肉刺激越完整。以卧推为例,肩胛骨稳定,腰部不过度反弓的前提下(正常情况腰下距离平板能平放一个手掌),尽力让杠铃下放至触胸位置,这个幅度下肌纤维被拉长到最大程度,拉得越长收缩越充分,幅度越大越能刺激到胸肌内侧缘(胸中缝)。但如果肩胛骨在下放和上推过程中有明显晃动,则要先在肩胛骨能稳定且腰部不过度反弓的范围内练习肩关节灵活性。

灵活性与柔韧性是有所区别的,有些人误以为大量的静态伸展可以增加关节活动度。事实上,静态伸展只是相当于在某个角度,被动地把肌肉拉长。而训练者需要在肩胛骨稳定的前提下,具备主动活动肩关节的身体能力。

(四)重心

健美训练中,重心可以简单地总结为一句话:身体与地面(板凳)和重量的接触面。根据动作姿态的不同分为仰卧位、俯身(四柱支撑)位、坐姿、站姿(双腿、单腿)。卧推中双脚、臀部、腰背部、肩胛骨和头与地面共同接触,某一个地方晃动,就会导致重心不稳定、其他部位分担重力过大、关节损伤。

常见问题如双脚离开地面会在一定程度上帮助收紧腹部,使身体稳定,但同时也失去了两个支撑点,腿的力量无法传递至身体,不利于大重量练习;腰部离开过高,会使整个身体产生倾斜角度,杠铃的力会偏移向胸肌中下部分,虽然能推起更大重量,可对于整体形态发展不利;肩胛骨的晃动会导致力无法顺畅传递至背部,肩关节压力过大。同时所有情况都会养成习惯性动作,时间越长越难纠正。

第三节　健美运动基本方法

健美训练主要以力量训练为主。在 OPT 模型当中,健美的力量训练停留在肌肥大训练阶段,目的就是增加肌肉维度。其中也包含肌耐力训练,目的是增加肌肉分离度,还有少部分的大肌群最大力量训练,这种训练的频率相对较低,目的是增加训练强度加深刺激。当然,不同的健美运动员风格和身体类型不同,训练偏重也有所不同。在此情况下,本文介绍几种常用的健美训练动作和方法。

一、常见的训练动作

(一)胸部训练

1. 平卧杠铃卧推

主要锻炼肌肉:胸大肌、三角肌前部、肱三头肌。

预备姿势:仰卧在长凳上,使头、上背和臀部触及凳面,两脚平踏在地上(高级阶段可以小腿交叉抬起)。腰腹自然收紧,两肩下沉,双手伸直握杠,握距略宽于肩,保持身体的稳定。

2. 哑铃斜上推

主要锻炼肌肉:胸大肌上部、三角肌前束、肱三头肌。

预备姿势:仰卧在上斜卧推板上或可调节的斜板上,头高脚低,板面与地面大约在15~45°,使头、上背和臀部触及凳面,两脚平踏在地上。腰腹自然收紧,两手握住哑铃,屈臂,掌心向前,哑铃放在肩两侧(胸外侧),小臂垂直于地面,两肩下沉至感觉胸大肌的拉伸即可,保持身体的稳定,控制好哑铃的重心。

(二)背部训练

1. 俯立杠铃划船

主要锻炼肌肉:背阔肌、大圆肌、小圆肌、冈下肌、斜方肌、三角肌后束、肱肌。

预备姿势:两脚自然站立于地面,与肩同宽,两腿微屈,挺胸收腹直背,身体向前弯曲与地面平行。两手心向下握住杠铃,握距比肩略宽,两臂自然伸直。

2. 坐姿拉力器划船

主要锻炼肌肉:背阔肌、大圆肌、小圆肌、冈下肌、三角肌后束、肱肌。

预备姿势:坐在凳子上或地上,两脚踩在踏板上,膝关节略弯,身体略向前倾,两臂伸直握杠。背部微微向前拱起,略含胸,使背部肌群得到最大程度的伸展。

3. 坐姿高位下拉

主要锻炼肌肉:背阔肌、大圆肌、小圆肌、冈下肌、三角肌后束、肱肌。

预备姿势:坐在练习凳上,双脚踏于地面,身体略微后倾,两臂充分伸直握住横杠把手,腰背挺直,目视前方。

(三)肩部训练

1. 坐姿史密斯肩推

主要锻炼肌肉:三角肌、肱三头肌。

预备姿势:史密斯架内放置长凳,端坐于横杆的下方位置,收紧腰腹,挺胸直腰。两手比肩略宽握杠,把横杆放于上胸部,小臂垂直地面。

2. 站姿哑铃侧平举

主要锻炼肌肉:三角肌中束、前束、后束。

预备姿势:自然开立,两脚与肩同宽,身体略微前倾,双手握住哑铃置于身体两侧。为防止身体晃动而借力,可采用坐姿。

(四)大臂训练

1. 站姿杠铃弯举

主要锻炼肌肉:肱二头肌、肱肌。

预备姿势:自然开立,两脚与肩同宽,腰腹收紧,双手握持杠铃垂于体前,握距与肩同宽。两臂握持杠铃,双肘夹紧并固定大臂。

2. 交替哑铃侧弯举

主要锻炼肌肉:肱桡肌、肱肌、肱二头肌。

预备动作:自然站立,两脚与肩同宽,收紧腰腹部。双手握持哑铃于体侧,保持身体稳定。

3. 正握拉力器下压

主要锻炼肌肉:肱三头肌。

预备姿势:两腿自然站立,双脚与肩同宽,站在离横杆一步距离处,掌心向下握住横杠。

(五)小臂训练

1. 坐姿正握杠铃腕弯举

主要锻炼肌肉:前臂屈肌群。

预备姿势:掌心向上,双手正握杠铃,握距与肩同宽。双手小臂放置于长凳上面,手腕、手掌和手指在凳子边沿之外悬空。

2. 坐姿反握杠铃腕弯举

主要锻炼肌肉:前臂伸肌群。

预备姿势:掌心向下,双手反握杠铃,握距与肩同宽。双手小臂放置于长凳上面,手腕、手掌和手指在凳子边沿之外悬空。

(六)腰腹训练

1. 仰卧卷腹

主要锻炼肌肉:腹直肌、腹内外斜肌、腹横肌。

预备姿势：仰卧在垫上，两脚与肩同宽。屈膝，使大腿和小腿夹角成 90°，两手放于体侧或头部两侧。

2. 搁腿仰卧卷腹

主要锻炼肌肉：腹直肌、腹内外斜肌、腹横肌。

预备姿势：仰卧在垫上，两脚与肩同宽。腿前放置一条与大腿齐高的长凳，把小腿放于凳面上，使大腿垂直于地面。

（七）臀腿训练

1. 颈后深蹲

主要锻炼肌肉：股四头肌、臀大肌、腘绳肌。

预备姿势：两脚自然站立，与肩同宽，脚尖略向外。两手宽于肩握杠，将横杠放在颈后，即隆起三角肌上，收紧腰腹，挺胸直腰。

2. 杠铃箭步蹲

主要锻炼肌肉：股四头肌、臀大肌、腘绳肌以及内收肌群。

预备姿势：两脚自然开立，与肩同宽，两手持杠铃放于上斜方肌，两腿一脚向前，一脚向后，呈前后站立姿势，抬头挺胸收腹，目视前方。

（八）小腿训练

主要锻炼肌肉：腓肠肌、比目鱼肌。

预备姿势：自然站立于地面或站立于有一定高度的踏板上，前脚掌着踏板，后脚跟悬空，肩上负重或双手持哑铃。

二、训练方法

（一）优先和循环训练法

1. 优先训练法

优先训练法是一种具有侧重性的分化锻炼方法。优先训练法的运用非一次、两次达到目标，而应该是在较长时间的坚持训练后获得效果。例如，腿部肌肉与其他部位比较，相对来说弱些，就需要把深蹲和腿屈伸运动放在前面训练，其余部位放在后面训练。

2. 循环训练法

循环训练法能够增强力量，适应其他运动，例如跑步和游泳。循环训练法能够强健肌肉，可以在不增加体重的情况下，相对增强肌肉数量。肌肉增加也意味着身体新陈代谢增加，说明脂肪消耗得更快。

(二)定量、定重和重量递减训练法

1. 定量训练法(表 14-1)

表 14-1 定量训练法

容量等级	动作持续时间
低	每个动作 15 分钟
中	每个动作 20 分钟
高	每个动作 25 分钟

低强度等于每周没有"最大努力"的试举;中强度等于每周 2 次"最大努力"的试举;高强度等于每周 3~4 次"最大努力"的试举。(注意:"最大努力"的试举不一定是 1RM 重量,每组最多 1~3 次。如果一个运动员在进行标准的容量和强度模块,他想要找到合适的压力水平。常见的容量模块——中容量、低强度的,这能让他的压力水平保持在较低的状态;常见的强度模块——中容量、高强度的,这能获得一个高压力水平。

2. 定重训练法

定重训练法是指在做动作时采用偏大的、固定的重量来完成各组练习,且组间间歇较短,连续练到一组只能完成一次运动为止。其重量大,节奏快,容易疲劳,故又称为疲劳训练法。

3. 重量递减训练法

(1)坚持在中高强度的负荷。

(2)有效递减负荷程度。

(3)努力做到一次都举不起来。

(三)退让性、助力和预先疲劳训练法

1. 退让性训练法

退让性训练法是指肌肉完成顶点收缩动作后,接着顺器械的阻力做慢速退让用力,有意识地使重量慢慢恢复到开始的位置使肌肉充分伸长。退让用力一般需 4~6 秒钟。强化肌纤维的张力,提高运动终极的生物电位,促进肌细胞中的物质代谢过程,从而使肌肉发达得更快、更完美。

2. 助力训练法

助力训练法亦称"欺骗"法则,是指练习到筋疲力尽时,借助身体其他部位的力量或动作姿势稍有改变,或借助同伴的助力帮助,多完成 1~2 次重复动作,使肌肉受到最大强度的刺激。助力可增强信心,排除畏惧心理;此方法可适合各种训练水平的人选用,可使练习达到有效的次数范围,促使肌肉受到最大强度的刺激。提高力量和耐力,增加肌肉的体积。助力训练法由于破坏了动作的技术规范,因此不宜多用。

3. 预先疲劳训练法

(1)在做复合训练动作之前,先做孤立训练动作。

(2)孤立训练动作所刺激的肌群是在复合训练动作中重点刺激的肌群。

(3)在做孤立训练动作时,每一组应做到力竭。

(4)做完孤立训练动作后,应适当降低做复合训练动作时的负重量。

(5)可在一次训练中针对某个肌群做不止一个孤立训练动作来使该肌群预先疲劳。

(四)金字塔、组合、大重量和不完全动作训练法

1. 金字塔训练法(表14-2)

先确定个人1RM的重量,然后依据这个重量的百分比来确定以下每组练习的重量。随着每组逐渐加重,每组次数逐渐减少。

表14-2 金字塔训练法示例

组	次数	重量
第1组	12	50%×1RM
第2组	8	65%×1RM
第3组	6	75%×1RM

采用不同重量和次数变化的锻炼方法,就类似金字塔,所以健美术语中称这种锻炼方法为金字塔练习法。优点是降低过度负荷的危险,减少锻炼者对一成不变的锻炼组数、次数的厌烦感,增加锻炼方法的多样化,提升锻炼效果。

2. 组合训练法

组合训练法根据发展肌肉的需要,把一个以上的动作组合起来合并为一组,中间不间歇进行训练的一种方法,它极大增强了训练方式的立体性和训练效果的全面性。对中、高级健美训练者来说,都应在单个动作定量训练的基础上,逐步进行组合训练,以拓宽训练方式,取得更好的训练效果。

3. 大重量训练法

大重量训练法通常采用1-3RM的负重量,即选择那种使出浑身解数也只能完成一至三次练习的重量进行训练。由于采用的负重量很大,做动作的次数和练习组数较少,组间间歇比较短,一般是15至20秒钟左右,因而训练中的耗氧量和体力消耗较大。大重量训练法用公式表达为(1-3RM+"15~20")×(3~4)。就是说,采用只能做一至三次动作的负重量进行练习,练完一组休息15~20秒钟,共做3~4组。

4. 不完全动作训练法

动作全过程用力中动作幅度相对较小叫不完全动作。不完全动作有1/2、1/3、1/4不完全。其动作特点及优点是动作幅度小,试举较大的重量有助于增长肌肉力量。但其动作幅

度小,运动距离短,有局限性,目标肌不是所有的肌纤维都参与工作,其原因是半程动作,很难调动所有的运动单位参与工作。不足之处,经常采用不完全动作训练,目标肌是得不到全面的刺激,肌肉形状不漂亮。

第四节　健美运动基本规则与裁判法

一、健美竞赛通则

(一)参赛资格

(1)参赛运动员必须遵守《国际健美联合会(IFBB)职业道德标准》。
(2)参赛运动员必须是身体健康、发育正常、形态良好。
(3)参赛运动员必须经过较系统健美专项训练。
(4)参赛运动员必须保证未使用兴奋剂。

(二)参赛人数

(1)参加各项(组级、级别)比赛的人数由竞赛规程决定。
(2)承办单位可另组一队参赛,只计个人名次。

(三)团体名次

1.团体名次
(1)团体总分计分方式按竞赛规程的规定执行。
(2)团体总分按各队核定的参赛运动员名次分计算。
(3)团体名次按团体总分来决定。积分多者名次列前。如遇到积分相等,以获得第一名多的队列前。必要时可计算第二名、第三名……如果任何名次均相等时,则名次并列。
(4)参加团体赛的运动员名单,应在称量体重或丈量身高前送交裁判长审定。

(四)健美竞赛级别及评选项目

健美竞赛包含6个组(级)别,分别是男子成年组(21周岁以上)、女子成年组(21周岁以上)、男子青年组(21周岁以下)、女子青年组(21周岁以下)、男子元老组(45周岁以上)、女子元老组(35周岁以上)。

健美特别奖评选项目有4个奖项,分别是最佳健美表演奖、最佳小腿肌奖(男)、最佳腹肌奖(女)、进步最快奖。

(五)健美竞赛动作

1.自然站立

运动员自然站立,吸腹挺胸,头部正直,两眼平视,两臂自然下垂于体侧,身体各部位肌肉不得故意收缩,从前后左右四个方位展示体形。

2. 竞赛规定动作

1) 前展肱二头肌(图14-5)

图 14-5 前展肱二头肌

图 14-6 前展背阔肌

运动员面向裁判员自然站立,吸腹成空腔,抬起两臂,弯曲肘部略高于肩,两手握拳,屈腕,用力收缩肱二头肌及全身肌肉。

2) 前展背阔肌(图14-6)

运动员面向裁判员自然站立,吸腹成空腔,两手握拳置于腰部,用力收缩背阔肌及全身肌肉。

3) 侧展胸部(图14-7)

运动员侧向(以右侧为例)裁判员自然站立,右腿屈膝,前脚掌着地,吸腹挺胸,左手握住右手腕,屈肘,用力收缩胸部及全身肌肉。

图 14-7 侧展胸部

图 14-8 后展肱二头肌

4) 后展肱二头肌(图14-8)

运动员背向裁判员自然站立,一腿后移,屈膝,前脚掌着地,抬起两臂,弯曲肘部略高于肩,两手握拳,屈腕,用力收缩肱二头肌及全身肌肉。

5) 后展背阔肌(图14-9)

运动员背向裁判员自然站立,一腿后移,屈膝,前脚掌着地,吸腹含胸,两手握拳置于腰部,用力收缩背阔肌及全身肌肉。

6)侧展肱三头肌(图14-10)

运动员侧向(以右侧为例)裁判员自然站立,左腿后移,屈膝,前脚掌着地,右臂垂于体侧,左手经体后握住右手腕,用力收缩肱三头肌及全身肌肉。

7)前展腹部和腿部(图14-11)

运动员面向裁判员自然站立,一腿前伸,身体重心置于后腿,屈膝,双手置于头后,用力收缩腹部、腿部及全身肌肉。

图14-9　后展背阔肌　　　图14-10　侧展肱三头肌　　　图14-11　前展腹部和腿部

3. 女子个人竞赛五个规定动作

女子个人竞赛五个规定动作:前展肱二头肌、侧展胸部、后展肱二头肌、侧展肱三头肌、前展腹部和腿部。其动作规格同男子个人竞赛规定动作。

4. 男女混合双人竞赛五个规定动作

男女混合双人竞赛五个规定动作:前展肱二头肌、侧展胸部、后展肱二头肌、侧展肱三头肌、前展腹部和腿部。其动作规格同女子个人竞赛规定动作。

5. 自由造型

(1)造型:应从前、后、左、右、上、下等方位展示身体各部位肌群和体形。

(2)动作数量:男子不得少于15个;女子不得少于20个。每个造型应有停顿。

(3)造型时间:男子个人为60秒;女子个人为90秒;男女混合双人为120秒。

6. 健美单项特别奖评选

(1)评选范围:获各项、级别前六名的运动员。

(2)评选名额:各单项评选一名。

二、健美裁判法

(一)裁判员组成与资格

(1)裁判员组成。裁判员应由不同地区的人员组成。竞赛过程中,由裁判长、副裁判长、裁判员、记录长、记录员、检录长、检录员、计时员、放音员和宣传员等负责临场工作。为确保竞赛工作正常进行，大会需安排赛台监督、灯光、音响、美工、场地及医务等工作人员。

(2)裁判员资格。裁判员必须精通《健美竞赛规则、健美竞赛裁判法》。裁判员必须参加由中国健美协会主办的"全国健美裁判员培训班"的培训，并通过考核取得合格证书。

(3)领队、教练员不得担任裁判员的职务。

(4)曾违反《裁判员守则》的裁判员，不得担任裁判职务。

(二)裁判员选调及着装

1. 裁判员的选调

根据赛事性质和规模，比赛裁判员由主办单位选调相应等级的裁判员来担任。

2. 裁判员的着装

(1)男裁判员身着藏蓝色西服，浅蓝色或白色衬衫，佩戴领带，穿灰色长裤、黑色皮鞋。

(2)女裁判员身着藏蓝色西服，浅蓝色或白色衬衫，佩戴领带，穿灰色长裤(裙)、黑色皮鞋。

(3)等级裁判员要在左胸口袋上佩戴相应等级的裁判徽章。

(4)在竞赛过程中，裁判员违反着装规定，不得担任裁判工作。

3. 裁判员工作纪律

(1)裁判员必须遵守《裁判员守则》。

(2)在临场工作时，不许拍照或彼此交头接耳。

(三)评审组的组成

(1)评审组组员一般由裁判委员会成员担任。

(2)健美竞赛计分方法与名次评定。

①预赛评选方法。预赛采取以打"×"号的方式入选运动员。"×"号多者进入半决赛。每一级别参加半决赛运动员不得超过15人。如遇参加预赛运动员不足15人时，直接进入半决赛；不足6人参赛时，直接进入决赛。在统计和入选参加半决赛15名运动员时，遇最后两名或两名以上运动员入选"×"号数相等，再进行比较淘汰，直至选定为止。

②半决赛内容与评分。半决赛内容：自由造型和规定动作的比较评分。评分形式：经自由造型和规定动作的比较，评出每位运动员的得分，即第一名为1分，第二名为2分，依此类推。

③计分方法。在统计运动员的得分时，若设15位裁判员评分，应去掉3个最高分和3个最低分，将其余9位裁判员的分值相加，即为该位运动员半决赛的得分。在统计运动员的得分时，若设9、11、13位裁判员评分，应去掉2个最高分和2个最低分，将其余裁判员的分值相加，即为该位运动员半决赛的得分。在统计运动员的得分时，若设5、7位裁判员评分，应去掉1个最高分和1个最低分，将其余裁判员的分值相加，即为该位运动员半决赛的得分。

(3)决赛内容与评分。

①决赛内容:自由造型、规定动作和集体不定位自由造型。

②评分形式:经自由造型、规定动作和集体不定位造型的比较,评出每位运动员的得分,即第一名为1分,第二名为2分,依此类推。

思考题

1. 简述健美运动的发展史。
2. 现代健美运动创始人是谁?现代健美运动发展有哪些积极的意义?
3. 简述我国健美运动的发展史。
4. 健美运动技术包含哪些?
5. 什么是循环训练法?
6. 什么是退让性、助力和预先疲劳训练法?
7. 什么是定量、定重和重量递减训练法?
8. 什么是金字塔、组合、大重量和不完全动作训练法?
9. 简述对参赛运动员弃权的处罚。
10. 简述对罢赛、罢奖的处罚。
11. 健美比赛裁判员组成有哪些?
12. 简述裁判人员组成有哪些。

第十五章 健美操运动

第一节 健美操运动概述

健美操运动源于人类对人体健与美的追求,是音乐、体操、舞蹈三者有机结合的产物。它融体育、艺术和教育于一体,具有强身健体、改善体态和娱乐身心等功能。如今,健美操已经成为人们喜闻乐见的健身娱乐运动项目,并成为国际体坛上具有一定影响力的竞技运动项目。

一、健美操的概念

健美操是在音乐的伴奏下,以特定步伐配合手臂和身体变化所组成的操化动作为核心内容,按照一定的规律组成徒手、器械的组合或成套动作,达到健身、竞技及表演目的的运动项目。

二、健美操的特征

(一)操化动作变化多样

操化动作是健美操的核心。它是基本步伐和手臂动作变化的组合,是健美操练习的主要内容。在健美操的发展过程中,操化动作经历了由简到繁、由慢到快、由少到多的发展历程。运动员通过变换动作方位、空间、幅度以及改变动作节奏、频率和路线等方式,可以实现更加复杂、新颖和多样的操化动作。

(二)音乐节拍动感鲜明

音乐是健美操的灵魂。健美操音乐与其他音乐有明显的区别,一般选用2/4拍的舞曲类音乐,其特点是鼓点清晰、有力。健美操动作的制动点发生在每一个重拍上。动作和音乐的完美配合带给人一种力量与美的融合感。

(三)内容形式丰富新颖

健美操的练习形式与内容非常丰富。根据不同的音乐风格设计不同的动作内容是健美操动作内容设计的宗旨。练习者可根据不同年龄、不同职业、不同水平、不同场所、不同要求等,选择不同的音乐,编排出形式各异的健美操。

三、健美操的功能与价值

健美操的功能与价值主要有以下几个方面。

(一)健身强体,促进身体健康

健美操是以增进人体健康为基础的一项运动。经常参加健美操锻炼,可使肌肉力量得到增强,肌腱、韧带、肌肉的弹性得到提高;促进心血管系统机能的提高,使心肌收缩力增强,心输出量增加,提升供血能力;有助于向脑细胞供氧、供能,提升大脑的思维能力;提高呼吸系统机能水平,使安静时呼吸加深,运动时吸氧量加大,从而使机体具有较强的氧代谢能力;使腰腹肌和骨盆肌得到锻炼,加强肠胃蠕动,增强了消化系统机能,有助于营养的吸收和利用。健美操不仅对健康人群具有良好的健身效果外,对一些病人、老年人来说也是一种康复保健的理想手段。

(二)娱乐身心,缓解精神压力

长期处在精神压力下的现代社会人群,患心脑血管疾病、癌症等的概率大大增加。科学研究证明,参加体育锻炼可以缓解精神压力,预防各种疾病的产生。健美操的动作内容丰富,它在节奏明快、旋律优美的音乐配合下,使练习者的注意力从烦恼中转移,尽情享受健美操运动带来的欢乐,有效改善人体神经系统的功能,及时调节情绪,改善大脑的机能状况。另外,参与健美操锻炼的人群来自不同社会阶层,它把人们从工作和家庭单一的环境中解脱出来,扩大了社交层面,增强了社会交往能力。因此,健美操对增强自信心、改善人际关系、健全和谐的人格都有着不可低估的作用。

(三)美体塑型,塑造健美形体

健美操以有氧运动为基础,可有效地消耗体内多余脂肪,避免由肥胖引发的各种疾病,在减少多余脂肪的同时发展某些部位的肌肉,使人体的体形按健美的标准得以塑造。此外,健美操的形体动作训练,能矫正不正确的身体姿势,培养正确端庄的体态,使形体和举止风度都发生良好的变化。

(四)欣赏艺术,丰富业余生活

健美操运动本身包含着对美的表现、追求和创造,既是一种外在优美的人体表演艺术,又是一种文化内涵深厚的活动;既是舞台上的一种表演形式,又是赛场上竞技角逐的比赛项目。健美操不仅体现了力和美,而且融合了雕塑、建筑、绘画设计等的艺术美以及芭蕾舞、民族舞、现代舞、竞技体操、技巧等动作的技术精髓,再加上特殊处理的音乐旋律,更具生命力与艺术性,有特殊的感染力,让人深刻地体会到艺术的魅力,从而产生美的愉悦体验。

四、健美操的分类及特点

(一)健美操的分类

根据健美操运动的不同目的和任务,健美操通常分为健身健美操、竞技健美操和表演健美操三大类。

1. 健身健美操

健身健美操也称大众健美操,是在音乐的伴奏下,通过不同形式风格的有氧组合和成套动作练习达到健身目的的运动项目。健身健美操是有氧运动的典型代表之一,它的形式、风格多样,人们通过锻炼可达到健身、塑造形体、愉悦身心的目的。健身健美操的练习时间一般较长,音乐速度适中,运动强度中等,适合各类以健身为目的的人群。

健身健美操还可根据不同的划分依据进一步分类和命名(表15-1)。

表15-1 健身健美操分类

类别	名称
按人体结构分类	头部、颈部、肩部、腹部、髋部、腿部健美操
按年龄分类	幼儿、青少年、中老年健美操
按练习形式分类	徒手、轻器械健美操
按练习目的分类	热身、塑型、姿态、节奏健美操
按动作风格分类	中国风、拉丁、搏击健美操、健身街舞
按练习场地分类	陆地、单车、水中健美操

2. 竞技健美操

竞技健美操是根据特定的规则,按照规定的项目和要求,组织运动员进行训练和比赛,以竞赛和取胜为目的的高水平竞技运动。国际体操联合会健美操委员会将竞技健美操定义为:它是一项在音乐伴奏下,以连续展示丰富多样性的操化动作为基础的运动项目。竞技健美操起源于传统的有氧健身运动,必须通过健美操七种基本步伐以及不同的难度动作、组合、成套动作来展现运动员的柔韧性、力量及完成连续动作的能力。

国际体操联合会(FIG)的健美操比赛项目包括竞技健美操项目和有氧项目。竞技健美操按竞赛项目分为女子单人操(IW)、男子单人操(IM)、混合双人操(MP)、三人操(TR)、五人操(GR)。有氧项目包括有氧舞蹈(AD)和有氧踏板(AS)。竞技健美操有专门的竞赛规则,成套动作根据难度动作、完成情况和艺术效果三个方面来进行专业评判。

按国际规则中参赛年龄分组分为成年组(18周岁以上)、青年组(15~17周岁)、少年组(12~14周岁)、国家预备组(9~11周岁)。

3. 表演健美操

表演健美操是在一定的主题下,以健美操动作为素材,结合服装、道具、音乐、背景、舞美设计等装饰元素而专门创编的成套作品。表演健美操的成套动作时间一般为3~7分钟,内容没有具体规定,一般可根据表演的任务、性质和需要进行相应的创编,创编自由度较大,形式不受限制,动作元素选取及风格呈现多元化,队形变化、集体配合丰富,可加入难度动作,或具有典型的其他项目的特色动作。表演健美操动作的选择可难可易,一般情况下为了保证表演效果,应尽量减少重复和对称动作。表演人数可根据要求和场地的大小进行相应调整。表演健美操通过运用服装、道具,达到烘托气氛、感染观众、增加表演效果的目的,是健美操艺术化、社会化应用的一种具体表现。

(二)健美操的特点

1. 健身健美操的特点

1)有氧功能

健身健美操是典型的有氧运动项目。无论是单个动作、组合动作还是成套动作,都是以保证健身者在运动过程中能够最大限度地摄入氧气并充分利用氧气来燃烧体内的脂肪为前提,达到加快体内新陈代谢,提高人体机能水平的目的。

2)适应广泛

健身健美操种类繁多、风格各异,不同的练习者可根据自己的状态、爱好和兴趣进行选择。如果有目的、有计划地坚持练习,健美操可使人们的健康水平得到全面的提高。进行健身健美操锻炼,人数可多可少、时间可长可短、运动负荷可大可小,而且锻炼不受气候、场地、器材、时间、地点的束缚,不受年龄、性别、职业的限制,适用人群和条件具有广泛性的特点。

3)安全可靠

在创编健身健美操时,创编者会充分考虑运动负荷及运动节奏是否适合受众的体质和身体机能水平。

4)与时俱进

健身健美操动作丰富、形式多样,是健、力、美的集中表现。其发展与时俱进,富有鲜明的时代性,从动作设计、音乐选择到服装搭配等都紧跟潮流的发展,表现出新颖时尚的时代特色,可满足人们对美的追求。

2. 竞技健美操的特点

1)高难性

在竞技健美操中,高难度主要表现在难度动作和整体难度两个方面。

难度动作:操化动作和难度动作是竞技健美操成套动作的基础。单人项目中最多10个难度动作,集体项目中最多展示9个难度动作。

整体难度:指成套动作设计的难易程度。竞技健美操成套动作包括操化动作、难度动作及技巧动作过渡与连接动作配合及同伴协作动作(单人项目除外)。运动员完美地展现复杂、新颖、合理的成套动作是获取比赛高分的关键。

2)创新性

创新,是竞技健美操的重要特点之一,也是比赛取胜的关键。精心构思,力求新颖,是教练员和运动员在创作作品时要考虑的重要因素之一。设计成套动作时,除了独特风格的操化外,还需要默契配合、巧妙过渡连接及复杂的托举等,诸多创造性的元素组合在一起方能编排出独一无二、新颖别致的作品。

3）完美性

在竞技健美操中，完美性主要体现在动作美和内涵美两个方面。

（1）动作美：运动员将动作完美地呈现出来，不仅需要高超的技术技巧和充沛的体能，还要在平时的训练中加强形体训练，增加动作素材的积累，提高动作完成的质量。

（2）内涵美：运动员要完美地展现成套动作，除了要充分理解所选音乐的内涵外，还要注重提高内在的艺术修养，比如学习相关的理论知识，拓宽视野，增强理解力、表现力，以便更加准确地理解竞技运动，更好地展示竞技健美操的运动魅力。

4）稳定性

在竞技健美操中，稳定性从动作技术和心理能力两方面表现。

5）准确性

在竞技健美操中，准确性表现在准确理解规则、准确定位自身、准确诠释音乐三个方面。

3.表演健美操的特点

1）观赏性

表演健美操虽不受规则限制但却要充分考虑观众的需要以及表演的性质、时间、地点、周围环境等诸多因素，最终达到突出观赏价值，愉悦观众的目的。

2）时尚性

表演健美操紧跟时代发展的潮流，其动感与时尚主要体现在动作、音乐和服装的独特及新颖方面。人们在练习、创编、观赏表演健美操等环节的过程中，均能享受到美的陶冶与教育。

3）多元性

表演健美操成套动作可融多种素材于一体，既可以是健身健美操的内容，也可以是竞技健美操的内容，还可以将二者融为一体，或加入更多其他风格的元素进行创编。

第二节　健美操运动的发展沿革、趋势及组织与赛事

一、健美操运动的发展沿革

（一）国际健美操运动的产生和发展

现代健美操运动起源于20世纪60年代初。1968年，美国太空总署的医生库帕博士在为太空人设计体能训练动作的过程中，加入音乐和特殊器材，使其成为一种新的运动方式。1981年，美国影视健身明星简·方达根据自己的健身经验和体会大力推广有氧健美操运动。她编写出版的《简·方达健美术》引起了世界的轰动。自1985年开始，美国正式举办一年一度的健美操锦标赛，确定了竞赛项目和规则，使健美操发展成为一项竞技性运动项目，掀起了全世界范围的健美操热潮。

（二）我国健美操运动的发展沿革

20世纪80年代初期，健美操正式传入我国。1984年，当时的北京体育学院就成立了健美操研究组，由其研究推广的"青年韵律操"，短时间内在善于接受新鲜事物的大学生中广泛流行。许多高校将健美操列入体育课教学大纲，成为一项重要的教学内容。1987年，"利生健康城"作为我国第一家健美操健身中心向社会开放，这也标志着健美操这种运动形式开始面向广大民众。1992年2月，中国大学生体育协会健美操、艺术体操协会的成立，标志着我国健美操运动进入到一个崭新的发展阶段。

健美操运动在我国不断被普及和推广，促进了各项健美操赛事的举办。我国健美操竞赛经历了萌芽期、成长期、壮大期到成熟期的重大演变历程。目前，健美操运动在我国蓬勃发展，历经三十余年的积累，在国际舞台上的竞争实力与地位不断凸显，我国已成为健美操强国。

二、健美操运动的发展趋势

1. 健身健美操的发展趋势
(1) 社会需求不断增加。
(2) 练习形式和种类更加多元化。
(3) 科学研究推动项目发展。

2. 竞技健美操的发展趋势
新周期规则的不断更新为竞技健美操的技术发展指明方向。
(1) 注重创新，趋向艺术。
(2) 提高体能，追求完美。
(3) 多样复杂，走向更难。

3. 表演健美操的发展趋势
(1) 突出表演作品的主题。
(2) 注重表演作品的装饰。
(3) 提高表演者的素养。

三、健美操组织与赛事

国际健美操组织主要包括四大组织。

1. 国际体操联合会（FIG）

国际体操联合会成立于1881年，是世界历史上最悠久、规模最大的国际单项体育组织之一，总部设在瑞士。中国于1956年参加该组织成为正式会员国。1994年，国际体操联合会成立了健美操技术委员会。1995年至1999年，每年举办一届健美操世界锦标赛。从2000年起，更改为每逢双数年举办一届健美操世界锦标赛。

2. 国际健美操冠军联合会(ANAC)

国际健美操冠军联合会成立于1980年,总部设在美国,每年举办世界健美操冠军赛。

3. 国际健美操联合会(IAF)

国际健美操联合会成立于1983年,总部设在日本,每年举办IAF健美操世界杯赛。

4. 国际健美操与健身联合会(FISAF)

国际健美操与健身联合会成立于20世纪80年代中期,总部设在澳大利亚,除每年举办健美操专业比赛外,还组织各种健美操培训班,并颁发国际健美操指导员证。

目前国际上影响力较大的赛事包括世界健美操锦标赛、世界健美操冠军赛和健美操世界杯系列赛。

(五)中国健美操组织及赛事介绍

中国健美操组织包括中国健美操协会(CAA)和中国大学生健美操艺术体操协会(CSARA)。目前,中国健美操主要赛事包括竞技健美操和健身健美操两类。

1. 竞技健美操

我国竞技健美操主要赛事有全国健美操锦标赛、全国健美操冠军赛、全国健美操联赛分站赛。竞赛项目有男子单人操、女子单人操、混合双人操、三人操及五人操的自选动作及各年龄组的规定动作;有氧舞蹈和有氧踏板自选动作。

2. 健身健美操

全国全民健身操舞大赛是由国家体育总局立项的全民健身运动赛事,每年各省先组织进行分站赛,再进行总决赛。2012年举行了首届全国全民健身操舞大赛,此后每年举办一次,名称由"全国全民健身操大赛"发展成"全国全民健身操舞大赛"。全国全民健身操舞大赛已经成为覆盖范围最广、参赛人数最多、年龄跨度最大的单项全民运动赛事。

第三节 健美操运动术语及基本动作

一、健美操术语的概念、基本特征、主要构成方式

1. 健美操术语的概念

健美操术语是描述健美操动作的专门用语,它用简明扼要的专有词汇对健美操的动作名称、动作形式以及技术过程进行准确的语言表述,是健美操教学、训练、竞赛、科研等必不可少的交流工具。

2. 健美操术语基本特征

基本特征:统一性、科学性、实践性、国际性。

3. 健美操术语的构成

历经二十多年的发展演变,健美操术语形成了完善与规范的术语称谓系统,包括学术名

术语、音译术语、命名术语、符号术语、形意术语、俗称术语。

(1)学术名术语是指由动作的基本术语组成的健美操动作名称术语,由动作开始姿势、身体形态、动作部位、动作方向、动作做法、动作数量、动作相互关系与结束姿势位置等部分构成。如交叉步、开合跳、直角支撑转体360°、单足转体360°成无支撑垂地劈腿等。

(2)音译术语是仿拟英语词汇的读音直接翻译过来的汉语对应词,保留了自身的读音与书写形式。如曼巴步、桑巴步、依柳辛等。

(3)命名术语是国际体操联合会依照创造该技术动作并在世界级健美操大赛中使用的国家、地区、民族的名称或运动员的名字直接命名的健美操动作术语。如文森俯卧撑、科萨克跳等。

(4)符号术语是使用统一规定的图形符号来描述健美操动作的术语。

(5)形意术语是根据动作外在表现的形状(形象、形意)来描述健美操动作的术语。该术语表述形象生动、简明易记,容易被人们理解、接受。如十字步、小马跳、直升飞机、直角支撑等。

(6)俗称术语是目前广泛流行并基本定型或大众通用的名称,同时包含了从其他项目借鉴而来的名称,具有简短、通俗、易理解的特点。如撕叉跳、双飞燕等。

二、健美操基本术语

(一)场地方位的术语

为了准确表明运动时人体在场地上所处的方位,健美操借鉴了舞蹈的基本方位术语,在动作开始时,把场地的正前方定为基本方位中的第"1"点,由该点按顺时针方向,每转45°为一个基本方位,将场地分为8个基本方位,即1、2、3、4、5、6、7、8个方向。

(二)动作方向术语

动作方向是指与人体或人体基本平面平行或者垂直的指向,它是根据空间位置及相对于人体部位的朝向来确定的。

1. 基本方向

基本方向是与人体基本平面平行或垂直的指向。如上、下、左、右、前、后。

2. 中间方向和斜方向

中间方向是指相邻的两个基本方向之间成45°的方向。如前上、前下、侧上、侧下。

斜方向是指相邻的三个基本方向之间正中的方向。如斜前上为前、侧、上三个基本方向之间正中的方向;此外还有斜前下、斜后上、斜后下。

3. 运动方向

运动方向是指身体及身体各部位运动时的方向,通常以人体直立方位进行确定。如向前、向后、向上、向下、向侧、前侧、后侧、顺时针、逆时针。

(三)相互关系术语

相互关系是指动作在时间或空间上的互相联系。

(1)肢体相互关系术语：向内、向外、同侧、异侧、同面、异面。
(2)动作相互关系术语：同时、依次、交替、由、经、至、接、成。
(3)动作轴与面关系术语：矢状轴、额状轴、垂直轴、矢状面、额状面、水平面。

(四)动作做法术语

动作做法是指描述动作的运动形式或完成技术动作路径的方法。健美操动作做法包括以下内容。
(1)基本手型术语：并掌、开掌、立掌、花掌、拳、响指、女舞蹈手、男舞蹈手。
(2)身体基本动作术语：举、屈、伸、挺、含、提、沉、抬、振、收、踢、转、绕、绕环、交叉、波浪、摆动、弹动。
(3)身体基本姿势术语：立、跪、蹲、撑、坐、卧、弓步、倒立。
(4)动作形态术语：直立、屈体、团身、分腿、劈腿、科萨克、文森、水平。
(5)动作形式术语：控、倒、跳、跃、平衡、全旋、水平旋、手翻、空翻、滚翻。
(6)动作要领术语：梗、蹬、推、夹、倾、低、抬、压、顶、跟、绷、送、提。

(五)健美操专门术语

健美操专门术语是解释健美操动作性质类别的术语，包括健美操基本步伐术语和难度动作术语。

1.基本步伐术语

基本步伐术语有踏步、走步、并步、滑步、点地、一字步、十字步、V字步、A字步、曼巴步、桑巴步、恰恰步、交叉步、后屈腿、箭步蹲、侧蹦、跑步、小马跳、摆腿跳、钟摆跳、并腿跳、开合跳、弓步跳、吸腿跳、踢腿跳、弹踢腿跳、后踢腿跑等。

2.难度动作术语

难度动作术语有俯卧撑、文森俯卧撑、提臀腾起、分切、高锐角支撑腾起、反切、双腿全旋、托马斯、直升飞机、分腿支撑、直角支撑、锐角支撑、高锐角支撑、文森支撑、水平支撑、空转、自由倒地、给纳、团身跳、科萨克跳、屈体跳、屈体分腿跳、横劈腿跳了、纵劈腿跳、交换腿跳、剪式变身跳、剪踢、水平旋、旋子、劈腿、单足转体、水平控腿立转、平衡转体、依柳辛、高踢腿等。

三、健美操基本动作

健美操基本动作是健美操运动的基础，代表了其自身特点和风格，人们将基本动作加以变形、组合，增加节奏、路线和方向等变化，将基本动作变化创新为组合动作，再由组合动作发展为成套动作。因此，健美操的基本动作是健美操中最典型、最核心、最稳定的部分。

健美操基本动作简单易学，是初学者的必修课。学习基本动作，有助于建立良好的动作基础，使练习者更快更好地理解、记忆和掌握动作组合及成套动作。在练习过程中，练习者应体会基本动作的发力感觉和力度控制，扎实基本功，以便达到更好的练习效果。同时，熟练掌握健美操的基本动作，有助于进行健美操动作组合和成套动作的编排创新。

(一)基本步法

健美操的基本步法根据运动时人体对地面产生的对抗冲击,分为无冲击步法、低冲击步法和高冲击步法。

1.无冲击步法:双脚始终接触地面

(1)弹动:下肢关节有弹性的屈伸,包括髋关节、膝关节、踝关节的弹动屈伸。弹动时,可并腿、分腿、移动重心。

(2)提踵:脚跟向上提起,然后还原。

(3)蹲:屈膝,可分腿或并腿。分为半蹲和深蹲,注意膝关节与脚尖方向一致。半蹲时,臀部高于膝关节;深蹲时,膝关节不超过脚尖,臀部不高于膝关节。

(4)弓步:一腿迈步屈膝,另一腿伸直。弓步可向前、向侧、向后。

2.低冲击步法:一脚接触地面,分为踏步类、迈步类、点地类和抬起类四种步法

1)踏步类:两脚交替落地的步法

(1)踏步:两脚在原地依次抬起和落地。

一拍完成。抬起时脚尖自然下垂,落地时由前脚掌过渡到全脚掌,注意髋关节、膝关节和踝关节的弹性。

(2)一字步(图15-1):一脚向前迈步,另一脚并拢,再依次退步还原。

四拍完成。每次落地下肢关节顺势缓冲。

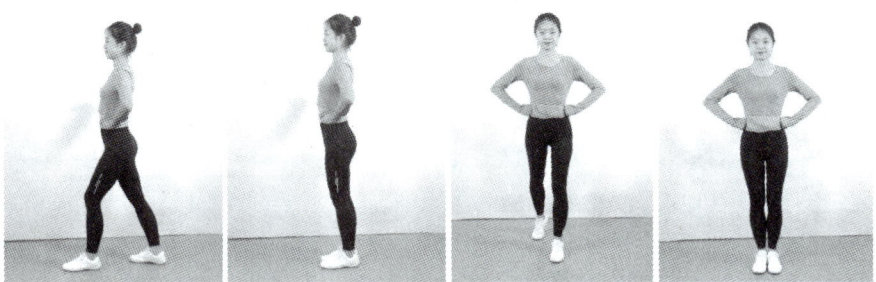

图15-1 一字步

(3)V字步(图15-2):两脚依次向两侧前方迈步开立,再依次退步并拢。

四拍完成。两脚的运动轨迹为字母V形,每次落地时注意下肢关节的缓冲。

图15-2 V字步

（4）曼步（图15-3）：一脚向前、侧或后迈一步，另一脚稍抬起；再依次一脚向后迈一步，另一脚稍抬起。

四拍完成。每两拍可拆分为二分之一曼步，与其他步法连接。完成时注意控制重心，并前后移动。

图15-3 曼步

（5）小曼步：一脚向异侧前方或侧后方做二分之一曼步后还原，另一脚再向异侧方向做二分之一曼步并还原。

六拍完成。每一拍落地时都要注意缓冲。

（6）恰恰步：一脚向前方、侧方或后方迈一步，另一脚半拍时跟进一步或跳起并步，然后先迈出的脚再向移动的方向迈一步。

两拍完成。第一拍两步，第二拍一步，注意节奏的控制把握。

2）迈步类：一脚迈出一步的同时移动重心，另一腿做点、并、抬等动作

（1）并步：一脚向侧迈步，另一脚并拢点地，然后衔接另一方向。

两拍完成。并拢点地时，注意屈膝缓冲。

（2）侧交叉步（图15-4）：一脚向侧迈出，另一腿向后交叉，随之交换重心再向侧迈步，另一脚并拢点地，然后可衔接另一方向。

四拍完成。落地时注意屈膝缓冲，步幅不宜过小。

图15-4 侧交叉步

（3）迈步吸腿（图15-5）：一脚向任一方向迈步，另一腿屈膝成90°并抬起至水平。

四拍完成。迈步屈膝缓冲，腰腹控制平衡，上身靠近支撑腿。

图 15-5　迈步吸腿

(4)迈步屈腿(图 15-6):一脚向任一方向迈步,另一腿后屈。

两拍完成。迈步屈膝缓冲,重心移动至支撑腿,后屈腿尽量弯曲,脚跟靠近臀部。

图 15-6　迈步屈腿

(5)滑步:一脚向任一方向迈一大步屈膝站立,另一腿伸直脚尖点地滑行并与之并拢。

两拍完成。保持重心在支撑腿上,上身可稍侧屈。

3)点地类:一脚稍屈膝站立,另一脚向前、侧、后方点地,还原

点地时可脚跟或脚尖着地。

两拍完成。重心始终在支撑腿上,保持支撑腿的弹动,腰腹控制平衡。

4)抬起类:一腿支撑站立,另一腿以屈腿、直腿抬起

抬起时,可吸腿、后屈、前后踢腿或侧摆。

两拍完成。保持身体和支撑腿的平衡稳定。

2.高冲击步法:双脚有瞬时离开地面腾空的动作

(1)纵跳:两腿并拢向上跳起。

一拍完成。双脚起跳和落地。起跳时,屈膝发力;腾空时;双腿伸直并拢;落地时,屈膝缓冲。

(2)并步跳:一脚向一侧迈步同时蹬地跳起,另一脚与之并拢并同时落地,均要注意下肢关节的弹动缓冲。

两拍完成。单脚起跳,双脚落地,迈步和落地时注意屈膝缓冲。

(3)小马跳:一脚抬起,另一脚蹬地向侧跳一小步,跟随与之并拢点地的同时,侧跳的脚再小跳落地。

两拍完成。单腿起跳,两脚同时落地,注意踝关节的缓冲控制。

(4)开合跳:两腿并拢向上跳起,落地时双脚开立,然后再跳起,双脚并拢。

两拍完成。双脚起跳和落地。两脚开立落地时屈膝向脚尖方向缓冲,起跳落地时注意膝关节踝关节和脚掌的缓冲。

(5)弓步跳:两腿同时起跳分开成弓步落地。

一拍完成。两腿屈膝双脚蹬地起跳,落地成弓步注意前腿弯曲,后腿伸直,两脚尖方向一致。

(6)弹踢腿跳:一腿后屈,在另一腿弹跳的同时向前、侧或后方伸直小腿,随后落地,可换腿完成弹踢动作。

两拍完成。弹踢时大腿先发力,再小腿弹伸,小腿要有控制地踢出,膝关节不要强直。

(7)后踢腿跑:两腿依次后屈跑跳。

一拍完成。单腿起跳并落地。尽量后屈腿部,脚跟靠近臀部,双膝并拢。

(8)钟摆跳:双脚同时蹬地起跳,腾空时一腿侧摆,一腿落地支撑。

一拍完成。保持身体平衡稳定,腿部肌肉收紧并保持伸直。

(二)上肢动作

健美操的上肢动作包括基本手型、常用的手臂和躯干动作。

1. 基本手型(图15-7)

健美操常见的基本手型有握拳、并掌、开掌、立掌、花掌(西班牙手型)、芭蕾手型等。

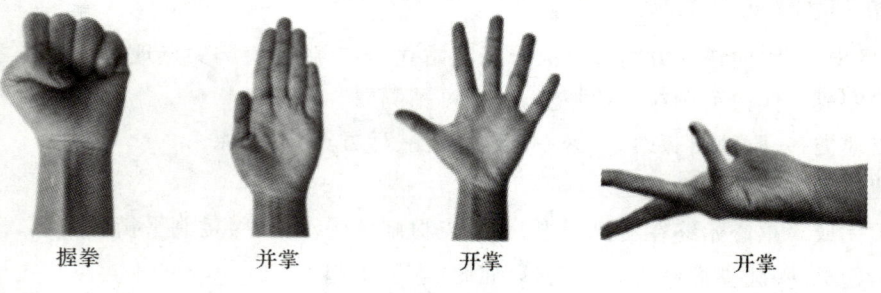

握拳　　　　并掌　　　　开掌　　　　开掌

图15-7　基本手型

2. 手臂和躯干动作

(1)手臂的举、屈伸、摆动、绕、绕环、上提、下拉、推、振、交叉等。

(2)肩部的提、沉、绕和绕环等。

(3)胸部的展、含和左右移动等。

(4)腰部的前、侧、后屈和转动等。

(5)髋部的提、摆、绕环等。

3. 头、颈部动作

头、颈部动作有屈、转、绕、绕环、甩、摆等。

第四节　健美操运动基本规则与裁判法

一、健身健美操竞赛规则与裁判法

(一)竞赛项目及内容

规定动作:大众健美操锻炼标准或其他规定动作。
自选动作:徒手自选动作、轻器械自选动作。

(二)成套动作时间

2 分 20 秒±10 秒。

(三)竞赛场地

赛台高 80~100 厘米,比赛场地为不小于 12 米×12 米的地板或地毯。裁判席设在比赛场地的正前方。

(四)裁判法

1. 裁判组成

裁判组由 1 名裁判长、5~7 名裁判员、1 名总记录长、2~3 名记录员、1 名计时员(自选动作比赛)、1~2 名放音员、2~3 名检录员、1 名宣告员组成,可根据比赛规模大小适当增减裁判员人数。

2. 评分方法

评分方法采取公开示分的方式,成套动作满分为 10 分,裁判员的评分精确到 0.1 分。最后得分为去掉 1~2 个最高和最低分,取中间剩余分数的平均分,再减去裁判长的扣分。

3. 评分内容

规定动作评分分为动作的完成(6 分)、表演和团队精神(4 分)两项;自选动作分为动作设计(集体 3 分/个人 4 分)、动作的完成(集体 4 分/个人 4 分)、表演和团队精神(集体 3 分/个人 2 分)。

4. 裁判长减分

裁判长对比赛过程进行组织和监控,并对下列情况进行减分,每项均减 0.2 分:被叫到 20 秒内未出场;成套时间不足或超过;着装不符合规定;参赛年龄不符合规定;比赛时掉物或装束散落。

二、竞技健美操竞赛规则与裁判法简介

(一)竞赛项目

男子单人操、女子单人操、混合双人操、三人操、五人操。

有氧舞蹈、有氧踏板(参赛人数各8人,另有特殊竞赛规则略)。

(二)成套内容

操化动作、难度动作、过渡与连接动作、托举动作(混双、三人、五人)、动力性配合/团队协作(混双、三人、五人)。

成套动作中各要素的使用必须要均衡。所有动作必须要精确并且展示出清晰的身体形态。

(三)成套时间

单人:1分20秒±5秒。集体:1分25秒±5秒。

(四)竞赛场地

1. 赛台

赛台高80～140厘米,后面有背景遮挡,赛台不得小于14米×14米。

2. 比赛地板及比赛场地

竞赛地板必须是12米×12米,并清楚地标出10米×10米的成年组各项目比赛场地,标记带为5厘米宽的黑色带,标记带是场地的一部分。

3. 座位区

裁判组坐于赛台的正前方。视线裁判坐于赛台的斜对角。高级裁判组坐在裁判组正后方的高台。

(五)裁判组成及职责

1. 裁判组

高级裁判组:由国际体操联合会(FIG)健美操技术委员会主席及委员构成。

裁判组:艺术裁判4人;完成裁判4人;难度裁判2人;视线裁判2人;计时裁判1人;裁判长1人;共计14人。

2. 评分方法

艺术分、完成分、难度分相加为总分。

最后得分为总分减去难度减分、视线减分、裁判长减分。

3. 评分内容

1)艺术裁判

艺术裁判根据评分标准评价成套动作创编(10分),评分尺度如下(单位:分):

优秀2.0;很好1.8～1.9;好1.6～1.7;满意1.4～1.5;差1.2～1.3;难以接受1.0～1.1

(1)音乐和乐感:音乐的选择与编辑;音乐的使用(乐感)。

(2)操化内容:操化动作的数量;复杂性及多样性。

(3)主体内容:复杂性及多样性;流畅性。

(4)空间运用:比赛区域的使用(队形);成套动作内容的分布。

(5)艺术性:成套表演质量及表现力;原创性和创新性。

以上每项最多 2 分。

2)完成裁判

完成裁判对成套动作的技术技巧进行评价。从满分 10.0 分开始减分,裁判员要针对每一个偏离完美完成的动作进行扣分,评分尺度如下。

小错误(每次-0.1 分):轻微偏离完美的完成。

中错误(每次-0.3 分):明显偏离完美的完成。

不可接受的错误(每次-0.5 分):错误的技术、多个错误叠加、触地等。

摔倒(每次-1.0 分):掉落或完全没有控制地跌落到地板上。

(1)难度动作、技巧动作:对完成质量的评价。一个动作最多-0.5 分。

(2)成套内容:对成套动作中的操化动作、过渡与连接动作、托举动作、配合及团队协作动作的完成质量,按照小错误、中错误、摔倒的评分尺度相应减分。

(3)一致性(混双、三人、五人项目)。集体项目中运动员完成所有动作都整齐划一、犹如一体:同样的动作幅度,每个动作都同时开始同时结束,同样的完成质量。出现一致性错误,每次-0.1 分,最多-2.0 分。

3)难度裁判

难度裁判对运动员完成的难度动作进行评价并给予正确的分值。难度裁判必须要辨别并确认运动员完成的每一个难度动作是否达到了最低完成标准。难度动作没有达到最低完成标准并有失误时,将得不到分值。

难度裁判必须记录成套中的所有难度动作;计算难度动作的数量并给予分值;进行难度减分。两名难度裁判必须对难度得分和减分进行对照并达成一致,若不统一将征求裁判组意见。

4)视线裁判

视线裁判对出界错误进行评判。

标志带是比赛场地的一部分,身体接触标志带不算出线,但身体任何部分接触到标志带以外的场地将被减分,每名运动员每次-0.1 分。

5)计时裁判

计时从第一个可听见的声音开始(提示音除外),到最后一个可听见的声音为止。若发生拖延出场、弃权、时间错误、偏差、动作中断、停止比赛,计时裁判必须告知裁判长,裁判长给予减分。

6)裁判长

裁判长对比赛过程进行组织和监控,并对下列情况进行减分。

(1)不当出场举止、未佩戴国家标识、国徽、时间偏差,-0.2 分;不当着装,每次-0.2 分。

(2)时间错误、20 秒内未出场,-0.5 分;多或少于规定的托举次数、违例动作、3 次或超过 3 次技巧动作、动作中断 2~10 秒,每次-0.5 分。

(3)动作停止超过 10 秒、成套动作违背奥林匹克精神和评分道德,-2.0 分。

对出现的下列情况给予警告:不当行为举止、出现在禁止区域、未穿国家队服、在颁奖仪式上未穿比赛服。

下列情况取消参赛资格：弃权、严重违反国际体联章程或评分规则。

思考题

1. 简述健美操的概念与作用。
2. 简述健美操的分类和特点。
3. 简述健身健美操和竞技健美操的发展趋势。
4. 简述健美操术语的概念和特点。
5. 请列出5个基本步伐术语和5个难度动作术语。
6. 健美操比赛艺术分包括哪几个部分？

第十六章 体育舞蹈

第一节 体育舞蹈概述

一、体育舞蹈的发展概况

(一)体育舞蹈的起源与发展

体育舞蹈起源于原始舞蹈,萌芽于民间舞蹈,是伴随着舞蹈的发展逐渐形成的新兴的体育运动项目。它经历了宫廷舞、社交舞(舞厅舞)、国标舞几个发展阶段,体育舞蹈一词产生于20世纪90年代,它的前身就近来说是社交舞,也称交谊舞、交际舞。

社交舞是起源于14—15世纪意大利的一种小步舞,1650年被引进法国宫廷,在法国迅速发展。1768年巴黎开办了第一家交际舞厅,社交舞自此开始流行于欧美各国。热情、浪漫的华尔兹以其独特的魅力成为占据支配地位的典型舞厅舞,被称为"交谊舞皇后"。从19世纪初起,各种舞会和舞蹈比赛的举办促进了交际舞的进一步发展。1904年,英国皇家舞蹈教师协会成立。1924年,英国皇家舞蹈教师协会成立了舞厅舞分会,并由伦敦5位顶级的舞厅舞教师组成了第一届委员会。1920年至1924年,英国皇家舞蹈教师协会对当时的交际舞进行了整理,并制定了有关舞蹈理论、技巧、音乐、服装规则等竞技内容。1925年正式颁布了华尔兹舞、探戈舞、狐步舞、快步舞4种舞蹈的步伐,1950年的"黑池舞蹈节"又加入了维也纳华尔兹,总称摩登舞。1929年,舞厅舞委员会制定了《国际标准舞比赛规则》,并开始每年举办全英国际标准舞锦标赛。

1947年,首届世界交际舞锦标赛在德国柏林举办。1959年,举行了第一届业余和职业国际标准舞世界锦标赛,此后每年举行一次。1960年英国皇家舞蹈教师协会对拉丁舞系列进行了整理,并正式将拉丁舞列为世界国际标准舞锦标赛比赛项目,舞种也从最初的4种拓展至10种。1964年,国际标准舞又增加了新的表演和比赛项目——队列舞(也称集体舞)。国际标准舞经过多次演变、创新、合并,才形成今天的国际标准舞,简称"国标"。国标舞在其发展过程中,逐渐淡化了"社交"作用,表演性和竞技性增强,由于它兼有文化娱乐的内涵和体育竞技的双重特性,很多国家和地区将其纳入竞技体育的范畴,并赋予它一个新的名称:体育舞蹈。

(二)体育舞蹈在我国的发展

体育舞蹈在我国的发展是从20世纪30年代开始的,体育舞蹈传入我国后首先在上海、天津、广州等大城市流行。竞技性舞蹈是在20世纪80年代中期开始在我国推行的,1986年10月,日本国际标准舞业内人士及其相关组织通过中国对外友好协会联系到中国舞蹈家协会,将国际标准舞引入中国,对我国12对摩登舞学员和12对拉丁舞学员进行辅导,又进行了10个舞种比赛组合的教学。随后经过了全国二十几期的培训班,体育舞蹈开始在我国得到了普及与发展。

20世纪90年代,中国国际标准舞进入飞速发展阶段,顺应国际形势,中国国际标准舞改名体育舞蹈。随着体育舞蹈的快速发展,相应组织机构也逐步成立。1991年5月,中国体育舞蹈的官方组织中国体育舞蹈联合会宣布成立"中国体育舞蹈协会",这是我国最早成立的体育舞蹈的国家一级社团组织。协会每年聘请国外专家、教师来传授体育舞蹈技艺,同时在国内组织体育舞蹈教师、裁判以及爱好者进行培训,传授最新的、最流行的体育舞蹈技术、规则,这有力地推动了体育舞蹈的发展。

1998年,国标舞被列入文化部"荷花奖"的评奖单项,从此国际标准舞正式纳入专业舞蹈评奖行列,为中国体育舞蹈事业的应用、推广、研究开辟了一个崭新的篇章。继1994年北京体育大学开设体育舞蹈专业选课之后,中央音乐学院、北京舞蹈学院等上百所舞蹈艺术院校都开设了国标舞专业。全国各省市相继成立了国际标准舞协会,国标舞的队伍逐渐壮大,目前,中国已有近3000万的体育舞蹈爱好者,其中青少年占了很大比重。每年一届的青少年体育舞蹈锦标赛参赛人数往往多达3000余人。

秉承着"走出去"的发展战略,1995年5月,我国首次派49人团赴英参加第70届国际体育标准舞锦标赛。近十几年来,我国体育舞蹈选手在国际赛事上表现出色,在亚洲更是无人能及。2010年广州亚运会上,中国代表团囊括了体育舞蹈项目全部10枚金牌,成为亚洲体育舞蹈第一强国。2011年第86届黑池体育舞蹈艺术节,中国队包揽拉丁团体舞比赛的前三名,成绩轰动了世界,也让世界记住了具有中国特色的拉丁团体舞。2013年侯寅山、田甜获得澳大利亚体育舞蹈锦标赛职业拉丁亚军,2014年获得世界体育舞蹈联合会职业大满贯比赛决赛第四名。2018年英国黑池体育舞蹈艺术节,张爱马迪和贾昊悦成为中国第一对21岁以下拉丁舞组冠军,瞬间引爆了国内外无数热爱拉丁舞的舞蹈人心中的激情。与此同时,北京舞蹈学院附中凭借"丝路"和"月夜"获得拉丁、标准团体舞双料冠军。我国的竞技实力日趋接近欧美体育舞蹈发达国家,世界体育舞蹈的竞技格局随着新生力量的崛起呈现新的动态变化。

二、体育舞蹈的定义与特点

(一)体育舞蹈

体育舞蹈是一种由男女双人(或多对男、女组成的团队)配合,在界定的音乐和节奏范围内,正确展示和运用身体技术与技巧,突显舞蹈质感的动作,并结合艺术表现力来完成的具有规范性和程序性的体育运动项目。

(二)体育舞蹈的特点

体育舞蹈是从舞蹈衍生而来的体育项目,既有舞蹈的一般性特征,又具有体育的显著特征。

1. 严格的规范性

体育舞蹈经过上百年的发展、锤炼,逐渐形成规范、完整的舞蹈体系,在全球范围内流行。体育舞蹈的规范性表现在技术的规范要求上。首先,无论是标准舞还是拉丁舞,它的每个动作技术要求都是有严格标准的,它在动作的特点要求以及体育舞蹈风格节奏和舞姿造型方面都具有非常完整的体系和技术规范性。其次,体育舞蹈的规范性还体现在它对音乐的规范要求上,每一支舞的音乐风格,音乐速率、节奏、节拍、时长等都有着明确、严格的规定。

2. 高雅的艺术性

体育舞蹈融音乐美、舞蹈美、服装美、体态美于一体,是力与美相结合的典范,具有独特的观赏性和强烈的艺术感染力,被称为是真正的"艺术"。作为一种艺术形式,体育舞蹈独特的形体表现性、抒情性、个人风格的展示等,使之能够在众多体育项目中独树一帜。

3. 体育竞技和健身性

体育舞蹈是一项世界性的体育运动项目,它有别于崇尚表演的舞蹈艺术,具有很强的竞技性。作为竞技比赛项目,它具有胜负意义和表演属性,它既要有规范的舞步基础又要有超出基础舞步之上的内容,舞蹈的动作难度不断加大,组合套路更富变化,动作更加趋向新颖和独特,同时技巧性动作逐渐丰富起来,体现出难、稳、准、美几方面的要求。可见,体育舞蹈的竞技性越来越强。体育舞蹈的健身性表现在其锻炼价值上,作为一项具有节律性的运动,体育舞蹈的动作变化多样,不同的舞步和造型给练习者提供了多种选择。经常参加体育舞蹈锻炼,能够使男士增强阳刚之美,女士曲线流畅,体现出阴柔之美。

4. 交往的娱乐性

体育舞蹈在其发展的初始阶段(社交舞)就是以交往为目的一种娱乐形式。练习者在不同风格的音乐伴奏下进行舞蹈练习。在练习中,人们交流思想、表达情感。体育舞蹈成为舞者相互沟通、娱乐的社交项目之一。

三、体育舞蹈分类与各舞种的风格

依据舞蹈风格和技术结构,体育舞蹈分为两大舞系:标准舞和拉丁舞。标准舞包括华尔兹、探戈、狐步、快步和维也纳华尔兹舞。拉丁舞包括伦巴、恰恰、桑巴、牛仔、斗牛舞。

(一)标准舞

标准舞是指用一定的标准来规范的舞厅舞。标准舞起源于欧洲,具有端庄、含蓄、稳重、典雅的风格,与拉丁舞系最大的区别在于其着装正式、华丽,握持单一严谨,舞步起伏(跳跃)流动。

1. 华尔兹

华尔兹舞是标准舞中历史较为悠久的舞种,也是生命力最强的舞蹈。华尔兹舞最初是在 12 世纪的德国巴伐利亚和奥地利维也纳地区的农民中流行;17 世纪进入维也纳宫廷;18 世纪被誉为"欧洲宫廷舞之王";19 世纪传入美国波士顿;20 世纪重返欧洲,并以"慢华尔兹"的形式席卷整个欧洲大陆。

华尔兹的风格特点是音乐典雅、舞态雍容、步伐婉转、曼妙大方。华尔兹舞的音乐为 3/4 节拍,每分钟 27～30 小节。

2. 探戈

探戈舞起源于非洲中西部的民间舞蹈探戈诺舞。探戈舞舞步顿挫有力、潇洒豪放;身体无起伏、无升降;表情严肃,有左顾右盼的头部闪动动作。人称 19 世纪是华尔兹的时代,20 世纪是探戈的时代。

探戈舞的风格特点是音乐华丽、舞步刚劲、步伐顿挫磊落。

探戈舞的音乐为 2/4 节拍,每分钟 33 小节。

3. 狐步舞

狐步舞起源于美国黑人舞蹈。它是美国演员哈利·福克斯模仿马在慢步行走时的动作而设计的一种舞蹈形式。狐步舞的舞步轻柔、圆滑、流畅,方位多变且不并步,在动作衔接中呈现出降中有升、升中有降的线行流动状。

狐步舞的风格特点是音乐恬愉、舞态潇洒、步伐行云流水。

狐步舞的音乐为 4/4 拍,每分钟 30 小节。

4. 快步舞

快步舞是从美国民间舞改编而成的,早期快步舞吸收了快狐步动作,后又引入芭蕾的小动作,动作更显轻快灵巧。快步舞的风格特点是轻快活泼、富于激情、舞步洒脱自由、饱含动力感和表现力。快步舞的音乐是 4/4 拍,每分钟 50～52 小节。

5. 维也纳华尔兹

维也纳华尔兹舞起源于奥地利北部山区农民舞,是历史最悠久的舞蹈。维也纳华尔兹舞的风格特点是动作舒展大方、连绵起伏、节奏清晰、旋律活泼、动作优美、舞步轻快流畅、旋转性强。维也纳华尔兹舞的音乐为 3/4 拍,每分钟 60 小节。

(二)拉丁舞

拉丁舞起源于非洲和拉丁美洲,具有热情、奔放、浪漫的风格。它与标准舞最显著的区分是着装性感优雅、双人配合形式多变、多应用身体髋部多维度绕动。

1. 伦巴

伦巴起源于古巴,是表现男女爱慕之情的舞蹈。伦巴舞的音乐缠绵、浪漫,舞蹈风格柔媚、抒情。伦巴舞在拉丁舞中历史悠久,因其异国情调的独特风格,被誉为"拉丁舞之魂"。伦巴舞的节拍是 4/4 拍,4 拍走 3 步,每分钟 27 小节。

2. 恰恰

恰恰舞由非洲传入拉美后,在古巴获得很大发展,它是模仿企鹅姿态创编的舞蹈。恰恰舞由于名称鲜明,节奏欢快易记,舞蹈又有诙谐、花哨的风格,是拉丁舞中最流行的舞蹈。恰恰舞的音乐欢快有趣,为 4/4 拍,每分钟 30~31 小节,是由 4 拍跳 5 步的舞步构成,其中,第 4 拍跳 2 步,即为"恰恰"。

3. 桑巴

桑巴舞是从巴西农村的摇摆桑巴舞传入城市演变而来的一种舞蹈,是巴西音乐和舞蹈的灵魂。桑巴舞的风格特点是动作粗犷、起伏强烈,舞步奔放、敏捷、富有强烈的感染力。由于它在移动时沿舞程线绕场进行,因此它是拉丁舞中行进性的舞蹈。桑巴舞的音乐为 2/4 拍,每分钟 50~52 小节。

4. 斗牛舞

斗牛舞起源于法国,模仿西班牙斗牛士动作,由西班牙风格进行曲伴舞的一种拉丁舞。在舞蹈中,男士象征斗牛士,女士象征斗牛士手中的斗篷。斗牛舞音乐雄壮、舞态威猛、步伐悍厉奋张。斗牛舞音乐为 2/4 拍,每分钟 60 小节,一拍跳一步。

5. 牛仔舞

牛仔舞源于美国西部,是 20 世纪 20—30 年代盛行的牛仔舞蹈,舞步带有踢踏动作。它后经规范进入社交活动。牛仔舞音乐 4/4 拍,每分钟 44 小节,舞曲欢快、有跃动感、舞步丰富多变,其强烈的扭摆和连续快速的旋转,常使人眼花缭乱,亢奋热烈。

第二节　体育舞蹈基本理论

一、体育舞蹈基本知识

(一)比赛场地

体育舞蹈是一项标准的室内运动项目,最理想的地面是纯木质地板,复合地板次之。因此,体育舞蹈通常是在一个 23 米×15 米的规范、标准的木地板场地上进行竞赛。

1. 舞程向

舞程向指在舞池中,为避免互相碰撞而严格规定舞者必须按逆时针方向行进,这个行进方向叫舞程向。

2. 舞程线和方向术语

在跳舞时,规定舞者必须沿逆时针方向,围绕舞池中央行进的路线叫舞程线。它通常由两条长线和两条短线构成。

身体的方位是以男士面对舞程线站立来确定身体位置的,处于左侧的舞厅部分为舞池中央,处于右侧部分为墙壁。沿舞程线产生的 8 个常用方位如图 16-1 所示:①面对舞程线;②面对斜墙壁;③面对墙壁;④背对斜中央;⑤背对舞程线;⑥逆对斜墙壁;⑦面对中央;⑧逆对斜中央。只要是沿着逆时针方向行进,任何一点都有这 8 个方位。

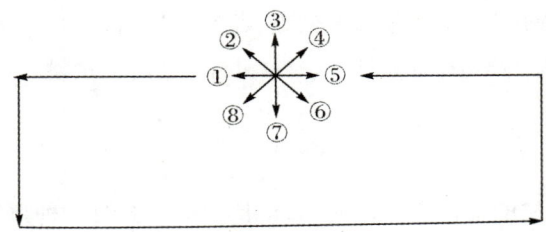

图 16-1 舞程线及方位图

3. 舞池中线

与舞池的两条长线相平行并穿过舞池的正中央的线即为舞池中线。

4. 新舞程线

当沿着现有舞程线方向行进时,在接近场地的角落无法继续前行,需要改变现有舞程线,仍保持逆时针行进的大方向,被视为进入到新舞程线。新舞程线上的8个不同方向同样存在。

(二)舞步转动与方向常识

1. 转动度数表示

转动度数是指在舞蹈运动过程中,在一只脚上或由一步至另一步移动过程中所产生的转动角度。旋转时以每转360°为一周;旋转45°角为1/8周;旋转90°角为1/4周;旋转135°角为3/8周;旋转180°角为1/2周;旋转225°角为5/8周;旋转270°角为3/4周;旋转315°角为7/8周(图16-2)。在记录旋转动作时,应先标明旋转的方向,即左转或右转,再标明旋转角度。

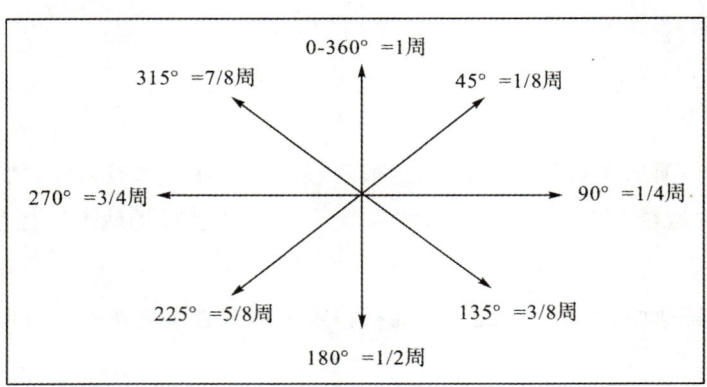

图 16-2 旋转角度换算

2. 方位

方位指舞步运行方向,是指一个步子结束时,两脚的位置和相关身体的舞池中位置。常用表达术语为面向、背向和指向,其中指向用于身体方向和脚的方向不一致时,用来表述脚的方向。

3. 步位

步位是指在完成一个步伐时,动力腿的运动方向与主力腿之间的关系。在体育舞蹈中,一般表述为脚的运动方向。常见脚的步位表述见图 16 - 3。

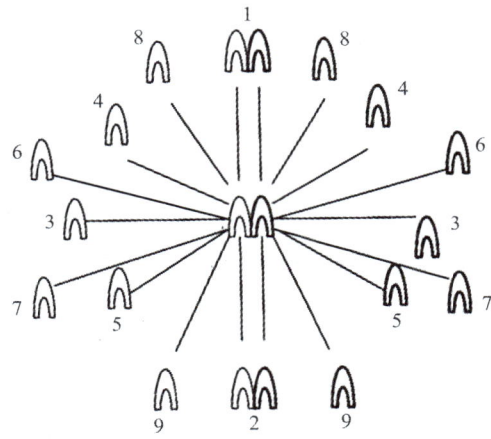

图 16 - 3　脚的位置示意图

(1)向前:做动作时胸部所对的方向。
(2)后退:做动作时背部所对的方向。
(3)向旁:做动作时肩侧所对的方向。
(4)斜前进:前与侧两个基本方向之间的 45°的方向。
(5)斜后退:后与侧两个基本方向之间的 45°的方向。
(6)向侧稍前:在斜前与侧向两个方向之间。
(7)向侧稍后:在斜后与侧向两个方向之间。
(8)向前稍侧:在斜前与前两个方向之间。
(9)向后稍侧:在斜后与后两个方向之间。

4. 转动方向表述

左转:身体转动过程中与时针方向相反。
右转:身体转动过程中与时针方向相同。

(三)音乐常识

1. 节拍

节拍是同样的音值有规律地循环往复出现的强弱现象,又称拍子。它指每一小节中有多少拍,节拍分重音和轻音,如华尔兹音乐为 3/4 拍,重拍为第一拍。

2. 节奏

节奏就是音符组织成的长短关系,指把长短不同的音组织起来,形成有规律的强弱变化,能赋予音乐以特点的节拍。

3. 音乐速率

音乐速率即每 1 分钟内所演奏的节拍总数。

4. 动作时值

动作时值指赋予每一舞步上所占有的音乐节拍。

二、体育舞蹈礼仪

体育舞蹈礼仪主要是指人们在体育舞蹈训练、竞赛与日常交流活动中所应该具有的相互敬重、亲善和友好的行为规范或准则。也可以说它是生活礼仪中的仪表、服饰、语言、礼貌等礼节在体育舞蹈训练、竞赛与日常交流活动中的综合运用。它主要包括"对他人"礼仪、"使物"礼仪和"自我行为"礼仪三方面。

(1)"对他人"礼仪主要是指对于舞伴、观众、裁判的礼仪，集中体现在请舞、领舞、起舞、共舞、谢舞之中。

请舞又叫邀舞。舞曲响起后，男士听清楚音乐的节奏和旋律后，大方地走到女士面前，文明、礼貌地邀请女士。在征求女士同意后，男士优雅地伸出右手，手心向上，邀请女士起身一起共舞。

领舞，男士邀请到舞伴后，要用右手或左手，牵带女士的左手或右手，掌心向上，引领舞伴到舞池中指定位置去跳舞。

起舞是指在音乐开始之前的起势动作。男女分开相向站立，男士正面站立，以左手邀请，虎口向上；女士将右手与男士左手相握，形成握抱姿势，准备共舞。

共舞是男士和舞伴随着音乐共同完成舞蹈的过程。在共舞时，双方应当保持优美的舞姿，遵循跳舞场合的礼节。在共舞过程中，男士对女士应多关照，始终以礼相待，引带手势要清楚，不要用力，直至一支舞曲结束。

谢舞是男士领带女士共舞结束时以形体动作向舞伴表示谢谢和再见的礼节。根据音乐结束时的旋律，男士左手举高引带女士向左旋转一圈或两圈谢礼。男舞者低头致意谢礼；女舞者右腿后撤，屈膝行礼，做一个谢舞动作感谢舞伴，同时感谢观众或评委。

(2)"使物"礼仪：体育舞蹈的场地作为公共场所是进行体育舞蹈训练和比赛的用地。选手要注意对其爱护，不得乱扔垃圾。而个人发型、化妆与服饰是体育舞蹈礼仪体现个人品位的载体，因此选手化妆不得太夸张，不要过度改变自己的五官，发型不得过于复杂。服饰要大方得体，又要遵守体育舞蹈约定成俗的规范或原则。

(3)"自我行为"礼仪：是舞者自我言谈与举止在体育舞蹈活动中的综合运用。言谈中的礼貌用语，举止大方得体，都是一个人精神面貌的外观体现，是礼仪美的表现形式。其内容包括礼貌用语、卫生、站姿、坐姿、走姿等。

第三节 体育舞蹈的技术

一、标准舞

(一)标准舞身体形态

1.标准舞基本站姿

自然直立,双膝稍稍弯曲,肩膀自然放松,身体保持垂直,双脚平放。从侧面看,身体的垂直线通过头部(耳)、肩部、胯部、膝盖和脚掌中央。女士的垂直线落地点比男士稍后,在脚弓位。

2.握持

在标准舞中,除探戈舞外,其他舞种的握持姿势都是一样的。

男士面向女士,以之前叙述的姿势站立,女士稍在男士的右侧,男士右手五指并拢,放在女士左边肩胛骨下方。从肩膀到手肘整个右上臂向下倾斜,手肘到手之间成直线。左臂的大臂与小臂弯曲形成90°左右。左手高度与女士右耳齐平。左手握住女士右手的大拇指和食指之间。

女士左臂轻贴男士右臂上,左手虎口张开,轻轻放在男右上臂三角肌中部。其余三指可上翘,五指呈兰花指或弹指状。右臂弯曲约150°,右手手指轻握在男士左手大指与食指的位置。

(二)标准舞基本身体位置

1.闭式位置(右对右)(图16-4)

闭式位置是一个基础位置,通常用在舞蹈的开始。闭式位置中,女士中段的右侧接触男士中段的右侧,男士和女士的左侧不接触,肩和胯保持平行。

图16-4 闭式位置

2.外侧舞伴位置(图16-5)

外侧舞伴位置与闭式位置非常相似,指男士或女士向舞伴的右外侧前进所形成的身体位置。

图16-5 外侧舞伴位置

图16-6 侧行位置

3. 侧行位置(图16-6)

侧行位置指男士的右侧与女士的左侧靠近或紧密接触,而身体的另一侧向外展开呈"V"形站立或行进的身体位置,简称"PP"位置。

(三)标准舞常用技术术语

1. 主力腿

主力腿指承载身体重量的那条腿,力量驱动时身体和脚部向地面施加压力,通过胯、膝、踝关节的屈伸作用使重心降低或上升,从而带动身体升降。

2. 动力腿

在主力腿的运动终极状态后,另一条腿保持动作惯性地产生出步行为,则为动力腿。动力腿在出步以后成为主力腿。动力腿和主力腿在运动过程中是不停转换的,是一个动态的过程。

3. 反身动作

反身动作是一种身体相对于移动脚产生反向动作,以便引导旋转的身体技术动作。它指一侧脚前进或后退时,另侧肩和胯后让或前送,使身体与舞步形成反向配合。

4. 反身动作位置

在身体不转动的情况下,一脚在身前或身后形成交叉,以保证两个人身体维持相靠姿态的身体位置叫反身动作位置。反身动作是一种身体的动作以便于引导旋转。反身动作位置和反身动作的不同之处在于"位置"这两个字上,反身动作是个动作过程,瞬间消失了,而反身动作位置是形态动作,是个滞留动态。

5. 升降

升降指在跳舞时身体的上升与下降。升降动作是在膝、踝、趾关节屈和伸动作的转换中完成的。标准舞中的华尔兹、狐步、快步、维也纳华尔兹,各有自己的升降风格。所以升降是标准舞中最重要的技术之一。

6. 摆荡

摆荡是指舞者在身体上升做斜向或横向移动时,像钟摆似的把身体摆动起来。

7.倾斜

倾斜是指身体的侧屈,可以被定义为是在朝向或离向动力腿上做出的动作。倾斜的原则是倾向转圈的内侧,倾斜的作用是用来缓冲动力,维持平衡以及创造优美的线条。

二、华尔兹舞技术

(一)华尔兹基本舞步

华尔兹的基本舞步结构是由前进或后退、横移、并脚三步组成的一个基本旋回。华尔兹舞的基本舞步有两种,前进并换步和后退并换步。这两个步法俗称方步,是华尔兹舞重要的基本功。运用此基本动作可以训练华尔兹舞的升降、摆荡、倾斜,培养音乐节奏,直至进入双人配合和转度练习。

1.前进并换步(表16-1)

表16-1 前进并换步

步序	步位	脚法	方位	升降	反身	倾斜	时值	拍值
1	左脚(右脚)前进	脚跟、脚尖	面向墙壁或中央	结尾开始上升	有		1	1
2	右(左)向侧并稍向前	脚尖	面向墙壁或中央	继续上升		左(右)	2	1
3	左(右)并右(左)	脚尖、脚跟	面向墙壁或中央	继续上升,结尾下降		左(右)	3	1

2.后退并换步(表16-2)

表16-2 后退并换步

步序	步位	脚法	方位	升降	反身	倾斜	时值	拍值
1	右脚(左脚)后退	脚尖、脚跟	面向墙壁或中央	结尾开始上升	有		1	1
2	左(右)向侧并稍向后	脚尖	面向墙壁或中央	继续上升		右(左)	2	1
3	右(左)并左(右)	脚尖、脚跟	面向墙壁或中央	继续上升,结尾下降		右(左)	3	1

(二)华尔兹技术动作

1. 左足并换步(表16-3)

表16-3 左足并换步

名称	步序	步位	方位	脚法	转度	升降	反身	倾斜	拍值	时值
男士动作	1	左脚前进	面向斜墙壁	脚跟、脚尖	不转	结尾开始上升	有		1	1
	2	右脚向旁并稍前进	面向斜墙壁	脚尖		继续上升		左	1	2
	3	左脚并右脚	面向斜墙壁	脚尖,脚跟		继续上升,结尾下降		左	1	3
女士动作	1	右脚后退	背向斜墙壁	脚尖、脚跟	不转	结尾开始上升,足不升	有		1	1
	2	左脚向旁并稍后退	背向斜墙壁	脚尖		继续上升		右	1	2
	3	右脚并左脚	背向斜墙壁	脚尖,脚跟		继续上升,结尾下降		右	1	3

2. 右转步(表16-4)

表16-4 右转步

名称	步序	步位	方位	脚法	转度	升降	反身	倾斜	拍值	时值
男士动作	1	右脚前进	面向斜墙壁	脚跟、脚尖	开始右转	结尾开始上升	有		1	1
	2	左脚向旁	背向斜中央	脚尖	第1~2步向右转1/4	继续上升		右	1	2
	3	右脚并左脚	背向舞程线	脚尖、脚跟	第2~3步向右转1/8	继续上升,结尾下降		右	1	3
	4	左脚后退	背向斜墙壁	脚尖、脚跟	继续向右转	下降,结尾开始上升,足不升	有		1	2
	5	右脚向旁	指向斜中央	脚尖	第4~5向右转3/8,身体少转	继续上升		左	1	2
	6	左脚并右脚	面向斜中央	脚尖,脚跟	身体完成转动	继续上升,结尾下降		左	1	3

续表

名称	步序	步位	方位	脚法	转度	升降	反身	倾斜	拍值	时值
女士动作	1	左脚后退	背向斜墙壁	脚尖,脚跟	开始向右转	结尾开始上升,足不升	有		1	1
	2	右脚向旁	指向舞程线	脚尖	第1~2步向右转3/8,身体少转	继续上升		左	1	2
	3	左脚并右脚	面向舞程线	脚尖,脚跟	身体完成转动	继续上升,结尾下降		左	1	3
	4	右脚前进	面向舞程线	脚跟,脚尖	继续向右转	下降,结尾上升	有		1	2
	5	左脚向旁	背向中央	脚尖	第4~5向右转1/4	继续上升		右	1	2
	6	右脚并左脚	背向斜中央	脚尖,脚跟	第5~6向右转1/8	继续上升,结尾下降		右	1	3

3. 右足并换步(表16-5)

表16-5 右足并换步

名称	步序	步位	方位	脚法	转度	升降	反身	倾斜	拍值	时值
男士动作	1	右脚前进	面向斜中央	脚跟、脚尖		结尾开始上升	有		1	1
	2	左脚向旁并稍前进	面向斜中央	脚尖	不转	继续上升		右	1	2
	3	右脚并左脚	面向斜中央	脚尖,脚跟		继续上升,结尾下降		右	1	3
女士动作	1	左脚后退	背向斜中央	脚尖、脚跟		结尾开始上升,足不升	有		1	1
	2	右脚向旁并稍后退	背向斜中央	脚尖	不转	继续上升		左	1	2
	3	左脚并右脚	背向斜中央	脚尖,脚跟		继续上升,结尾下降		左	1	3

4. 左转步(表16-6)

表16-6 左转步

名称	步序	步位	方位	脚法	转度	升降	反身	倾斜	拍值	时值
男士动作	1	左脚前进	面向斜中央	脚跟、脚尖	开始左转	结尾开始上升	有		1	1
	2	右脚向旁	背向斜墙壁	脚尖	第1~2步向左转1/4	继续上升		左	1	2
	3	左脚并右脚	背向舞程线	脚尖、脚跟	第2~3步向左转1/8	继续上升，结尾下降		左	1	3
	4	右脚后退	背向舞程线	脚尖、脚跟	继续向左转	下降,结尾开始上升,足不升	有		1	2
	5	左脚向旁	指向斜墙壁	脚尖	第4~5向左转3/8,身体少转	继续上升		右	1	2
	6	右脚并左脚	面向斜墙壁	脚尖、脚跟	身体完成转动	继续上升，结尾下降		右	1	3
女士动作	1	右脚后退	背向斜中央	脚尖、脚跟	开始向左转	结尾开始上升,足不升	有		1	1
	2	左脚向旁	指向舞程线	脚尖	第1~2步向左转3/8,身体少转	继续上升		右	1	2
	3	右脚并左脚	面向舞程线	脚尖、脚跟	身体完成转动	继续上升，结尾下降		右	1	3
	4	左脚前进	面向舞程线	脚跟、脚尖	继续向左转	下降,结尾上升	有		1	2
	5	右脚向旁	背向墙壁	脚尖	第4~5向左转1/4	继续上升		左	1	2
	6	左脚并右脚	背向斜墙壁	脚尖、脚跟	第5~6向左转1/8	继续上升，结尾下降		左	1	3

(三)华尔兹组合练习

1. 方形步练习(8小节)

左足并换步123→右足并换步123→左足并换步123→后退右足并换步123→后退左足并换步123→后退右足并换步123→从开始重复。

2.左转右转练习(10小节)

左足并换步 123→1/4 右转步 123 223 323 423→右足并换步 123→1/4 左转步 123 223 323 423→从开始重复。

3.华尔兹舞单人铜牌组合

左脚前进带跟掌滚动摆荡 123 223→后退步带跟掌滚动 123 223→左脚前进并换步 123→右脚前进并换步 123→左脚后退并换步 123→右脚后退并换步→左脚前进 1/4 周左转→右脚后退 1/4 周左转→左脚后退 1/4 右转→右脚前进 1/4 右转→向右摆荡(左脚后退,右脚向旁,右转 1/4)→向左摆荡(右脚后退,左脚向旁,左转 1/4)→向右摆荡(左脚后退,右脚向旁,右转 1/4)→在右脚上左转(右脚后退,左转 1/4 周,左脚原地靠近右脚)→结束,可循环。

4.华尔兹双人组合

左脚前进并换步 123→右转步 123223→右脚前进并换步 123→左转步 123223→左脚前进并换步 123→右脚前进并换步 123。

二、拉丁舞

(一)拉丁舞通用技术

1.拉丁舞基本站姿

1)基本站姿

双脚自然轻松地靠拢,脚尖略打开,脊柱伸直,沉肩。从侧面看,头部中心(以耳朵为准)、肩部中心、髋部中心应该在一条垂线上。

2)恰恰舞和伦巴舞

在上文所述基本站姿的基础上,膝关节伸直,高级舞者有时可使用膝关节后锁(过伸)。

3)牛仔舞和桑巴舞

在上文所述基本站姿的基础上,膝关节保持松弛,稍微弯曲,以不改变舞者身高为准。

2.方位

在拉丁舞中,恰恰、伦巴、牛仔通常用下面的方位进行表述。

如图 16-7 所示,以面向正面镜子的方向为基准,每向右转 45°为一个方向,共分为 8 个方向。镜子正前方为第一个方位,即"1"点;右斜前为"2"点;右正旁为"3 点";右斜后为"4 点";正后为"5 点";左斜后为"6 点";左正旁为"7 点";左斜前为"8 点"。

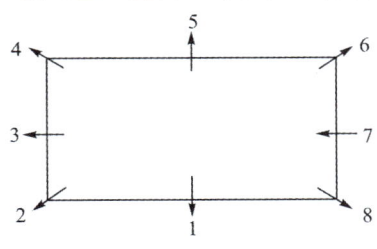

图 16-7 方位图

3.基本身体位置术语

1)闭式位置(图 16-8)

闭式位置是一个基础位置。伦巴舞、桑巴舞和恰恰舞中闭握式男女方约相距 15 厘米,女士略靠男士的右侧。身体重心可以落在任一脚,女士重心着落的脚通常与男士相反。男士左臂与右臂高度相互对齐,左前臂上举,左手握住女士右手,相握的位置在两人身体相距的中心点。男士的右手要放在女士背后,托着女士左肩胛的下半部。

牛仔舞中的闭握式与伦巴舞、桑巴舞、恰恰舞所使用的相同,只是手臂握的位置稍低一点。

2)分式位置(图 16-9)

图 16-8 闭式位置

分式位置指男女分开约一个手臂的距离,互相对视。重心可落在任一脚,女士重心着落脚与男士相反。

握手的方式有下列 3 种:男士左手握住女士右手、男士右手握住女士右手、男士右手握住女士左手。

男士左手握住女士右手　　男士右手握住女士右手　　男士右手握住女士左手

图 16-9　分式位置

3)影位位置(图 16-10)

影位位置运用在伦巴舞、桑巴舞和恰恰舞中,女士站在男士的右前方,两个人面对同一方向。双方握手的方式及手臂的位置也是要看在跳哪一个舞步而定。

4)侧行位置

侧行位置运用在桑巴舞、牛仔舞和斗牛舞之中。在闭式位置上,男女士各向外转 1/8 圈。男士左手和女士右手向下压到略低于肩膀的位置。

5)扇形位置

扇形位置是伦巴舞和恰恰舞常用的位置之一。扇形位置中,女士在男士的左侧相隔一个手臂的距离,女士的身体

图 16-10　影位位置

与男士的身体呈直角形排列,女士左脚向后踏出整步,重心落在左脚上。男士右脚向侧并稍微向前跨出,重心落在右脚上。女士的右脚向前投射的一条假想的虚线约在男方身体前方的 15 厘米之处,形成一个类似扇面的半圆形。

4.拉丁舞常用技术术语

1)弹动

弹动是指膝盖的屈伸动作,常用于牛仔舞、桑巴舞。

2)摆荡

摆荡常用于牛仔舞,是指胯骨的摇摆动作。

3)回旋动作

回旋动作是指重心完全在一只脚上的转动。

4)螺旋转动作

螺旋转动作是前进走步转的特例,转度比3/8多,并形成踝关节螺旋交叉的造型。

5)延迟动作

延迟动作指的是先出脚,随后进行重心转移的动作。

6)拉丁交叉

拉丁交叉步也叫作"古巴交叉",指的是脚的位置。一脚交叉于另一脚后,双膝弯曲。前脚脚尖外转,后膝与前膝相靠。后脚脚尖距离前脚脚跟约15厘米。

7)库克拉恰

下压式舞步,一般主力腿脚跟一直不离开地面,迈脚的同时给予地面压力,并施加作用力于胯的动作,另一只脚还承担部分重心。

(二)恰恰舞技术

1.恰恰舞单人基本步伐

1)时间步(表16-7)

表16-7 时间步

步序	步位	方位	脚法	转度	时值	拍值
1	收右脚点地	1点	掌	不转	2	1
2	转换重心至右脚	1点	掌		3	1
3	右脚向旁	1点	掌跟		4	1/2
4	收左脚点地	1点	掌		&	1/2
5	右脚向旁	1点	掌跟		1	1

2)移动基本步(表16-8)

表16-8 移动基本步

步序	步位	方位	脚法	转度	时值	拍值
1	右脚后退	1点	掌跟	不转	2	1
2	移动重心至前	1点	尖掌跟		3	1
3	右脚向旁稍前	1点	掌跟		4	1/2

续表

步序	步位	方位	脚法	转度	时值	拍值
4	左脚并向右脚	1点	掌		&	1/2
5	右脚向旁	1点	掌跟		1	1
6	左脚前进至抑制步	1点	掌跟		2	1
7	移动重心到后	1点	掌跟		3	1
8	左脚向旁稍后	1点	掌跟		4	1/2
9	右脚并左脚	1点	掌		&	1/2
10	左脚向旁	1点	掌跟		1	1

3)前进走步和锁步(表16-9)

表16-9 前进走步和锁步

步序	步位	方位	脚法	转度	时值	拍值
1	右脚前进	1点	尖掌跟	不转	2	1
2	左脚前进	1点	尖掌跟		3	1
3	右脚前进	1点	尖掌跟		4	1/2
4	左脚交叉于右脚后	1点	掌		&	1/2
5	右脚前进稍侧	1点	尖掌跟		1	1

2.恰恰舞基本步组合练习

1)组合练习一

准备：重心放右脚，左脚点地，两手侧平举。

移动追步(4小节)→前进后退锁步(4小节)→朗德追步(1小节)→扭臀追步(1小节)→手接手→(4小节)→基本步(4小节)→定点转(4小节)从开始重复。

2)组合训练二

手接手→(4小节)→基本步(4小节)→定点转(4小节)→可接组合一反复。

3)恰恰单人铜牌动作

原地换重心→快节奏原地换重心至追步→前进后退锁步→基本动作→基本动作1/4转→手接手→结束，可循环。

4)恰恰双人组合练习

恰恰双人铜牌动作：闭式基本步→扇形位→曲棍形转步结束在相对侧行位→纽约步→向右定点转→手接手→向左定点转→节奏步→臂下左转→肩对肩→臂下右转结束于闭式位→结束，可循环。

第四节　体育舞蹈基本规则与裁判法

一、体育舞蹈比赛基本规则

(一)比赛方式

一般体育舞蹈比赛采用"淘汰制"与"顺位法"结合的竞赛方式。

1. 淘汰制

从预赛至半决赛采用的是淘汰制的比赛方式。

2. 顺位法

决赛采用顺位法决定单项和全能的名次,即将裁判给参加决赛的6对选手打出的名次,通过顺位排列方法计算。

(二)比赛场地

比赛场地一般不少于23米×15米,选手比赛过程中不得在规定的比赛场地范围以外进行。场地有专业的放音设备,舞台灯光。

(三)比赛音乐

1. 音乐长度

在所有的比赛中,华尔兹、探戈、狐步、快步、桑巴、恰恰、伦巴和斗牛舞的音乐长度至少为1分30秒;维也纳华尔兹和牛仔舞的音乐长度为至少1分钟。团体舞为4至5分钟。

2. 各种舞的时值

标准舞:华尔兹 28～30 小节/分钟;探戈 31～33 小节/分钟;维也纳华尔兹 58～60 小节/分钟;狐步 28～30 小节/分钟;快步 50～52 小节/分钟,拉丁舞:桑巴 50～52 小节/分钟;恰恰 30～32 小节/分钟;伦巴 25～27 小节/分钟;斗牛 60～62 小节/分钟;牛仔舞 42～44 小节/分钟。

(四)着装要求

1. 拉丁舞比赛服装

1)女生

样式:臀部和胸部须完全被盖住。上述区域不得使用透明面料。

颜色:可使用除肉色外的任何颜色。

鞋:女式拉丁舞鞋。

发型与化妆:不希望选手化妆夸张或做过于复杂的发型。

珠宝首饰:评判长有权要求选手去掉任何对其他选手产生危险的饰物。

2)男生

裤子:不允许使用肉色紧身及采用透明材料。

衬衫/上装:除肉色外的任何颜色或混合花色。

装饰:可使用装饰。

鞋:男式拉丁舞鞋。

发型:最好留短发。如果头发长,须系成马尾式。

珠宝首饰:评判长有权要求选手去掉对其他选手造成危险的饰物。

2. 标准舞比赛服装

1)女生

比赛服饰:不允许着上下身两截式的服装。领口不可开得过低。

颜色:可使用除肉色外的任何颜色。

鞋:女式标准舞鞋。

发型和化妆:化妆不得太夸张,发型不得过于复杂。

珠宝首饰:评判长有权要求选手去掉对其他选手造成危险的饰物。

2)男生

裤子:深色或与上装同色,不允许使用肉色紧身透明材料。

上装:白色或除肉色外的任何颜色的衬衣;穿着马甲或燕尾服,但必须打领带或领结。

鞋:男式标准舞鞋。

发型:长度不得超过衣领。

珠宝首饰:评判长有权要求选手去掉对其他选手造成危险的饰物。

3. 女生和男生服饰总要求

不允许使用宗教符号作为装饰。

除非发生服装不能使用的意外情况,比赛中不允许更换服装。

(五)体育舞蹈竞赛种类

1. 竞赛种类

世界体育舞蹈比赛分为专业比赛和业余比赛两大类,每类又分为不同的级别和层次,比赛名称通常有锦标赛、公开赛、邀请赛、友谊赛、精英赛等。

2. 组别

国际专业比赛设公开组和新人组,每组又分标准舞和拉丁舞系,各组都有5种舞。

国际业余比赛设公开组、新人组、中年组、常青组、青年组、少年组。

国内比赛分为职业组、职业新人组、甲组、乙组、丙组、常青组、少年组、儿童组、团体组。

中国标准舞协会举办比赛通常设职业组(A组、B组),业余组(A组、B组、C组、D组),长青组,少年组,职业十项全能组五种。

(六)比赛程序

一般的比赛程序是必须经过初赛、复赛、半决赛和决赛四个环节,每一轮比赛应从参赛选手中筛选出不少于 1/2 的选手参加下一轮比赛,最后评出 6 到 8 对进行决赛,比赛时首先是选手们根据比赛规定,按五组的顺序集体上场或依次上场表演各自编排的整套动作,裁判员进行整体评分,然后是全体裁判员分别为一对对选手打分,积分方法采用名次积分法,例如有 36 对选手初赛时选 2/3,剩下 24 对复赛时再淘汰 1/2,剩下 12 对半决赛时,选 6 对进入决赛。

二、体育舞蹈竞赛特点和裁判法

(一)竞赛特点

1. 主持人制

体育舞蹈比赛自始至终是在主持人的指挥和控制下进行的,主持人既是司仪、广播员,又是宣传员、鼓动员,是场上的中心人物,是裁判长与裁判员之间,比赛组织者、选手和现场观众之间的纽带和桥梁。

2. 比赛和表演结合

体育舞蹈比赛之前、中间或结尾,经常穿插国内外选手的表演,既可使比赛丰富多彩,气氛热烈,也可使裁判、选手和计分组等人员得以休息和重新准备。

除此之外,比赛一般采用"淘汰"与"顺位"相结合的比赛方法

(二)体育舞蹈裁判评判标准

1. 评定方法

评定方法采用淘汰法和名次法。

2. 评判要素

评判要素主要为技术质量、音乐的运用、双人配合技能、编排与展现四个方面。

1) 技术质量

(1)足部动作:各种步伐的方位和角度的准确性,脚和地面接触部位的准确性,脚步时间值的准确性。

(2)姿态:不同舞种的握持动作的准确性,运动过程中的姿态准确漂亮。

(3)平衡和稳定:舞伴之间力的使用得当,动作能保持平衡稳定,完成高难度动作时能保持身体平衡稳定。

(4)移动:并不是仅有脚的移动,而是由身体移动带动的移动,移动要流畅。

2) 音乐的运用

对不同舞种的节奏要求清晰,表现准确,对不同音乐的风格能很好地理解,并能很好地体现音乐的风格和情绪。脚步应踩在节拍上,身体应流动在旋律中,要求舞者能跳出音乐的境界。

3) 双人配合技能

双人配合技能指舞伴之间为体现关系所运用的方法,包含连接方式、身体交流、反向平衡、动作一致性等。身体连接与握持使用得当,能很好地体现出力的传导与反作用力的效

果,并保持各自的平衡。它主要体现在运动中舞伴间的连接协调性,以及舞蹈过程中舞者在自身平衡点上舞步的稳定性及身体线条的优美性;管理舞伴之间的空间,以及身体各部分依据时值和距离运动的同步性;舞者修改和管理不同位置、连接类型之间变化的能力。

4)编排与展现

动作流畅新颖、运用自如,能体现舞种的基本风韵并有一定的技术难度。动作与音乐密切配合,发挥音乐效果。编排有章法,结合合理,体现音乐的风格,强调总体效果,充分利用场地。

(三)体育舞蹈的裁判规定

1.裁判的组成

比赛通常设有裁判长一名,裁判员若干名,上场裁判员必须是单数。全国比赛、国际大赛设裁判员 7~11 名,裁判员姓名用英文字母 A、B、C……代表,并在裁判评分表上标识。

2.裁判资格

裁判员要严肃、认真、公正、准确地完成裁判工作,必须具有良好的业务能力和道德品质,世界比赛的专业裁判员由英国皇家舞蹈教师协会考核审定。

3.竞技舞蹈评判基本原则

(1)评判工作由选手进入比赛位置时开始,只有当音乐停止时方结束。在整个舞蹈表演过程中,裁判必须不断地给选手打分并在必要时修正分数。

(2)如果音乐尚未结束而选手停止表演,则其该项舞蹈分数列最后一位。如果在决赛中发生这种情况,处理同上。

(3)裁判必须在规定时间内对选手的特定舞种表演进行单独评判。考虑任何其他因素,诸如选手名气、以往表现或在其他舞种中的表现,都是不允许的。裁判无须向选手解释评分结果,在比赛过程中或两轮比赛之间,不允许裁判员和任何人讨论参赛选手或其他表现,对所有舞种、选手的表现和基本节奏是裁判打分的首要因素。如果选手重复询问,那么其舞蹈名次列为最后一位。

思考题

1.体育舞蹈的概念与分类是什么?

2.体育舞蹈的特点是什么?

3.华尔兹舞的特点是什么?

4.简述我国体育舞蹈发展历程。

5.恰恰舞的特点是什么?

6.什么是舞程线?舞程线上共有几个方向?

7.什么是方位?

8.什么是步位?

9.体育舞蹈中的礼仪指什么?具体包含哪些方面?

10. 舞蹈的转动度数如何表示？
11. 动作时值指的是什么？
12. 标准舞闭式位置要领是什么？
13. 华尔兹舞的四大技巧是什么？
14. 华尔兹舞的基本舞步结构是什么？
15. 拉丁舞的分式位置指什么？有几种握手方式？
16. 恰恰舞的特点是什么？
17. 体育舞蹈比赛的特点是什么？
18. 体育舞蹈裁判评判的要素是什么？
19. 标准舞比赛中男、女生的服装要求是什么？
20. 拉丁舞比赛中男、女生的服装要求是什么？
21. 体育舞蹈竞赛有哪些种类？

第十七章 啦啦操运动

第一节 啦啦操运动概述

啦啦操,英文名称 cheerleading,英文 cheer 意为鼓舞精神、振奋士气。啦啦操是在音乐或口号的衬托下,借助标语、道具等表达手段,以徒手或手持轻器械的技巧动作或舞蹈动作为基本载体,以团队表演为主要呈现形式,通过展示各种具有强烈鼓动性、感染性的身体动作,体现团队意识与集体主义精神,反映朝气蓬勃的精神面貌,具有竞技性、观赏性与表演性的一项体育运动。

一、啦啦操运动的起源与发展

(一)啦啦操运动的起源

啦啦操运动起源于美国,由美国大学生和教职员工发起,距今已有 120 多年的历史。早在 19 世纪 60 年代,啦啦操的形式就被记载于"常春藤联盟"的体育活动中。据记载,大学生坐在会场的座位上欢呼和喊口号,鼓励自己的运动队取得胜利,就此第一个鼓舞士气的俱乐部在普林斯顿大学诞生。明尼苏达大学的学生约翰尼·坎贝尔开始站在最前面,指挥大家一起喊口号,他也因此成为第一位正式的啦啦队队长。不久后,明尼苏达大学的四名男生组建了"队呼小组",啦啦操运动就此诞生,1998 年,啦啦操运动传入中国。

(二)啦啦操运动的发展

1.教学组织成立促进项目发展

第二次世界大战期间,许多男性离开美国去服役,啦啦队转变为多由女性组成,这一现象保持至今。女性队员开始将体操、健美操的一些动作融入欢呼呐喊中,并开始手持道具增添气氛。第二次世界大战后,啦啦操运动的持续发展激发了美国各地运动员对教学的强烈需求。此后,大学开设了啦啦队培训班,教授基本技巧,推动全美更有效地推广啦啦操运动。1950 年,罗伯特·奥尔姆斯特德在加利福尼亚成立联合精神协会。随着大众对啦啦操教学的迫切需求越来越强烈,其他教学组织相继成立,为进一步推动啦啦操项目发展注入新的理念。1974 年,前俄克拉荷马大学啦啦队长、NCA 首席导师、NCA 副主席,即现任 ICU 主席杰夫·韦伯先生(被视为现代啦啦操的创始人)创立了全球啦啦操协会(UCA)的新组织,旨在进一步提升啦啦操项目的竞技性、提高技术技巧,更重要的是提升啦啦操运动在体育竞赛中和观众心目中的引领性和娱乐性。

2.赛事组织举办帮助项目发展

1967年,美国举办了第一届"年度十佳大学啦啦队"排名活动,由国际啦啦队基金会(今为世界啦啦队基金会)颁发"全美啦啦队"奖。20世纪70年代,啦啦队开始出现在各种比赛的现场,甚至服务于摔跤、游泳和田径比赛。1978年的春天,美国哥伦比亚广播公司的体育频道首次在全国范围转播"大学生啦啦操锦标赛"。从此,啦啦操运动开始作为一项严肃的运动被人们认可。1980年,美国举办了首届全美啦啦队锦标赛,并且制定了比较规范的啦啦操项目竞赛规则,这标志着啦啦操运动进入了竞技比赛的行列。此后,啦啦操运动得到了飞速发展,已经成为当今美国一个极具代表性的社会体育运动,全世界已有一百多个国家开展了啦啦操运动。

3.管理机构成立推动项目发展

1998年,国际啦啦操联合会在日本东京成立,是啦啦操运动发展史上的一个重要转折点。2001年11月举行了第一届世界啦啦操锦标赛,吸引了全世界八个国家和地区参与,啦啦操运动正式晋升为世界性竞技活动。

2003年,美国各地出现了众多私人举办的全明星赛事,为促进美国全明星规则的一致性,国际全明星联盟(IASF)成立并成为该赛事的主办方之一。

在IASF的主持下,国际啦啦操联合会(ICU)于2004年4月26日在美国佛罗里达州奥兰多举行了第一次会议,共十三个国际组织出席会议。

2013年5月31日经国际单项体育联合会在圣彼得堡投票表决,正式接受"ICU"进入"国际单项体育联合会"。ICU总部设在美国,截至2018年,已有116个会员。

2014年,ICU成为国际大学生体育协会(FISU)的成员。

2016年12月6日在瑞士洛桑召开的国际奥委会(IOC)执委会会议上,国际啦啦操联合会(ICU)被国际奥委会(IOC)授予为期三年的临时认可。

二、啦啦操运动的内容与分类

(一)依据动作形式分类

依据动作形式,啦啦操分为技巧啦啦操和舞蹈啦啦操。技巧啦啦操是以翻腾、托举、抛接、金字塔组合、舞蹈动作、过渡连接和口号等形式为基本内容的团队运动,又可分为集体技巧啦啦操、双人技巧啦啦操和小集体技巧啦啦操;舞蹈啦啦操是以舞蹈动作为主,通过展示各种舞蹈技巧和元素,集合道具作为基本内容的团队竞赛项目,又可分为花球啦啦操、爵士啦啦操、街舞啦啦操、高踢腿啦啦操和自由舞蹈啦啦操。

(二)依据练习对象分类

依据练习对象,啦啦操分为校园啦啦操、社区啦啦操、职工啦啦操、亲子啦啦操和残疾人啦啦操等。针对不同练习人群的身心发展规律,啦啦操衍生出适用于参与者健身、表演或比赛等不同需求的其他成套动作,这充分展现了啦啦操的健身及娱乐价值,同时也表现出啦啦操的青春活力和健康快乐的文化特质。

(三)依据表演场地分类

依据表演场地,啦啦操分为看台啦啦操和场地啦啦操。看台啦啦操是在观众席上完成的一项展示啦啦操运动员助威技巧及风貌的运动;场地啦啦操则是本节中描述除看台啦啦操外的所有啦啦操项目,均可成为场地啦啦操中的一种。

三、现代啦啦操运动的发展特点与趋势

(一)内容的开放性

从啦啦操的起源、发展及现存的状态看,啦啦操项目在道具的使用和表演形式两个方面都有了较大的变化。

早期的啦啦操依附于别的项目发展,为了加油而加油,从呼喊到使用鼓、小号等器械。随着啦啦操不断发展,啦啦操中出现了更多的器械为赛场增添加油气氛,这里的器械不局限于花球,有旗子、横幅、彩带、标志牌、球、扩音器等。随着啦啦操不断发展,参与啦啦操运动的人数日益增长,为满足不同人群的练习需求,啦啦操也衍生出很多非竞技性的啦啦操形式,如校园啦啦操、亲子啦啦操及看台啦啦操等。

(二)单功能转变为多功能

啦啦操在早期部落的社会功能就是族人为外出打仗的战士们鼓舞士气。同样,在19世纪60年代,啦啦操早期形态的功能也是为大学的体育活动加油助威。随着啦啦操不断发展,其表现形式不再是单一的场边呐喊或体育赛事的附属品,啦啦操运动伴随着社会活动的开展,其功能已从单一的呐喊助威转变为集健身功能、健心功能及竞赛功能等多功能于一体的一项运动。

(三)健全的文化建设

啦啦操文化是啦啦操项目在发展中,各种有形与无形的、物质与精神的、内容与形式方法的总称。它包括人们对啦啦操运动的认识、啦啦操运动的价值、啦啦操运动的精神、啦啦操运动的竞赛制度、啦啦操运动的物质文化内容等方面。

1. 啦啦操文化的审美外在表现

现代的啦啦操运动已不是单纯的体育运动,而是体育与表演艺术相结合的综合性艺术表现运动项目,它重视舞台舞蹈艺术、服饰、总体效果及观众效应等方面的相互作用。无论是啦啦操的表演还是竞赛,人们都可以从中得到许多美的享受,这种多维的美可以提高人们的审美情趣,陶冶人们的情操。

2. 啦啦操文化的价值取向表现

(1)团队精神的呈现。团队精神是大局意识、协作精神、服务精神的集中体现,表现在队

员之间的协同合作、向心力、凝聚力,反映的是个体利益和整体利益的统一,是组织高效运转的保证。在啦啦操队伍中,人们常赞赏并鼓励发展良好的体力、技能、机智、勇敢等品质。

(2)奉献精神的传承。啦啦操最初是一种为橄榄球呐喊助威的活动,而后逐渐发展成为一项独立的体育运动项目。啦啦操队员在为比赛加油的同时会建立集体荣誉感与凝聚力,因此,在参与啦啦操运动的过程中,他们会逐渐形成顾全大局、甘于奉献的精神品质。

(3)社会道德文化的表现。啦啦操队员在思想方面,倡导和平,做世界和平的使者,倡导积极乐观、蓬勃向上的生活态度,倡导拥有坚定的信心和毅力,关爱他人,拥有爱心;在行为方面,体现良好的体育道德风尚,公平竞争,胜不骄,败不馁,团结协作,乐于助人,时刻用实际行动做表率与楷模。这些为公众树立了良好的行为准则,进而提高了社会道德的总体水平。

第二节 啦啦操运动的基本动作及专业术语

术语是专业特有的,具有严谨性、准确性的行业通用语言。啦啦操常用的术语包括位置描述、舞蹈啦啦操上肢基本动作与专业术语、舞蹈啦啦操常用下肢动作与专业术语以及舞蹈啦啦操基本难度动作与专业术语四个部分,这些是舞蹈啦啦操学习之初首要掌握的基本知识。

一、位置描述

(一)运动方位

运动方位是用来描述运动员完成动作时面向的位置,采用八点定位,如图17-1所示。

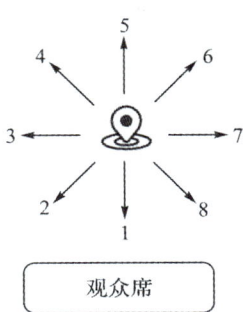

图 17-1 八点定位

(二)运动面与运动轴(图17-2)

1. 运动面

按照人体的解剖学方位,人体有三个相互垂直的基本面。

(1)矢状面:将身体分为左右两部分、与水平面垂直的切面。

(2)冠状面:将身体分为前后两部分、与水平面垂直的切面。

(3)水平面:将身体分为上下两部分,与矢状面和额状面垂直的切面。

2. 运动轴

运动轴是在啦啦操运动中常用于描述转体和翻腾动作的假想轴,三个轴形在三维立体空间上相互垂直,包括冠状轴、垂直轴和矢状轴。

(1)冠状轴:指一条从左到右穿过身体的无形的轴。它是翻腾中常用的旋转轴。

(2)垂直轴:指一条从身体的脚部穿过头部的无形的轴。它是托举或翻腾加转体中常用的旋转轴。

（3）矢状轴：指一条从身体后穿过肚脐到身体前的无形的轴。它是一条与水平面平行，与冠状面垂直的无形的轴。

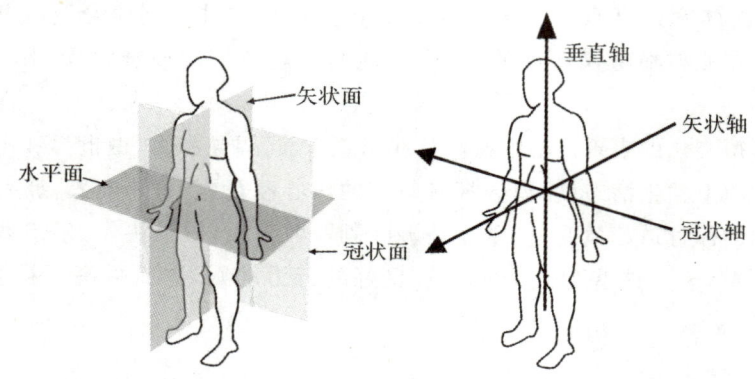

图 17-2 运动面与运动轴

二、舞蹈啦啦操上肢基本动作及专业术语

舞蹈啦啦操中花球啦啦操、爵士啦啦操、街舞啦啦操等不同风格的操化有不同的手位动作，但街舞啦啦操主要通过身体的律动和元素来展示其独特的风格。因此，本文详细为大家介绍花球啦啦操及爵士啦啦操的基本手位动作及专业术语。

（一）花球啦啦操上肢基本动作

1. 基本手势

啦啦操的基本手位均以拳的手形完成，在学习花球啦啦操基本手位前，熟练掌握拳的各部位术语至关重要，拳的术语介绍如图 17-3 所示。

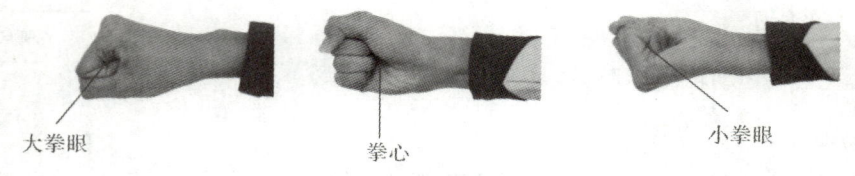

图 17-3 拳的术语

2. 花球啦啦操上肢基本动作及专业术语（表 17-1）

啦啦操手位基本动作均要求向内收，所有在两侧位置的手位，均要求在手臂完全伸展于两侧位置的同时再向内收夹约 15° 的位置，向上与向下的手位也是一样，在完全伸直于上方或下方的同时向下或向上收夹约 15° 的位置，所有的动作均要求向内含住收紧，将全部的力集中于身体的中轴，这也是啦啦操手臂动作最为显著的特点。

第十七章 啦啦操运动　335

表 17-1　36个花球啦啦操基本手位术语及动作解析

序号	中文名称	英文名称	图片示范 正面	图片示范 侧面	技术详解
1	上 A	High Clap			双臂上举，双手握拳，拳心相对并拢，小拳眼向前
2	下 A	Low Clap			双臂体前斜下举，双手握拳，拳心相对并拢，大拳眼向前
3	上 V	High V			双臂斜上举，双臂夹角60~90°，拳心向外，大拳眼向前
4	下 V	Low V			双臂斜下举，双臂夹角60~90°，拳心向内，大拳眼向前

续表

序号	中文名称	英文名称	图片示范 正面	图片示范 侧面	技术详解
5	加油	Clap			双臂胸前上屈，双手击掌。拳心相对，小拳眼向前，拳位于锁骨下方
6	T	T			双臂侧平举，拳心向下，大拳眼向前
7	短T	Half T or Broken T			双臂胸前平屈，拳心向下，小拳眼向前
8	W	Muscle Man			双臂肩侧上屈，前臂与上臂夹角成90°，拳心相对，小拳眼向前

续表

序号	中文名称	英文名称	图片示范 正面	图片示范 侧面	技术详解
9	上L	L			一臂上举贴近头部，拳心向内，小拳眼向前，另一臂侧平举，拳心向下，大拳眼向前
10	下L	Low L			一臂下举，拳心向内，大拳眼向前，另一臂侧平举，拳心向下，大拳眼向前
11	斜线	Diagonal			单臂侧上举30°，拳心向外，大拳眼向前，另一侧手臂侧下举30°，拳心向内，大拳眼向前，成一条斜线
12	K	K			一臂体前斜上举，另一臂体前斜下举，双臂成90°夹角，斜上举的手大拳眼向前，斜下举的手小拳眼向前，双手手背向上，拳心向下

续表

序号	中文名称	英文名称	图片示范 正面	图片示范 侧面	技术详解
13	侧K	Side K			一臂侧上举，大拳眼向前，另一侧手臂体前斜下举，拳心向下，小拳眼向前，双手手背向上，拳心向下
14	弓箭	Bow and Arrow			一臂体侧平屈，前臂和上臂夹角为30°，小拳眼向前，另一臂侧平举，拳心向下，大拳眼向前
15	小弓箭	Daggers Arrow			一臂体侧上屈，前臂和上臂夹角为30°，小拳眼向前，另一臂侧平举，拳心向下，大拳眼向前
16	短剑	Half Punch			一臂体侧上屈，垂直于地面，小拳眼向前，另一侧手臂叉腰，拳心向下

续表

序号	中文名称	英文名称	图片示范 正面	图片示范 侧面	技术详解
17	侧上冲拳	Half/Broken High V			一臂斜上举（同上V），另一侧手臂叉腰，拳心向下
18	侧下冲拳	Half/Broken Low V			一臂斜下举（同下V），另一侧手臂叉腰，拳心向下
19	斜下冲拳	Low Punch Cross			一臂体前斜下举，小拳眼向前，另一侧手臂叉腰，拳心向下
20	斜上冲拳	Up Punch Cross			一臂体前斜上举，拳心向下，小拳眼向前，另一侧手臂叉腰，拳心向下

续表

序号	中文名称	英文名称	图片示范 正面	图片示范 侧面	技术详解
21	高冲拳	Punch			一臂体前上举,拳心向内,小拳眼向前,另一侧手臂叉腰,拳心向下
22	R	R			一臂体前斜下举,小拳眼向前,另一侧手臂肩上后屈,拳心向内贴于头后部
23	上 M	Tiny Muscle Man			双拳轻触肩部,拳心向下,小拳眼向前
24	下 M	Hand On Hips or Attention			双臂叉腰,拳心向下

续表

序号	中文名称	英文名称	图片示范 正面	图片示范 侧面	技术详解
25	屈臂 X	Cross			双臂胸前斜上屈,前臂交叉,小拳眼向前
26	上 X	High X			双臂体前斜上举,前臂交叉,小拳眼向前
27	前 X	Front X			双臂前平举,前臂交叉,拳心向下
28	下 X	Low X			双臂体前斜下举,前臂交叉,拳心向下

续表

序号	中文名称	英文名称	图片示范 正面	图片示范 侧面	技术详解
29	X	Back Cross or X			双臂肩上后屈，拳心向内贴于头后部
30	上 H	Touch Down			双臂体前上举，拳心相对，小拳眼向前
31	下 H	Low Touch Down			双臂体前下举，拳心相对，大拳眼向前
32	小 H	Half Touchdown			一臂体前上举，另一臂胸前上屈，肘关节垂直于地面，双拳拳心向内，小拳眼向前

续表

序号	中文名称	英文名称	图片示范 正面	图片示范 侧面	技术详解
33	屈臂H	Daggers			双臂胸前上屈,肘关节垂直于地面,拳心相对,小拳眼向前
34	前H/持烛式	Candlesticks			双臂前平举,拳心相对,大拳眼向上
	前H/提桶式	Buckets			双臂前平举,拳心向下,大拳眼相对
35	后M/起式位	Karate			双臂体侧后屈,双拳小拳眼向内轻触腰侧,肘关节朝后,拳心向上

续表

序号	中文名称	英文名称	图片示范		技术详解
			正面	侧面	
36	O	Cheerio			双臂头上举,双拳拳面并拢,屈肘关节,在头上形成"O"形,小拳眼向前

（二）爵士啦啦操上肢基本动作

1. 基本手势（图 17-4）

2. 爵士啦啦操的上肢基本动作及专业术语

（1）（现代）爵士啦啦操基本手动作。现代爵士风格的爵士啦啦操中,大量地运用了 Power Jazz 的动作,

图 17-4　基本手势

它对练习者身体协调能力与各关节的灵活性要求较高,因此,在学习时应尽可能地放大动作幅度,每次练习需将关节活动范围做到极限,关节的灵活性与动作幅度才能不断提高。

（2）（芭蕾）爵士啦啦操基本动作,在练习芭蕾爵士风格的爵士啦啦操时,应注重对芭蕾基本功的练习,动作中将大量用到芭蕾的手形手位,并且芭蕾的身体控制能力对啦啦操动作的练习也尤为重要。在做这类动作时,需注意手臂的延展性,学会运用肩关节带动手臂,特别是在做撩臂的动作时,先用肩部带动大臂,再由大臂带动小臂,最后将力延伸到指尖。另外,在这类动作中,下巴的姿态也尤为重要。

三、舞蹈啦啦操常用下肢动作

不同风格的舞蹈啦啦操常用的下肢步伐有所不同,下文将分别描述花球啦啦操及爵士啦啦操的常用下肢基本动作及专业术语。

（一）花球啦啦操下肢基本动作

花球啦啦操的脚步动作要求身体重心下沉,所有的步伐刚劲有力,膝关节在大多时候保持微屈的状态。

（二）爵士啦啦操下肢基本动作

1.（现代）爵士啦啦操下肢基本动作

现代爵士啦啦操的下肢动作主要难点在于腰部和髋关节,这类动作具有大量的顶胯和转腰动作,而在其他几个项目中顶胯动作较少。因此,髋关节是练习者很少运用且较为薄弱的环节。在练习的过程中,可以微屈膝,身体要放松。

2.(芭蕾)爵士啦啦操下肢基本动作

芭蕾风格的爵士啦啦操中下肢动作对练习者的脚背和膝盖具有较严格的要求,夸张地说,每一步都需要脚背的完美展现。因此,在下肢动作的训练中需要将重点放到脚背和膝盖的控制练习上。

四、舞蹈啦啦操基本难度的术语和技术

一套完整的舞蹈啦啦操成套动作由操化动作、难度动作和过渡动作共同组成,其中难度动作是练习者整体运动能力的直观表现。对于首次或刚接触啦啦操运动的同学们来说,从基础难度开始学起十分重要,下文将为大家介绍一些难度系数较低且较易掌握的难度动作。

(一)柔韧与平衡类难度动作

完成柔韧与平衡类难度动作的首要条件是需打下柔韧素质基础,没有柔韧性作为前提,即使拥有再好的平衡感也无法完成难度动作。因此,在学习柔韧与平衡类的难度动作前,需要进行大量的柔韧性练习,当我们具备了一定的柔韧素质,就可以开始简单动作的学习了。

图 17-5 前吸腿平衡

(1)前吸腿平衡(图 17-5):一腿直立支撑,另一腿抬起,大腿与地面平行,小腿垂直于地面,脚尖指向地面,须保持 4 拍及以上节拍;可搭配任意手位完成。

(2)侧吸腿平衡(图 17-6):一腿直立支撑,另一腿大腿外开 90°与地面平行,小腿垂直于地面,脚尖指向地面,须保持 4 拍及以上节拍;可搭配任意手位完成。

(3)吸踢腿:并腿站立,向前吸腿一次再踢同侧腿一次,吸腿时大腿与地面平行,小腿与脚尖垂直于地面,踢腿时膝关节伸直,由脚尖发力带动单侧腿向上踢起,踢腿角度需达到 170°以上;推荐初学者搭配下 M 或 T 手位进行练习。

(4)连续大踢腿:并腿站立,一侧腿向前(侧)踢腿一次后换另一侧腿向前(侧)踢腿一次,踢腿时膝关节伸直,由脚尖发力带动单侧腿向上踢起,踢腿角度需达到 170°以上,连续踢腿次数和速度可视自身情况而定,一般不超过八次;推荐初学者搭配下 M 或 T 手位进行练习。

(5)侧搬腿(图 17-7):一腿直立支撑,另一腿经侧向上抬起,同侧手搬扶踝关节,膝关节伸直,搬腿角度需达到 160°以上,另一手可完成任意单侧手位;推荐初学者搭配 T 手位进行练习。

图 17-6　侧吸腿平衡　　　　图 17-7　侧搬腿

(二)跳跃类难度动作

完成跳跃类难度动作需要同学们有较好的腿部爆发力及弹跳能力,同时还需要学会借助头部及手臂的力量完成跳跃类的难度动作。另外,在跳跃类的难度动作中,"蹲"也是一个至关重要的环节,做好蹲才能保证有效的起跳。

(1)小分腿跳(图 17-8):双腿并立,屈膝下蹲,两腿用力蹬地垂直向上跳起,跳起时两腿向两侧分开约 45°,直膝绷脚,落地时双腿并拢,屈膝缓冲;跳起时手位为上 V。

(2)团身跳(图 17-9):双腿并立,屈膝下蹲,两腿用力蹬地垂直向上跳起,跳起时两腿屈膝向上,膝关节并拢夹紧,脚背绷直,落地时双腿并拢,屈膝缓冲;跳起时手位为短 T。

图 17-8　小分腿跳

(3)C 跳(图 17-10):双腿并立,屈膝下蹲,两腿用力蹬地向上跳起,跳起时两腿后屈,上身后仰,眼睛看脚尖,使身体呈"C"形,落地时双腿并拢,屈膝缓冲;跳起时手位为高 V 或 T。

图 17-9　团身跳　　　　图 17-10　C 跳

(三)转体类难度动作

转体类难度主要考验同学们的空间方位感,通过手臂、头部、肩部带动身体转动与控制。在转体类难度动作的学习中,需要大家掌握留头甩头的动作,学会运用头部、肩部帮助身体快速寻找方位的协调与平衡。与此同时,脚踝的力量也是完成转体类难度动作的前提,脚踝蹬地及弹动与转动的能力都将影响该类难度动作的完成。

(1)吸腿转360°:双腿并立,支撑腿向前迈一步同时两膝弯曲下蹲,同侧手臂向侧、对侧手臂向前,摆动对侧手臂转动的同时蹬地吸腿将身体立至最高点,转动完成后双脚成开合步蹲立,双手在低V手位保持身体平衡。

(2)平转一周:以向左转为例,双腿并立,左腿向侧迈出一小步的同时双脚小八字站立,双臂侧平举,眼睛看左边,右臂带动身体向逆时针旋转一周,旋转时双腿并拢夹紧,小臂向内收成短T手位,旋转完成后左腿向左边迈出一小步的同时双脚小八字站立,双臂侧平举。

(四)翻腾类难度动作

完成翻腾类的难度动作需要同学们有一定的空间方位感,对机体运动能力的要求相较其他类难度动作更加全面。同时,翻腾类难度动作必须由地面开始并落于地面,不得借助或接触道具。因此,该类动作难度系数较大且不易掌握,同学们在初学时应寻求老师或已熟练掌握的同学保护帮助,避免受伤。

(1)前滚翻:由蹲撑开始,重心前移,两腿蹬直离地,同时屈膝、低头、含胸、提臀,以头的后部在两手支点的中前方着垫,依次经颈、背、腰、臀向前滚动。当滚至背部着垫时迅速收腹屈膝,上体紧跟大腿团身抱膝成蹲立(注:需在保护帮助下练习)。

(2)侧手翻:由站立开始,双臂向前上方摆起,左腿向前跨出一大步成弓步,后腿向后上方摆起,前腿蹬地摆起,左手在两脚延长线前手掌外展90°撑地并带动肩、头、身体向左转体90°,随后右手向前撑地,经分腿倒立,接着左右手依次顶肩推手,一腿落地屈膝蹬直,另一腿侧身落地成两臂侧举分腿站立姿势(注:需在保护帮助下练习)。

第三节　啦啦操运动的练习

一、舞蹈啦啦操的练习

舞蹈啦啦操不仅需要同学们有良好的身体控制能力、爆发力、柔韧素质、力量素质和表现力,还需要熟练掌握不同啦啦操风格的基本技术,形神兼备才能更好地表达动作的含义。本节将重点介绍舞蹈啦啦操中花球啦啦操、爵士啦啦操及街舞啦啦操三种。

(一)花球啦啦操的练习

花球啦啦操主要体现为肢体动作,通过手位的短暂加速和定位制动来表现啦啦操特有的力度感,动作完成干净利落,重心稳定、移动平稳、身体控制精确都是花球啦啦操练习过程中的重点内容。与此同时,花球啦啦操区别于其他风格的舞蹈啦啦操最显著的特点为全程使用花球,接下来将为同学们介绍花球的正确握法、基本手位的练习方法及花球啦啦操基本动作的发力技术。

1. 花球的正确握法

四指并拢与拇指分开,抓握花球的手柄中间部位,注意手握花球的力度适中,过度用力会导致握住花球的动作僵硬,但力度不足则易导致花球从手中掉落,从而影响表演的整体效果或比赛的最终成绩。

花球通常分为比赛用球和非比赛用球,比赛用球要求花球的材质为塑料。

2. 36个基本手位的练习方法

手位动作的发力点在前臂,均要求向内含住收紧,将全部的力量集中于身体的中轴,发力速度快,动作清晰有力,制动之后没有延伸,位置转准确,在最短的时间完成动作并向下一个动作迅速转变,其转变过程也必须保持干净利落。

根据划线式练习法及点对点式练习法的基本原理,为帮助初学者们更好地掌握手位的发力方式,下文将36个基本手位划分为直臂类和屈臂类两个大类,将直臂类细分为上举类、平举类、下举类、斜举类和冲拳类五个小类,如表17-2所示。

表17-2 啦啦操36个基本手位的分类

大类	小类	基本手位
直臂类	上举类	上V、上X、上A、上H、上L
	平举类	T、前X、前H(拳心向下或拳心相对)
	下举类	下V、下A、下H、下L、下X
	斜举类	斜线、K、侧K
	冲拳类	高冲拳、侧下冲拳、侧上冲拳、斜上冲拳、斜下冲拳
屈臂类		上M、下M、后M、W、短T、屈臂H、小H、屈臂X、弓箭、小弓箭、短剑、加油、R、O、X

1)划线式练习法

划线式练习法是以手臂从开始到结束,肘关节始终保持绷直的状态的持续练习。例如,从上V手位到达下V手位,T手位到达侧K手位等,由肩部肌群发力,肘关节始终保持伸直。练习者可根据表17-2中列出的直臂类动作自选动作进行组合练习。

2)点对点式练习法

点对点式练习法是以手臂由屈臂到直臂的状态,同时快速发力和定位制动的持续练习。例如,从加油手位到达上V手位或到达T手位,由肩部带动肘关节,肘关节将力量传达至手指尖。练习者可根据表17-2中列出的屈臂类和直臂类动作自选动作进行组合练习。

3. 花球啦啦操基本动作发力技术

1)快速定位

快速定位指运动员在完成成套动作时不仅发力迅速,并且能够快速、准确地到达标准位置,没有晃动。从生物力学角度而言,快速发力需要整个身体的协调配合,下肢是提供整个过程的原动力,经由躯干、肩部传至手臂、指尖,身体各部位形成完整的能量传递链。

2) 路径直接

路径直接指动作转换时移动的路线干脆、清晰、直接,从 A 点至 B 点使用最有效的移动路线。

3) 动作清晰

动作清晰指完成所有动作时的精准性,每个动作均要求有照片成像的定位感。手位的控制应在不超过身体冠状面的范围内尽可能地延展。

4) 重心稳定

重心稳定指完成所有动作均需控制核心,在动作快速变化的情况下,很好地控制重心的转换,用稳定、准确的身体姿态展示动作完成的全过程。例如,进行队形变化时,需要平稳的移动和快速的转换,如将重心下沉,利用身体与地板的作用力与反作用力,以自然稳定的发力方式完成重心的移动。切忌只是膝关节弯曲成"下蹲"的姿态进行移动,腿部未主动与地面产生作用力,这样看起来既不美观,本质上也未能达到很好的重心转移效果。

(二)爵士啦啦操的练习

爵士啦啦操中运用的爵士舞主要是现代爵士和芭蕾爵士相结合的动作风格,因此,爵士啦啦操对练习者的舞蹈基础要求较高,需要较好的舞蹈感觉、身体柔韧、身体感知及对音乐节奏的掌握。我国的爵士啦啦操大致可分为两种风格,一种是以力量型爵士为主的(现代)爵士啦啦操,注重肢体的爆发力和控制;另一种是芭蕾爵士,该类风格注重身体的延展与控制,大量运用芭蕾中的舞姿、舞步和难度技巧。(芭蕾)爵士啦啦操的基础练习需要经过芭蕾基本功练习、延展性练习和动作组合练习三个步骤,由浅入深地建立爵士舞蹈感觉。当掌握了(芭蕾)爵士啦啦操后,练习(现代)爵士啦啦操就相对容易一些,因此,本文着重介绍(芭蕾)爵士啦啦操的练习方法。

1. 芭蕾基本功练习

在学习爵士啦啦操之前应具有一定的芭蕾舞基础,练习者应掌握正确的身体姿态、开足的方法,控制肌肉的能力以及擦地、蹲、立等基本的动作技术与习惯。爵士舞蹈啦啦操中最常用的芭蕾基本内容主要包括身体姿态、开足方法、双脚位置、手臂位置、身体面向、擦地练习、蹲与立练习、踢腿练习、跳练习等。

(1)贴墙站立法。练习者利用墙壁进行练习,通过后背紧贴墙面站立来感受后背挺直、腹部收紧以及身体拔高的感觉。

(2)把杆辅助法。练习者从双手扶把开始进行芭蕾基本功中的把杆练习,当可以控制身体重心的变化时,再转换为单手扶把练习,最后完成脱离把杆的练习。

(3)变奏法。练习者在掌握动作要领后,将一个动作的轨迹与过程尽可能地放慢,在慢动作过程中使动作达到极致,寻找身体运动幅度的极限。因此,长期练习,不仅可以提高动作的准确性,同时还可以帮助练习者慢慢开发和放大动作的幅度范围。

2. 延展性练习

爵士啦啦操与花球啦啦操短促的发力截然相反,当掌握一定的芭蕾舞基础后,需重点发展手臂、躯干及下肢的延展性,感受呼吸与动作的配合。

(1)牵拉法。在练习手臂、躯干或腿部的伸展动作时,在动作定型后,可借外力顺着动作运行的方法再次牵拉练习者的肢体,利用外力帮助练习者放大动作的幅度,拉长肢体,寻找动作的延伸感。

(2)音乐引导法。运用舒缓悠长的音乐配合动作的练习,使练习者跟随音乐完成延伸的动作,每一个动作做满一个乐句或一个乐段,用动作把音乐充满,悠长的音乐会引导肢体向外扩张延伸,帮助练习者锻炼到肢体的延伸感。

(三)街舞啦啦操的练习

街舞啦啦操是街舞与啦啦操的结合,练习者在练习街舞啦啦操前应了解一定的街舞知识并掌握街舞不同舞种的基本动作。随着街舞啦啦操的不断发展,其基本动作在不断地更新和增加,本文将为同学们简要地介绍街舞啦啦操的基本技术以及不同风格街舞啦啦操的动作特征,为更好地练习街舞啦啦操奠定基础。

街舞是基于不同的街头文化或音乐风格而产生的多个不同种类的舞蹈的统称。按照地域和音乐类型可以划分为几个类型。

美国东海岸:嘻哈舞、霹雳舞、城市编舞。

美国西海岸:机械舞/震感舞、锁舞、甩手舞。

1.街舞啦啦操基本技术概念及动作解析

(1)基础的舞感与乐感(groove):groove 在英文翻译中带有"沟、槽"的意思,在街舞中引申为音乐波动起伏的感觉,是代表音乐节奏(rhythm)中特定的起伏。练习基础的 groove 感觉有助于提升练习者对于不同音乐的把握程度,是表达音乐最基本的状态。

(2)重心起伏类律动(up/down)(图 17-11):通过踝关节、膝关节和髋关节的折叠弯曲,使得身体重心在音乐的节奏下呈现出有规律的起伏运动。

图 17-11　up/down

(3)反弹律动(bounce):bounce 直译是"弹"的意思。在街舞啦啦操中,bounce 指身体的反复弹动,把双腿想象成一根弹簧,全身放松,髋关节、膝关节、踝关节反复屈伸做反弹而有节奏性的律动。

(4)摇摆(rock)(图 17-12):是指身体躯干以髋关节为支点进行前、后、左、右等方向的摇摆;当向后摇摆时,髋关节、膝关节做反方向运动,腰腹始终保持收紧的状态,肩、胸、腰、髋、膝等部位形成一条斜线;当向前摇摆时,应利用腰腹、膝关节将上体向前抛,双腿蹬直,臀部向后顶,腰腹始终保持收紧状态。

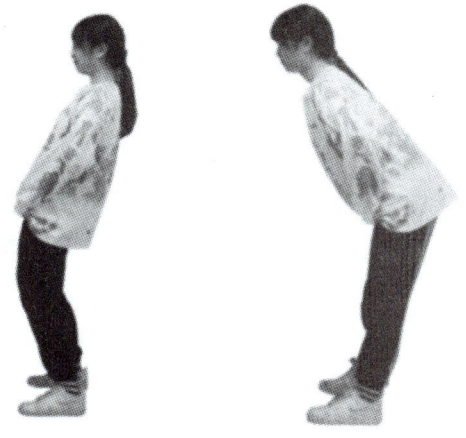

图 17-12　rock

(5)转动(roll):是指身体的绕动、转动,是一种连接基础,可以由颈、肩、胸、腰、胯、腿等身体部位进行环绕。

(6)滑动(skate):是指滑行、滑动,该技术运用全脚掌在地面上进行摩擦运动,在滑动的过程中可以进行方向变化,例如前、后、左、右、斜方向等,也可以加入各类舞步,增加舞蹈动作的质感。

(7)波浪(wave):又称电流,是利用人体脊柱的颈、胸、腰、髋四个自然生理弯曲而进行的线性运动,以一个路径环绕身体的某一部位模仿水波流动,是一个流畅连贯和充满韵律感的技术。

(8)震动(pop):又称爆点,是机械舞的首要元素,是在放松状态下肌肉猛地用劲,当肌肉的运动达到最大幅度时并不是停止而是继续让运动自然结束,需要相当强的韵律感。

2.街舞啦啦操技术风格

(1)嘻哈舞(hiphop)

动作特征:大幅度的腿部和胸部律动,小范围的脚步移动,结合鼓点均匀的节奏和多变的旋律,能够动用身体的每一个关节、每一块肌肉,身体灵活,动作自然且富有质感。

(2)霹雳舞(breaking)

动作特征:以个人风格为主的技巧性舞蹈,难度大、视觉冲击力强。

(3)城市编舞(urban dance)

动作特征:将个人的思想感情放大,即使是同一支舞,不同的舞者也将演绎出不同的感觉,强调音乐的诠释和氛围的契合,更具表演性,也更强调个人风格。

(4)震感舞(popping)

动作特征:最基本的元素为 pop,是指通过肌肉的快速收缩与舒张而达到震动的效果,一般包括手臂、腿部、胸部、肩颈等部位,有时 waving 也被融入舞蹈中。

(5)锁舞(locking)

动作特征:名称源于基本动作——"锁"。迅速定格将关节锁住,动作的灵感来自被线控制着的木偶,出现了手臂架空并使关节定位不动的点顿动作。

(6)甩手舞(waacking)

动作特征:大幅度挥舞手臂的走位动作,以上肢的快速甩动旋转为特色,形成了鲜明的舞蹈风格。

二、技巧啦啦操的练习

技巧啦啦操是由跳跃、翻腾、托举、抛接、金字塔等技巧性难度,配合口号、啦啦操基本手位及舞蹈动作共同组成。技巧啦啦操的练习危险性及难度系数较高,相比之下,舞蹈啦啦操更适合在高校啦啦操普修课上开展。因此,舞蹈啦啦操中的跳跃、翻腾、啦啦操基本手位及舞蹈动作在前文中均有体现,本文将重点向同学们介绍技巧啦啦操独有的托举、抛接、金字塔及口号这四个部分的基本概念。

(一)托举

1.托举的概念

托举(stunt)(图17-13)指在一人或多人的支撑下,尖子被托起高于表演地面的动作。底座支撑尖子腿的数量决定了"单腿托举"或"双腿托举"。单腿托举同时要满足底座在尖子正下方进行支撑,由一名或一名以上的底座承担该尖子的重量。

图17-13 托举人员位置介绍

2.托举的组成

上法:尖子进入托举的动作。

托举造型:一个或多个底座支撑一个或多个尖子离开地面。

下法:尖子回到地面或者离开托举的动作。

3.托举的技术要求

托举技术分为准备姿势、托举过程、托举造型和动作释放四个阶段。托举动作练习必须遵循的训练原则是循序渐进、由低到高、动静结合。底座与尖子配合时,底座用力顺序由腿、腰协同发力,手上托、抛、举技术与尖子身体适度紧张且保持直立形成的合力。托举方向影响动作运行轨迹。

4.基本托举动作

托举难度较高且危险系数较大,对练习者的要求很高。本文仅介绍较简单的托举动作。

(二)抛接

1.抛接的概念

(1)抛接(toss):一项使尖子腾空的技术技巧动作,指底座从地面位、髋位或预备位开始做抛出的动作,以提升尖子在空中的高度,使得尖子与所有底座、保护员或其他尖子脱离身体接触。抛接开始时,尖子不与地面接触(如篮抛或者海绵抛接)。

(2)篮抛(basket toss):两名底座以及一名或两名保护员完成的抛接动作,其中两名底座手腕互锁搭桥,尖子完成抛接动作后需落入摇篮式抱接。

(三)金字塔

1. 金字塔的概念

(1)塔状金字塔(tower pyramid):二层人员在髋位托举上支撑三层人员所组成的三层两人半高金字塔。

(2)金字塔过渡(transitional pyramid):尖子在金字塔中从一个姿态变为另一个姿态的动作。当有至少一个在预备位以下的运动员与尖子保持身体接触时,允许金字塔过渡改变底座。

2. 金字塔的分类

金字塔按照层数和高度这两个要素进行分类,如表 17-3 所示。

表 17-3 技巧啦啦操托举、金字塔托举技术技巧高度示意表

层数	一层	两层	两层	两层	三层
高度	一人高	一人半高	两人高	两人半高	两人半高(仅限6级)
托举高度示意图	1	1.5	2		2.5

(四)啦啦操口号

1. 啦啦操口号的概念

啦啦操口号是啦啦操项目的一种文化,指在技巧啦啦操成套开始前,参赛队伍全体队员集体上场,在规定时间内通过口号、道具,配合基本动作、难度动作等内容来展现自己的热情,鼓舞同伴的斗志,带动观众,为比赛的队员加油呐喊,渲染赛场气氛。啦啦操口号通常配合基本动作、技巧动作、舞蹈动作出现,并通过语言、道具来展示特殊含义的字、词、句组合,体现啦啦操团队的整体套路与团队精神,象征团队的目标与理念。

2. 啦啦操口号的作用

啦啦操口号可以体现团队激情,加强团队意识,促进团队高效地完成目标。

同时,啦啦操口号也可以反映一支啦啦操团队的风格特点、编排水平、目标和士气。啦啦操口号作为啦啦操运动的项目特征之一,充分体现了啦啦操运动青春活力、积极向上的团队精神,展现啦啦操团队所有成员努力追求最高团队荣誉感的团队凝聚力。

3. 啦啦操口号的设计原则

(1)简单化原则。啦啦操口号的最佳效果是让裁判和观众感到振奋,在设计创编上应当简单易记,有震撼力,朗朗上口,不可设计过于繁杂的字、词、句。

(2)新颖性原则。啦啦操口号应当展现团队特色,口号的设计主要来源于团队的名字、吉祥物以及标识物的颜色等。

(3)韵律性原则。啦啦操口号要有冲击力,口号的节奏应当强劲有力、韵律明快、充满激情。同时伴随口号的动作也应当有一致的节奏感。

(4)主题性原则。啦啦操口号应当突出整个团队的主题思想,设计的口号具有特殊意义,反映整个团队的精神面貌,象征团队的目标和理念。

第四节 啦啦操运动基本规则

啦啦操运动的基本规则分别对技巧啦啦操和舞蹈啦啦操的分组、技巧啦啦操和舞蹈啦啦操的项目分类、成套时间、比赛场地要求、参赛人数、参赛运动员年龄、ICU反兴奋剂条例以及ICU禁止非法投注和内定比赛的规则和规定以上八个方面进行了全面系统的规定,本文分别介绍了啦啦操运动基本规则的前六个方面,接下来就后两个方面进行具体阐释。

ICU反兴奋剂条例:ICU致力于反兴奋剂运动并严格遵循世界反兴奋剂机构批准的反兴奋剂指南和程序,维护运动员的安全和比赛的公平性。

ICU禁止非法投注和内定比赛的规则和规定:ICU致力于为运动员提供公平竞赛和这项运动的完整性,并在遵循规则和规章的过程中打击非法博彩和内定比赛。

一、舞蹈啦啦操的基本规则

(一)成套时间(总体时间由主办方决定,以下是标准时间)

(1)集体舞蹈啦啦操:音乐部分不超过2分15秒。

(2)双人舞蹈啦啦操:音乐部分不超过1分30秒。

(3)比赛日:每个部分平均30秒至1分钟,且每个部分之间都有间隔。

(二)比赛场地要求

(1)比赛场地为12.8米×12.8米。

(2)表面是专业材料地表(如玛丽地胶或木质地板)。

(3)除非另有说明,否则出界不扣分。

(三)参赛人数(参赛人数可根据活动组织者决定,以下ICU比赛的参赛人数要求)

(1)集体舞蹈啦啦操:ICU组别规定16~24人(集体爵士除外)。

(2)集体爵士啦啦操:ICU组别规定18~24人。

(3)双人舞蹈啦啦操:2人。

(4)比赛日:ICU组别规定至少16人。

(四)参赛运动员年龄

舞蹈啦啦操所有项目(花球、爵士、街舞、高踢腿)适合所有年龄段、组别和项目,所有年龄限制均基于比赛年。

(五)舞蹈啦啦操对编排、音乐及服装的规定(仅节选部分规则)

(1)成套的编排应对各年龄段观众具有适宜性和娱乐性。禁止负面暗示性和庸俗的元素,指音乐、动作及编排带有攻击性的、性方面的、粗俗的、亵渎的元素或暗示。

(2)所有比赛服饰都应保证安全性且覆盖身体相关部位,超短裤、三角裤等下面应着紧身衣。因服饰失误导致运动员暴露身体的队伍将失去参赛资格。

(3)在训练和比赛时,由于存在哽咽窒息的风险,因此禁止运动员口腔内有口香糖、糖果、止咳片等其他任何可食用或不可食用的物品。

(六)舞蹈啦啦操对道具的规定

(1)道具指在成套编排过程中,非比赛服部分的任何物品。

特别说明:花球啦啦操中,花球被视为比赛服的一部分、不是道具。

(2)花球啦啦操中要求成套全程使用花球。队伍中的男性运动员必须使用花球。

(七)舞蹈啦啦操评分表

(1)集体花球啦啦操评分表。

(2)集体街舞啦啦操评分表。

(3)集体爵士啦啦操评分表。

(4)集体高踢腿啦啦操评分表。

(5)双人舞蹈啦啦操评分表。

此外,还有舞蹈啦啦操减分表,此处不再详述。

二、技巧啦啦操的基本规则

(一)成套时间(总体时间由主办方决定,以下是标准时间)

1. 集体技巧啦啦操

(1)口号部分:可在成套开头或中间;口号部分不少于30秒;口号与成套音乐间隔时间不超过20秒。

(2)音乐部分:不超过2分15秒。

2. 比赛日

每个部分平均30秒至1分钟,且每个部分之间都有间隔。

(二)比赛场地要求

(1)比赛场地为12.8米×16.5米;

(2)队伍可在比赛场地任意位置队列；
(3)除非另有说明,否则出界不扣分。

（三）参赛人数

参赛人数可由活动组织者决定,ICU 比赛的参赛人数要求：
(1)集体技巧啦啦操:ICU 组别规定 16~24 人。
(2)比赛日:ICU 组别规定至少 16 人。

（四）参赛运动员年龄

(1)集体技巧啦啦操入门级(0级)到中级(2级)：适合所有年龄段、组别和项目,所有年龄限制基于比赛年。必须先学习本级别后再学习更高级别。
(2)集体技巧啦啦操更高级别因难度较大,同学们练习并参加比赛的可能性较小,因此本书不做赘述。

（五）技巧啦啦操安全总则及基本要求（仅节选部分规则）

(1)运动员必须在啦啦操专用地垫上进行练习和比赛。
(2)比赛和训练时必须穿软底运动鞋,鞋必须有牢固的鞋底。
(3)在训练和比赛时,由于存在哽咽窒息的风险,因此禁止运动员口腔内有口香糖、糖果、止咳片等其他任何可食用或不可食用的物品。
(4)禁止佩戴和粘贴覆盖任何种类的珠宝饰品。

（六）技巧啦啦操评分表

(1)集体技巧啦啦操评分表。
(2)小团体及混合双人配合技巧啦啦操评分表。
此外,还有技巧啦啦操减分表,详见二维码内容。

思考题

1. 啦啦操运动是如何产生的？
2. 详细论述啦啦操运动的定义与分类。
3. 花球啦啦操有多少个基本手位,都有哪些基本手位呢？
4. 街舞啦啦操主要有哪几种风格？
5. 集体花球啦啦操评分表中包含哪几类评分指标？

第十八章　健身瑜伽

第一节　健身瑜伽概述

一、健身瑜伽的起源与发展

瑜伽,起源于古印度,是印度梵语译音,最初瑜伽一词的意思是"联合"或"综合"和"训",所以瑜伽这一系统称为一个联合的或综合的训练。它不是一套宗教和哲学系统,而是一门完善的生命科学。至今,瑜伽已有5000多年历史,是集文化、艺术、哲学与医学相关理论于一体的运动形式。

健身瑜伽在20世纪70年代开始在欧美流行。瑜伽的身体练习更注重实用,如美容塑身和健康养生方面。近几十年来,瑜伽悄然传遍了全世界,已成了一种独特的健身方式,它可使人思维清晰、体态优美。其减压功效也为世人所公认。

二、健身瑜伽的特点、价值

（一）健身瑜伽的特点

健身瑜伽既是一种时尚的运动方式,又是一种可伴随一生的运动方式,它追求天人合一,崇尚身体与精神回归的纯净境界。在普遍意义上,健身瑜伽是一种强化身心的健身术,它通过体势、呼吸、放松、冥想、饮食习惯及思维等元素独立或综合方式的调节,给人带来身体素质的全面提高。

健身瑜伽不同于其他运动项目,主要有以下特点:第一,健身瑜伽练习是将体式、呼吸和冥想有机结合在一起,相辅相成,共同发挥调和身心的作用;第二,健身瑜伽的呼吸均匀而深长,动作均匀而缓慢,而且健身瑜伽的动作和意识引导紧密结合,达到了内外合一的境界;第三,练习健身瑜伽的过程,不仅是肢体动作熟练的过程,也是一个内心自我完善的过程,它不追求更高、更快、更强,而是从自身情况出发对运动强度进行自我调控,并且更看重在精神上战胜自我,在动作上达到极限的边缘;第四,练习健身瑜伽要配合柔和舒缓的音乐,引导练习者放松精神,集中意念,排除一切杂念的干扰,进入平和安静的境界。它让人通过身心同练,在内心的平和中释放自我,对全身各系统产生功效,从而调动和挖掘人体各项生理和心理机能的潜力。

(二)练习健身瑜伽的价值

现代健身瑜伽由印度引入西方发达国家,然后逐渐影响文明程度相当的国家与地区,改良后的多种形式又回到东方,并迅速为我国的健身运动注入全新活力。进行规律的健身瑜伽练习有利于练习者获得良好的身体素质、健康优美的形态和极强的适应能力。它可以使人快速消除疲劳、消除紧张、安定神经、缓解压力、调节情绪、开发智力和预防多种现代文明疾患。

健身瑜伽的价值在于通过不同的体位,运用各种呼吸方法,给予人的大脑、内脏器官、神经系统、荷尔蒙腺体以及肌肉群适度的刺激,让人达到动静平衡、身心统一的状态,促使身体恢复自觉与自愈,保存并增加体内生命能量,有效地消除身体的不安定因素,从而令身心健康达到自然、统一与安定的状态,进而提高身心的健康水平。

三、健身瑜伽的内容

(一)健身瑜伽的基本构成

健身瑜伽由体式、呼吸、放松和冥想构成。在练习一种健身瑜伽体式时,有意识地呼吸有助于将不必要的紧张降低到最低限度,同时能够使练习者的注意力集中。练习者能在身体放松和积极意识两种状态之间找到平衡的健身瑜伽姿势,这点十分重要。用放松的身体练习健身瑜伽有助于达到身体平衡。

(二)健身瑜伽分类

瑜伽宗师认为,瑜伽本身是不可分的,它是一个整体。无论练习者选择哪种流派的练习方法,都离不开身、心的实践。虽然现代健身瑜伽与传统瑜伽存在明显的差异性,但现代社会的需求已经将瑜伽演变成流行的身、心锻炼技法,有的自成体系,有的则刚刚衍生不久,总体上看,每一种都有其特征。

健身瑜伽的主要流派:①阿斯汤瑜伽;②哈他瑜伽;③艾扬格瑜伽;④阿奴撒拉瑜伽;⑤流瑜伽;⑥阴瑜伽;⑦比克拉姆瑜伽;⑧孕产瑜伽;⑨亲子瑜伽;⑩舞韵瑜伽;⑪空中瑜伽;⑫双人瑜伽。

四、国内外健身瑜伽的发展概况

(一)健身瑜伽在国外的发展

瑜伽源自印度,在20世纪流行于西方的文化偶像"披头士"首先对瑜伽产生了浓厚的兴趣,促进了西方人对瑜伽这种健康运动形式的理解与接纳,让西方人逐步认识到瑜伽是一种在不平静的世界里寻求内心平静的有效方式。瑜伽在西方国家的传播还有另一种说法,据说在19世纪90年代,一位印度瑜伽大师名叫卫维韦南达,他在美国芝加哥世界博览会上,第一次向西方人展示了瑜伽体式,引起了社会各界的广泛兴趣,为后来众多走访西方的瑜伽修行者奠定了基础。

近现代,健身瑜伽在印度得到迅速的传播与发展,出现了丰富的瑜伽著作与各种修习法分支。如今在印度,瑜伽已经是人们生活中不可或缺的部分,是印度人民强身健体与拓展心灵智慧的运动。目前在印度除了传统瑜伽外,还有大量的现代瑜伽,即抛弃宗教神秘色彩,以修身养性、防治疾病、延年益寿为目标的修习活动,这也是西方现代瑜伽的雏形。在印度有很多专门研究瑜伽的机构与培养瑜伽专业人才的学校,越来越多的瑜伽大师漂洋过海赴欧美收徒授艺,使瑜伽在全世界广泛传播。

与印度古典瑜伽相比,现代健身瑜伽强调在生活的当下用功夫,练习者不再以现实中的"本体解脱"为目的,更注重把瑜伽作为一种生活观点或态度融入日常生活体验里。

目前健身瑜伽在全球范围内有着良好的发展趋势,特别是在美国、加拿大、英国等国家,练习者呈现快速上升的趋势。

(二)健身瑜伽在国内的发展

古典瑜伽最早传入中国大约在公元4世纪,瑜伽随着佛教的传播而进入我国。现代健身瑜伽于1985年通过CCTV1和CCTV2播出有关张蕙兰的瑜伽电视节目走进了千家万户,深受亿万观众的喜爱。

随着中印两国民间交往的加深,人们对瑜伽的认识逐渐深入,进行瑜伽锻炼的人群不断扩大,使得瑜伽在中国的发展持续升温。2005年5月,在中国北京举办的"首届国际瑜伽健身博览会"标志着瑜伽业在中国的发展驶入快车道。2014年9月18日,习近平主席访问瑜伽的发源地印度,并在印度世界事务委员会发表主题演讲《携手追寻民族复兴之梦》,首度将印度瑜伽和中国太极提到同一个高度。2014年第二届中印瑜伽峰会,作为2014年中印友好交流年中印文化交流的重要活动,是21世纪两国文化交流的重要见证。2014年12月11日,联合国宣布每年的6月21日为国际瑜伽日。

2015年1月,中央电视台新闻频道报道了瑜伽在全国各地如火如荼的开展情况,标志着瑜伽在中国已成为一种全民健身方式并得到推广普及。2015年5月15日,中国总理李克强与印度总理莫迪在北京天坛祈年殿广场共同出席了"太极瑜伽相会"中印文化交流活动,进一步促进了中国人对瑜伽的关注与认可。

健身瑜伽是瑜伽在中国"本土化"发展的一个分支,是国家体育部门力推的中国化瑜伽。由国家体育总局统筹引导的"健身瑜伽"于2015年9月在九华山首次召开健身瑜伽研讨会。经过讨论研究,会议最终拟定了健身瑜伽体位法(108式),同时拟定了《健身瑜伽裁判法与竞赛规则》《健身瑜伽管理办法》等草案。2016年1月,首届全国瑜伽工作会议在九华山健身瑜伽营地举办,正式发布了《健身瑜伽体位108式标准(试行)》;讨论修改了《全国健身瑜伽导师资格标准》《全国瑜伽裁判员等级管理办法》和《全国瑜伽教练员等级管理办法》草案,并宣布正式成立"全国瑜伽运动推广委员会",启动推广委员会官网与微信公众平台。

第二节　健身瑜伽体式

　　健身瑜伽体式是瑜伽体系中最基本的瑜伽体式,这些体式包括了反关节的动作、拉伸韧带动作等,练习者可以在优美的音乐下,节奏舒缓地进行练习。健身瑜伽体式需要在音乐的伴奏下进行,一首美妙动听的音乐能激发练习者的情感,感染周围的气氛,陶冶人的心灵,达到身心的和谐统一。健身瑜伽练习要以轻音乐为主,音乐有大自然的感觉,海浪、小鸟的叫声、风吹树的声音等。所选择的音乐听起来要有回归大自然的感觉,也可选择有印度风情的音乐,所选择的音乐可给人带来轻松、舒服、自然的感觉,让人的心能平静下来。

一、健身瑜伽体式练习的作用

　　健身瑜伽体式能够以精准的方式调整身体各个系统,舒展紧张的肌肉和僵硬的关节,增强身体的柔韧性和力量。健身瑜伽体式练习的作用:

(1)改善内脏功能,有效调节内分泌系统;

(2)改善身体僵硬,增强身体的柔韧性;

(3)改善身体失衡,增强整体平衡力;

(4)消除忧郁情绪,增强精神正能量。

二、健身瑜伽体式练习的常见误区

误区一:只有身体柔软的人才适合练习健身瑜伽。

误区二:健身瑜伽就是一种减肥运动。

误区三:健身瑜伽是女性化的运动。

误区四:健身瑜伽需要团体练习才有氛围。

误区五:健身瑜伽体式就像柔术或舞蹈。

误区六:动作难度越高越好。

三、健身瑜伽体式练习的安全指南

(1)咨询医生。注意事项不能代替医生的建议。如果受伤或有疾病,或有旧伤、宿疾,或有其他任何可能因运动而导致不良反应的健康问题,如颈背问题、高血压疾病等,在做姿势或呼吸练习前请务必先咨询医生,来决定是否能够练习和怎样安全地练习,并非每个人都适合练习所有姿势。

(2)要听从身体的感觉。为了从练习中获得最大的益处同时降低受伤的概率,要时刻听从自己身体的感觉,这是姿势练习中最重要的原则。在练习时,要仔细体会身体的感觉,尽自己所能,但不勉强、不过度。

(3)不要用蛮力。不但不能强迫自己身体达到某个特定的位置,也决不能让别人帮您,就算"姿势大师"来做也不行。

(4)千万不可攀比。竞争心态或试图给人留下良好的印象,会使人过度地伸展扭转,而增加了受伤的概率。

(5)对自己负责。您应为自己的健康负责,因此决不要做任何自己感觉不舒服的姿势。要温和不过度地扩展自身的极限。

(6)有需要应立即还原,别过度拉扯。要是在练姿势时感到任何尖锐的刺痛或疼痛,那表示您已经做过头了,一定要立即停止这个姿势并休息。

如果在做姿势时,感到体力不支或身体颤抖,应立即结束这个姿势。假以时日,身体会逐渐强健有力,姿势的耐久性也会有所增加。

如果手、脚部位有发麻的感觉,须立即收回姿势并应请教医生。

(7)生理期。为了顺应血液流向,要避免那些骨盆位置高于心脏的姿势。要避免任何一种让您感觉不舒服,以及会挤压或强烈伸展到腹部的姿势。

(8)高血压、心脏及循环问题。要咨询医生是否能够练习和怎样才能安全地练习呼吸技法。纵使身体状况在药物的控制之下,而且注意事项与医生的建议没有冲突,也要遵守以下注意事项:

①不要做任何会使心跳加快的激烈姿势;

②不要做头下脚上(头部低于心脏)的姿势;

③不要屏气。

四、健身瑜伽经典动作介绍

(一)基础体式

1. 山式站姿(图18-1)

(1)做法:①双脚并拢站立,脚跟相触,微收下颌,目视前方。②重心均匀分布在双脚上,脊柱向上伸展,腰背挺直,膝关节朝前。

(2)呼吸:保持自然呼吸。

(3)功效:此式可促进脊柱与骨盆正位,是站姿体式的起始姿势。

(4)要点:脊柱保持正常生理曲度,骨盆中正,双膝不可过伸。

 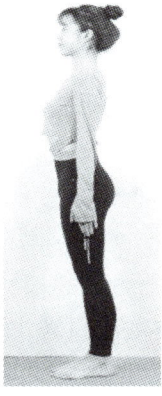

图18-1 山式站姿

2. 山式坐姿（图18-2）

(1)做法：①坐于垫上，伸直腰背，双脚并拢，勾脚尖。②两手放于身体两侧，目视正前方。

(2)呼吸：保持自然呼吸。

(3)功效：促使脊柱与骨盆正位，放松身心。这是坐式体位常见的起始姿势。

(4)要点：保持脊柱中立伸展，坐骨两侧均衡着地。

图18-2 山式坐姿

3. 金刚坐（图18-3）

(1)做法：①跪姿。②两膝并拢，两脚大脚趾重叠或并拢，足跟分开，臀部坐在两足跟之间，腰背挺直，两肩自然下沉，两手置于大腿前侧，目视正前方。

(2)呼吸：保持自然呼吸。

(3)功效：促进骨盆区域血液循环，有助于消化，活动下肢关节，安定情绪。

(4)要点：臀部在两足跟之间，腰背自然伸直。

 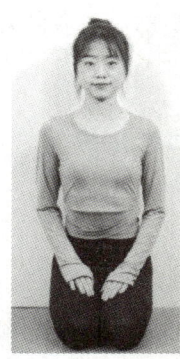

图18-3 金刚坐

4. 简易坐（图18-4）

(1)做法：①山式坐姿。②两腿收回交叉，两脚分别置于大腿或膝下，两手落于膝上，脊柱伸展，目视正前方。

(2)呼吸：保持自然呼吸。

(3)功效：加强髋、膝、踝关节的灵活性。

(4)要点：髋外展，脊柱中正，肩部后展下沉。

5. 站立腰躯扭转式（图18-5）

(1)做法：①山式站姿。②两腿分开，略比肩宽，两臂侧平举；身体向左后方转动，左手背于腰后，右手扶住左肩；目视后方。③保持几组呼吸，然后还原。

(2)呼吸：吸气时伸展，呼气时扭转。

(3)功效：加强肩、腰、背部肌肉的灵活性，刺激脊柱神经，缓解腰背疼痛。

(4)要点：骨盆中正，两肩在同一平面，两膝与脚尖指向正前方，自腰椎以上扭转。椎间盘突出及脊柱严重侧弯者谨慎练习。

6.单臂风吹树式(图 18-6)

(1)做法:①山式站姿。②右臂经体侧向上伸展,掌心向内;身体向左侧弯;转头,目视上方。

(2)呼吸:吸气时伸展,呼气时侧弯。

(3)功效:灵活脊柱,消除侧腰多余脂肪。

(4)要点:骨盆中正,身体在同一平面。

图 18-4 简易坐

图 18-5 站立腰躯扭转式

图 18-6 单臂风吹树式

7.猫伸展式(图 18-7)

(1)做法:①金刚坐姿。②身体前倾,双手置于肩下方,指尖与肩上下对齐,两膝与髋同宽;脊柱逐节伸展,扩展胸腔,然后收腹、拱背;目视肚脐方向。③保持几组呼吸,然后还原。

(2)呼吸:吸气时伸展,呼气时拱背。

(3)功效:增强脊柱灵活性,放松肩颈。

(4)要点:手臂垂直于地面,脚背压实于地面;伸展时,大腿始终垂直地面。

图 18-7 猫伸展式

8.幻椅式(图 18-8)

(1)做法:①山式站姿。②两臂从两侧上举至头顶合掌,屈膝,大腿与地面平行,手臂、背部保持平直;目视前方。③保持几组呼吸,然后还原。

(2)呼吸:吸气时伸展,呼气时下蹲。

(3)功效:缓解肩部不适,矫正不良姿势,增强脚踝、腿部肌肉,伸展背部,扩展胸腔。

(4)要点:膝关节不超过脚尖,后背平直与两臂在同一平面,头在两臂之间;避免塌腰、翘臀。

图18-8 幻椅式

9.三角伸展式(图18-9)

(1)做法:①山式站姿。②两脚分开,约两肩半宽,右脚向右转90°,左脚内收15~30°,两臂侧平举;躯干向右侧延伸弯曲,右手掌置于右脚外侧地面,左臂上举,两臂成一直线垂直于地面;目视上方指尖。③保持几组呼吸,然后还原。

(2)呼吸:吸气时手臂抬起,呼气时躯干侧弯。

(3)功效:增强膝、踝关节稳定性,伸展腿部内侧、后侧及侧腰、手臂肌群。

图18-9 三角伸展式

(4)要点:身体在同一平面,前脚足跟与后脚足弓在一条直线上,两臂成一直线垂直于地面。

10.侧角伸展式(图18-10)

(1)做法:①山式站姿。②两脚分开,约两肩半宽,右脚向右转90°,左脚内收约30°,两臂侧平举;屈右膝,躯干向右侧延伸弯曲,右手掌置于右脚外侧地面,左臂伸展与躯干成一直线;转头,目视上方。③保持几组呼吸,然后还原。

(2)呼吸:吸气时手臂抬起,呼气时躯干侧弯。

(3)功效:增强髋、膝、踝关节稳定性及腿部力量,伸展腿部内侧、后侧及侧腰、手臂肌群。

图18-10 侧角伸展式

(4)要点:屈腿成90°,上方手臂与身体、伸直腿成一直线,下方手臂置于腿外侧,垂直地面。

11.树式(图18-11)

(1)做法:①山式站姿。②屈右膝,将右脚置于左大腿内侧,脚跟靠近会阴,髋外展,双手合掌于胸前,或伸展至头顶上方;目视前方。③保持几组呼吸,然后还原。

(2)呼吸:吸气时伸展,呼气时还原。

(3)功效:缓解肩部不适,增强脚踝与腿部肌肉力量,提高身体平衡能力和专注度。

(4)要点:脚掌置于对侧大腿根部,骨盆保持中正,身体在同一平面,脊柱充分向上伸展。

图 18 - 11　树式

12. 战士第一式(图 18 - 12)

(1)做法:①山式站姿。②两脚分开,约两肩半宽,左脚向右转 90°,右脚内收约 60°,向左转髋,保持中正;两臂经身体两侧向上抬起至头顶合掌,屈左膝成 90°,脊柱向上延展;目视前方。③保持几组呼吸,然后还原。

(2)呼吸:吸气时展臂,呼气时屈膝。

(3)功效:增强髋、膝、踝关节稳定性及腿部力量,伸展腿部内侧、后侧及侧腰、手臂肌群,胸部得到完全伸展。

(4)要点:屈腿成 90°,髋部中正,脊柱向上伸展。

13. 战士第二式(图 18 - 13)

(1)做法:①山式站姿。②两脚分开,约两肩半宽,右脚向右转 90°,左脚内收约 30°;两臂侧平举,延展脊柱,屈膝成 90°,头转向右侧;目视右手中指方向。③保持几组呼吸,然后还原。

(2)呼吸:吸气时两臂侧平举,呼气时屈膝。

(3)功效:增强髋、膝、踝关节稳定性及腿部力量,伸展腿部内侧、后侧及侧腰、手臂肌群。

(4)要点:屈腿成 90°,骨盆中正,两臂成一直线平行于地面,脊柱垂直伸展,身体保持在同一平面。

图 18 - 12　战士第一式

图 18 - 13　战士第二式

14. 战士第三式(图18-14)

(1)做法:①山式站姿。②两手经体侧向上至头顶上方合掌;髋屈曲,同时右腿向后伸展,与躯干、手臂保持在同一直线上,且平行于地面,脚尖指向后方;目视下方地面。③保持几组呼吸,然后还原。

(2)呼吸:吸气时伸展,呼气时屈髋。

(3)功效:增强腿、臀、背、肩部的肌肉力量,提高平衡能力,培养专注力和意志力。

图18-14 战士第三式

(4)要点:膝关节不可过伸,手臂、躯干与后展腿成一条直线,且平行于地面,髋部不可外翻。

15. 舞蹈式(图18-15)

(1)做法:①山式站姿。②屈右膝向后,右手抓握右脚踝,两膝并拢,保持平衡;左臂抬起向前伸展;胸腔上提,延展脊柱,抬起右腿向后伸展;目视前方。③保持几组呼吸,然后还原。

(2)呼吸:吸气时胸腔上提,呼气时身体后展。

(3)功效:提高平衡能力与专注力,强化双臂、肩部、背部、髋部与腿部力量,舒展胸腔,延伸脊柱。

图18-15 舞蹈式

(4)要点:髋部不可外翻,后伸展大腿平行于地面,手从外侧抓脚踝,胸腔打开,脊柱向上伸展。

16. 骆驼式(图18-16)

(1)做法:①金刚坐姿。②跪立,两膝分开,与髋同宽,脚背贴地;双手扶髋,肘内收,胸部上提,两臂依次经体前向上、向后,双手合于脚掌心或握在脚踝处,大腿、手臂垂直于地面;目视上方。③保持几组呼吸,然后还原。

(2)呼吸:吸气时手臂上提,呼气时身体后展。

(3)功效:有助于矫正扣肩、驼背等不良体态,改善胸廓形态,增强腰背肌肉力量。

(4)要点:大腿及两臂垂直地面,胸腔充分打开,脊柱后展,头部不可过度后仰。

17. 犁式(图18-17)

(1)做法:①仰卧。②两臂下压,腹部用力抬起双脚,臀部、背部抬离地面,双腿越过头顶,脚尖点地;屈双肘并内收撑地,两手推送上背部,也可两臂伸展,保持背部伸展。

(2)呼吸:吸气时准备,呼气时抬腿越过头顶,双脚尖落地。

(3)功效:加强颈、肩部力量,按摩腹部,放松背部肌群,改善血液循环。

(4)要点:后背展平并垂直于地面,两肘内收撑地、与肩同宽,脚尖点地。患颈椎病、椎间盘突出和高血压者不宜练习此式。

图 18-16 骆驼式

图 18-17 犁式

(二)拜日式介绍

拜日式,全称向太阳致敬式,一套共有 12 式,涉及 7 个不同体式。拜日式 12 式为一个回合,两个回合为一个完整的拜日式。

拜日式第一回合的前一个骑马式是右脚向后迈步,后一个骑马式开始时右腿由顶峰式屈膝回收至双手间;第二个回合的前一个骑马式是左腿向后迈出,后一个骑马式开始时左腿由顶峰式屈膝回收至双手间。

在练习拜日式时,要关注每个体式中呼吸配合的状况。

1. 祈祷式(图 18-18)

(1)做法:①山式站姿。②双手在胸前合掌;目视前方。

(2)呼吸:保持自然呼吸。

(3)功效:有助于保持专注,放松身心,为后续体式做准备。

(4)要点:两前臂成一线平行于地面,双脚并拢,骨盆保持中正。

2. 展臂式(图 18-19)

(1)做法:①由祈祷式开始。②两臂从身体两侧向上伸展至头顶,掌心向前;胸骨上提,打开胸腔,以手臂带动躯干向后上方伸展,目视上方。

图 18-18 祈祷式

(2)呼吸:吸气时向上,呼气时后展。

(3)功效:柔韧背部,强化脊柱,伸展身体前侧肌群。

(4)要点:胸腔打开,胸椎上提后展,头部放于两臂之间,不可过分后仰,骨盆中正。

3. 前屈式(图 18-20)

(1)做法:①由展臂式开始。②髋屈曲,双手放在两脚两侧,掌根对齐足跟,屈肘,腹、胸、额依次贴近双腿。

(2)呼吸:吸气时延展脊柱,呼气时躯干贴腿。

(3)功效:增强腹部器官功能,促进消化,拉伸背部及腿后侧肌群。

(4)要点:两手放在两脚两侧,肘部指向后方,背部平展,下肢垂直地面,膝关节避免过伸。

图 18-19　展臂式

图 18-20　前屈式

4. 骑马式（图 18-21）

(1) 做法：①由前屈式开始。②下蹲，右腿向后迈一大步，双手置于左脚两侧，右腿的膝和脚趾着地，髋部前推下沉，脊柱充分伸展；目视前方。

(2) 呼吸：吸气时脊柱伸展，呼气时沉髋。

(3) 功效：伸展大腿前后侧肌肉，促进骨盆区域血液循环。

(4) 要点：后脚趾点地，两手指尖与前脚尖在一条直线上，前侧小腿垂直于地面，髋部中正下沉。

5. 顶峰式（图 18-22）

(1) 做法：①由骑马式开始。②身体前倾，两手置于肩下方，两臂、大腿垂直于地面；脚尖回勾，伸直双膝，臀部上提，脚跟下压。

(2) 呼吸：吸气时臀部上提，呼气时脚跟下压。

(3) 功效：拉伸背部和腿部后侧肌群，增强手臂力量，改善头部血液循环，缓解疲劳。

(4) 要点：两臂、头颈与后背在同一平面内，双脚并拢，脚跟压地，两腿后侧充分伸展。患高血压或血糖偏低者谨慎练习。

图 18-21　骑马式

图 18-22　顶峰式

6. 八体投地式（图 18-23）

(1) 做法：①由顶峰式开始。②身体前倾，两手置于肩下方，两臂、大腿垂直于地面；脚尖着地,身体前移,屈肘,胸部落于两手之间,下颌、两手、胸部、两膝及两脚尖八个部位与地面接触。

(2)呼吸:吸气时准备,呼气时身体前移下沉。

(3)功效:增强手臂及背部肌肉力量,活动上肢关节。

(4)要点:肘内收并指向正后方,两脚尖、两膝、胸部、两手掌、下颌贴地。

图18-23　八体投地式

图18-24　眼镜蛇式

7.眼镜蛇式(图18-24)

(1)做法:①由八体投地式开始。②两手放于胸部两侧,指尖对齐肩膀,肘内收,胸部上提,手掌推地,向上伸展脊柱,延伸下颌;目视前上方。

(2)呼吸:吸气时抬起,呼气时后展。

(3)功效:强化上肢及背部肌群,缓解腰部不适,按摩腹内脏,促进消化,灵活脊柱。

(4)要点:推起前,手指尖与肩平齐在一线,推起后,胸腔打开,胸椎充分上提、后展,耻骨贴地,头不可过度后仰。

接着,顶峰式、骑马式、前屈式、展臂式、祈祷式再做一个轮回,完成基础体式全部动作。

第三节　健身瑜伽休息术

健身瑜伽休息术是古老瑜伽中一种颇具效果的放松艺术。在整个练习过程中,需要练习者完全集中意识,同时需要放松身体让其休息。但这种休息与一般意义上的睡眠有着根本的不同,因为在正确的练习中练习者可以用意识去控制它,并且从意识中醒来。

一、仰卧放松(图18-25)

(1)做法:①仰卧。②两腿分开,脚尖朝外,两臂微分,掌心向上,微闭双眼,全身放松。

(2)呼吸:自然缓慢地呼吸。

(3)功效:放松身心,培养自我觉知能力。

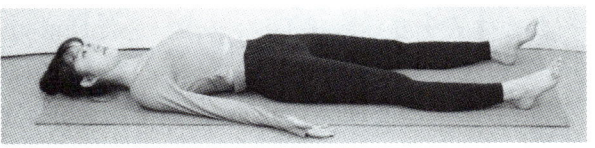
图18-25　仰卧放松

(4)要点:腰背尽量贴合地面,下颌微收。

二、婴儿式(图18-26)

图18-26　婴儿式

(1)做法:①金刚坐。②髋屈曲,腹部贴于大腿,额头触地,或将头转向另一侧并贴地;双手放于双脚两侧,掌心向上;两眼微闭。

(2)呼吸:保持自然呼吸。

(3)功效:放松身心,舒缓腰背。

(4)要点:臀部落于脚跟,可作为后展体式的恢复放松姿势。

三、鱼戏式(图18-27)

图18-27　鱼戏式

(1)做法:①俯卧。②十指交叉置于头下,头侧转,同侧腿屈膝,躯干侧弯,肘膝相触;眼睛微闭。

(2)呼吸:自然缓慢地呼吸。

(3)功效:有助于全身放松。

(4)要点:肘膝相触。

第四节　健身瑜伽基本规则

为全面落实全民健身国家战略目标,满足群众对健身运动多样化需求,规范全民健身瑜伽赛事活动,国家体育总局社会体育指导中心、全国健身瑜伽指导委员会参照国内相关项目竞赛资料,结合健身瑜伽竞赛交流的实际情况,进一步完善健身瑜伽竞赛办法,研究制定了《健身瑜伽竞赛规则与裁判法(试行)》。

下文就健身瑜伽竞赛基本规则做简单介绍。

一、竞赛办法

(1)预赛、复赛、决赛。

(2)预赛采用淘汰制,进行规定体式和自选体式比赛。复赛采用评分制,进行规定体式和自选体式比赛。决赛采用评分制,进行自编套路比赛。

(3)比赛采用10分制,其中,体式质量分值5分;展示水平分值3分;难度分值2分。

(4)体式难度包括A级难度(第七级体式)、B级难度(第八级体式)和C级难度(第九级体式)。

(5)A组裁判员负责体式质量的评分;B组裁判员负责展示水平的评分;C组裁判员负责难度分值的评分。

(6)预赛中前16名的运动员进入复赛,复赛中前8名的运动员进入决赛。预赛、复赛成绩不带入决赛。

(7)集体项目只进行自编套路比赛。

二、竞赛分组

比赛分为社会组和院校组,其中社会组按技术水平分为专业组(专门学习健身瑜伽及从事健身瑜伽教学、训练的人群)、大众组(普通健身瑜伽习练者)。

三、竞赛项目

(1)单人项目(男单、女单)。
(2)双人项目(混双、女双)。
(3)集体项目(5~9人)。

四、比赛时间(自编套路)

(1)单人:120秒(±5秒)。
(2)双人:180秒(±5秒)。
(3)集体:180秒(±5秒)。

五、比赛音乐

比赛必须在音乐伴奏下进行,音乐根据套路的编排进行选择。
音乐中不得有唱诵,不得有歌词,不得含有宗教色彩的内容。

六、比赛服装

运动员服装:
(1)贴身瑜伽服,简洁得体,美观大方,能充分展现肢体轮廓和体式细节(男运动员不可赤裸上身)。
(2)不得有宗教、迷信、广告性质的符号。
(3)佩戴组委会提供的比赛号码牌(直径12厘米)。
(4)运动员身上不得出现文身。

七、比赛顺序

在竞赛委员会和裁判长的监督下,由编排记录组抽签决定比赛顺序。

八、运动员检录

运动员须在赛前30分钟到达指定地点报到,参加第一次检录,并接受检查服装和辅具;赛前20分钟进行第二次检录;赛前10分钟进行第三次检录。三次检录均未到,视为弃权。

九、示分

(1)运动员的比赛结果,公开示分。
(2)A、B、C 组裁判员所示分数到小数点后两位数。

十、运动员得分

(一)应得分

(1)体式质量应得分。
5 分减去体式质量的扣分,即为体式质量应得分。
(2)展示水平应得分。
按照三档七级的标准给予评分,即为体式展示的应得分。
(3)难度体式应得分。
A、B、C 级难度体式分值之和,即为难度体式应得分。
(4)应得分数的计算方法。
应得分数计算到小数点后两位数,小数点后的第三位数不做四舍五入处理。

(二)最后得分

体式质量应得分、展示水平应得分、难度体式应得分之和减去副裁判长的其他错误扣分,即为运动员的套路最后得分。

十一、比赛礼仪

(1)比赛开始前和结束后运动员须行合十礼。
(2)介绍和替换裁判员时须行合十礼。
(3)运动员不得唱诵上场、退场。

思考题

1.简述健身瑜伽的基本构成。
2.简述健身瑜伽的特点。
3.简述健身瑜伽的作用。
4.简述健身瑜伽体式练习的常见误区。
5.简述健身瑜伽体式练习的安全锻炼原则。
6.结合自己对瑜伽休息术的感受谈谈它给你带来的益处。

参考文献

[1] 杭兰平,王立彬,等.大学校园篮球运动教程[M].西安:西北工业大学出版社,2016.
[2] 中国篮球协会.篮球规则[M].北京:北京体育大学出版社,2020.
[3] 孙民治.现代篮球高级教程[M].2版.北京:北京体育大学出版社,2020.
[4] 陈钧,郭永波,杨改生.篮球理论教学概论:运动系专修[M].北京:北京体育大学出版社,2007.
[5] 杭兰平,王成,虞荣安.大学体育实践[M].西安:西北工业大学出版社,2021.
[6] 黄汉升.球类运动:排球[M].3版.北京:高等教育出版社,2015.
[7] 马驰,于杰.现代篮排球运动的科学探索[M].北京:新华出版社,2014.
[8] 潘迎旭.中国排球运动的可持续发展研究[M].北京:北京体育大学出版社,2007.
[9] 高宝华.普通高校足球课程教材[M].天津:南开大学出版社,2010.
[10] 李杰.青少年足球基本功训练的研究[J].当代体育科技,2022,12(20):9-12.
[11] 张杨波.试论足球接球的技术动作和教学训练中存在的几点问题[J].科技资讯,2013(23):216-217.
[12] 堀池巧.青少年足球技术基础训练图解[M].姜先钧,译.北京:人民邮电出版社,2019.
[13] 王宜馨.高校开展触式橄榄球的体育选修课的价值和策略[J].体育科技文献通报,2016,24(10):5.
[14] 中国羽毛球协会审定.羽毛球竞赛规则[M].北京:人民体育出版社,2020.
[15] 柯伟.近20年羽毛球竞赛规则演化的影响因素及发展趋势研究[D].成都:成都体育学院,2020.
[16] 刘加龙.新中国羽毛球项目发展的历史演进研究[D].长春:吉林大学,2013.
[17] 高云.世界羽坛格局与发展趋势分析[J].体育文化导刊,2011(6):49-52.
[18] 刘晓乐.中国羽毛球俱乐部超级联赛竞争力研究[D].北京:北京体育大学,2020.
[19] 孟焕丽,张晶.网球运动系统训练[M].北京:人民邮电出版社,2018.
[20] 陶志翔.网球[M].北京:体育大学出版社,1999.
[21] 李又琴.怎样打网球[M].北京:人民体育出版社,1999.
[22] 高桥仁大.网球技术提高讲座[M].北京:人民体育出版社,2005.
[23] 中国武术百科全书编委会.中国武术百科全书[M].北京:中国大百科全书出版社,2007.
[24] 李德成,林素朴,陈青.武术教学培训教材:第1册[M].郑州:河南科学技术出版社,2014.
[25] 全国体育学院委员会.武术(体育学院通用教材)[M].北京:人民体育出版社,2007.
[26] 中国武术协会.武术套路竞赛规则与裁判法(2012)[M].北京:人民体育出版社,2012.
[27] 翁士勋.《角力记》校注[M].北京:人民体育出版社,1990.
[28] 班固.汉书[M].北京:中华书局,2014.
[29] 金启宗,凯和.中国摔跤史[M].内蒙古:内蒙古人民出版社,2007.
[30] 国际龙狮运动联合会.国际舞龙南狮北狮竞赛规则、裁判法[M].北京:人民体育出版社,2011.
[31] 龚耘,魏明,杨玉荣,等.龙狮文化与龙狮运动[M].武汉:湖北人民出版社,2010.

[32]仲富兰.中国民俗文化学导论[M].杭州:浙江人民出版社,1998.
[33]吕韶钧.舞龙运动教程[M].北京:北京体育大学出版社,2008.
[34]林明体.佛山秋色[M].北京工艺美术出版社,1993.
[35]王成,杭兰平,等.大学体育理论[M].西安:西北工业大学出版社,2014.
[36]张锐,陈工.安全教育与自卫防身[M].北京:北京体育大学出版社,2004.
[37]杨永胜.遇险自救自我防卫野外生存[M].海口:南海出版公司,2015.
[38]范春来,杨香坤,刘超.跆拳道教程[M].哈尔滨:东北林业大学出版社,2020.
[39]叶星理.武术文化与跆拳道[M].北京:人民体育出版社,2020.
[40]牛继超.跆拳道教学与研究[M].北京:航空工业出版社,2019.
[41]卓岩.公共体育课之跆拳道课程[M].成都:西南交通大学出版社,2019.
[42]钟宏,窦正毅.现代跆拳道品势教程[M].北京:现代教育出版社,2019.
[43]张龙.传统跆拳道系统入门手册[M].北京:清华大学出版社,2019.
[44]马格利索.游得最快[M].北京:北京体育大学出版社,2014.
[45]李文静,温宇红.现代游泳技术教程[M].北京:北京体育大学出版社,2010.
[46]张剑.河北省竞技健美发展历史及现状研究[D].郑州:河北师范大学,2014.
[47]相建华,田振华,等.初级健美训练教程[M].北京:人民体育出版社,2003.
[48]匡小红.健美操[M].北京:高等教育出版社,2020.
[49]聂东风.国际体育与健康[M].郑州:郑州大学出版社,2020.
[50]陈丽霞,胡效芳.体育艺术类项目教程[M].西安:陕西师范大学出版社,2016.
[51]管勇生.新编大学体育[M].北京:中国书籍出版社,2013.
[52]李小芬.体育舞蹈运动教程[M].北京:北京体育大学出版社,2022.
[53]中国体育舞蹈联合会.中国体育舞蹈联合会技术等级教材:标准舞/拉丁舞[M].北京:北京体育大学出版社,2016.
[54]张立军,党奇,石琳.摩登舞教程[M].北京:文化艺术出版社,2020.
[55]张立军,党奇,石琳.拉丁舞教程[M].北京:文化艺术出版社,2020.
[56]国家体育总局职业技能鉴定指导中心组.体育舞蹈[M].北京:高等教育出版社,2018.
[57]朱萍,胡军琅.体育舞蹈[M].杭州:浙江大学出版社,2020.
[58]李育林,李亚男.啦啦操运动[M].北京:高等教育出版社,2021.
[59]杨巧静,李逸群.啦啦操运动教程[M].北京:人民体育出版社,2020.
[60]张卓.啦啦操基础教材[M].北京:民族出版社,2017.
[61]马鸿韬.爵士舞蹈啦啦操的技术特征与教学方法[J].中国学校体育,2016(4):54-55.
[62]孙爱华.瑜伽运动理论与实践[M].北京:人民体育出版社,2017.
[63]林晓海.瑜伽自学百科书[M].北京:中国纺织出版社,2007.